설득과
비판

설득과 비판

초기 희랍의 철학 담론 전통

1판 1쇄. 2016년 4월 30일
지은이. 강철웅

펴낸이. 정민용
편집장. 안중철
편집. 윤상훈, 최미정, 이진실

펴낸 곳. 후마니타스(주)
등록. 2002년 2월 19일 제300-2003-108호
주소. 서울 마포구 양화로6길 19, 3층(04044)
편집. 02-739-9929, 9930
제작·영업. 02-722-9960
팩스. 02-733-9910
홈페이지. www.humanitasbook.co.kr

인쇄. 천일 031-955-8083
제본. 일진제책 031-908-1407

값 23,000원

ISBN 978-89-6437-248-7 93100

이 도서의 국립중앙도서관 출판시도서목록(CIP)은 e-CIP 홈
페이지 (http://www.nl.go.kr/ecip)에서 이용하실 수 있습
니다(CIP제어번호: CIP2016010572).

이 저서는 2011년 정부(교육부)의 재원으로 한국연구재단의
지원을 받아 수행된 연구임(NRF-2011-812-A00057).

풀브라이트(한미교육위원단)의 Mid-Career Research 프로
그램(PY 2015~2016)의 지원으로 보스턴 칼리지에서 연구된
내용이 포함됨.

설득과 비판 說得 批判

조기 희랍의 철학 담론 전통

강철웅 지음

후마니타스

아드리아해

로마

이탈리아

타렌툼
(타라스)

메타폰툼

사르디니아

엘레아

티레니아해

투리이

크로톤

아이트나 산

레기움

시칠리아

이오니아해

아그리겐툼
(아크라가스)

레온티니

시라쿠사

지중해

기원전 500년경 희랍과 소아시아 서부 및 마그나 그라이키아(남부 이탈리아)

아폴로니아

폰토스
(흑해)

트라키아

마케도니아

압데라

프로폰티스
(마르마라해)

스타게이라

아이고스포타모이

올림포스 산 ▲

트로이

테살리아

레스보스

뤼디아

에게해

뮈틸레네

포카이아

이오니아

스뮈르나

클라조메나이

에우보이아

키오스

콜로폰

델피

보이오티아

에페소스

엘리스

테베

사모스

메가라

이오니아해

코린토스

아테네

아티카

밀레토스

미케네

수니온

케오스

뮈코노스

아르고스

올림피아

파로스

델로스

닉소스

코스

스파르타

멜로스

로도스

크노소스

크레타

지중해

〈파리스의 헬레네 납치〉 1627년 수시니(Giovanni Francesco Susini)작.
폴 게티 박물관.

설득이냐 강제냐

파리스가 최고 미인 헬레네를 스파르타에서 트로이로 데려간 사건은 트로이 전쟁(아곤₁)의 발단이 된다. 헬레네는 강제로 납치된 걸까, 파리스의 유혹에 '못 이겨' 제 발로 따라나선 걸까?

매우 동적이고 노골적인 왼쪽 청동상처럼 납치된 거라면, '파리스의 심판(판가름)' 이야기는 어떻게 되는 걸까? 헤라와 아테나를 제치고 '미신'美神 콘테스트(아곤₂)에서 자신을 최고로 선택해 준 파리스에게 최고 미인을 주겠다던 아프로디테의 약속은 그럼 어떻게 되는 걸까? 이런 식의 강제(아낭케)가 아프로디테의 역할이라는 걸까? 이런 우격다짐으로도 상대의 사랑을 제대로 얻어 낼 수 있다는 말일까? 한편, 꽤 정적이고 은근한 오른쪽 부조처럼 유혹에 넘어간 거라면, 마음을 준 헬레네에게 문제가 있는 걸까?

〈헬레네 유혹〉기원후 1세기 신아티카식 부조. 나폴리 고고학 박물관.

납치는 왼쪽 청동상에 따르면 남자 하나의 완력만 있으면 된다. 하녀까지 함께 저항해도 역부족, 파리스는 혼자서 일을 거뜬히 해내는 중이다. 반면에 오른쪽 부조에는 파리스 쪽 조력자가 셋, 그것도 모두 신이다. 아프로디테(아름다움과 성애의 여신)는 헬레네를 직접 회유하고 에로스(사랑의 신)는 파리스를 코치하는 모양새며, 이 모든 겨룸(아곤3)의 작전을 구상하듯 뒤편 단상의 페이토(설득의 여신)는 팔을 괴고 앉아 있다. 마음을 가져가는 건 몸을 데려가는 일보다 세 배 이상 힘든 셈이다.

설득은 마음을 얻는 일이다. 유혹 당했다 해도 불가항력이긴 마찬가지라는 게 『헬레네 찬양』에서 고르기아스의 이야기다. 청동상과 달리 부조는 이야기의 힘을 이야기한다. 사랑의 힘이란 실은 이야기의 힘이라고 말이다. 위의 질문을 세상에 회자케 했던 건 이 책 첫머리를 장식하는 시인 호메로스다. 그 물음을 풀어내는 온갖 '이야기'(뮈토스)들이 난무한 담론 세상에서 궁지에 몰려 있던 헬레네는 더 볼 것도 없이 무죄라고 회심의 한방을 날리는 건 이 책 끄트머리를 장식하는 연설가 고르기아스다. 두 이야기꾼 사이의 3백여 년 동안 펼쳐지는 '설득과 비판'의 이야기 경합(아곤4)이 이 책의 구경거리다.

차례

일러두기

___ 이 책에 인용된 희랍어(일부 라틴어 포함) 원전의 판본으로는 헤르만 딜스가 1903년 초판을 내고 나중에 발터 크란츠가 수정, 증보한 『소크라테스 이전 사람들의 단편들』 *Die Fragmente der Vorsokratiker*의 6판(Diels and Kranz 1951~1952)(이하 DK)을 기준으로 하되, 커크·레이븐· 스코필드의 『소크라테스 이전 철학자들』 *The Presocratic Philosophers*의 2판(Kirk, Raven, and Schofield 1983)(이하 KRS), 그레이엄의 『초기 희랍철학의 원전들』 *The Texts of Early Greek Philosophy: The Complete Fragments and Selected Testimonies of the Major Presocratics*(Graham 2010)을 가 지고 보완한다. 이 책들에 포함되지 않은 원전은 OCT(Oxford Classical Texts: 옥스퍼드 고전 원전 모음) 등 해당 저자에 관한 권위 있는 판본을 선택하여 인용한다.

___ 이들 원전의 번역은 저자가 직접 번역해 인용하며, 필요한 경우 『소크라테스 이전 철학자들의 단편 선집』(김인곤 외 옮김, 아카넷, 2005)(이하 『단편 선집』)을 재인용한다. 『단편 선집』을 재인 용할 때는 인용 사실을 표시하고, 중대한 의미 변화를 가져오는 수정에 관해서만 따로 언급 한다. 중대한 의미 변화를 주지 않는 사소한 변형, 즉 강조점이나 원어 추가, 사소한 어형 변 경, 어투 수정, 출전 문헌 표기 실수 수정 등에 대해서는 별도로 언급하지 않는다.

___ 소크라테스 이전 사람들의 저작을 인용할 때 표준적으로 이용되는 'DK 번호'를 사용한다. 예 를 들어 DK 21B38은 'DK의 21장(해당 철학자 번호가 된다)에 나오는, 직접 인용으로 분류된 (B) 38번째 단편'이라는 뜻이다. B 외에 A는 나중 사람이 풀어서 전한 간접 전승으로 분류 된 단편을, C는 진위가 의심스럽다고 분류된 단편을 가리킨다. 인용문의 일부만 B일 경우 해 당 부분을 고딕체로 강조한다. DK를 포함하여 모든 인용에서 번호 매김, 강조점 등 인용하 면서 필요한 가감을 행할 때 별도로 언급하지 않는다. 운문의 경우 우리말과 어순이 달라 행 수 차이가 있을 수 있다. 특별한 경우 외에는 아티카 방언의 표기를 적용한다.

___ LSJ는 19세기 초에 독일어로 나온 버전을 기초로 옥스퍼드에서 영어판으로 편집되어 9판 (1961)까지 간행된 이 분야 최고 권위를 가진 고전 희랍어 용례 사전(lexicon)으로서, 편집자 인 리델(H.G. Liddell), 스콧(R. Scott)과 개정·증보자인 존스(H.S. Jones)의 이름 머리글자를

따라서 LSJ로 불리며, 여기서는 최종판인 9판을 가리킨다.

___ 기타 편의상 자주 사용될 약어로, 디오게네스 라에르티오스의 『유명한 철학자들의 생애와 사상』은 DL로, 『옥스퍼드 고전 사전』*Oxford Classical Dictionary: The Ultimate Reference Work on the Classical World*(3판)(Hornblower and Spawforth 1996)은 *OCD*로 줄여 사용한다.

___ 인용문의 대괄호[ ] 표기는 인용하는 저자의 것으로, 문맥상 생략된 것으로 보이거나 이해를 위해 보충할 필요가 있다고 판단한 문구를 삽입하거나 지시 대상을 밝히기 위해 쓴다. 인용문의 소괄호( ) 표기는 제시된 희랍어(예컨대 신 이름)의 뜻을 밝혀 주거나 반대로 우리말 번역어의 희랍어 원어를 밝혀 주기 위해 사용될 수 있고, 한자어를 병기하거나 원문에 객관적으로 함축된 내용(즉 인용자의 해석적 개입이 아닌 3인칭 주어 등)을 더 분명히 밝힐 때 사용될 수도 있으며, 앞뒤 문맥의 흐름을 끊고 삽입되는 대목을 묶기 위해 사용될 수도 있고, 해당 부분을 넣어 읽거나 빼고 읽거나 둘 다가 가능한 경우에 사용될 수도 있다. 가랑이표⟨ ⟩는 인용한 원문의 편집자들이 원문의 탈자나 누락된 문장을 보충하기 위해 사용한 기호를 그대로 옮긴 것이다.

___ 희랍어의 우리말 표기는 희랍어 원 발음에 가까운 표기를 택한다. 하지만 굳어진 관행을 수정하기 어려운 경우는 예외로 한다.

___ 우리말 단어에 대응하는 서양어 단어를 병기할 때 고전 희랍어와 라틴어, 산스크리트어, 히브리어의 경우 이탤릭을, 현대 영어와 독일어, 프랑스어 등의 경우 로만체를 사용하여 구분한다. 고전어와 현대어가 같은 경우에는 해당 문맥에 더 적당한 표기 하나만을 적는다. 희랍어는 로마자로 음사하되, 윕실론은 'y'로 적고 밑에 쓴 요타는 앞에 장모음 표시로 보통의 이중모음과 구분한다. 기타 표기와 관련한 사항은 표준적 관행으로 간주되는 것을 따른다.

___ 이 책의 연대는 기본적으로 기원전 연대다. 혼동의 여지가 있거나 특별한 이유가 있을 때만 '기원전'을 표시한다. 기원전과 기원후에 관한 약어는 정치적 옳음을 감안해 각각 'BC'(Before Christ)와 'AD'(Anno Domini) 대신 'BCE'(Before Common Era)와 'CE'(Common Era)를 사용하기로 한다.

설득과 비판,
그 진지한 유희

이 책을 통해 나는 서양에서 철학 담론의 전통이 어떻게 시작해 어떤 모습으로
정착했고, 또 그렇게 되기까지 어떤 과정을 겪었는가 하는 물음에 답해 보고자
한다. 다루어지는 대상만 보면 통상의 철학사 작업과 크게 다르지 않은 내용일
것이라고 예상하는 독자도 있을 수 있겠다. 그리 틀린 예상은 아니다. 이 책을
읽다 보면, 일정 수준 이상의 품질을 갖춘 철학사 교과서라면 으레 담기 마련
인 것들, 즉 여러 철학자 및 철학 학파의 핵심적인 메시지나 키워드, 기본 착
상, 그것들의 철학적 함축이나 의의, 산출 배경이나 상호 영향 관계, 비교 요점
등에 대한 정보나 안내, 평가적 음미를 만날 수 있다.

　하지만 이 책은 그렇고 그런 '교과서적'인 이야기에 머물지 않는다. '설득과
비판'이 철학 담론 전통을 포괄하고 관통하는 핵심 요인이라는 작업가설을 기
조로 삼아, 초기 철학자들이 기성의 문화적 권위와 어떻게 긴장을 이루며 특유
의 담론 전통을 개척해 갔는지를 추적하고 조명한다. 그렇기 때문에 이 책을 따
라가다 보면 독자 여러분도 자연스럽게 일련의 '이중적 대화'가 어떻게 상호작
용을 주고받으며 펼쳐지는지를 비교적 생생하게 경험하고 음미할 수 있게 될
것이다. 한편으로는 최초 철학자들이 이미 자리를 잡아 권위와 영향력을 누리
고 있는 시인들이나 작가들과 문화적 주도권을 놓고 경쟁하면서 의식적으로든

무의식적으로든 자기 정체성과 차별성 내지 존재 의의를 내외에 천명하고 각인시켜 가는 '외적 대화'가 이루어지는 과정을, 그리고 다른 한편으로는 그렇게 형성되어 가는 과정 가운데 있는 신생 문화 전통의 내부에서 부단한 사변적 탐색과 상호 비판을 통해 각 철학자나 학파가 자기 존재감을 드러내며 그 전통을 함께 공고히 해 나가는 '내적 대화'가 펼쳐지는 과정을 참관하게 될 것이다.

　　이제 제목의 구성 부분들을 하나하나 설명하는 방식으로 이 책이 탐구하는 대상과 목표, 그리고 그 대상에 접근하는 전체적인 방향 내지 구도, 기본적인 문제의식 등의 대강을 제시하고자 한다.

초기 희랍의 철학

철학사 최초 단계를 지칭하기 위해 흔히 사용되는 용어가 둘이 있다. '초기 희랍 철학'early Greek philosophy[1]과 '소크라테스 이전 철학'Presocratic philosophy이다.

---

1 이 책의 논의 대상을 지칭하기 위해 나는 지금 우리에게 보다 익숙하게 들리는 '그리스' 대신 그리 멀지 않은 과거까지 줄곧 우리 대중에게 친숙했던 '희랍'을 사용한다. 가급적이면 당사자들이 자신을 부르는, 그리고 남들도 그렇게 불러 주기를 바라는 이름으로 불러 주는 게 정치적으로 옳지 않을까 하는 고려 때문이다. 희랍인들은 자신들이 속한 공동체를 예부터 지금까지 '헬라스'Hellas로 불러 왔다. 로마인들은 그 이름 대신 '그라이키아'Graecia로 불렀는데, 이는 그들이 처음에 접촉한 희랍 내 특정 지역의 이름을 임의로 확대 적용한 우연적이고 부정확한 명칭이다. '홀란드'나 '화란' 대신 '네덜란드'로 부르고 '저머니' 대신 '도이칠란트'나 '독일'로 부르는 것이 정치적으로 옳듯, '그리스' 대신 '헬라스'나 '희랍'으로 부르는 것이 정치적으로 옳다. 국제 표준이 된 영어식으로 부르는 게 뭐 큰 문제냐고 반문해 올 수도 있겠다. 하지만 우리말의 용도와 가치와 기준이 언제부터 이른바 '글로벌'한 국제 소통과 '만국 공통'의 영어에 있었던가? '알레르기'를 굳이 '앨러지'로 고쳐야겠다는 알레르기 반응과 뭐가 다른가? 물론 편리한 '그리스'를 고집해 정치적으로 옳은 '희랍'이 묻히는 언론·출판계의 '대세'가 이대로 계속되면 언젠가는 언중에게 무용해진 '희랍'을 포기해야 할 때가 올 수도 있겠지만, 아

후자는 자주 시비의 대상이 된다. 소크라테스를 희랍 철학사의 중요한 분기점으로 삼는 것에 관해서도 물론 이견이 있을 수 있지만, 대개 그것보다는 데모크리토스나 아폴로니아의 디오게네스 같은 인물은 그 출생 연대로 보아 소크라테스 '이전' 사람이라고 말하기 어렵다는 보다 단순한 이유로 이견이 제기되곤 한다.[2] 그러나 '이전'pre-이라는 말을 순수히 시간적인 의미로만 보지 않고 철학의 내용과 접근 방식에 관련되는 용어로 이해하면 크게 문제가 있는 용어는 아니라고 할 수 있다. 이 책에서도 그 용어를 굳이 피할 생각은 없으며 가끔씩 사용하게 될 것이다.

그러나 내가 '초기 희랍 철학'을 제목에서만이 아니라 본문에서도 더 선호하는 까닭은 그것이 가진 유연성과 포괄성 때문이다. '소크라테스 이전 철학'은 소크라테스를 미리부터 배제한다. 소크라테스가 이전의 철학 전통과 단절되는 측면에 주목하겠다는 태도를 명명 단계에서부터 전제한다. 탐구 대상에 대한 판단과 평가를 미리부터 단정하게 될 소지가 있다는 점을 감안해 '소크라테스 이전 철학'이라는 용어보다는 '초기 희랍 철학'이라는 용어를 더 자주 사용할 것이다.

'소크라테스 이전 철학'이라는 용어를 쓰거나 문제 삼을 때 데모크리토스 등의 활동 연대보다 더 중요하게 고려해야 할 것은 사실 소피스트 그룹의 문제다. 소피스트를 '소크라테스 이전'에 넣을 것이냐 아니냐의 문제가 아주 논란거리일 뿐만 아니라 중요하게 논의되어야 할 사안이다. '초기 희랍 철학'이라

직은 재고와 수정의 기회가 있다. 편리함을 택할 것인가 정치적 옳음을 택할 것인가의 문제에 정답은 없으나, 일정한 원칙과 언중의 상황을 함께 감안해 가용한 선택지들 가운데 최선을 찾아내는 혜안이 요구된다.

2 소크라테스는 469년에 태어났고 디오게네스는 소크라테스와 거의 비슷한 시점에, 그리고 데모크리토스는 그보다 뒤인 460년대 어느 시점에 태어난 것으로 추정된다.

는 말은 이런 고려 사항들을 선입견 없이 잘 포괄할 수 있다. 이런 좀 더 유연한 용어를 도입함으로써, 나는 통상의 '소크라테스 이전 철학'에 포함되는 탈레스부터 데모크리토스까지의 '자연철학'을 논의의 주 대상으로 삼되, 그 앞뒤에서 '경계'가 문제될 수 있는 담론들까지 포괄해 다루고자 한다. '전사'前史에 해당하는 호메로스나 헤시오도스 등 시인들의 담론과, 성격상으로는 '자연철학 이후'post-natural philosophy에 해당하지만 연대상으로는 중첩되는 소피스트들과 소크라테스의 담론까지 시야에 담아 두고 논의를 전개할 것이다. 앞뒤의 경계에 위치한 이런 담론들과 철학 담론이 어떤 관계를 갖는가 하는 물음 자체가 이 책이 주목하고자 하는 핵심 사안 가운데 하나다.

담론

이 책은 초기 희랍의 철학 '담론'을 다룬다. '담론'談論이라는 말은 영어 '디스코스'discourse나 프랑스어 '디스쿠르'discours의 번역어이기 전에 우리말에서, 들려주는 이야기, 즉 화롯가[炎]에서 조용히 나누는 이야기[言]를 떠올리게 하는 '담'談과, 조리 있게 주장하고 설득하는 이야기, 즉 책冊을 모아[스] 읽거나 생각을 모아 정리해 여러 사람과 의견을 교환하며 나누는 이야기[言]를 떠올리게 하는 '론'論을 함께 묶어 주는 말이다.

'담'談이 이 책이 다루는 뮈토스(신화) 쪽에 보다 어울린다면, '론'論은 이 책이 다루는 로고스(논변, 합리적 설명) 쪽에 보다 어울리는 말이다. '담론'이라는 용어가 서양의 초기 지성사에서 이 두 요소를 아우르는 이야기 전통이 성립하고 발전하는 과정과 양상을 탐색하려는 이 책의 의도를 일정한 정도와 수준까지는 무난하게 반영할 수 있으리라 기대한다.[3]

전통

이 책은 초기 희랍의 철학 담론을 하나의 '전통'으로서 다룬다. '전통'傳統이라는 말은 우리말에서 일련의 계통 내지 큰 줄기[統]를 이루며 전해 내려오는[傳] 것을 가리키고, 서양어에서도 '트래디션'tradition은 어원인 '트라디티오'traditio에서 알 수 있듯이 넘겨trans주는dare 것,⁴ 그러니까 세대에서 세대로 넘겨주고 넘겨받는 것을 가리킨다. 한 쪽이 줄기, 가닥을 강조하고 다른 쪽이 넘겨줌을 강조하지만 대의는 다르지 않다. 전통은 어느 한 개인, 어느 한 집단, 어느 한 세대가 독자적으로 만들 수 있는 것이 아니라 그것들이 서로 주고받는 상호작용을 통해 연결되는 가닥과 줄기를 이룰 때 형성되는 것이다. 이 책의 관심 대상은 초기 희랍의 철학자들이 함께 이룩한 담론의 '전통'이다.

초기 철학자들이 '철학'⁵ 담론 전통을 확립하기 위해 의식적으로든 무의식적으로든 서사시나 신화 등으로 대표되는 기성의 문화적 권위와 '대결'했던 것은 지극히 자연스러운 과정이었다. 또한 그런 대결이 결과적으로 '논변'이라는 철학 특유의 담론 전통이 확립되고 전개되는 데 일정한 영향력을 행사했던 것도 부인하기 어려운 역사적 사실이다. 그러나 문화적 권위를 둘러싼 그 대결은 단순히 파괴와 대체라는 단선적 방식으로 이루어진 것이 아니라 계승과 혁신

---

3 참고로 본문에서 '담론'은 자주 '로고스'와 바꿔 쓸 수 있는 말로 쓰이게 된다.

4 라틴어 '트라디티오'*traditio*는 동사 '트라데레'*tradere*의 명사형인데, '트라데레'는 '…넘어'라는 뜻의 전치사 '트란스'*trans*와 '주다'는 뜻의 '다레'*dare*가 합쳐져 '넘겨주다'라는 뜻을 갖게 된 복합 동사다.

5 나는 지금 '철학' 혹은 '철학적'이라는 말을 별다른 설명 없이 사용하고 있다. 설명이 필요 없을 정도로 분명한 의미가 동의되어 있어서가 아니라 바로 그 의미를 탐색하고 음미하는 것이, 아니 조금 과장해서 말하면 그 의미를 함께 만들어 가는 것이 이 책의 목표이기 때문이다.

이 중첩된 복잡하고 미묘한 형태로 이루어졌다. 대결을 통해 자기 정체성을 확립하는 과정에서는 겨루는 상대방과의 차별성과 단절이 으레 강조되기 마련이고, 실제 초기 철학사도 그런 모습을 포함하고 있다. 그러나 그것에만 주목하면 그런 단절과 차별성 이면에 서로를 이어주는 공통점과 연속적 '전통'이 동시에 존재한다는 것을 간과할 우려가 있다. 이전 사유·담론 전통과의 차별성과 연속성 모두에 주목하는 것이 초기 철학사 이해의 핵심 관건이라 할 수 있다. 아니, 경우에 따라서는 균형을 위해 오히려 연속성에 더 주목해야 할 수도 있다. 초기 철학자들이 기성의 담론 '전통'과 다른 새로운 담론 '전통'을 시작하고 이를 독립적인 문화적·지성적 권위로 정착시키기까지 이전 것과의 차별성과 단절을 강조하는 것은 매우 당연한 수순이었지만, 그 대결이 강조하는 그런 혁신과 단절의 이면에서는 기성 권위가 가진 힘과 매력을 인정하고 발전적으로 계승하려는 시도가 동시에 수행되었던 것이다.

설득과 비판

초기 철학 담론 전통의 형성과 확립 과정은 그렇게 복합적인 과제를 수행하려 시도하는 과정이었다. 그 과정을 무엇보다도 '설득과 비판' 개념을 중심으로 조명하고 이해하는 것이 이 책의 목표다.

우리말 '설득'設得은 이야기[說]를 통해 상대방에게서 필요한 것(물건이든 마음이든)을 얻어 내는[得] 일을 가리킨다.[6] 번역어인 그 말의 서양 원어에 해당하는

---

6 『국립국어대사전』에 따르면 상대편이 이쪽 편 이야기를 따르도록 여러 가지로 깨우쳐 말하는 일을 가리키고, 한자 어원상으로도 이야기[說]를 해서 상대방의 돈이나 물건[貝]을 손[寸]에

영어 '퍼스웨이전'persuasion은 '말로 확신시키다', '어떤 행동을 유도 혹은 촉발하다'라는 뜻을 가진 라틴어 '페르수아데레'persuadere에서 연원한 것으로서 우리말의 '설득'과 크게 다르지 않다.[7]

그러나 이 책에서 내가 '설득'을 이야기할 때 보다 주목하고자 하는 것은 그것의 희랍어 대응 개념 '페이테인'peithein의 뉘앙스다. 그것과 어원을 공유하는 '피스티스'pistis[8]는 믿음이나 신뢰, 혹은 그런 믿음이나 신뢰를 가능케 하는 수단(증명, 증거, 보증, 담보 등)을 가리킨다. 담론의 맥락에서 '설득'이란 이렇게 라틴어적 의미(확신시킨다) 외에 믿음이나 신뢰를 줄 수 있는 수단(증명이나 증거)을 제시한다는 의미가 기본 바탕에 깔려 있다. 그러니까 단순히 심리적 영향이나 변화 유발 효과에만 초점을 맞추는 것이 아니라 그런 영향이나 효과를 가져올 수 있는 객관적인 매개물을 제시한다는 데 주요 강조점이 있다. 그 매개물이 바로 철학에서 핵심적으로 강조해 마지않는 논변이요, 더 특정해서 말하자면 논변의 근거라 할 수 있겠다. 요컨대 설득이란 근거(나 다른 신뢰 수단)를 제시해 상대방의 동의나 행동을 유발하려는 시도라 할 수 있다.

그런가 하면 '비판'批判은 우리말에서 어원상 손으로 쳐서[批] 잘라 나누는[判] 일을 가리킨다. 그 서양 원어에 해당하는 영어 '크리티시즘'criticism의 어원인 희랍어 '크리시스'krisis와 그 동사형 '크리네인'krinein 역시 옥석을 '가른다', '판정한다'는 뜻을 가진다.[9]

넣으려고 노력하는[扌] 일[帚]을 가리킨다.

7 '페르수아데레'persuadere의 명사형이 '페르수아시오'persuasio다. 여기서 영어 명사 '퍼스웨이전'persuasion이 나왔다.

8 두 단어의 원-인도유럽어 어원은 모두 '피트'pith다.

9 '크리티시즘'criticism은 라틴어 '크리티쿠스'criticus에서 왔고, 후자는 희랍어 '크리티코스'kritikos에서 왔는데, 이 말은 '크리네인'krinein에서 파생된 형용사다.

이 책의 핵심 인물인 파르메니데스가 이 두 말을 아주 인상적으로 이용해 자기 담론을 구성하고 자리매김한 바 있는데, 그런 파르메니데스 작업의 의의와 함축이 이 책의 근간을 이루는 핵심 모티브다. '설득'과 '비판'이 파르메니데스 이후 겪게 되는 일련의 역사는 이 책의 범위를 넘어서긴 하지만 매우 흥미롭다. '설득'은 파르메니데스 철학에서 진리와 동렬에 서있는 것으로서 매우 긍정적으로 자리매김되어 있지만, 이후 소피스트를 거치고 소크라테스와 플라톤에 오면 진리와 별도의 영역(즉 수사학)에 위치 지을 가능성이 다분히 열려 있는 양가적 평가ambivalence의 대상이 된다. '비판'은 특히 우리말 일상어에서 흔히 '비난'과 혼용되어, 잘못이나 결점을 지적하며 누군가를 책잡는 일 정도로 취급되는 일이 잦다. 하지만 예컨대 칸트가 자기 저작에서 사용했을 때의 그 '비판', 즉 '크리틱'Kritik이라는 말은 희랍어적인 원래 의미를 잘 담고 있다. 『순수이성 비판』Kritik der reinen Vernunft은 순수이성을 '비난'하는 책이 아니라 순수이성의 권역에 속하는 일과 아닌 일을 '갈라 분명히 해주는' 책이다.

이 책에서 주목하는 '설득'과 '비판'은 파르메니데스가 사용할 때의 그 중립적인 의미의 '설득'과 '비판'이다. 담론적 상호작용을 주고받는 두 당사자 사이에서 설득은 이야기를 제공하는 사람이 이야기를 통해 듣는 사람에게 자기 주장이나 입론을 뒷받침하는 믿을 만한 근거를 제시하는 일이고, 비판은 이야기를 제공받는 사람이 그 이야기가 담고 있는 주장이나 입론이 제대로 된 근거에 의해 지지되고 있는지, 그래서 자신도 그 주장이나 입론을 받아들일 만한지를 판가름하는 일이다.

나중에 플라톤은 '로고스(합리적 설명 혹은 근거)를 주고받는 일'logon didonai kai lambanein, 즉 '대화'dialogos를 철학 담론의 핵심 사항으로 강조하게 되는데, 이 책이 탐색하는 '설득과 비판'의 전통을 잘 이어받아 발전시킨 것이라 할 수 있겠다. 이런 설득과 비판이 초기 철학자들의 담론에서 구체적으로 어떻게 시도되고, 또 그것이 어떤 철학적·철학사적 의의나 함축을 갖는지 등은 이 책의 논의를 진행하는 과정에서 조금씩 드러나게 될 것이다. 다만 본문으로 들어가기 전에 이 담론 전통이 지니는 특성 내지 의의 가운데 우리가 함께 주목해 보았으면 하는 것들을 키워드를 중심으로 먼저 짚어 보고자 한다. 여기서 내가 제시하는 키워드는 그저 내가 이해하고 그리는 초기 희랍 철학 담론의 그림에 적당한 것일 뿐이므로, 독자 여러분은 본문의 자료들을 토대로 자기 나름의 키워드를 뽑아 보고 독자적인 이해와 탐색을 시도하며 즐기기를 권한다.

아곤

나는 희랍 문화를 잘 대변해 주는 키워드 가운데 하나가 '아곤'*agōn*이라고 생각한다. 겨룸, 싸움, 대결, 경연(콘테스트) 등을 가리키는 '아곤'이야말로 초기 철학자들이 일군 담론 전통의 배경과 장場, arena을 이루는 희랍 문화 일반을 잘 집약해 특징지을 수 있는 키워드다. 초기 철학사에 아로새겨진 아곤들이 구체적으로 어떤 모습들이었는지는 이 책 전체에 걸쳐 차근차근 함께 탐색하게 될 것이다. 또한 그런 탐색이 이루어진 후에는 그런 아곤들이 초기 철학사의 핵심적인 특징과 경향에 어떻게 영향을 주었는지도 논의할 수 있을 것이다. 다만 여기서는 그런 구체적인 개별 아곤들*agōn*-tokens을 추동하면서 또 그 아곤들에 의해 규정되기도 하는 거시적인 아곤 유형들*agōn*-types이 어떤 것들인지 대강 윤곽만 살펴보기로 하자.[10] 초기 철학사 전체를, 혹은 철학 이전 시기의 영향까지

---

10 '구체적인 아곤'/'개별 아곤'과 '거시적인 아곤'/'아곤 유형'이라 부른 것은 다른 말로 하면 전투와 전쟁 정도에 비견될 수 있겠다.

포괄하는 초기 지성사 전반을 인상적이고 유의미하게 특징지을 수 있는 아곤 유형들에는 다음과 같은 것들이 있다.

초기 지성사에서는 우선 필연(강제)과 설득의 대결이 아주 인상적이다. 호메로스 전통에서 물리적 강제로 이해되는 필연과 부드러운 설득은 서로 결합하기보다는 병렬되고 대조되며, 공존하기보다는 서로를 대체하기 위해 경쟁한다. 그러다가 나중에 철학자들에 의해 필연의 새로운 면모가 조금씩 발견 내지 개발되면서 종국에는 '필연에 의한 설득'으로 종합된다. 이 종합을 성공적으로 잘 보여 주는 것이 이 책의 중심에 위치한 파르메니데스의 담론이다. 이런 관점에서 보면, 이 책의 1부(1장과 2장)는 새로운 필연의 발견과 개발이 파르메니데스 이전 철학자들에 의해 진전되는 과정을, 2부(3장과 4장)는 파르메니데스에 와서 그 필연이 설득으로 종합되는 과정을 탐색하며, 3부(5장과 6장)는 그런 종합의 의의와 성과가 비판적으로 승계되고 수용되는 과정을 추적하는 셈이다. 그런 종합 내지 승화는 마침내 이런 유형의 아곤(즉 필연과 설득의 아곤)에 대한 반성을 통해 설득을 정치의 장에 실천적으로 적용한 아테네 민주주의 전통으로 연결되는데, 이 책의 끝에서 다루는 소피스트 전통이 이 과정에서 일정한 역할을 담당한다.

또한 초기 지성사는, 특히 초기 철학사는 주장(사변, 독단)과 비판(회의)의 대결로 특징지을 수 있다. 철학의 전통은 (적어도 주류 철학의 모범적 전통은) 어느 한 쪽의 손을 들어 주기보다는 양자의 균형과 종합을 지향한다. 말하자면 '비판을 통과할 수 있는 주장'을 추구한다. 물론 철학사의 첫 단계라 할 수 있는 밀레토스학파에서는 진리 주장 내지 사변이 강조되고(1부), 초기 철학사 마지막 단계인 소피스트에 가면 반대쪽 극단인 비판 내지 회의가 강조된다(3부). 그러나 중간 지점에 서서 그 양 극단의 긴장과 조화를 잘 드러내는 파르메니데스 철학은 초기 철학사의 본성과 진면모를 잘 대변해 주는 이런 대결과 종합의 전범이라 할 수 있다(2부). 이 책의 기본 구도는 한편으로는 주장과 사변, 다른 한편으로는 비판과 회의가 긴장과 균형을 이루면서 초기 철학사가 어떻게 파르메니데스에게 흘러들어 가고 또 흘러나오는지를 고찰하고 평가하려는 것이다.

그런가 하면 초기 지성사에는 이야기(신화, '뮈토스')와 설득(논변, 로고스)의 대결이 들어 있다. 호메로스적 이야기들은 일방적으로 진실을 선포하고 재미를 전달하며 지혜를 전수해 주려 하기에, 어떤 의미에서는 철학자들이 시도한 설득적 대화와 대립각을 이룬다. 하지만 이 대결은 주도권을 쥐게 된 철학자들의 손에서 설득적 대화의 일방적 승리로 끝난다기보다는 이야기의 기능도 승인되면서 설득의 역할이 보다 강조되는 종합의 형태로 마무리된다. 진실을 공유하려는 철학자들의 커뮤니케이션 전통이 이렇게 확립된다. 이야기와 설득의 대결 자체에 기본적으로 내장된 게임의 요소 내지 경쟁의 요소가 그저 개인 차원의 과시나 명예 추구로 끝나 버린 것이 아니라, 진리(진실) 추구와 공유라는 공적인 과제와 잘 연계되어 설득 커뮤니케이션의 전통으로 자리 잡을 수 있었던 것이다. 이 책의 1부와 2부가 진리를 일방적으로 선포하는 이야기 대 진리를 공유하려는 설득이 대결하는 과정에서 후자(즉 설득과 연결된 진리)가 전자(설득과의 연결을 의식하지 않은 채 그저 이야기로 선포되는 진리)를 포섭하며 새로운 담론 전통으로 확립되어 가는 과정을 드러낸다면, 3부는 파르메니데스에서 이렇게 결합된 진리와 설득이(즉 설득과 따로 놀던 진리가 설득과 결합하게 된 것이) 이후 철학자들에 의해 어떻게 계승되거나 조명되는가를 탐색하는 셈이다. 특히 진리와 설득의 단절을 극명하게 보여 주는 것이 플라톤이 이해하는 소피스트 전통이다. 플라톤이 보기에, 그들은 진리 공유가 무의미하거나 불가능하다고 선언한다. 그들이 새롭게 이어 간(혹은 세운) 설득의 전통은 진리 공유가 아니라 상대의 믿음 상태의 변화를 주된 목표로 삼았다는 것이다. 이 책의 탐색은 그 소피스트 전통에서 끝을 맺지만, 플라톤적 관점을 넘어 그 전통을 재평가하고 향유하는 일은 우리 몫으로 계속 남아 있고 열려 있다.

반성과 대화

파르메니데스의 '논변으로 판가름하라'*krinai logōi*[11]는 어구가 잘 대변하는 비판 전통은 자기 감시, 자기반성의 전통이며, 이는 소크라테스와 플라톤, 아우구스티누스, 데카르트, 칸트 등 주류 철학을 관통해 면면히 이어지는 전통이다.[12] 비판은 바깥을 향한 것이고 누군가를 거꾸러트리기 위해 하는 것이라는 생각은 다시 원점에서부터 재고되어야 한다. 플라톤이 전하는 소피스트들의 비판은 물론 그 칼날이 상대의 믿음을 향해 있었다. 그런 소피스트적 비판 전통이 과연 초기 희랍인들이 세운 비판 전통의 전부 내지 진면목인지 우리는 이 책에서 다시 묻게 될 것이다. 이 전통을 고찰하면서 나는 특히 파르메니데스가 소크라테스에게 끼친 영향에 주목하고자 한다. 그 영향의 기본 줄기를 나는 자기반성성self-reflexivity에서 찾을 것인데, 이런 영향 관계 탐색은 국내만이 아니라 서양에서도 아직 시도된 적이 없다.

　이 책이 탐색하는 초기 희랍의 설득과 비판의 전통은 달리 말하면 (위에서도

---

11 본문에서 상세히 고찰되겠지만, 파르메니데스에게 이야기를 건네는 여신은 로고스(논변)로 자신의 이야기를 판가름하라고 명한다. 즉 신적 권위 대신 로고스의 권위로 자신의 이야기를 비판할 것을 촉구한다. 신이 내놓는 명령의 내용이 정작 계시나 일방적 선포가 아니라 자기 이야기에 대한 합리적 비판의 촉구로 설정된다는 점이 파르메니데스 시의 중요한 면모다.

12 대표적으로 플라톤의 『향연』 212b나 데카르트의 『성찰』(1641) 서문 10쪽에는 자신을 설득한 근거를 가지고 타인을 설득하는 이야기 모델이 의식적으로 선명하게 천명되어 있다. 보다 상세한 내용은 플라톤 『향연』(2014a)의 작품 안내 38~39쪽과 198쪽 미주 135를 참고할 것.

잠깐 언급했듯이 플라톤이 강조하고 계승한 바 있는) 대화의 전통이라고 말할 수 있다. 철학 담론 전통은 일방적인 전달이나 유포가 아니라 설득을 시도하고 비판을 제기하면서 양방향으로 혹은 다방향으로 상호작용이 오가는 대화의 전통이다. 철학적 물음 혹은 철학적 대답의 산출과 일방적 유통만으로 철학적 전통이 세워지는 것은 아니다. 철학적 물음과 대답이 끊임없이 되먹임되고 상호 영향을 주고받는 과정에서 비판과 수정, 발전을 겪게 되는 것이 철학 담론 전통의 핵심이다.

진지한 유희

위에서 나는 초기 지성사를 특징짓는 아곤 유형으로 셋을 들었다. 필연(강제)과 설득의 대결, 주장과 비판의 대결, 이야기('뮈토스')와 설득(로고스)의 대결이 초기 철학사가 속한 큰 흐름을 이루는 거시적인 아곤들이다. 이 책에서 내가 설득과 비판 개념으로 최초 철학 담론 전통을 조명한다는 것은 무엇보다도 아곤을 평면적인 이분법의 눈으로 바라보는 태도를 넘어서는 일이다. 즉 초기 서양 지성사의 로고스(논변) 대 '뮈토스'(신화), 비판 대 주장, 설득 대 강제의 아곤들을 어느 한 쪽이 다른 쪽을 정복해 절멸시키고 대체하는 '전부 아니면 전무' 식의 싸움으로 바라보는, 기존의 단순하고 편협한 시각의 한계를 극복하려는 시도다.

이런 아곤을 치르면서 희랍인들은 단기적·개별적으로라면 모르되 장기적·거시적으로 보면 결국 어느 한 쪽으로 치우치지 않았다. 그들의 아곤은 균형 감각과 게임의 정신을 기조로 삼는 아곤이었다. 그들의 설득과 비판, 즉 대화의 전통은 대조와 긴장 내지 균형을 즐기는 반-이분법적인 전통이며, 이는 희랍 문화 전반에 걸친 특징이기도 하다. 똑 부러진 결론 혹은 하나의 진리를 추구하는 경향보다는 진리 추구 과정 자체를 즐기는 것이 아곤으로 대변되는 희랍적 사유의 중요한 한 특징이다. 그들의 지적 사유에 진지함*spoudē*이 없었다기보다, 그들이 진지한 추구 자체를 즐겼다는 말이다.[13] 이런 유희*paidia* 전통에도 불구하고 위에서 말한 커뮤니케이션 전통 및 자기반성 전통과 결합되어 있기 때문에 주류 철학 전통은 독단적 회의주의나 수사학의 전통과 일정한 선을 그으면서 발전할 수 있었다.

희랍어 구문에 특유한 '멘*men*-데*de*' 구조가 고대 희랍 특유의 대조하는 사고, 비독단적 사고를 극명하게 보여 준다.[14] 이런 희랍적 토양에서 자연스럽게 형성된 것이 회의주의*skepticism* 전통이다. '의심하고 보자', '의심하는 것이 옳다', '의심스럽지 않은 것은 하나도 없다'는 독단적 회의주의가 아니라 확실한 이야기를 할 수 있을 때까지 '두고 보자', '계속 생각해 보자'*skeptesthai*(숙고하다), '독단적 판단을 멈춰 보자'*epochē*는 것이 본래 희랍의 퓌론적 회의주의다. 이것은 나중에 별도로 개발된 독단적 회의주의와는 아주 다른 자유로운 사고, 다원적 사고, 대조적 사고, 비독단적 사고로서, 종국에는 희랍 민주주의의 토양으로 기능하게 된다.

많은 희랍 사람들의 믿음에 따르면, 아름다운 것들을 보는 사람은 아름다워진다. 아름다운 것들이 아름다운 것은, 그 아름다움이 우리에게 의미 있는 이유는, 그것 자체가 아름답다는 데서 그치는 것이 아니라 보는 사람들을, 보

---

13 철학은 여유*scholē* 있는 자들의 활동이다. 데카르트도 『성찰』에서 철학자의 조건으로 완숙한 나이, 일상사로부터 자유로움과 더불어 여유를 제시한 바 있다.

14 '한편으로는 이러이러한데*men*, 다른 한편으로는 저러저러하다*de*'on one hand…on the other hand…라는 대립적 아이디어의 병렬과 대조를 간단히 두 단어로 표현하기를 즐기는 희랍인들의 전형적인 언술 습관이다. 매 쪽마다 '멘… 데…'가 나오지 않으면 고전 희랍어 책이 아니라고 할 정도로 희랍인들이 상용하던 표현이다.

고 즐거워하는 사람들을 아름답게 해준다는 데 있다. 설득은 진리와, 그리고 비판은 자기반성과 긴밀히 연계되는 담론 전통을 탐색하고 음미함으로써 우리가, 즉 우리 지성계와 담론 세계가, 진지함과 유희를 상호 대체적 대립자로만 여기는 이분법에서 벗어나, 좀 더 여유 있고 건강한 활력을 되찾는 계기를 마련하게 되었으면 하는 바람 간절하다.

제1부

시인들의 신화 담론과
초기 철학 담론

제1장

신화와 상상
철학 이전 시인들의 담론 전통

이 장은 본격적인 철학사가 시작되기 전 상고archaic 시대의 희랍인들에게 삶과 세상에 접근하고 대응하는 관점과 조망을 제공해 준 두 위대한 서사시인 호메로스와 헤시오도스로 대표되는 신화 담론 전통을 다룬다. 이 장의 1절은 호메로스의 우주론적 신화 담론을, 2절은 헤시오도스의 우주 생성론적 신화 담론을 각각 정리하면서, 그들이 나중 철학자들에 의해 거론될 만한 어떤 이야깃거리들을 어떻게 만들어 냈는지 음미한다.

　훗날 이들의 작업에 대해 일정한 대응을 하면서 자신들의 새로운 담론 전통을 창출하고 확립하게 되는 철학자들의 이야기는 이 책의 2장 이후에 다루게 된다. 그러므로 신화 담론 전통과 철학 담론 전통 간의 본격적이고 세밀한 비교는 철학 담론에 대한 논의들까지 다 이루어진 후에야 가능할 것이다. 그러나 세부 사항에 들어가지 않고도 거론할 수 있는 일반적인 수준의 비교 논의는 이 장에서 다룬다. 이 장의 3절은 초기 지성사가 신화에서 철학으로, 혹은 뮈토스에서 로고스로 이행을 겪었다는 시각이 가진 의미와 한계를 살펴보면서, 대중적 호소력을 가졌던 신화 담론으로부터 새로운 방식의 철학 담론이 출발하게 되는 일대 전환에 연루된 문화적 긴장과 발전의 추이를 추적한다. 이어지는 4절에서는 특히 시인들의 시에 사용된 양상 개념의 분석을 통해 나중에 철학적으로 발전되고 고양될 논리적 개념 도구들이 어떻게 마련되고 자리를 잡아갔는지를 탐색한다.

이런 탐색과 고찰의 과정에서 나는 호메로스와 헤시오도스가 단순히 '원시적'primitive이고 비이성적이며 미신적인 사유 단계를 보여 주고 있다는 단계론적 접근 내지 이분법적 접근에 한계가 있다는 데 주목하고자 한다. 그러나 그렇다고 해서 마치 호메로스와 헤시오도스의 서사시에 이미 이후 철학자들의 문제의식이나 사유의 밑그림이 상당히 그려져 있다고 보는 접근 또한 문제가 있다고 생각한다.[1] 단절과 연속, 혁신과 계승이 긴장을 이루며 역동적인 발전을 겪었던 초기 철학사의 진면목에 다가가려면, 이런 도식적인 접근보다 훨씬 더 정교하고 균형감 있는 조망과 통찰이 필요하다.

1. 호메로스의 신과 세상 이야기

호메로스는 철학자가 아니었다. 대체로 기원전 8세기 중후반의 사람이었다고들 하니까, 6세기 초 탈레스를 철학사의 시작점으로 삼는 아리스토텔레스적 전통을 따른다면, 그는 철학이 시작되기 한참 전, 그러니까 근 150년 정도 앞선 시대를 산 사람이다. 그럼에도 불구하고 나는 철학 담론의 역사를 다루면서 호메로스로부터 이야기를 시작하려 한다. 사실 철학 담론의 역사만이 아니라 희랍 지성사의 그 어떤 부면에 대한 논의도 호메로스를 빼고는 온전히 진행되

---

1 20세기 초 버넷 J. Burnet이 전자를 대표한다면, 콘포드F. M. Cornford가 후자를 대표한다.

기 어려울 정도로 고대 희랍 문화 전반에 걸쳐 드리워진 호메로스의 그림자는 너무도 넓고 크다.

호메로스의 비판자로 이름 높은 크세노파네스조차도 "처음부터 모든 사람은 호메로스를 따라 배웠다."(DK 21B10)고 평가할 정도로 호메로스는 일찍부터 희랍에서 독특한 권위를 누리고 있었다. 희랍인들이 성서나 쿠란(일명 코란)에 해당되는 것을 갖고 있지는 않지만, 그들에게는 그런 것들에 버금가는 것으로 『일리아스』와 『오뒤세이아』가 있었다. 이것들은 성서처럼 권위 있는 텍스트이거나 권위 있는 해석자에 의한 해석으로 무장된 텍스트는 아니지만, 천년 이상 희랍인들의 (혹은 희랍적인) 교육과 문화에서 가장 핵심적인 위치를 차지한 텍스트들이다. 심지어 천년 뒤 아우구스티누스(일명 어거스틴)조차도 그 시들을 배우고 익혔다.

오랫동안 대다수 고대 희랍인들(혹은 희랍적 고대인들)은 도덕적 조망이나 신관, 그러니까 세상을 바라보고 세상을 살아가는 데 필요한 핵심적인 정신적 자원을 호메로스로부터 제공받았다. 이상적 인간이란 무엇이며 어떤 삶이 이상적 삶인가, 신은 어떤 모습이며 인간과 어떻게 관계를 맺는가 하는 근본적인 물음들을 묻고 해결함에 있어서 그들은 호메로스의 그림을 거의 답습했다고 해도 과언이 아닐 정도다. 철학자는 아니었지만 거의 성서처럼 희랍인들에게 읽힌 사람이기에 그가 그린 도덕 그림이나 신 그림은 나중 시대 철학자들과 서양인 일반의 사고가 발전하는 과정을 살펴보는 데 중요한 단서가 된다. 그렇게 희랍인들에게 가장 많이 읽히고 희랍의 철학자나 지성인들에게 가장 많이 언급된 사람이 호메로스다. 때로는 공격의 대상이 되기도 했다. 바로 그 도덕관이나 신관이 문제가 되었던 것이다.

사실 호메로스 텍스트를 보면서 우리가 관심을 갖는 이러저러한 문제들이 그가 명시적으로 혹은 의식적으로 직접 제기한 것들이라고 하기는 어렵다. 단지 뒷사람들의 논의 과정에서 호메로스의 이러저러한 관념이나 이해가 문제시되거나 이용되었다고 보는 것이 더 적절할 것이다. 그가 주장이나 논고 등 직접적인 방식으로 견해를 표명한 것은 아니고 시를 통해 이야기를 하다 보니 자연스럽게 이러저러한 세상일에 대한 자기 견해나 관점이 드러난 것뿐인데, 그런 견해나 관점이 마침 상식과 경험에 일정한 호소력을 가졌기에 확산되고 영향력을 행사하게 된 것이다. 그렇기 때문에 초기 철학자들이 왜 호메로스에 반기를 들려고 했는가를 이해하기 위해서라도 우리는 그의 생각에 주목할 필요가 있다.

물론 우리에게는 이른바 '호메로스 문제'Homeric question가 있다. 이제까지 나는 마치 두 서사시를 손수 지은 단일한 역사적 인물이 실재하는 것처럼 '호메로스'를 언급했지만, 정작 호메로스는 그저 '마지막 손'일 가능성이 높다. 즉 그 시들에 들어 있는 모든 이야기와 생각들을 단일 작가가 만들어 냈다고 보기는 어렵다. 오히려 앞선 이들의 경험과 지혜에서 우러난 내용들이 입에서 입으로 전해지고 쌓여 오다가 마침 어느 누군가의 손에서 그것이 마지막으로 집성 혹은 '문학적'[2]으로 형상화된 것인데, 그 누군가를 가리켜 '호메로스'라고 부르는 것뿐이다.[3]

『일리아스』의 주요 등장인물들은 지난 시대(약 400~500년 전 미케네 시대)의

---

2 물론 이 말은 '구술 문학'oral literature이라는 말이 그렇듯이 호메로스 서사시에 대해서는 일종의 형용 모순oxymoron이지만 편의상 그렇게 부르겠다. 이 점에 관해서는 Ong(2002)이 적절히 지적한 바 있다. 특히 1장을 참고할 것.

3 이 책에서 나는 '호메로스'를 『일리아스』와 『오뒤세이아』의 작가(혹은 더 정확히 말하면 마지막 편집자)를 가리키는 편의상의 이름으로 사용한다. 이 책의 주된 논지는 호메로스 문제에 대한 입장에 크게 좌우되지 않는다.

영웅들이다. 그들의 훌륭함/덕*aretē, virtus*이 어떻게 표상되고 있는지가 중요하다. 어떤 인간이 훌륭한(즉 아레테를 가진) 인간인가? 일단 우리가 생각하는 훌륭함과는 상당히 거리가 있다고 말해야 할 것이다. 우선 사람의 훌륭함을 구성하는 부분 가운데 일부는 그 사람의 통제 범위 밖에 있다. 훌륭한*agathos* 사람은 좋은 가문에 태어나야 하고, 그 자신이 부유하고 힘(어떤 의미로든)도 좀 있어야 한다. 이 가운데 어느 하나라도 못 갖추면 진짜 훌륭한 사람이라고 대접받기 어렵다. 심지어 좀 못된 행위를 하더라도 이런 요소들을 갖고 있으면 여전히 훌륭한 인간이라고 칭해질 수 있을 정도다. 사실 이 생각은 호메로스에서만 발견되는 것이 아니라 플라톤, 아리스토텔레스 시대에도 다소 개량된 형태이긴 하나 그대로 지속된다. 그들에게 있어서도 예컨대 '훌륭한' 친구란 경제적으로 어려울 때 도움을 줄 수도 있고 힘이 필요할 때 나서 줄 수도 있는 이른바 '능력 있는'*dynatos* 사람이다.

물론 그 사람의 통제 범위 안에 속하는 요소도 있다. 즉 훌륭한 사람은 행위에서 그의 탁월함을 보여 주어야 한다. 특히 전사로서 그리고 지도자로서 그렇다. 이때 훌륭한 사람에게 요구되는 덕은 힘과 기술과 용기다. 이런 덕들을 잘 갖추었기 때문에 아킬레우스는 자칭 타칭 "가장 훌륭한 아카이아인"*aristos Achaiōn*이었다.[4]

아킬레우스 같은 탁월한 사람들이 추구하는 목표가 바로 명예*timē*다. 명예는 일차적으로 다른 사람들의 좋은 평판이고, 이차적으로 그에 부수하는 물질적·사회적 대가(즉 재물이나 직책)다.

호메로스적 영웅은 기본적으로 개인주의적이다.[5] 자기 자신의 성공과 명성

---

4 『일리아스』 1권 244행, 412행, 16권 274행 등(cf. 2권 761행, 768~770행). 특히 Nagy(1980)를 참고.

이 일차적 관심사다. 그는 다른 사람의 이익이나 공동체 전체의 이익 등 집단적 목표에 (적어도 일차적으로는) 관심이 없다. 하지만 이렇게 자기중심적인 영웅이 어떤 의미에서는 타자 지향적이기도 하다. 그 자신이 목표로 삼는 좋음(훌륭함)이 타인의 평판에 달려 있기 때문이다. 또 영웅이 때로는 타인들의 이익에 무관심하지 않을 뿐만 아니라 심지어 관심을 갖도록 요구받기도 한다. 예컨대 아킬레우스는 희랍인들이 받는 고통을 이유로 아가멤논을 비난하고, 파트로클로스는 같은 이유로 아킬레우스를 몰아세운다. 그러나 타인의 이익에 대한 관심은 영웅의 훌륭함에 핵심적인 부분이 아니다. 집단 이익 혹은 타자의 이익은 이차적 관심사일 뿐이다. 아킬레우스가 희랍인들의 죽음에 아랑곳하지 않고 배에 남아 있더라도 그는 여전히 '가장 훌륭한 아카이아인'으로 남아 있다. 반면에 그가 동료들을 구하러 나섰다가 해적에게 잡혀 노예가 된다든지, 전투 중에 등을 돌려 도망을 친다든지 하면 그는 더 이상 '훌륭한' 사람이 아니게 된다. 요컨대 타인에게 신경 쓰는 일은 (물론 그것이 중요해지는 경우가 있지만) 언제나 덕(즉 영웅 자신의 명예)보다 부차적인 관심사다.

이런 호메로스적 도덕은 한 개인 안에서 혹은 개인과 공동체 간에 갈등을 일으킬 소지가 다분하다. 개인 차원에서는 자기주장(독립성, 자기 지향성)이 타인의 요구에 순응하는 것과 갈등한다. 『일리아스』 이야기를 추동하는 핵심 축 가운데 하나가 아킬레우스와 아가멤논 사이의 갈등, 즉 아곤이다. 이야기 서두에 재현된 그 싸움의 제1라운드에서 아가멤논의 권위에 밀린 아킬레우스가 사실 제2라운드에서는 얼마든지 이길 수도 있었다. 이때 그는 타인의 평판에 종속되지 않는 독립성을 보여 주면서 자신의 존재감과 진가를 공동체 내에 선명히

---

5 여기 논의는 Irwin(1989, 6~19) 참조.

각인시킨다. 그러나 파트로클로스의 죽음이라는 새로운 국면을 맞아 결국 그는 전투로 돌아온다. 그가 전투에서 빠진 것도 명예 때문이지만 전투에 다시 복귀하게 된 것도 명예 때문이다. 자기가 돌보아야 할 개인을 제대로 돌보지 않는다는 불명예에 대한 우려 말이다. 그의 행동은 이렇듯 철저히 개인주의적이고 자기중심적인 고려에 입각해 있다. 아가멤논과의 명예(권위) 다툼보다 더 중요한 갈등이 그의 내면에서 벌어지고 있었던 것이다.

공동체 차원에서도 영웅 개인의 명예가 사회 전체의 (혹은 사회적 약자의) 이익과 충돌할 수 있다. 『오뒤세이아』에 등장하는 구혼자들의 경우가 좋은 예다. 그들의 기생적 행동은 사회에는 악일지 모르나 그들 개인 각각으로만 볼 때는 얼마든지 대단히 '영웅적'인 것일 수 있다. 페넬로페와 결혼하는 사람에게 명예와 지위가 보장되기 때문이다.

이제, 이런 도덕들에 입각해서 삶을 영위하는 인간을 호메로스는 어떻게 바라보고 어떻게 이해했는지 살펴보자. 특히 영혼과 관련해 그의 인간 이해가 어떠했는지 관찰해 보자. 『일리아스』 1권 맨 처음은 이렇게 시작한다.

> 노래하소서, 여신이여, 펠레우스의 아들 아킬레우스의 분노를.
> 아카이아인들에게 헤아릴 수 없는 고통을 안겨 주었으며
> 영웅들의 많은 용감한 영혼들*psychai*을 하데스에게 보내고
> 그들 자신*autoi*은 개들과 온갖 새들의 먹이가 되게 한 그
> 파괴적인 분노를. 이렇게 제우스의 뜻*Dios boulē*이 이루어지고 있었다.
>
> 『일리아스』 1권 1~5행

여기서 '영혼'으로 옮긴 '프쉬케'*psychē*는 보다 정교하게 말하자면 '숨결' 같은 것, 결국 죽으면서 하데스로 떠나는 모상*eidōlon*이요 그림자다. 반면에 개와

새들의 밥이 된 그들의 육체가 '그들 자신'*autoi*으로 표현된다. 이는 나중 시대의 소크라테스적 영혼관과 극명하게 대비되는 대목이다.[6] 영혼이 자신*autos*, self이 아니라 육체가 자신으로 표현되고, 영혼은 그저 그림자일 뿐이다. 호메로스적 세계에서 영혼은 죽음 이후에 가시화될 뿐이지 살아 있는 자의 영혼은 특별한 주목의 대상이 아니다.

'영혼'과 더불어 호메로스에 자주 나오는 것이 '튀모스'*thymos*다. '육체'*sōma*라는 말 대신 복수형 '지체들'*melea*이 나올 때, 여러 지체들을 연결해 주는 것이 튀모스다. 이 튀모스는 사람이 죽으면('사지가 풀린다'고 표현한다) 빠져나와 하데스로 가는데, 사람이 살아 있는 동안은 분노하거나 용감히 싸우게 만든다. 인간이 화가 났다, 용감하다는 것은 신이 그에게 튀모스를 많이 주어서 그렇게 된 것이라고 표상된다.

'제우스의 뜻'*Dios boulē*이라는 말도 주목할 필요가 있다. 앞으로 이야기하게 될 모든 일들이 다 제우스가 의도한 바대로 진행된다는 것을 시인은 이야기 처음에 분명히 선언하고 있다. 이 문제는 아래에서 더 자세히 다룰 것이다.

그렇다면 호메로스는 세상을 어떻게 보았는가? 인간이 사는 세상의 일들이 모두 '제우스의 뜻'대로 이루어진다고 말한 데서 이미 분명해져 있듯이, 그는 세상을 신을 통해 보고 신을 통해 설명한다. 그러니까 그에게 세계관은 곧

---

6 소크라테스가 즐겨 쓰던 '너 자신을 알라'*gnōthi seauton*, Know yourself라는 말에서 '너 자신'*seauton*, your-self은 '너의 영혼'을 가리킨다. 이는 플라톤의 대화편들(특히 이 말을 주제적으로 다루는 『알키비아데스』나 『카르미데스』)에서 어렵지 않게 확인할 수 있다. 너 자신을 알라는 말의 중요한 의미 가운데 하나는 너의 영혼의 상태를 알라는 것이고, 이때 영혼이란 앎과 행위의 주체를 가리킨다. 그러니까 결국 너 자신을 알라는 말은 너의 영혼이 아는 상태인지 아닌지를 깨달으라는 말이 되는 것이다.

신관인 셈이다.

그런데 당시 사람들이 신이라 부른 것은 오늘날 우리가 신이라 부르는 것과 꽤 다른 일면을 갖고 있다. 신, 즉 '테오스'*theos*는 우선 '테이오스'*theios*, 즉 신기한 것, 얼른 이해할 수 없는 것, 비일상적인 것이다. 기독교적 전통의 신이 언명과 판단의 주어 자리에 오는, 절대적 숭배의 대상이라면 희랍적 전통의 신은 술어 자리에 오는, 창작, 예술 활동의 대상이다. 20세기 초 케임브리지의 저명한 고전학자 거드리W.K.C. Guthrie가 이 점을 잘 설명해 준다.[7] 그에 의하면 기독교에서는 '신(하느님)은 사랑이다'God is love라고 말한다. 주어로서 신을 상정하고 절대시하며, 그것의 속성으로 사랑을 말한다는 것이다. 반면, 희랍에서는 '사랑은 신이다'Love is a god라고 말한다. 여기서 신은 술어이며, 사랑이라는 비일상적 현상을 설명하기 위해 도입된다는 것이다. 기독교에서 주안점은 주어인 신 자체에 있지만, 희랍에서 주안점은 신이라는 술어로 설명하고 표상하려는 여러 세상사에 있다.

호메로스가(즉 희랍인들이) 꼽는 신의 또 다른 핵심적 특징은 '불사적'*athanatos, immortalis*이라는 것이다. 신은 스러져 없어지지 않는다. 반면에 인간은 죽을 수밖에 없다. 나중에 여러 철학자들에 의해서도 그대로 답습되던, 인간을 지칭하는 핵심적인 명칭이 바로 '가사자'可死者, *brotoi, mortales*다.

이렇게 신과 인간 사이의 건널 수 없는 '간격'을 상정하면서도 다른 한편 호메로스는 흥미롭게도 신과 인간을 매우 유사한 존재자로 그린다. 고대 근동[8]

---

7 Guthrie(1960, 10~11).

8 '근동'이라는 표현이 유럽 중심주의적인 생각에서 나온 것임을 부인할 수는 없을 것이다. 그러나 대안으로 제시되는 '서아시아'나 '서남아시아'가 가진 한계(이집트가 포괄되지 않는다) 역시 간과하기 어렵다. '정치적으로 옳은' 용어를 쓰자는 목적의식만큼이나 학문적 용어가 지닌 역사와 소통 수단이라는 역할도 무시할 수 없다. 요즘 세상 이야기라면 정치적으로 옳지

지방과 희랍의 신화에서 신은 흔히 자연력과 밀접히 연관되거나 동일시되는데, 동시에 희생과 기도로 달래지는 존재자로 이해되기도 한다. 그런데 호메로스에 나오는 신의 모습은 이런 경향을 기본적으로는 반영하지만 결정적인 지점에서 거스르기도 한다. 호메로스의 신들은 아주 인간적이다. 호메로스는 이른바 '신인동형론'神人同形論, anthropomorphism[9]을 전제하고 있다. 물론 성서의 하느님도 신인동형론적이긴 하다.[10] 그러나 설명의 방식은 거꾸로다. 성서는 하느님이 '자신들의' 형상대로 인간을 만들었다고 말한다. 성서에서는 그러니까 양자가 동형적同形的, isomorphic이긴 하지만, 인간을 '만든 자'creator로 표상된 신은 인간이 이해할 수 없는(혹은 따라갈 수 없는) 무한한 속성들을 가졌다고 말할 수밖에 없다. 그렇게 성서는 기본적으로 부정 신학[11]으로의 길을 열어 놓는다. 그런데 호메로스의 신은 거꾸로 '인간을 닮아 만들어진' 것이다.

그럼 왜 이렇게 신을 '인간적'으로 만들었을까? 그들을 이해 가능한 존재로 만들기 위해서다. 왜? 세상의 일들을 이해 가능하게 만들기 위해서다. 안정

않다는 비난을 면하기 어렵겠지만, 지중해 중심의 고대 희랍 이야기니까 감안해 주고 이 책에서는 그저 기존 용어의 편의성만을 취하고자 한다.

9 인간을 뜻하는 희랍어 명사 '안트로포스'*anthrōpos*와 모습을 뜻하는 희랍어 명사 '모르페' *morphē*를 합쳐서 만든 말이다. 인간 아닌 것(예컨대 신)이 인간의 모습이나 성향, 의도, 감정 등을 가지고 있다고 여기는 일을 가리킨다. 여기서는 신에 대한 논의여서 '신인동형론'으로 새겼다.

10 실은 '신인동형론'이라는 용어를 처음 사용한 것도 기독교에서 인간의 모습을 하느님에게 적용하는 '이단'을 언급하면서라고 알려져 있다.

11 '부정 신학'negative theology이란 신에 대한 최선의 접근은 긍정적 규정들을 통해서가 아니라 그런 규정들을 거부하는 부정의 방법을 통해서만 이루어질 수 있다는 신학적 입장을 가리킨다. 위에서 예로 든 '신은 사랑이다'가 긍정적 규정의 한 예라면, '신은 우리가 사용하는 사랑이라는 개념으로 포괄할 수 없다'고 말하는 것이 부정적 기술의 한 예라 할 수 있겠다. 동서고금의 부정 신학적 입장들을 종교사적·철학적으로 잘 정리해 준 탁월한 책으로 Armstrong (2009)을 추천할 만하다.

적인 목표를 가진 합리적 행위자는 예측 가능하고 신뢰 가능하다.[12] 호메로스의 신들은 고정되고 이해 가능한 목적과 의도를 가지고 있고, 예컨대 제사를 싫어한 건 아니지만, (아테나가 트로이인들에게 그랬듯이) 손쉽게 제사에 의해 흔들리지도 않는다. 자연의 힘들이 아무렇게나 인간에게 작용하는 것이 아니라 인간과 비슷하게 목적과 의도를 가진 신들의 행위의 결과라고 본다는 것은 자연의 진행 과정 속에서 어떤 규칙성 내지 질서를 찾는다는 것이며, 이런 탐구 속에서 호메로스는 희랍의 철학적 내지 학문적 사유의 원형을 보여 준다.

물론 호메로스가 그린 이런 규칙이나 질서에는 한계가 있다. 첫째, 신들이 꽤 한결같긴 하지만 그들은 또한 인간 영웅들이 그랬듯이 가변적이고 때로는 변덕스럽기까지 하다. 둘째, 자연 질서에 대한 그들의 통제가 완벽하지도 않다. 호메로스적 세계에서 어떤 일들은 우연히, 별 이유 없이 일어나기도 한다. 호메로스의 신은 기독교의 신만큼 '전능'하지 않다. 호메로스 이야기에서 신들(특히 제우스)과 모이라*Moira*(운명)나 아낭케*Ananke*(필연)의 관계는 늘 논란거리다.[13] 호메로스에서 제우스는 신과 인간들의 세상 전체를 주재하는 자로 간주된다.

우리는 모든 가사자들과 불사자들을 다스리시는

위대한 제우스의 뜻에 따릅시다.

『일리아스』 12권 241~242행

---

12 예컨대 『오뒤세이아』 9권의 폴뤼페모스 같은 괴물은 행동이나 반응에 대한 예측을 불허한다. 인간이라는 것, 문명을 가진다는 것은 예측 가능하고 그렇기에 신뢰 가능하다는 것을 가리킨다. 이것 자체가 『오뒤세이아』가 다루는 핵심 주제 가운데 하나다.
13 "신들조차 아낭케와는 싸우지 않는다."(시모니데스 단편 19.21 Edmonds) 이 단편은 아래 3장 2절에서 보다 상세히 다루어진다.

그러나 호메로스 이야기에는 제우스가 아들 사르페돈의 운명 때문에 괴로워하는 모습이 나오기도 한다. 다음은 『일리아스』 16권의 한 대목이다.

> 그들을 보았을 때 비뚤어진 꾀를 가진 크로노스의 아들은 가여운 생각이
>> 들었고
> 누이이자 아내인 헤라에게 말했다.
> "아, 나는 슬프오. 인간들 가운데 내가 가장 사랑하는 사르페돈이
> 메노이티오스의 아들 파트로클로스에 의해 죽을 운명moira이기에 말이오.
> 내 심장은 둘로 나뉘었소.
> 그가 아직 살아 있을 때 눈물로 가득 찬 전투로부터
> 낚아채다가 뤼키아의 기름진 땅에 내려놓을지,
> 아니면 메노이티오스의 아들에 의해 죽게 그냥 둘지를 내가 마음으로 숙고할
>> 때 말이오."
>
> 『일리아스』 16권 431~438행

앞서 인용한 12권 언명의 정신대로라면 제우스는 모이라(운명)를 어길 수 있을지도 모른다. 그런데 흥미롭게도 호메로스에서 제우스가 실제로 모이라를 어기는 일은 단 한 번도 일어나지 않는다. 『일리아스』에서 제우스는 결국 운명을 거스르지 말 것을 종용하는 헤라의 책망에 승복해 권도의 행사를 포기하고, 기껏해야 아폴론을 시켜 아들의 시신을 찾는 데 그친다. 그렇다면 이런 경우에 제우스는 모이라를 어길 수 있는 걸까, 없는 걸까?[14]

---

14 아래 4절에서 우리는 이런 가능성과 필연성에 관한 문제에 대한 탐색을 이어 갈 것이다.

호메로스적 세계에서 제우스는 세상의 도덕적 질서를 상징하며 제우스의 지배는 지적인(목적론적인) 통제를 시사한다.[15] 반면에 모이라의 역할은 (지적 통제에 의거하지 않는) 결정론을 시사한다. 제우스를 비롯한 신(즉 지적 행위자)들의 역할, 지성적이지 않은 필연으로서의 모이라의 역할, 그리고 그들의 틈새에 여전히 남겨져 있는 무질서한 자연력, 이런 문제들을 호메로스 텍스트는 끊임없이 우리에게 생각거리로 던진다. 나중에 철학자(우주론자)들이 골몰하던 문제들의 근원에는 이렇게 호메로스가 자리 잡고 있다.

호메로스가 직접 철학적 물음들을 제기하고 또 거기에 의식적으로 대답을 제시한 것은 아니지만, 그의 이야기들 속에는 철학적인 문제의식이, 그리고 삶과 세계에 대한 깊은 성찰이 내장되어 있다. 그의 시 속에는 세상의 모습에 대한 이야기, 즉 우리가 흔히 '우주론'cosmology이라 부르는 이야기가 신론theology적인, 즉 신의 이야기라는 포맷 속에 담겨 있고, 당대인들의 상상력과 호기심을 끊임없이 자극했다.[16] 희랍 철학이 우리 문제의식의 보고寶庫이듯 호메로스는 희랍인들의 문제의식의 보고였다.

이렇게 호메로스가 소중하고도 풍성한 철학적 문제의식의 원천 노릇을 하지만, 본격적인 철학사에 편입시키긴 어렵다. 비판과 설득이라는 일종의 대화

---

15 플라톤의 『티마이오스』에서도 데미우르고스, 즉 지성nous과 필연anankē의 관계에 대한 성찰이 나온다. 거기서 필연은 설득의 대상이다.

16 희랍어에서 질서를 가진 세상, 즉 우주를 가리키는 '코스모스'kosmos와 이야기, 담론, 논의 등을 가리키는 '로고스'logos가 합쳐진 말이 '코스몰로기아'kosmologia다. 이 말을 자기들 식으로 음사한 것이 영어의 '코스몰로지'cosmology이고 우리말로는 '우주론'으로 옮겼다. 말 그대로 우주에 대한 이야기다. 나중에 나올 '우주 생성론'이 시간 계기가 들어간 우주 이야기이므로 그것과 대비되어 거론될 때의 '우주론'이란 시간 계기가 빠진, 우주의 형태나 구조에 대한 이야기다. 방금 이야기에 '우주' 대신 '신'theos을 대입하면 '신론'theology에 대한 설명이 된다.

전통 속에 들어 있지 않기 때문이다. 아래에서 자세히 다루겠지만, 철학 담론 전통은 일방적 전달 내지 소통이 아니라 설득을 시도하고 비판을 제기하면서 양방향으로 혹은 다방향으로 상호작용이 오가는 대화의 전통이다. 다시 말해, 철학 담론 전통은 철학적 물음 혹은 철학적 대답의 일방적 산출과 유통만으로 세워지는 것이 아니다. 그런 물음과 대답이 끊임없이 되먹임되고 상호 영향을 주고받으며 비판과 수정, 발전을 겪는 과정이 바로 철학 담론 전통의 핵심인 것이다. 호메로스에게 '호메리다이'Homēridai라 불리는 추종자 혹은 후계자 그룹이 있었고, 또 그들을 통한 오랜 세월에 걸친 전달 과정이 있음에도 불구하고, 호메로스의 이야기 전통을 '철학' 전통이라 부르지 않는 까닭도 거기에 있다.

이것과 연결되는 이야기지만, 내가 호메로스를 본격적인 철학 전통에 넣지 않는 또 다른 중요한 이유는 호메로스적 담론의 내용과 방식과 의도가 기본적으로 설명과 납득에 초점을 맞추고 있지 않기 때문이다. 호메로스가 세상일들의 진행과 그 원인을 이야기하는 것으로 보이지만, 사실 그 이야기는 신들의 이야기로 대체되어 있다. 세상의 운행에 일정한 질서가 깃들어 있고 인간이 그것에 접근할 수 있다는 생각은 나중의 철학자들과 공유하고 있지만, 그가 바라보는 질서는 그저 신들에 의해 주어지고 신들의 이야기를 통해 이해되는 질서일 뿐이다. 호메로스에는 엄밀한 의미의 '원인/근거 설명'aitiology이 없다. 즉 원인/근거aitia를 밝히는 합리적 설명(로고스)을 제출하려는 적극적인 노력의 흔적이 거의 보이지 않는다. 나중에 플라톤이 앎의 표지 가운데 하나로 '합리적 설명(로고스)을 제시할 수 있음'logon didonai을 내세우면서 시인들의 담론에 대해 부정적으로 평가할 때도 바로 이런 점을 염두에 둔 것으로 보인다.[17]

---

17 『소크라테스의 변명』, 『이온』, 『메논』 등 플라톤 작품 전체에 잘 드러나 있다. 예컨대, 시인들의 경우 자신이 한 이야기들에 관해 제대로 된 '설명'을 해내지 못하는 것을 볼 때, 많은

2. 헤시오도스의 신과 우주 생성 이야기

'호메로스 문제'에 대한 다양한 대답에도 불구하고, 호메로스의 두 서사시가 호메로스라는 개인의 작품이 아니라 사실상 호메로스라는 이름으로 대변되는 누군가가 마지막 손질을 가해 편집 내지 집성한 산물이라는 데는 일정한 합의가 이루어져 있는 것 같다. 반면에 이제 다루게 될 헤시오도스의 두 작품은 완벽한 개인 작품이다.

먼저 『일과 날』*Erga kai Hēmerai*은 정의正義를 문제 삼으면서 일상인의 삶에 주목한다. 명예와 상, 용기 등이 문제되고 전사 사회의 귀족들의 삶이 고찰의 대상이던 호메로스의 작품과 비교하면 상당한 변화다. 자연의 진행은 옳고 그름과 무관하지 않다는 것, 다시 말해 인간의 행위와 자연의 행태 간에는 '함께 감응하는 관계'sympathetic relation가 있다는 것, 그렇게 자연의 질서란 곧 도덕적 질서라는 것이 『일과 날』의 핵심 메시지 가운데 하나다.[18]

또 다른 작품으로 흔히 '신통기'라고 번역되는 『테오고니아』*Theogonia*는 신들이 생겨난 이야기다. 여기서 신들은 세상의 모습들을 대변하는 역할을 하므로 결국 이 작품은 세상이 생겨나는 과정에 대한 질문과 대답이라 할 수 있다. 이것은 호메로스에서는 별로 제기되지 않았던 물음이다. 호메로스의 세상 그림에는 시간이 들어가 있지 않다. 즉 언제부터 그런 세상이 있었고 어떻게 그렇게 되었느냐 하는 문제는 언급되지 않으며, 심지어 그다지 의식되지도 않는다. 다른 말로 하면 호메로스에는 세상의 모습이나 구조에 대한 그림만, 그러

아름다운 것들을 '말하기'는 하지만 '알지'는 못하는 것이라고 평가하는 『소크라테스의 변명』의 유명한 대목(22a~c)이 그렇다.

18 Cornford(1957, 5~6).

니까 우주론*kosmologia*, cosmology만 떡하니 주어져 있다. 반면에 헤시오도스의 테오고니아는 호메로스의 그림에도 사실 역사가 있었다는 것을 보여 준다. 신 생성론 혹은 신들의 계보 이야기인 테오고니아는 사실상 우주의 생성(과정)에 대한 논의, 즉 우주 생성론*kosmogonia*, cosmogony이다.[19] 현상적으로 주어진 것이 시간적인 두께를 갖는다고 보는 사고가 투영된 것이라 할 만하다.

『신통기』 116~138행을 잠시 검토해 보자.

진실로 맨 처음 카오스가 생겼고*genet'*, 그다음으로

넓은 가슴의 가이아, 곧 눈 덮인 올림포스 꼭대기를 차지하고 있는

모든 불사자들의[20] 영원하고 굳건한 터전이 생겼으며,

또 안개 짙은 타르타로스가 생겼으니, 넓은 길이 난 땅(가이아)의 구석에 있다.

[120] 또한 에로스, 불멸하는 신들 가운데 가장 아름다운 신이 생겼는데,

이 신은 사지를 풀어지게 하고, 모든 신들과 모든 인간들의

생각과 사려 깊은 뜻을 그들의 가슴속에서 굴복시킨다.

카오스에서 에레보스(어둠)와 검은 뉙스(밤)가 생겼다.

---

19 앞의 주 16에서 설명한 '우주론'cosmology과 '신론'theology에 대비되는 말이 '우주 생성론'cosmogony과 '신 생성론'theogony이다. '우주 생성론'cosmogony의 어원인 '코스모고니아'*kosmogonia*에는 이야기, 담론을 뜻하는 '로고스' 대신 생성, 탄생, 계보 등을 가리키는 '게노스'*genos* 내지 '게네시스'*genesis*와 같은 어근인 '곤'*gon*이 들어 있다. '우주론'이 우주의 형태나 구조에 대한 이야기라면, '우주 생성론'은 우주의 생성이나 역사에 대한 이야기라 할 수 있다. 방금 이야기에 '우주' 대신 '신'*theos*을 대입하면 헤시오도스의 작품 제목이기도 한 '테오고니아'*theogonia*에 대한 설명이 된다.

20 김인곤 등이 편역한 우리말 『단편 선집』(2005)에는 원문 118행의 내용이 삭제된 채, "눈 덮인 올림포스 꼭대기를 차지하고 있는 모든 불사자들의" 대신 "모든 것들의"로 옮겨져 있다. 118행을 전해진 대로 두고도 의미 있게 맥락을 이해할 수 있다면 더 좋을 것이다. 아래에서 그런 이해의 단서가 자연스럽게 드러나리라 기대한다.

다시 뉙스에서 에테르(빛)와 헤메라[21](낮)가 생겨났는데,

[125] 이들은 뉙스가 사랑에 빠져 에레보스와 몸을 섞어서 낳았다.

진실로 가이아는 맨 처음으로 자신과 동등한,

별이 가득한 우라노스(하늘)를 낳았으니, 이는 어디서나 자신[즉 가이아]을
　　　덮도록 하고

지복의 신들에게는 영원히 굳건한 터전이 되도록 하려는 것이었다.

또 그녀[즉 가이아]는 긴 산들(우레아)을 낳았으니, 이것들은 신들,

[130] 주름진 [계곡의] 산들에서 지내는 님프들의 우아한 보금자리다.

그녀는 또한 굽이치는 불모의 바다인

폰토스를 환희의 사랑 없이 낳았다. 그다음에

우라노스와 잠자리를 같이 해서 자식들을 낳았으니, 깊은 소용돌이를 가진
　　　오케아노스와

코이오스와 크리오스와 휘페리온과 이아페토스와

[135] 테이아와 레이아와 테미스와 므네모쉬네와

황금관을 쓴 포이베와 사랑을 부추기는 테튀스라.

이들에 뒤이어 무장을 하고 꾀가 많은 크로노스를 낳았으니,

그는 자식들 가운데 가장 무서운 자라. 그는 원기 왕성한 아비를 미워했다.

헤시오도스 『신통기』 116~138행[22]

---

21 텍스트의 표기대로 읽으면 '헤메레'지만 논의의 편의를 위해 아티카 방언의 표기를 적용해 '헤메라'로 옮긴다.

22 『단편 선집』 68~70쪽에서 인용. 127행의 경우 『단편 선집』의 '자신을 감싸서' 대신 '자신 [즉 가이아]을 덮도록 하고'로 옮겼다.

앞 절에서 우리는 호메로스에서 합리적 설명(로고스)의 흔적이 거의 발견되지 않는다는 것을 확인한 바 있다. 그렇다면 헤시오도스에는 합리적 설명의 요소가 들어 있는가?

우선, 『신통기』의 우주 생성 이야기는 태초에 카오스가 '있었다'*ēn*가 아니라 '생겨났다'*genet'*로 시작한다.[23] 즉, 헤시오도스는 무엇이 있었느냐가 아니라 무엇이 생겨났느냐를 묻고 있다. 정태적인 모습 대신 생성의 계통과 과정을 문제 삼고 있는 것이다. 나아가, 위 인용문을 찬찬히 뜯어보면 헤시오도스가 우주 생성론을 전개하면서 일관된 어떤 구별과 구획 기준을 갖고 있는 것 같다는 짐작을 할 수 있다. 우선 카오스에서 생겨난 것과 가이아에서 생겨난 것을 각각 나누어 비교해 보자.

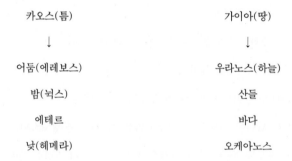

<table>
<tr><td align="center">카오스(틈)</td><td align="center">가이아(땅)</td></tr>
<tr><td align="center">↓</td><td align="center">↓</td></tr>
<tr><td align="center">어둠(에레보스)</td><td align="center">우라노스(하늘)</td></tr>
<tr><td align="center">밤(뉙스)</td><td align="center">산들</td></tr>
<tr><td align="center">에테르</td><td align="center">바다</td></tr>
<tr><td align="center">낮(헤메라)</td><td align="center">오케아노스</td></tr>
</table>

전자 그룹과 후자 그룹을 비교해 보면 각 그룹은 일정한 공통점을 갖고 있다.

---

23 희랍어 성서(일명 신약)의 우주 생성 이야기인 요한복음 1장 1절에 상태static 동사 '있었다'*ēn*가 등장한다. "태초에 말씀이 있었다*ēn*." 이는 히브리어 성서(일명 구약)의 우주 생성 이야기인 창세기 1장 1절에 행위dynamic 동사 '창조했다'가 등장하는 것과 대조된다. "태초에 하느님이 하늘과 땅을 창조했다*bārā'*." 헤시오도스의 우주 생성 이야기는 이 점에서 요한복음보다 창세기를 닮았다.

전자는 주로 공간 내지 자리에 해당하는 반면, 후자는 그런 자리를 채우는 사물에 해당하는 것들이다. 이런 식의 생성 설명 배후에는 어떤 합리적 원칙이 작동하고 있는 것 같다. 일종의 인과적 차별화의 원칙principle of causal discrimination, 즉 '비슷한 것이 비슷한 것을 낳는다'는 원칙 같은 것이 개재되어 있을 것이라는 말이다.[24]

그런가 하면 이 우주 생성론에는 일종의 목적론적 설명의 요소가 발견되기도 한다. 목적론이라 함은 '사물들은 그것들이 (지금 있는 그대로) 그렇게 있는 것이 좋기 때문에 그렇게 있다'는 식으로 설명하는 태도를 가리킨다. 126~130행의 두 문장은 왜 가이아가 우라노스를 낳았으며 왜 산들을 낳았는가 하는 물음에 대해 일종의 목적론적인 대답을 제시하는 것이라 할 만하다. 신들에게 자리를 주기 위해 우라노스를 낳았다고, 또 님프들에게 보금자리를 주기 위해 산들을 낳았다고 말이다.[25] 이런 원칙과 태도에 입각해서 일종의 합리적 설명을 제시하려는 시도는 호메로스에서 찾아보기 어려웠던 점이다.

이렇게 호메로스로부터 진일보한 모습을 일정 정도 보여 주기는 하지만, 헤시오도스 역시 호메로스처럼 자연 세계를 설명하기 위해 초자연적 신을 끌어들인다는 점, 결국 자연이 초자연에 포섭된다는 점에서 신화적 설명의 테두리를 탈피하지 못하고 있다. 하지만 헤시오도스와 호메로스 두 시인의 신화 담론은 세상이 우리에게 이해 가능하도록 질서 지어져 있으며 그래서 우리는 세상의 질서를 알 수 있다는 믿음을 공통적으로 전제하고 있다.

---

24 물론 이는 큰 틀에서 그렇다는 것이다. 작은 그림에서는 '반대되는 것이 반대되는 것을 낳는다'는 원칙이 작용하기도 한다. 예를 들어 뉙스(밤)와 에레보스(어둠)에서 에테르(빛)와 헤메라(낮)가 생겨난다고 할 때처럼 말이다.

25 올림포스 신들의 자리라는 118행의 언급도 이런 이야기의 연장선상에서 충분히 이해할 수 있을 것이다.

3. 신화에서 철학으로?

이제까지 우리는 호메로스와 헤시오도스로 대표되는 시인들의 담론을 살펴보았다. 두 시인의 담론 가운데 주목할 만한 부분을 간략히 정리하자면 이렇게 이야기할 수 있겠다. 호메로스는 우주의 모습을 이야기한다. 그는 우주의 질서에 대해 물었다. 그리고 그 질서는 신들의 질서로 설명된다. 그러니까 그는 우주론cosmology을 신론theology으로 풀어 제시한 셈이다. 그는 우주의 질서와 규칙성을 물었다는 점에서 이후 철학자들의 탐구를 촉진시켰다. 반면 헤시오도스는 우주의 모습이 어떻게 생겨났느냐를 이야기한다. 그는 우주의 기원과 생성에 대해 물었다. 그 기원과 생성 과정의 설명은 신의 계보theogonia로 설명된다. 그러니까 우주 생성론cosmogony을 신 생성론theogony으로 풀어 제시한 셈이다. 그는 우주의 기원과 생성을 물었다는 점에서 이후 철학자들이 시도할 탐구의 맹아를 간직하고 있다. 호메로스의 이야기에는 아주 미미해 거의 보이지 않던 원인 설명aitiology의 시도, 합리적 설명(로고스)을 제시하려는 노력의 흔적이 헤시오도스의 이야기에 오면 훨씬 더 두드러져 보인다.[26]

다음 장에서 다룰 최초 철학자들은 이 시인들과 대비되는 차별성을 가진 새로운 지적·문화적 권위를 확립하고자 부심했다. 이런 방향성을 가진 그들의 의식적 활동을 염두에 둔다면 뮈토스(신화) 대 로고스(논변, 합리적 설명)라는 이분법은 여전히 서양 초기 지성사를 읽는 유용한 한 코드라 할 수 있을 것이다. 이런 유용성과 플라톤의 권위에 힘입어 신화를 원시성, 허구성, 유아성, 전前논리성 등과 연결시키는 태도가 이후 서양 지성사를 주도했고, 이는 이 장르를

---

26 헤시오도스를 철학의 시작으로 보자는 견해가 이런 시각으로부터 나왔다.

'뮈토이'*mythoi*라는 다의적인 희랍어 대신 자신들의 일의적인 용어 '파불라이'*fabulae*(지어낸 이야기, 우화, 객설)로 바꾸어 지칭한 로마인들의 관행에서 잘 드러난다.

이런 이분법을 충실히 따르자면 시인들의 담론은 신화적 사고라는 특징을 공유한다. 모든 일이 일어나는 원인이나 근거를 결국 신들의 감정이나 행동으로 여기는 사고 말이다. 그들에게는 이를테면 모순에 대한 사고가 없었으며, 초자연적인 것과 자연적인 것이 구별되지 않은 채 섞여 있었다. 신화는 형식적 엄밀성을 추구하는 사고 혹은 추론적 사고가 포착할 수 없는 어떤 것을 직관적 영감에 의해 이해하고 이야기로 풀어내려 한다. 도식적으로 말해 신화의 이야기 방식이 감성적·직관적·신비적·구체적·묘사적·비유적·상징적이라면, 철학의 이야기 방식은 이성적·추론적·합리적·추상적·논리적·직설적이다.

이런 이분법적 구도에 따라 뮈토스에서 로고스로의 이행을 바라보는 관점은 다시 크게 둘로 나뉘어 서로 대립한다. 뮈토스와 로고스 양자가 서로 다른 패러다임이라고 전제하며 양자 사이에는 근본적인 차이 내지 단절이 있다고 보는 관점이 있는가 하면, 양자의 근본적인 일치 내지 연속성을 강조하는 관점도 있다. 단절적 대체냐 연속적 이행이냐 라는 기왕의 이런 논란이 강조점의 차이에 따라 문화사의 향방을 아주 달리 끌고 갈 수 있다는 점에서 나름 의미 있는 문제제기이기는 하다. 그러나 그런 이분법이 아직 확립되어 있지 않던 시대, 오히려 그 이분법의 경계선상에 위치한 시대를 다루면서 미리부터 양자의 나뉨을 전제하고 접근하는 것은 일종의 선결 문제를 안고 들어가는 것이요, 관찰자 쪽의 선이해를 관찰 대상 쪽에 과도하게 투영하고 덧씌울 위험에 노출될 수밖에 없다.

더욱이 우리의 논란거리인 핵심어 '뮈토스'와 '로고스'를, 정작 호메로스와 헤시오도스 자신은 플라톤적 이분법과 어긋나는 방식으로 이해하고 사용했다는 게 근래의 적지 않은 호메로스, 헤시오도스 연구자들의 관찰 결과이고 보면,[27] 덮어놓고 이분법을 떠안고 들어갈 일이 아니다. 앞으로 자연스럽게 논의되겠지만, 이런 사정은 '뮈토스'와 '로고스'가 가리키는 바가 동연적coextensive인 파르메니데스에서 극명하게 드러난다. 파르메니데스에서는 플라톤에서와 달리 '뮈토스'가 '로고스'와 같은 편에 있고 다른 편에 '에포스'가 놓여 있다.[28]

이런 이분법적 한계를 논외로 하더라도, 단절적 대체로 보거나 연속적 이행으로 보는 두 관점 모두가 일정한 한계와 강점을 동시에 갖고 있기 때문에 연속성과 차별성 둘 다를 잘 포착하는 제3의 안목이 필요하다는 것이 이 문제에 관한 나의 기본 입장이다. 다만 뮈토스와 로고스의 차별성에 주목하면서 철학 전통의 특유성을 강조하는 경향이 아직은 훨씬 더 강세라는 점을 감안해 연속론적 접근에 좀 더 무게를 실어 주는 것이 균형을 위해 유용하다고 생각한다.[29]

양자의 차별성을 부각시키는 견해는 희랍 철학자들 자신이 채택했던 것이기도 하며, 사실상 그런 견해에 힘입어 철학은 인류의 문화 전통 안에서 견고히 일정한 영역을 확보할 수 있었다고 해도 과언이 아니다. 이런 견해에 따라

---

27 예컨대 Lincoln(1999, 3~18), Morgan(2000, 17~20) 등.

28 이 점은 아래 4장 4절에서 상론될 것이며, 미세한 텍스트 분석은 강철웅(2004b), 특히 86~88쪽과 강철웅(2005a), 특히 212~216쪽을 참고할 것. Wilkinson(2009) 등 최근 논의들에도 여전히 이런 용례에 주의하지 않고 통상의 뮈토스-로고스 용법을 그대로 파르메니데스에 적용하는 사례가 관찰된다.

29 이런 사정은 비단 신화와 철학 문제에 국한되지 않는다. 이 책 3, 4장에서 다루게 될 파르메니데스 해석의 문제에서도 여전히, 유력한 전통적 해석은 파르메니데스의 차별성과 혁신성을 강조하는 쪽으로 아주 많이 기울어 있다. 여기서도 그렇거니와 3, 4장의 파르메니데스 이해 문제에서도 나는 연속론적 관점에 더 무게를 실어 주는 방향으로 초기 철학사를 이해하려 시도할 것이고, 이렇게 하는 것이 초기 철학사 전체에 대한 균형 잡힌 시야를 확보하는 데 도움이 되리라 생각한다.

로고스(논변, 합리적 설명)로 대변되는 철학적 사고를 좁게 이해하면, 철학은 형식적 엄밀성을 추구하는 학문으로서, 끊임없이 신화를 배척하면서 자신의 독자적인 영역을 개척해 온 것이 된다. 뮈토스-로고스 도식 자체는 시대착오적이지만 이 도식이 성립되는 데는 초기 철학자들의 자기 정체성 확보 노력이 큰 역할을 한 것으로 보인다. 서사시로 대변되는 당대의 문화적 권위에 도전하면서 새로운 지적 영역의 확보를 위해 끊임없이 시인들과 대결을 벌이며 시인들의 뮈토스에 대비되는 로고스의 가치와 중요성을 부각시키려고 의식적으로 노력했던 것이 초기 철학자들의 특징적인 면모 가운데 하나였다.[30] 이런 생각의 줄기를 따라가다 보면 철학이라는 문화 전통의 독특성, 차별성과 온전하게 만나게 될 것이라 기대하게 되고, 또 실제로 그렇게 될 것이다.

그러나 철학이 끊임없이 자기 정체성 확보를 위해 그은 경계선에만 주목하는 것은, 이를테면 우리가 기독교를 이해하려 하면서 개신교가 자기 정체성을 확보하기 위해 가톨릭과 그은 경계선에만 주목하는 것과 같다. 가톨릭과 달라지기 위한 개혁의 몸부림이 개신교의 본질을 이루는 중요한 부분인 것처럼, 개혁되기 전에 속해 있던 가톨릭과의 연속성 또한 개신교의 본질을 이루는 중요한 부분이다. 개신교를 정확히 이해한다는 것은 가톨릭을 정확히 이해하는 것을 당연히 포함할 수밖에 없다. 아니, 심지어 거기서 출발해야 한다고 해도 과언이 아니다.[31]

물론 인류 문화가 끝없는 자기 혁신을 통해 발전해 온 것임을 우리는 안다.

---

30 뮈토스-로고스 구분은 철학적 자기의식 발흥의 한 기능이라고 보는 모건의 견해(Morgan 2000, 23)가 바로 이런 입장을 잘 대변한다.

31 여기서는 편의상 기독교의 예를 들었지만, 가톨릭과 개신교 대신 부파 불교와 '대승' 불교를 대입하거나 유대교와 기독교를 대입해도 같은 이야기가 성립하며, 종교가 아니라 다른 문화 현상들에도 널리 적용할 수 있다.

그러나 그 혁신의 전통들을 온전히 이해하려면 혁신으로 인해 새롭게 얻어지는 것들에만 주목할 것이 아니라 그런 혁신에도 불구하고 계속 이어지는 것들에도 주목해야 할 것이다. 혁신을 이루어 가는 당대에는 혁신이라는 과제의 긴박성에 쫓겨 시야가 좁아지기 때문에 그 혁신의 온전한 의미가 잘 드러나지 않는 건 어쩌면 당연한 일이다. 따라서 철학이라는 혁신적 전통이 시작된 대목을 온전히 이해하려는 우리에게 요구되는 것은 바로 포괄적인 시야요, 혁신하는 것과 혁신되는 것의 차별성에도 불구하고 양자를 이어지게 하는 연속성 내지 동일성의 끈을 놓치지 않는 폭넓은 조망이다. 이 끈의 세부 내용들은 이 책을 진행하는 과정에서 조금씩 밝혀지겠지만, 여기서는 그 주요 가닥을 짚어 보기로 하자.

나는 희랍의 철학자들이 호메로스에서 가장 분명하게 읽어 낼 수 있었고, 그래서 호메로스를 이용해 철학을 할 수 있었던 가장 중요한 계기 가운데 하나가 '아곤'일 것이라고 생각한다. 아곤은 고대 희랍인들의 삶을 잘 대변한다. 아니, 가히 그들의 삶 자체가 아곤과 불가분의 관계에 있다고 할 수 있을 만큼 아곤은 그들 특유의 삶의 방식이다. 단지 지적인 측면에서만이 아니라 정서적·문화적인 모든 부면에서 그러하다. 올림픽 경기, 여러 제례 의식들에 포함된 예술 경연들, 도시 한가운데서 자신들의 삶을 토의하고 결정하는 민주주의 시스템, 그들을 '희랍인'*Hellenes*으로 묶는 데 중요한 역할을 한 전쟁, 폴리스 간의 경쟁과 내전 등등. 심지어 그들은 죽은 자를 황천(정확히는 '하데스'라 해야 맞겠지만)으로 보내면서도, 목전의 전쟁을 잠시 멈추면서까지 경기를 벌였다.[32] 호메

---

32 헥토르 시신의 반환과 장례를 노래하는 것(24권)으로 작품의 대미를 마련하기 전에 『일리아스』의 시인은 23권에서 파트로클로스의 장례와 기념 경기를 찬찬히 묘사하고 있다.

로스가 희랍인들의 정서와 삶을 잘 대변하면서, 동시에 역으로 그들의 정서와 삶을 지배하는 문화적 권위가 될 수 있었던 주요 요인 가운데 하나도 아곤을 '문학적'으로 잘 구현하고 있었다는 데서 찾을 수 있다고 나는 생각한다.

인간 삶의 모든 부면에 속속들이 침윤해 있는 아곤을 특징적으로 잘 부각시킨 것이 호메로스라면, 그 아곤을 특정 영역에서 특정의 방향으로 특화해 계승, 발전시킨 것이 철학자들이다. 그리고 그 계승, 발전의 중간 다리 역할을 한 것이 원인 설명 정신을 드러낸 헤시오도스다. 신화적 설명의 테두리를 벗어나지 못한 한계를 지녔지만 호메로스의 아곤 이야기가 철학자들의 아곤으로 이행하는 데 필요한 다리 역할을 해낸 것이 헤시오도스였던 것이다.

콘포드F.M. Cornford 등은 신, 자연, 영혼 등 철학자들의 주요 '개념'들이 이미 이전 시인들, 신화 작가들의 것을 '그대로' 받아들인 것이라고 말한다. 이런 연속론자들의 관찰 가운데는 우리가 참고해야 할 중요한 통찰이 적지 않다. 그러나 거기서 '그대로'라고 하는 것은 시인들이 쓰던 개념 그대로라는 말일 텐데, '어휘'가 같다고 해서 같은 '개념'을 썼다고 말할 수 있을까? 연속되는 것은 어휘에서보다는 오히려 질문에서 찾아야 하지 않을까? 앞에서 잠깐 살펴보았듯이 호메로스에는 철학자들이 이어받아 발전시킨 수많은 철학적 '질문'들이 내장되어 있다. 철학자들의 방식과는 다른 '신화적' 방식으로 그 질문들을 풀어내면서 로고스로 설명되지 않는 신비한 것들에 대한 일종의 '설명'을 시도했던 것이다. 이제 그 질문들, 그 문제의식들이 신화 전통에서부터 논변 전통으로 어떻게 분기되고 확립되어 갔는지를 차근차근 살펴볼 필요가 있다.

4. 호메로스 서사시에서 양상 개념

신화 전통에서 철학 전통으로 이행하는 과정은 단순한 단절적 대체나 결절 없는 순탄한 연속적 과정 가운데 어느 하나로 환원되기 어려울 것이다. 앞 절에서 말했듯 단절과 연속이 어우러진 그런 복합적인 과정이 아곤 전통의 특정한 발전 과정이었다. 그 과정의 주요 국면을 특징적으로 잘 엿볼 수 있는 대목 가운데 하나가 양상 개념의 발전사다. 고대 희랍 지성사에서 필연성, 가능성 등 양상 개념은 존재론ontology과 인식론noology/epistemology에서만이 아니라 담론론 logology/meta-discourse에서까지 논의의 향방을 가르는 중요한 변수이기 때문이다. 이제 양상 개념 발전의 역사를 더듬어 보기 위해 시인들에게서, 특히 호메로스에서 양상 개념이 어떻게 표현 혹은 표상되고 있는지 고찰해 보기로 한다.

이 문제에 들어가기 전에 먼저 우리는 이제까지 당연시했던 상식적 이해를 잠시 내려놓을 필요가 있다. 이를테면 '…해야 한다'의 부정이 '…하지 않아도 된다'라는 생각, 사실과 당위가 구분된다(내지는 구분될 수 있고 또 구분되어야 한다)는 생각, 혹은 '…할 수 없다'는 말은 주로 물리적인 의미나 논리적인 의미로 사용된다는 생각 같은 것 말이다. 우리가 흔히 가지곤 하는 그런 선이해들을 잠시 접어 두고 '…해야 한다'나 '…할 수 없다'는 말이 호메로스에서 어떤 의미를 가졌는지 추적해 보자.

먼저 콘포드 등의 관찰에 따르면 호메로스에는 명료한 절대적 불가능성 개념이 빠져 있다.[33] 불가능하다는 것, 즉 '아뒤나톤'*adynaton*하다는 것은 어떤 주체의 능력*dynamis* 범위를 넘어서 있는 것을 가리킨다. 어떤 일이 내가 할 수 있

---

33 여기 소개된 콘포드의 생각에 관해서는 Cornford(1957, 14) 참조.

는 것의 한계를 넘어설 때 그 일은 내게 불가능한 것이다. 능력이란 잠시 동안 자신에게 적절한 정상적 한계를 넘어 발휘될 수도 있으므로 신들은, 아니 심지어 인간들조차도 불가능한 것을 성취할 수 있다. 그건 달성할 수 있으나 바람직하지 않은 위험한 것이다. 그들의 능력을 정상적으로 올바르게 한정하는 특정의 운명적인 한계가 있기 때문이다. 그 한계를 넘는 일은 가능하긴 하지만 즉각 네메시스(응보)를 일으키게 된다. 운명의 이런 한계 규정은 단순한 물리적 불가능성의 장벽이 아니라 오히려 도덕적 의무의 명령이다.[34]

여기서 콘포드가 '도덕적 의무의 명령'이라고 말한 것을 나는 앞으로 '규범적 필연성'normative necessity[35]이라 부를 것이다. '…해야 한다'와 '…하지 않을 수 없다'가 자연스럽게 어울려 있는 이런 규범적 필연성 개념은 호메로스에게 아주 자연스러운 것이었다. 이를 잘 드러내는 어휘가 호메로스의 '크레온'*chreōn* (…해야 한다)과 '에오이케'*eoike*(…같다, …에게 어울린다, 알맞다)다. '크레온'은 아주 분명히 의미가 확립된 규범 지시어지만, '에오이케'는 그 의미가 규범과 비규범 사이를 넘나드는 애매한 용어다. 바로 그 애매성이 내가 특히 '에오이케'에 주목하는 이유다. 비규범성으로부터 규범성으로 사고가 어떻게 이행하는지를 잘 보여 주는 사례가 되기 때문이다.

'에오이케'의 의미는 크게 두 가지로 갈린다.[36]

---

34 앞에서(1절) 『일리아스』 16권을 화두로 제기된 제우스의 권능의 문제가 바로 지금 우리가 살펴보고 있는 가능성과 필연의 문제다.

35 Mourelatos(2008, 84, 277~278) 참조. 4장 2절에서 보다 상세히 논의된다.

36 LSJ와 Autenrieth(1958)의 관련 항목 참조. 이하 호메로스의 양상어에 관한 분석은 강철웅(2003, 34~41)에 기반을 두고 있다.

(1) 닮다

(1a) '…같다'be like, '…를 닮았다'resemble

→ (1b) '…처럼 보인다'look like, '…라고 보인다'seem, *videri mihi*

(2) …답다

(2a) '…에게 어울린다'befit, '…답다'beseem

→ (2b) '그럴듯하다'be likely, '알맞다'be fitting, reasonable

'적당하다'be suitable

'닮다'와 '…답다'라는 이 두 의미 갈래는 다음의 두 주요 용법으로 정리될 수 있다.

(i) 유사성의 기술description: 'x는 y같다' 혹은 'x는 y와 닮았다'

→ (i)′ 추측 진술로 발전

(ii) 어울림 혹은 적절성의 규정prescription: 'y는 x답다'

→ (ii)′ 의무/규범 진술로 발전

(여기서 x는 행위자 혹은 여타의 등장자

y는 행위나 상태 혹은 그것을 대변하는 행위자나 사물)

두 용법 모두에서 공통점은 비교가 행해진다는 것이다. (i)에서는 영웅들(및 다른 등장자들)의 행위(및 상태)가 더 쉽게 관찰되는 다른 사태와 비교된다. 반면에 (ii)에서는 영웅들(및 다른 등장자들)의 행위(및 상태)가 그들의 직무/자격title/기능상 기대되는 의무나 응분의 것deserts과 비교된다. (i)은 등장자들의 행위를 청자가 더 생생하게 상상할 수 있게 만든다. 반면에 (ii)는 등장자들의 행위를 청자가 평가적 관점에서 바라볼 수 있게 만든다.

x가 (i)에서는 y가 아니지만 비슷한 점이 있다는 것이고, (ii)에서는 y여야 한다는 것이다. (i)에서 예컨대 아킬레우스가 사자같이 덤벼든다고 노래될 때, 아무도 아킬레우스를 사자라고 생각할 청자는 없다. 다만 사자의 어떤 행태로 아킬레우스의 어떤 행태를 짐작할 뿐이다. (ii)에서 예컨대 왕은 겁먹어서는 안 된다고 노래될 때 왕이 겁먹는 상태에 처할 수 없다(즉 그런 일이 일어날 수가 없다)고 생각할 청자는 없다. 다만 왕이 겁먹는다는 것은 왕다움과 거리가 있다는 말을 듣고 있는 것뿐이다. 다시 말하면 (i)에서 등장자와 비교되는 것은 등장자가 그런 상태가 될 수 없는(물리적으로 불가능한) 것이지만, 적어도 (ii)에서 등장자와 비교되는 것은 등장자가 얼마든지 그런 상태가 될(혹은 안 될) 수 있을(물리적으로 가능할) 뿐만 아니라 그런 상태가 되는(혹은 안 되는) 것이 바람직한(이상형인) 그런 것이다.

(ii)는 (ii)′로 이행해 결국 '크레온'chreōn과 자연스럽게 연결되는 방향으로 발전한다. 호메로스 텍스트의 명령의 문맥들에 심심치 않게 '에오이케'eoike가 발견된다. 예컨대 귀국을 권유하는 아가멤논에게 디오메데스가 하는 말을 들어 보자.

> 원로들을 위해 잔치를 베푸시오. 이 일은 확실히 온당하며eoike 확실히 부당하지 않소ou … aeikes.
>
> 『일리아스』 9권 70행

여기서 디오메데스는 아가멤논이 원로들을 위해 잔치를 베풀어야 한다고 주장한다(명령형은 해야 할 바를 지칭한다). 그 이유는 아가멤논이 그렇게 하는 것이 '에오이케'하다는 데서 찾아진다. 여기 '에오이케'는 위 (ii) 용법의 연장선상에 있음이 분명하다. 아가멤논이 잔치를 베푸는 일이 온당하다는 것은 그렇게 하는 것이 아가멤논의 사회적 역할에 어울린다는 것이다. 이어지는 말 "당신의 막사에 술이 그득하며 [...] 모든 접대가 그대에게 달려 있으니까"가 바로 그런 의미를 뒷받침한다. 그 구절의 의미는 아가멤논만이 그 일을 할 수 있다는 것인데, 아가멤논의 사회적 지위 혹은 자격 때문에 그 일이 아가멤논에게 달려 있고, 따라서 그 일을 한다는 것은 그의 이런 지위나 사회적 기대에 어울린다는 말이다. '지위상 그가 할 수 있다' → '하는 것이 그에게 어울린다' → '그가 해야 마땅하다'의 자연스러운 의미 연관 내지 발전이 엿보인다.

(가) x가/x만이 …할 수 있다.

(나) (x가) …하는 것이 x답다/x에게 어울린다.

(다) x가 …하는 것이 옳다./마땅히 x는 …해야 한다.

이제 부정어가 붙어 있을 때의 '에오이케'를 살펴보자. 우선 위에서 (2b)의 사례로 들기도 했던 다음 문장은 불가능성과 함께 짝지어 나와 있다.

내가 그대의 말*epos*을 거부한다는 것은 있을 수도 없고*ouk est'* 어울리지도 않습니다*oude eoike*.

『일리아스』 14권 212행

논의의 편의상 불가능성 언술만 나와 있는 다른 대목을 먼저 언급해 보자.

내가[37] 피와 먼지를 온통 뒤집어 쓴 채 검은 구름의 신인

크로노스의 아들에게 기도를 드린다는 것은 어떤 식으로든 있을 수 없는

일입니다*oude pēi esti.*

『일리아스』 6권 267b~268행

여기서 '있을 수 없다'는 말은 논리적 불가능성이나 물리적 불가능성을 의미하지 않는다. 문맥으로 보아 그것은 '일어나서는 안 되는 일이다', '그러면 안 된다'는 의미다. 즉 이때의 불가능성impossibility은 부정적 의무negative obligation로 읽는 것이 자연스럽다. 굳이 불가능성이라고 해야 한다면 용인 불가능성impermissibility이나 규범적 불가능성normative impossibility이라고 할 만한 것이다. 이는 마치 '대통령이 자기 집무실에서 그런 불미스러운 짓을 한다는 것이 도대체 있을 수 있는 일이야?'라고 말할 때의 '있을 수 없음'이다. 그것은 '대통령이 그런 일을 한다는 것은 대통령답지 않다'는 말의 다른 표현이며, 이는 다시 '대통령이 그런 일을 하는 것은 옳지 않다', '대통령은 그런 일을 해서는 안 된다'는 의미로 자연스럽게 연결된다.

  (라) x가 …하는 것은 있을 수 없다.

  (마) …하는 것은 x답지 않다/x에게 어울리지 않는다.

  (바) x가 …하는 것은 옳지 않다./x는 …하면 안 된다.

직전에 인용한 14권의 문장에서 '있을 수 없음'과 같이 나온 '어울리지 않음'

---

37 혹은 일반 주어로서 '사람이'로 새길 수도 있다. 명시적으로 주어가 표현되어 있지는 않다.

은 (라)에서 (마)로의 이행이 자연스럽게 이루어질 수 있음을 보여 주는 사례라 할 수 있을 것이다.

이제 (마)에서 (바)로의 이행, 그리고 그것과 나란한 위 (나)에서 (다)로의 이행에 대해 좀 더 살펴보자. 이 이행은 마치 매킨타이어A. MacIntyre가 '자연주의 오류'naturalistic fallacy[38] 지적에 대한 반론을 펴면서 내세운 '기능적 개념'functional concepts의 예에서처럼 사태에 대한 기술description로부터 의무 규정으로(즉 존재에서 당위로) 넘어가는 과정을 보여 주고 있다.[39] 당위/의무가 도출되는 근거는 x의 x다움, 즉 x의 본분, 목적, 기능이 충족되는 방향으로 사태가 진전되어야 한다는 믿음일 것이다. 이는 (나)에서 (다)로의, 그리고 (마)에서 (바)로의 이행이 무리 없게 하기 위해 (바)에 숨어 있는 전제가 무엇인지 짐작해 볼 때 얻어질 수 있다. 아마도 그 전제는 'x가 x다우려면'일 것이다.

이제까지의 논의에 대해 혹자는 (다)와 (바)가 각각 나란히 놓일 수 없는 명제를 병치시킨 것 아닌가라고 질문할 수도 있을 것이다.

---

38 사실과 가치/당위가 선명하게 구분된다는 전제를 받아들이면, 사실(혹은 그것에 대한 판단)로부터 가치/당위(혹은 그것에 대한 판단)를 도출하려는 시도는 잘못된 것으로 간주된다. 이런 시도를 문제 삼을 때 흔히들 '자연주의 오류'라는 꼬리표를 사용한다. 20세기 초 무어 G.E. Moore가 쓰기 시작했다.

39 MacIntyre(1984, 57 이하). 그는 '시계'와 '농부'를 예로 든다. 그에 의하면 우리는 '시계'나 '농부'와 같은 개념들을 시계라면 혹은 농부라면 으레 그 성격상 수행할 것으로 기대되는 목적이나 기능을 가지고 정의한다. 그러므로 좋은 시계나 좋은 농부의 개념을 떠나 시계나 농부의 개념을 정의할 수 없으며, 시계의 기준과 좋은 시계의 기준이 따로 놓지 않는다는 것이다. 매킨타이어식 논의를 따르면 존재와 당위, 사실 판단과 가치 판단의 경계가 생각만큼 선명하지 않게 된다. '이 물건은 시계다'라고 말하는 것은 '이 물건은 우리가 볼 때마다 시간을 정확히 표시해 주어야 한다'와 별개의 이야기가 아니고, '이 사람은 벼농사를 짓는 농부다'라고 말하는 것은 '이 사람은 논에 물 대는 일에 관해 알고 있어야 한다'와 무관한 이야기가 아니다.

(나) …하는 것이 x답다/x에게 어울린다.

↔ (마) …하는 것은 x답지 않다/x에게 어울리지 않는다.

(다) x가 …하는 것이 옳다./마땅히 x는 …해야 한다.

↔ (바) x가 …하는 것은 옳지 않다./x는 …하면 안 된다.

(나)와 (마)가 부정 관계에 있다는 것은 분명한데, (다)와 (바)는 분명치 않다는 것이다. 특히 왼편의 것

(다a) x가 …하는 것이 옳다.

↔ (바a) x가 …하는 것은 옳지 않다.

는 부정 관계를 쉽게 떠올릴 수 있지만, 오른편의 것

(다b) 마땅히 x는 …해야 한다.

↔ (바b) x는 …하면 안 된다.

는 부정 관계가 아니지 않은가 하는 반문이다. 다시 말해 의무의 부정은 의무의 부재이지, 부정적 의무가 아니지 않은가 하는 반론이다. 양상 논리학의 규칙을 굳이 끌어오지 않더라도 일상 언어[40]에서 (다b)의 부정은 흔히

---

40 이때 '일상 언어'란 우리말만이 아니라 현대의 대표적 서양 언어들(특히 인도 유럽어 계열의 언어들)까지, 아니 오히려 서양 언어들을 더 염두에 둔 것이다.

(바c) x가 반드시 …할 필요는 없다

이다.

그런데 호메로스에서 자주 (그리고 이후 희랍 문헌들에서도 적지 않게) (다b)와 (바b)가 부정 관계를 이루는 것으로 간주된다. 다음에 언급하는 구절들은 분명한 사례에 속한다.

> 또 그대는 그 사람을 좋아하면 절대 안 된다*oude ti se chrē*.
> 그대를 좋아하는 나에게 미움을 사지 않으려거든 말이다.
>
> 『일리아스』 9권 613b~614행

> 또 그대는 무장한 채 그냥 서 있으면 절대 안 된다*oude ti se chrē*.
>
> 『일리아스』 10권 479b~480a행

어떤 것의 필연의 부정은 그것의 부정의 가능이라는 현대 서양 언어적인 감感을 가지고 희랍 문헌을 읽을 때 자주 혼란을 겪게 되는 대목 가운데 하나가 바로 이 '필연' 용어에 부정사否定詞가 붙어 있는 경우이며, 나중에 자세히 다루겠지만 파르메니데스 연구에서도 그런 사례가 없지 않다.[41] 다음과 같이 덜 분명한 경우의 예를 보자. 오뒤세우스를 알아본 유모가 집안 여인들 중 누가 배신자이고 누가 아닌지를 알려 주겠다고 하자 오뒤세우스가 하는 말이다.

> 유모, 왜 그녀들에 대해 꼭 그대가 이야기를 하려 합니까?[42] 그대는 그렇게

---

41 많은 논란의 대상인 B8.54의 '*ou chrēon estin*'에 대한 Tarán(1965)의 해석이 그 대표적인 사례다. 4장 2절에서 보다 상세히 다루어진다.

하면 절대 안 됩니다*oude ti se chrē*.

『오뒷세이아』 19권 500행

앞 두 구절의 정형구formula를 그대로 담고 있는 이 대목은 일견 의무의 부재로 읽어도 당장 의미가 손상되지는 않는 듯 보이기도 한다.[43] 그러나 이어지는 구절은 역시 이 정형구의 의미가 앞의 구절들에서와 같다는 것을 잘 보여 준다.

나 자신이 직접 잘 살펴볼 것이고 그녀들 각각에 대해 알게 될 겁니다.
그러니 잠자코 이야기를 멈추고 결과는 신들에게 맡기세요.

『오뒷세이아』 19권 501~502행

같은 정형구가 사용되고 있고 비슷한 상황(즉 상대의 말을 제지하는 상황)이 연출되는 또 다른 덜 분명한 사례를 살펴보자. 애마 크산토스가 아킬레우스의 파멸적 운명에 관해 인간의 목소리로 예언하는 대목이다.

그가 그렇게 소리 내어 말하자 에리뉘스들이 목소리를 막아 버렸다.
그리고 발 빠른 아킬레우스가 크게 동요되어 그에게 말했다.
"크산토스, 왜 나에게 죽음을 예언하는가? 그대는 그렇게 하면 절대 안 된다
　oude ti se chrē.
나 자신도 여기서 죽는 것이 나의 운명*moros*이라는 것을 잘 알고 있다.

---

42 '유모, 그녀들에 대해 그대가 무슨 이야기를 하겠다는 겁니까?'로 옮길 수도 있다.
43 예컨대 특정 서양 번역에 의존했으리라 짐작되는 천병희 번역의 『오뒷세이아』(2002)도 "그럴 필요는 없어요"로 옮기고 있다.

사랑하는 아버지와 어머니로부터 멀리 떨어진 이곳에서 말이다. 그러나 그

　　렇다고 해도

　　나는 트로이인들을 전쟁에 신물이 나도록 몰아대기 전에는 멈추지 않을 것

　　이다."

『일리아스』 19권 418~423행

　　도즈E.R. Dodds의 설명에 의하면 에리뉘스들이 말의 목소리를 막은 이유는 말이 말하는 것이 모이라(운명)를 어기는 것이기 때문이다.[44] 그는 흔히들 하는 해석에서처럼 도덕적 기능(즉 복수나 징벌 등)을 수행하는 것이 에리뉘스의 일차적 기능이 아니라 모이라의 실행/실현이 그 일차적 기능이며, 여기서 모이라는 특히 가문이나 사회적 관계에서 나오는 위상status에 대한 요구를 가리킨다고 말한다. 부모는 부모로서, 형은 형으로서, 심지어 거지는 거지로서 그에게 마땅한due 어떤 것을 갖고 있으며, 에리뉘스들은 그것을 보호해 준다는 것이다.

　　도즈의 설명은 에리뉘스에 관한 것이었지만, 에리뉘스가 관계하는 모이라가 부각된 문맥의 한가운데에 우리가 논의해 온 예의 그 양상문이 자리하고 있고[인용되지 않은 바로 위 417행에 'morsimon'(운명 지어진), 바로 아래 421행에 'moros'(운명)가 둘러싸고 있다], 이는 호메로스 양상어가 지위나 사회적 역할 등에 대한 생각과 맞물려 있다고 했던 앞서의 언급에 대한 한 예증이 될 수 있다는 점에서 주목할 만하다. 에리뉘스-모이라 관계의 문맥 속에 위치한 여기 양상문은 말의 예언 행위가 '말답지 않다', '말의 모이라에 벗어난 것이다', '말이라면 그래서는 안 되는 일이다' 등의 의미를 갖는 것으로 볼 수 있다.

---

44 Dodds(1966, 7~8)

이제까지의 양상 개념 고찰에서 우리가 확보한 데이터는 다음과 같다. 호메로스에서 비규범성과 규범성이, 달리 말해 존재와 당위가 똑 부러지게 구분되지 않고 자연스럽게 넘나드는 방식으로 양상 개념이 형성되고, 이는 우리가 다루는 초기 희랍 철학(특히 파르메니데스)만이 아니라 이후 아테네 철학(특히 아리스토텔레스)에까지 폭넓게 계승된다. 매킨타이어의 '기능적 개념'은 아리스토텔레스의 사유를 설명하기 위해 도입된 것이다. 이와 연관되는 특별한 언어적 사실이 발견되는데, 호메로스에서는 의무의 부정이 태만의 가능이 아니라 부정적 의무로 되는 것이 아주 자연스러웠다는 점이다. 이런 데이터는 이후 철학자들의 텍스트에도 반영되기 때문에 초기 철학 텍스트 이해에 유용한 착안 사항이 된다.

호메로스에는 이렇듯 가능성, 필연성에 대한 무의식적인 착상과 통찰이 들어 있다. 물론 그 양상 개념들을 의식적으로 반성하고 체계적으로 일신, 확립해 담론에 반영하는 것은 다음 장에서부터 다룰 철학자들의 몫이 될 것이다. 그러나 그 철학자들이 입버릇처럼 말한 대로 '아무것도 아닌 것(무)으로부터는 아무것도 안 나온다'*ex nihilo nihil fit*. 그런 철학자들의 개념적 혁신과 성취는 호메로스적 통찰을 내장한 개념들이 때로는 무의식적인 암기의 대상으로, 때로는 의식적인 탐색을 이끌어 내는 퍼즐의 대상으로 그들을 끊임없이 자극했기 때문에 가능했던 것이다. 앞 절에서 이야기한 대로 호메로스적 아곤 이야기가 철학자들의 아곤으로 발전하는 과정이 그랬듯, 그 발전 과정의 핵심 줄기 가운데 하나인 양상 개념이 시 전통 속에서 형성되기 시작해서 철학 전통 속에서 자리를 잡아 가기까지의 이행, 발전 과정 역시 연속과 혁신이 함께 일어난 복합적인 과정이었다. 이제 필연이나 가능에 대한 그런 호메로스적 통찰과 관념들, 그리고 그런 관념들로 엮여 세상에 대해 펼쳐진 호메로스적 사유와 이야기들이 철학자들에게서 어떻게 조명되거나 발전하는지 살펴볼 차례다.

제2장

자연의 발견

파르메니데스 이전의 초기 철학 담론 전통

앞 장에서 나는 철학 이전 시대 서사시인들이 일군 신화 담론 전통의 특징적인 모습을 고찰하고, 그것이 나중에 철학자들이 확립하는 철학 담론 전통과 어떤 관계 내지 상호작용을 주고받으며 초기 지성사를 장식하는지를 일반적인 수준에서 살펴보았다. 특히 그들이 이루어 놓은 개념적 자산 가운데 주요 위치를 차지하는 양상 개념이 드러내는 인상적인 면모를 추적했다.

이제 이 장에서는 그런 시인들의 담론 전통이 당대 희랍인들의 상상력과 사유 세계를 지배하던 상황에서 철학자로 불리게 되는 일군의 지식인 그룹이 자신들의 새로운 담론 전통을 세우고 다져 가는 일이 일어나게 되는 '철학의 시작'을 다루며, 그 전통이 파르메니데스라는 거대한 산을 만나기 전까지 철학자들이 서로서로 (그리고 시 담론과도) 상호작용을 주고받으며 어떤 진전과 성취를 얻어 내는지를 탐색한다.

우리에게 잘 알려진 철학의 시작에 관한 전통은 아리스토텔레스에서 연원한 것이다. 아리스토텔레스처럼 탈레스에서부터가 아니라 그 제자 아낙시만드로스에서부터 철학이 시작되었다고 보는 이들도 물론 적지 않다.[1] 하지만 이는 여전히 철학의 시작 지점을 밀레토스학파의 테두리 내에 위치 짓는 것으로서, 아리스토텔레스적 전통에 대한 근본적 수정으로 보기는 어렵다. 헤시오도스나 심지어 호메로스에서 철학의 시작을 찾아야 한다고 주장하는 사람들 또한 없지 않다. 이런 이견들에도 불구하고 탈레스를 철학의 시작으로 본 아리스토텔레스의 견해를 받아들여야 하는 이유는 뭘까? 왜 아리스토텔레스는 탈레스에서 철학이 시작된 것으로 본 것일까? 철학이 뭐길래? 이 장은 이렇게 시작을 묻는 질문으로 시작한다.

흔히 탈레스로 시작하는 철학의 최초 국면을 '자연철학'이라고 부른다. 저작을 남기지 않은 탈레스를 예외로 치면 탈레스의 제자 그룹부터 시작해서 거의 모든 초기 철학자들이 저작을 남겼는데, 저작의 제목은 한결같이 '자연에 관하여'였다. 왜 새로운 전통을 연 지식인들이 자신들의 탐구 대상을 자연으로 잡았던 걸까? 시인들은 자연을 몰랐단 말인가? 자연이 그들을 새로운 탐구로 이끌었다는 게 무슨 의미일까? 대체 자연이 뭐길래? 자연으로 철학자들은 무슨 이야기를 새로 했던 걸까? 이 장을 계속 추동하는 질문은 이런 것들이다. 파르메니데스가 '존재'를 화두로 근본적인 물음들을 새롭게 던지면서 이 철학자들을 돌려세우기까지 줄곧 그들의 탐색은 기본적으로 자연과 세상을 향해 있었다.

1절은 세상의 물질적 근원을 물음으로써 철학사의 시작이라는 공인을 받은, 최초 철학자들 가운데서도 최초 철학자들인 밀레토스학파를 다루고, 2절은 이들이 탐색하는 것과 다른 방향에서 수적인 질서로 세상을 설명하려 시도한 피타고라스학파를 다룬다. 이어 3절과 4절은 각각 호메로스적 신론에 대한 개혁을 시도하면서 기존 담론에 대한 비판적 반성의 계기를 제공한 크세노파네스와, 대립물의 긴장과 투쟁 속에서 정의와 조화가 작동한다는 생각을 가지고 기존 우주론 담론의 근본적인 관점 전환을 제안한 헤라클레이토스의 담론을 다룬

---

1 예컨대 Cornford(1957), Kahn(1960) 등. 고대 주석가들은 대개 아리스토텔레스를 따랐지만, 현대 연구자들 사이에서는 아낙시만드로스를 창시자로 보려는 경향이 꽤 강하다.

다. 앞의 두 학파가 철학 제1기를 열었다면, 뒤의 두 철학자는 1기 철학에 대한 근본적인 반성과 전환을 시도한 철학 제2기를 주도했다고 말할 수 있다.

1. 자연의 발견과 우주론 담론 전통의 시작
밀레토스학파

아리스토텔레스적 전통에 따르면 철학은 희랍 본토가 아닌 식민지에서 시작되었다. 소아시아의 밀레토스라는 식민 도시에서 시작되었다는 것이다.[2] 이 도시는 상업 중심 도시로서 '땅'이 차지하는 사회·경제적 의미가 상대적으로 작은 곳이었다. 당시 희랍 본토에서는 땅이 갖는 의미가 심대했기 때문에 토지 소유자와 비소유자 간의 사회적 긴장과 갈등이 팽배해 있었다. 반면에 이곳 이오니

---

2 우리가 보통 사용하는 '식민' 혹은 '식민지'라는 말에는 우리 민족이 20세기 이래 뼈저리게 경험해 왔고 지구인들이 15세기 말 이른바 '신대륙 발견' 이후 유럽인들로부터 겪어 온 제국주의적 정복과 경제적 착취, 사회문화적 종속 등의 뉘앙스가 들어 있다. 그러나 이 책에서 거론되는 고대 희랍의 '식민'은 그런 탐욕과 정복에 찌든 근대 식민주의의 '식민'과 성격이 사뭇 달랐다. 외적의 침략을 받고 복속을 피해서 식민지를 개척하기도 했고, 사회적 무질서의 여파로 세력 경쟁에서 밀려나서, 혹은 인구가 증가해 먹고살기가 막막해져서, 혹은 이런저런 이유로 추방당해서 등등 여러 이유나 동기로 기원전 8세기 전후부터 에게 해, 지중해, 흑해 도처에 식민지가 만들어졌다. 도합 6만 명에 달하는 희랍 시민 식민자들이 500개 정도의 식민지를 건설했고, 기원전 500년 즈음에는 전체 희랍 세계 주민의 40퍼센트에 해당하는 사람들이 이 새 영역에 살았다고 한다. 물론 다수의 식민 활동은 외국과의 교역 관계를 증진해 모도시(메트로폴리스)의 부를 늘리는 일을 주요 목적 내지 효과로 염두에 둔 것이었지만, 근대와 같은 제국주의적 면모보다는 상당히 호혜적이고 자율성이 주어진 '문화 접촉'적 식민이었던 것으로 보인다. 가장 왕성하게 교역과 식민 활동이 펼쳐진 도시 가운데 하나가 이오니아에서 가장 큰 희랍 도시 밀레토스다.

아 지방의 식민 도시들에서는 상업이 일찍부터 발달한 덕택에 땅의 중요성이 축소되었고, 그로 인한 사회적 갈등의 소지 또한 적었다. 게다가 활발한 교역을 통해 물질적 재화만이 아니라 여러 지적 자원들이 원활하게 유통될 수 있었다. 이런 사회·경제적 여유, 지적인 활기와 풍요로움은 학문 전통이 산출되고 발전할 만한 여건을 충분히 제공할 수 있었을 것이다. 물론 이런 주변적 여건들만으로 철학의 발생 조건이 충분히 설명될 수는 없을 것이다. 앞 장에서 살펴본 시인들의 담론 전통과 그것에 대한 적극적인 공유와 향유가 아마도 철학의 발생에 가장 핵심적인 지적 자원과 자극을 제공했다고 말해야 할 것이다.

최초의 철학자 세 사람이 마침 이 도시 출신이어서 그 사람들을 가리켜 흔히 '밀레토스학파'로 칭하기도 하고, 이 도시가 속해 있는 광역 지방 이름을 따서 그냥 '이오니아학파'로 칭하기도 한다.[3] 그러나 '학파'라고 편의상 부르지만 현대적 의미의 학파 개념과 얼마만큼이나 연결될 수 있을지는 생각해 볼 여지가 많다. 이 문제는 아래에서 상세히 논의하기로 하고 밀레토스의 이 최초 철학자들의 이야기로 들어가 보자.

---

[3] 이 책에서는 그때그때 맥락에 어울리게 두 명칭 가운데 하나를 택하기로 한다. 물론 엄밀하게 말하면 '이오니아학파'는 밀레토스학파만이 아니라 더 포괄 범위가 넓은 명칭이라 할 수 있다. 이오니아에서 활동한 사람들(헤라클레이토스, 아낙사고라스 등)을 배제할 수 없고, 또 이오니아 출신이 아니면서 비슷한 탐색을 한 엠페도클레스 같은 사람을 포괄할 수도 있는 명칭이다. 그렇기 때문에 흔히 밀레토스학파 세 사람을 '초기 이오니아학파', 헤라클레이토스, 아낙사고라스, 엠페도클레스 등을 '후기 이오니아학파'로 지칭하기도 하고, 엠페도클레스와 아낙사고라스 등을 '신 이오니아학파'로 지칭하기도 하는 등 사람에 따라 필요에 따라 명칭 사용 방법이 제각각이다. 혼란을 피하기 위해 나는 '이오니아학파'라는 명칭을 '밀레토스학파'와 바꿔 쓸 수 있는 명칭으로만 사용할 것이며, 이오니아학파(즉 밀레토스학파) 외에 다른 사람들을 포괄하려 할 때는 '이오니아 철학자들'처럼 '학파'가 들어가지 않은 명칭을 사용할 것이다.

탈레스

탈레스(BCE 624~546년경)는 당대에 일곱 현인[4] 가운데 한 사람으로 추앙받던 걸출한 인물이다. 그 현인 그룹에 속한 다른 사람들은 대개 시인이거나 정치가였으며, 탈레스만이 철학자 내지 과학자라 불릴 만한 인물이었다. 이집트 여행을 해서 기하학을 희랍에 도입했다거나 페니키아인들에게서 항해술을 배웠다거나 바빌로니아인들에게서 천문학(내지 점성술)을 배웠다거나[5] 하는 이야기들이 그가 '처음으로 한 일들'이라 전해진다. 시쳇말로 '산전수전에 공중전까지 겪은' 전천후 학술가였던 셈이다.

하지만 그 일들은 그가 말 그대로 '처음 시작한 일들'이 아니다.[6] 그가 명실공히 처음 시작한 일, 그래서 인류 역사에 길이 자취를 남긴 일은 다름 아닌 철학 혹은 철학함이요, 그가 그런 일의 시조로 남을 수 있게 된 건 뭐니 뭐니 해도 그의 이름으로 전해지는 '만물의 아르케는 물이다'라는 테제 덕분이다. 이 테제가 그야말로 철학의 시작이었음을 선언하는 아리스토텔레스의 말을 직접 들어 보자.

---

4 촌철살인의 경구로 지혜를 드러낸 것으로 전해지는 희랍의 '일곱 현인'은, 플라톤의 버전으로는(『프로타고라스』 343a), 밀레토스 출신 탈레스(철학자), 뮈틸레네 출신 피타코스(장군, 통치자), 프리에네 출신 비아스(정치가, 입법자), 아테네 출신 솔론(입법자), 린도스 출신 클레오불로스(참주), 케나이 출신 뮈손(참주의 아들, 농부), 스파르타 출신 킬론(정치가)이지만, 뮈손 대신 코린토스 출신 페리안드로스(참주)가 들어 있는 버전이 더 일반적인 버전이다.
5 기원전 585년의 일식을 예언했다는 일화는 이런 바빌로니아 관련 이야기의 연장선상에 있다고 볼 수 있겠다.
6 이런 일들에 대한 침소봉대는 일식 예언에 대한 해석에서도 흔히 있어 왔고, 기하학적인 '발견' 내지 '증명'을 그에게 귀속시키려는 시도 또한 종종 있었다. 국내 연구 김성진(2005)도 그 가운데 하나다. 그런 시도에 대한 비판은 강철웅(2005b)을 참고할 것.

최초 철학자들 대부분은 질료적 근원*archē*들이 모든 것의 유일한 근원이라고 생각했다. 실로 존재하는 모든 것이 그것으로*ex hou* 이루어지며, 그것에서 최초로*ex hou prōtou* 생겨났다가 소멸되어 마침내 그것으로*eis ho* 되돌아가는데, 그것의 상태*pathos*는 변하지만 실체*ousia*는 영속하므로, 그것을 그들은 원소*stoicheion*이자 근원이라고 주장한다. 그렇기 때문에 그들은 어떤 것도 생겨나지도 소멸하지도 않는다고 믿는다. 이런 본연의 것*physis*은 언제나 보존된다고 생각하기 때문이다. […] 왜냐하면 다른 모든 것이 그것에서 생겨나는 바의 그 본연의 어떤 것이 하나든 하나 이상이든 (이것은 보존되므로) 언제나 있어야 하기 때문이다. 그러나 그와 같은 근원의 수효와 종류에 대해서 모든 사람이 같은 말을 하지는 않는다. 탈레스는 그런 철학의 창시자로서 근원을 물이라고 말하는데(그 때문에*dio* 그는 땅이 물 위에 떠 있다는 견해를 내세웠다), 아마도*isōs* 모든 것의 자양분이 축축하다는 것과, 열 자체가 물에서 생긴다는 것, 그리고 이것에 의해 모든 것이 생존한다는 것(모든 것이 그것에서 생겨나는 바의 그것이 모든 것의 근원이다)을 보고서 이런 생각을 가졌을 것이다. 바로 이런 이유뿐 아니라 모든 것들의 씨앗들은 축축한 본성을 갖는다는 이유 때문에 그런 생각을 가졌던 것 같다. 물은 축축한 것들에 대해서 그런 본성의 근원이다.

아리스토텔레스 『형이상학』 983b6~13, 17~27 (DK 11A12)[7]

　　여기 '근원'이라고 번역된 '아르케'*archē*라는 말을 밀레토스학파 철학자들 자신이 사용했는지는 상당한 논란거리가 되어 왔고 지금도 그렇다. 앞 사람들

---

7 『단편 선집』 126~127쪽. '땅이 물 위에 있다' 대신 '땅이 물 위에 떠 있다'로 옮겼다.

이야기를 자기 식으로 정리해 일정한 비판적 평가를 가한 후에 자기 이야기를 이어 가는 방식의 담론 전통,[8] 그러니까 일종의 철학사적 담론 전통을 의식적으로 시작한 아리스토텔레스는 요즘 시대의 기준으로 보면 '형편없는' 역사가다. 자기 이야기에 필요한 만큼 앞 사람들 이야기를 가져와 이용하면서도, 해당 철학자가 실제로 쓴 '바로 그 말을 육성 그대로'*ipsissima verba* 전달해 주는 데는 크게 신경 쓰지 않았다. 그저 자기 식으로 최선의 이해와 해석을 한 후에는, 자기가 정리하고 전달하는 이야기 속에 그런 자기 식의 이해 틀과 용어가 섞이는 것을 경계하는 대신, 오히려 그것들을 적극적으로 활용하면서 전달되는 이야기 속에 통합시키는 방식으로 작업을 수행했다.[9] 좋은 역사란 무엇인가 하는 것도 우리가 고민할 몫이지만, 아무튼 앞선 논의의 역사를 정리하는 그런 아리

---

8 흔히 '의견 기록' 혹은 '학설사'doxography 전통이라 부르기도 한다. 딜스가 19세기 말에 자기 책에서 처음 사용한 용어다. 자기 이야기를 풀어내기 전에 해당 주제에 관한 유력한 선배들의 생각을 먼저 짚어 보는 일은 아리스토텔레스의 선생 플라톤이 이미 곳곳에서 선을 보였다. 그러나 아리스토텔레스는 여러 저술들(방금 인용한 『형이상학』도 그 가운데 하나다)의 시작 부분에서 상당히 의식적이고 비교적 체계적으로 자신의 철학적 작업의 유기적인 구성 부분으로 포함시켰다. 이 전통의 본격적인 시작을 한 셈이라 할 수 있는데, 그의 제자 테오프라스토스는 한 걸음 더 나아가 아예 탈레스에서 플라톤까지를 아우르는 본격적인 철학사를 썼다고 한다. 『자연에 관한 의견들』로 알려진, 16권 혹은 18권으로 된 이 철학사는 아쉽게도 모두 소실되고 그 일부로 흔히 간주되는 『감각에 관하여』만 살아남아 있다. 이후 이 책에서 파생된 여러 종류의 학설 모음집들이 유통되었는데(아에티오스의 것이 가장 많이 알려져 있지만 이것 또한 원본은 없다), 후대의 인용, 요약들로부터 그 내용을 추측 내지 재구성할 수 있을 뿐이다. 이런 학설사 전승 과정을 규명하고 테오프라스토스의 『의견들』을 복원하려는 시도가 바로 딜스의 『희랍의 의견 기록들』*Doxogaphi Graeci*(Diels 1879)이다. 이와 관련한 상세한 내용은 『단편 선집』 19~31쪽을 참고할 것.

9 이런 점에서도 그는 천생 플라톤의 제자다. '형편없는' 역사가 기질의 원조는 철학사 담론 전통의 원조라 할 수 있는 그의 선생 플라톤이다. 이 책의 이야기들 가운데 적지 않은 대목에서 우리는 플라톤과 아리스토텔레스에 의해 이해되고 해석된 초기 철학자들의 모습을 만나게 될 것이다.

스토텔레스적[10]인 태도 때문에, 전해지는 이야기들 속에서 해당 철학자가 원래 쓴 용어가 무엇이고 어디까지가 해당 철학자의 생각이며 어디서부터가 전달자가 덧붙인 생각이고 용어인가를 추적하고 재구성하는 문제가 우리에게 고스란히 남게 된 것이다.

　잘 알려진 대로 탈레스는 저작을 남기지 않았으므로 '아르케'라는 용어를 적어도 자기 저작에서 사용한 적은 없다. 남아 있는 간접 전승들 가운데서 탈레스 자신이 이용했을 법한 용어를 찾아보자면, 소요학파적인 의미 부여와 윤색이 많이 끼어들었을 법한 '아르케'보다는 아무래도 위 인용문에서 강조점으로 표시한 대목에 나오는 '엑스'ex[11]가 좀 더 가까운 후보가 될 만하다. 그가 구상적이고 일상적인 어휘 '엑스'를 이용해 드러낸 아이디어를 아리스토텔레스가 보다 기술적technical이고 추상적인(즉 이른바 '소요학파적'인) 어휘 '아르케'로 정리했을 가능성이 그 반대의 가능성보다 훨씬 커 보인다. 희랍어 전치사 '엑스'에는 크게 두 가지 의미가 있다. '…로 (되어 있다)'는 의미와 '…에서부터 (나왔다)'는 의미 말이다. 흥미롭게도 소요학파의 추상명사 '아르케'$arch\bar{e}$(라틴어로 $principium$)에도 '구성 원리' 내지 '지배 원리'라는 의미와 '시작점' 내지 '기원'이라는 의미가 함께 들어 있다. 담론 수준에서 말하자면, 구성 원리 쪽을 강조하는 담론이 우주론cosmology이라면 기원 쪽을 강조하는 담론이 우주 생성론cosmogony이 될 것이다.

　결국 탈레스를 철학의 시조가 되게 한 것은 아리스토텔레스의 해석에 따르

---

10 흔히 '소요학파적'이라는 말도 자주 동원된다. 나도 아래에서 이 말을 편리하게 이용할 것이다.

11 엄밀히 말하면 희랍어의 본래 형태를 따라 '에크'ek라 해야겠지만, 여기 텍스트에 실제로 나온 형태가 '엑스'ex인데다가 마침 라틴어로도 같은 형태가 있어 일반인들에게 좀 더 친숙하다는 점을 고려해 파생형 '엑스'ex로 부르기로 한다.

면 아르케에 대한 탐구다. 그렇다면 탈레스가 '엑스ex 물'(물로 되어 있다 혹은 물에서부터 나왔다)이라 했을 때 어느 쪽 의미를 염두에 두고 썼을까? 과연 그런 구별을 탈레스가 명확히 했을까 혹은 의식했을까? 물론 안 했을 수 있다. 또 그가 말한 '엑스'가 아리스토텔레스가 주목한 질료hylē의 개념이었다고 우리가 분명히 말할 수 있을까? 이것 역시 아닐 수 있다. 그러나 적어도 이것만큼은 분명하다. 탈레스가 아르케를(즉 그의 용어로는 엑스를) 시간적인 의미로만 보았다면 우리가 군이 그를 철학의 시조로 삼을 이유가 적어진다. 시간적 의미의 아르케, 즉 우주의 기원에 관해서라면, 앞 시대에 헤시오도스가 이미 이야기를 (그것도 탈레스 못지않게 그럴듯하게) 펼친 적이 있기 때문이다.

아무튼 아리스토텔레스가 이해하기로 탈레스는 둘째 의미, 즉 기원적 원리 originative principle로서의 의미를 완전히 배제하는 것은 아니나 주로 첫째 의미, 즉 구성적 원리originative principle로서의 의미로 아르케를 사유했다. 아리스토텔레스가 보기에 탈레스는 일상생활에서의 질료인material cause의 질문을 온 세상에 대한 질료인의 질문으로 확대해 새로운 차원의 탐색을 가능케 하는 참신한 질문을 던졌기 때문에 철학사의 시조로 남아 있는 것이다.

아무튼 위 인용문에 나오는 간접 전승에 따르면 탈레스의 핵심 주장은 다음과 같다.

(1) 만물의 질료적 근원은 물이다.

그리고 아마도 탈레스가 직접 했을 법한 발언은 다음과 같은 말이다.

(1)′ 만물은 엑스ex 물이다.

(즉 물로 되어 있다 혹은 물에서부터 나왔다.)

그런데 흥미로운 것은 아리스토텔레스가 이 발언을 전달한 후에 덧붙인 말이다.

'그 때문에'*dio* 그는 다음과 같이 말했다.
(2) 땅은 물 위에 떠 있다.

이 말 뒤에 이어지는 '아마도'*isōs* 이하의 내용은 아마도 탈레스가 왜 물이라고 했을까 하는 질문에 대한 아리스토텔레스의 추측성 답변이다. 첫째, 축축한 것이 만물에 열 혹은 양분을 공급해 생명을 유지시킨다. 둘째, 만물의 씨앗이 축축한 성격을 가진다. 아리스토텔레스는 탈레스가 이 두 종류의 관찰로부터 '귀납'했을 것으로 추측하고 있는 것이다. 그렇다면 여전히 남아 있는 문제는 말라 있는 것, 뜨거운 것은 어떻게 물로 되어 있는가, 혹은 물로부터 나올수 있는가 하는 것이다. 이런 물음은 결국 아낙시만드로스의 논의로 이어지는 핵심적인 문젯거리가 된다. 이 물음에 관해서는 아래에서 다시 다루기로 하고, 여기서는 '그 때문에'로 연결되는 문장에 집중하기로 하자.

탈레스가 (1), 즉 '만물의 질료적 근원은 물'이라는 것을 주장하기 '때문에' (2), 즉 '땅이 물 위에 떠 있다'는 것을 주장한다는 말을 어떻게 이해할 것인가? 물론 전달자 아리스토텔레스의 표면적인 문맥에서는 그저 뒤에 언급되는 관찰 사실과의 연결을 염두에 둔 것일 수도 있다. 그러나 좀 더 깊이 있게 탈레스의 논변에 접근할 필요가 있다. 이와 관련해, (2)가 별도의 지지 논변과 더불어 언급되어 있는 아리스토텔레스의 또 다른 보고를 검토해 보자.

한편, 다른 사람들은 땅이 물 위에 놓여 있다고 말한다. 실로 이것은 우리가 전해 받은 가장 오래된 설명으로서 밀레토스 사람 탈레스가 그런 주장을 했다고 그들은 말한다. 즉 땅은 통나무나 그런 종류의 어떤 것처럼 (이것들 가운데 어떤 것도 본래 공기 위에 머물러 있도록 되어 있지는 않고 물 위에 머물러 있도록 되어 있으니까) 떠 있음으로 인해서 머물러 있다는 것이다. 마치 같은 설명이 땅에는 적용되면서 땅을 떠받치는 물에는 적용되지 않기라도 하듯이 말이다.

아리스토텔레스 『천체에 관하여』 294a28~33 (DK 11A14)[12]

이 보고에도 탈레스의 주장이 관찰에 기반한 언명이라는 점이 시사되어 있는 것 같다. 탈레스의 담론이 지닌 '과학'의 면모를 이런 실증적 관찰에서 찾으려는 사람들도 없지 않다. 아무튼 이 보고에 들어 있는 지지 논변[13]의 구조는 이렇다.

통나무 등 딱딱한 것은 공기 위에 떠 있지 않다.
그러나 물 위에는 떠 있다.
따라서 땅은 물 위에 떠 있다.

이게 탈레스 자신의 논변인지 확정하기 어렵지만, 만일 그렇다고 한다면 일종의 유비analogy에 기반한 논변을 최초 철학자가 펼치는 걸 우리가 보고 있

---

12 『단편 선집』 128쪽.
13 이중적 의미로 '지지'support 논변이다. '땅이 물 위에 떠 있다'는 주장을 '떠받치는'support 역할을 하는 논변이면서, 동시에 그 논변의 내용 자체가 마치 '떠받침'support의 설명으로 이루어져 있다. 즉 '지지'하는 논변이면서 물리적 '지지'를 주 내용으로 삼는 논변이다.

는 셈이다. 그런데 이 유비는 통나무 옆에 돌멩이 하나를 던져 보는 것만으로도 쉽게 무너질 정도로 허약하다.

아무튼 여기서 중요해 보이는 것은 탈레스가 희랍 과학 내지 학문science에서 중요시된 하나의 물음을 묻고 그것에 최초로 비신화적인 방식의 대답을 제시하고 있다는 점이다. 그의 질문은 참임이 분명해 보이는 두 관찰 (내지 통찰) 사태에서 나온다. 하나는 땅이 가만히 있다rests는 것이요, 다른 하나는 땅이 공간 한복판에 떠 있다는 것이다. 이 두 사태는 '땅이 어떻게 공간 한복판에 있으면서 가만히 있는가?'라는 질문을 낳았다. 이 역설적으로 보이는 질문에 대한 탈레스의 답변은 땅이 마냥 한복판에 떠 있는 게 아니라 물이라는 받침대가 있다는 것이었다.

그런데 문제는 여기서 끝나지 않는다. 위 인용문 마지막 문장에서 아리스토텔레스가 분명히 짚고 있는 것처럼 '그럼 물은 무엇 위에?'라고 물을 수 있다. 이 문제는 나중에 아낙시만드로스에게서 제기되어 업그레이드된다.

이제 탈레스의 영혼론에 대한 보고를 검토한 후에 받침대 문제로 다시 돌아오기로 하자.

> 그들이 기억하는 바에 따르면 탈레스도 영혼을 다른 것을 움직이게 하는 어떤 것으로 여겼던 것 같다. 그는 그 돌[즉 자석]이 철을 움직이게 한다는 점을 근거로 그것이 영혼을 가지고 있다고 말했기 때문이다.
>
> 아리스토텔레스 『영혼에 관하여』 405a19~21 (DK 11A22)[14]

---

14 『단편 선집』 130쪽. 인용하면서 '혼'을 '영혼'으로 바꿨으며, 앞으로도 별다른 언급 없이 계속 그렇게 할 것이다.

아리스토텔레스와 히피아스는 그[즉 탈레스]가 영혼이 없는 것들에게도 영혼을 부여했는데, 마그네시아 돌[즉 자석]과 호박琥珀에서 그 증거를 얻었다고 말한다.

디오게네스 라에르티오스『유명한 철학자들의 생애와 사상』(DL) 1.24 (DK 11A1)[15]

위 첫 인용문에 따르면 다음과 같은 논변이 탈레스의 것이라고 이해되고 있다. 그리고 둘째 인용문의 보고대로라면 이건 아리스토텔레스만이 아니라 히피아스의 생각이기도 하며, '호박'을 추가한 것 역시 히피아스일 가능성이 있다.

(1) 어떤 것이 사물을 움직이게 하는 힘을 가지고 있다면 그것은 영혼을 가지고 있다. (숨은 전제)

(2) 자석(과 호박)은 사물을 움직이게 하는 힘을 가지고 있다.

(3) 따라서 자석(과 호박)은 영혼을 가지고 있다.

이제 또 다른 보고를 살펴보자.

어떤 이들은 그것[즉 영혼]이 우주 안에 섞여 있다고도 말하는데, 아마도 그 때문에 탈레스 역시 모든 것은 신들로 충만하다고 생각했던 것 같다.

아리스토텔레스『영혼에 관하여』411a7~8 (DK 11A22)[16]

---

15 『단편 선집』 130쪽.
16 『단편 선집』 129쪽.

이 보고를 통해 우리는 위 논변의 결론인 (3)의 '물활론'hylozoism 테제가 다시 다음과 같은 논변으로 계속 이어진다고 이해할 수 있다.

(4) 영혼이 우주 안에 섞여 있다. (위 (3)으로부터 귀납적으로 일반화)

'아마도 그 때문에' 그는 다음과 같이 말했다.

(5) 만물은 신으로 가득 차 있다.

여기서 '아마도'는 아리스토텔레스의 해석이 추측에 기반한 것임을 가리키는 것이라 쳐도, 왜 또 '그 때문에'인가? 아마도 (4)에서 (5)로 넘어가는 논변에서 숨은 전제는 '영혼은 신적이다'일 것이다.[17] 세상이 왜 '신적'인가? 영혼이 세상 도처에 침윤해 있다는 건 무생물조차 영혼을 갖고 있다는 데서 알 수 있다. (이것이 (3)에서 (4)로 이행하는 귀납적 일반화다.) 그런데 그 영혼이 신적인 것이라면 세상은 그야말로 온통 신적이라고 말할 수 있게 될 것이다.

이제 앞에서 미루어 둔 질문으로 돌아가야겠다. 방금 전 인용문에서 '아마도'와 함께 나온 '그 때문에'는 이렇게 간단히 해결할 방도가 있다고 한다면, 앞에서 남겨 둔 맨 처음 인용문의 '그 때문에'는 어떻게 설명할 수 있을까? 왜 세상의 설명 원리에 대한 주장 (1) '때문에' 세상이 가만히 있는 까닭에 대한 주장 (2)가 나왔다고 할 수 있을까?

---

17 아주 나중에 탈레스의 이 '만물은 신으로 가득 차 있다'는 테제를 인용하는 플라톤『법률』10권의 논의(895e~899d)는 아주 유명하며 참고할 가치가 높다. 그곳에서 주된 화자 아테네인은 영혼과 신의 연결이라는 논점을 아주 자연스럽게 꺼내고 쉽게 클레이니아스의 동의를 받는다(899a~b).

(1)과 (2) 각각을 주장하면서 탈레스가 얼마나 관찰 언명에 의존하는가, 얼마나 관찰 문장과의 유비에 기초한 주장을 하고 있는가 하는 질문에 대해서는 얼마든지 상이한 해석의 가능성이 열려 있다. 이를테면, 관찰에 의한 귀납을 중시하는 아리스토텔레스적 이해 방식을 따를 수도 있지만, 포퍼K. Popper처럼 서양 과학의 출발을 아예 다른 방향에서 찾는 이해 방식도 가능할 것이다. 추측, 가설에 기반한 사변 같은 것 말이다.

그러나 주장 (1)과 주장 (2)를 연결하는 '그 때문에'에 대해서는 좀 더 확정적인 이해가 가능하지 않을까? 이 '그 때문에'를 이해하는 핵심적인 돌파구는 아마도 밀레토스학파를 특징짓는 일원적unitary 태도에 있는 것 같다. 일체의 존재하는 여러 사물들(혹은 사태들)을 한 가지 근원을 가지고 설명해 보이겠다는 결의가 개재되어 있다는 말이다.[18] 하나로 여럿을 설명하겠다는 태도는 결국 세상의 질료적 원리가 세상을 가만히 있게 하는 원인 노릇도 한다는 생각으로 자연스럽게 귀결된 것으로 보인다.

애초에 물었던 왜 탈레스가 철학의 창시자인가 라는 물음은 그의 제자들로 이어지는 논의들을 살펴보아야 비로소 온전히 대답될 수 있을 것이다. 이제 제자 아낙시만드로스의 논의를 살펴보자.

---

18 편의상 '일원적 태도'라 줄여 말한 것이지, 좀 더 정확히 말하면 '근원 물음에 대한 기본 입장인 일원론적monistic 답변을 다른 세상 해명들에도 두루 적용하려는 일관지도—貫之道, 즉 일이관지—以貫之적 태도'를 가리킨다. 앞으로도 그냥 간명하게 '일원적 태도'(혹은 '일관적 태도')라 부를 것이다. '일이관지'의 의미에 관해서는 『논어』 위령공편 3을 참고할 것.

아낙시만드로스

밀레토스학파 사람들 가운데 아낙시만드로스(BCE 611~546년경)에 대한 기록이 가장 많이 남아 있다. 탈레스는 저술을 안 한 것이 거의 분명한 데 반해, 이 사람은 저술을 여럿 했고 그것들이 고대 말까지도 남아 있었다고 한다. 탈레스-아낙시만드로스 관계는 이를테면 고전 시대의 소크라테스-플라톤 관계와 좀 유사한 구석이 있다. 최초 철학자가 누구냐 라는 오래된 논란거리에 대해 미리 한마디 하자면, 탈레스가 최초 철학자냐 아낙시만드로스가 최초 철학자냐 하고 묻는 것은 마치 철학자 가운데 소크라테스가 가장 위대하냐 플라톤이 가장 위대하냐 묻는 것과 비슷하다. 소크라테스 없는 플라톤을 우리가 상정하기 어렵듯이, 탈레스 없는 아낙시만드로스도 상정하기 어렵다. 그런가 하면 플라톤에 의해 이해되고 발전된 모습의 소크라테스를 빼놓고 아테네 철학자 소크라테스를 이야기하기 어렵듯이, 아낙시만드로스에 의해 계승되고 비판적으로 업그레이드된 모습의 탈레스를 빼놓고 최초 철학자 탈레스를 이야기하기 어렵다.

아낙시만드로스는 탈레스의 아르케 논의에 문제가 있다고 보고 탈레스의 논의를 다른 방향에서 이어 갔다. 그를 철학사에 우뚝 서게 한 '만물의 아르케는 아페이론*apeiron*이다'라는 테제가 들어 있는 보고를 먼저 살펴보자.

> 그것[즉 근원]은 하나이고 운동하며 무한정하다고 말하는 사람들 가운데, 프락시아데스의 아들이며 밀레토스 사람으로서 탈레스의 후계자요 제자인 아낙시만드로스는 무한정한 것*apeiron*[19]이 있는 것들의 근원*archē*이자 원소

---

19 아페이론은 다음 둘을 포괄한다. (시간적·공간적) 무한자the infinite라는 뜻과 (성격에 있어) 무규정자the indefinite. 우리는 이 둘을 합쳐 '무한정자'라고 말할 수 있겠다.

*stoicheion*라고 말하면서 이것[즉 무한정한 것]을 근원에 대한 이름으로[혹은 '근원'이라는 이 이름을] 처음 도입했다. 그는 이렇게 말한다. "그것[즉 근원]은 물도 아니고 원소라고 불리는 것들 가운데 다른 어떤 것도 아니며 [물이나 원소들과는] 다른 무한정한 어떤 본연의 것*physis*으로서, 그것에서 모든 하늘들과 그것[즉 하늘]들 속의 세계들*kosmoi*이 생겨난다. 그리고 그것들로부터 있는 것들의 생성이 있게 되고, [다시] 이것들로의 [있는 것들의] 소멸도 도의道義에 따라*kata to chreōn* 있게 된다. 왜냐하면 그것들은 시간의 질서에 따라*kata tēn tou chronou taxin* 서로에게 [자신의] 불의*adikia*에 대한 대가*dikē*와 보상*tisis*을 치르기 때문이다."(DK 12B1)라고. 이처럼 그는 좀 더 시적인 용어로 그것들을 말한다. 이 사람은 네 가지 원소 간의 상호 변화*metabolē*에 주목하고서 이것들 가운데 어떤 하나를 기체基體, *hypokeimenon*로 삼는 것은 적절하지 않다고 여기고, 이것들 외에 다른 어떤 것을 [기체로 삼는 것이 적절하다고 보았음이] 분명하다. 이 사람은 생성을 원소의 질적 변화*alloioumenou*로 설명하지 않고, 영원한 운동으로 인한 대립자들의 갈라짐*apokrinomenōn*으로 설명한다. 그렇기 때문에 아리스토텔레스는 이 사람을 아낙사고라스학파 사람들과 같은 부류에 놓았다.

심플리키오스 『아리스토텔레스의 「자연학」 주석』 24.13~25 (DK 12A9)[20]

탈레스의 논의에 대한 아낙시만드로스의 의문은 왜 하필 아르케가 물이냐 하는 것이었다. 예컨대 물과 불이 상극의 성격을 갖는다는 것은 진작부터 드러

---

20 『단편 선집』 135~136쪽. 『단편 선집』에서는 B1이 '그것들로부터'에서 시작하는데 인용하면서 바꾸었고, 대괄호 부분 '[혹은 '근원'이라는 이 이름을]'도 추가했다. '필연', '벌', '배상', '지불하기', '분리되어 나옴'을 각각 '도의', '대가', '보상', '치르기', '갈라짐'으로 바꾸었다.

나 있는 사실인데, 물을 아르케로 삼으면 거기서 불이 어떻게 '나올' 수 있는가, 이렇게 아르케를 대립자들 가운데 어느 하나로 놓으면 그것으로부터 그것과 상극인 것이 어떻게 '나올' 수 있는가 하는 문제 제기다.[21]

이런 대립자들(온, 냉, 건, 습) 혹은 원소들(불, 물, 흙, 공기) 가운데 어느 하나가 아닌 무언가(이것을 그는 특정의 것이 아니라는 뜻에서 '아페이론'이라 불렀다)[22]가 있고, 그것에서부터 이 대립자들 및 그것들로 이루어진 세계가 나왔다고 그는 보았다. 모든 특수한 것, 특정의 것을 떼어 버린다는 의미에서 보면 '추상적'abstractive 사고의 시작이라 할 것이요, 관찰 경험에 호소하기보다 사태들(보다 정확히는, 사태들을 기술하는 명제들) 사이의 논리적인 연관 관계를 중시한다는 점에서는 '추론적'inferential 사고의 시작이라 할 수 있겠다.

위에 인용한 아리스토텔레스의 보고에 따르면 아낙시만드로스는 원소들 가운데 "어느 하나를 기체로 삼는 것이 '적절하지 않다'고 여겼다." 변화하는 여러 속성들의 '밑바탕에'hypo '놓여 있는'keimenon 변화하지 않는 무언가를 가리키는 '기체'基體, hypokeimenon, substratum라는 용어는 아리스토텔레스의 것임이 거의 분명하다.[23] 그리고 여기서 거론되는 '적절하지 않다'는 기준, 다시 말해

---

21 이렇게 '나옴'을 문제 삼는다는 것은 달리 말하면 아르케의 기원적 의미에 주목한다는 것이며, 또한 탈레스에서 선명하게 혹은 명시적으로 나타나지 않은 것으로 보이는 우주 생성론이라는 틀을 세상 설명에 적극 활용하는 것이다.

22 이 '무언가'ti, something는 특정의 원소나 대립자는 아니지만, 그렇다고 해서 '아무것도 아닌 것' 내지 '무'mēden, nothing라고 할 수는 없는 것, 그래서 '무언가'라고 말할 수밖에 없는 것이다. 이 '무언가'에 대해 아래에서 보다 상세히 고찰할 것이다.

23 사실 '아르케' 역시 아낙시만드로스의 용어가 아닐 가능성이 높다. 위 인용문에서 강조점으로 표시한 아르케 관련 대목은 번역과 해석이 맞물려 있다. '아낙시만드로스가 아르케라는 용어를 처음 사용했다'는 게 테오프라스토스의 보고 내용이라는 다수 해석(Kahn 1960 등)에 대해 반대 견해도 있다(Burnet 1897; KRS 1983 등). 김내균(1996)은 전통적 견해를 그냥 수용하고 있다. 앞 절에서 살펴본 심플리키오스의 보고에 의하면 테오프라스토스는 이미 탈레

설명의 '적절성' 기준은 나중에 크세노파네스에서 다시 등장하게 된다.[24] 아낙시만드로스에서 담론이 '적절해야 한다'는 기준에 관해서는 아래에서 땅이 가만히 있는 것의 문제를 살펴보면서 다시 거론하기로 한다.

그는 특정 원소가 달리 됨*alloiōsis*, alteration(예컨대 탈레스처럼 물이 다른 것으로 됨)으로 설명하지 않고, 아페이론으로부터 여러 원소(혹은 대립자)들이 갈라짐 / 갈라져 나옴*apokrisis* / *ekkrisis*, separation으로 설명한다. 우주 생성론도 이런 관점에서 해명된다. 아페이론에서 온, 냉 등 대립자들의 산출자*gonimon*가 갈라져 나오고 이것에서 다시 대립자들(온, 냉, 건, 습)이 나뉘며, 그 나뉨의 과정이 반복되어 지금의 세상이 되었다는 것이다(DK 12A10 등). 그런데 이런 아포크리시스적 설명의 문제점은 이렇다. 아무것(원소)도 아닌 것에서 어떻게 어떤 것(원소)이 나오는가? 아낙시만드로스의 이야기가 잘 살려면 이 아무것도 아닌 것은 그저 생판 무*mēden*, nothing는 아닐 것이다. 오히려 무엇이나 될 수 있는 것이어야 할 것이다.[25] 대립자들이 결국 아페이론 속에 이미 '흔적'으로든 '가능태'로든 있어야 하는 것 아닌가?

아리스토텔레스가 전해 주는 바에 따르면

스에 관한 언급에도 '아르케'라는 용어를 사용했다. (히폴뤼토스, 심플리키오스 등 고대 말 주석가 내지 철학사가들은 전부 아리스토텔레스의 제자 테오프라스토스가 썼다는 철학사에서 파생된 후대의 학설 모음집들을 인용하거나 풀어쓰고 있다. 이런 전승 과정에 관해서는 앞의 주 8을 참고할 것.)

24 아래 2장 3절을 참고할 것.

25 아리스토텔레스의 '가능태'*dynamis*나 플라톤 『티마이오스』의 '흔적들'*ichnē* 같은 것 말이다. 우주의 생성이란 무로부터의 창조*creatio ex nihilo*가 아니다. 헤시오도스의 우주 생성론에서도 이미 그랬다. 무로부터가 아니라 빈 틈*chaos*이 이미 주어져 있었다. 지금 이런 아낙시만드로스적 문제로부터 출발된 사유는 결국 파르메니데스에 가서 '아무것도 아닌 것(무)으로부터는 아무것도 안 나온다'는 원칙으로 확립된다.

다른 사람들은 아낙시만드로스가 말하는 것처럼 대립자들이 하나 속에 있다가 거기서 갈라져 나온다*ekkrinesthai*고 말한다. 엠페도클레스와 아낙사고라스처럼 하나와 여럿이 있다고 주장하는 사람들도 마찬가지인데, 이들 역시 섞인 것으로부터 다른 것들을 갈라내기 때문이다.

아리스토텔레스『자연학』187a20~23 (DK 12A16)²⁶

아낙시만드로스는 대립자들이 하나, 즉 아페이론 속에 있다가 거기서 갈라져 나온다*ekkrinesthai*고 주장하는데, 훗날 다원론자들은 '섞인 것'에서부터 분리가 이루어진다고 주장한다. 양자가 내세우는 섞인 것과 아페이론은 같은가, 다른가? 그저 같다고만 할 수는 없는 것이, 아페이론 속에 무언가가 이미 있다고 해도 그것은 불(온, 건)도 물(냉, 습)도 흙(온, 습)도 공기(냉, 건)도 아니다.

아르케 문제에 관한 고찰은 이 정도로 하고 다음 문제로 넘어가 보자. 아낙시만드로스도 (아마 탈레스의 일원적 설명 정신을 따라) 아르케 문제에 연이어 땅이 가만히 있는 문제에 관해서도 설명을 시도했다.

땅은 어떤 것에 의해서도 떠받쳐지지 않은 채 공중에 떠 있으며, 모든 것들로부터 같은 거리만큼 떨어져 있기 때문에 머물러 있다. 그것의 모양은 구부러지고 둥글며 돌기둥과 거의 비슷하다.

히폴뤼토스『모든 이교적 학설들에 대한 논박』1.6.3 (DK 12A11)²⁷

26『단편 선집』141쪽. '분리되어 나온다', '분리해 내기' 대신 '갈라져 나온다', '갈라내기'로 수정.

27『단편 선집』144쪽.

그의 해결책은 '땅은 아무것 위에도 떠 있지 않다'는 것이다. 앞 절에서 이미 시사된 대로 아낙시만드로스는 땅이 물 위에 떠 있다는 탈레스의 설명이 불만스러웠다. 우선 탈레스처럼 밑에서 떠받침support으로 땅이 가만히 있는 것을 설명하면 무한 소급의 문제에 걸린다. 앞의 1절에 인용한 DK 11A14의 아리스토텔레스가 제기한 물음처럼, 땅이 물 위에 떠 있다면 그럼 물은 무엇 위에 떠 있냐, 그리고 다시 그 무엇은 또 다른 무엇 위에 떠 있냐 하는 문제 말이다. 그런가 하면 탈레스의 모델은 아래 것이 위의 것을 떠받치고 있다고 생각하는 것인데, 과연 우주에서 절대적인 위, 아래를 의미 있게 이야기할 수 있는가? 아낙시만드로스는 이런 문제들을 제기하고 자기 나름의 새로운 해결 방식을 모색한 것으로 보인다. 어쨌거나 문제는 땅이 어떻게 밑으로 꺼지지 않고 가만히 둥둥 떠 있을 수 있는가 하는 것이다. 그가 제안하는 해결책은 사실 위 인용문의 강조점으로 표시한 부분에도 이미 시사된 바 있는데, 더 직접적이고 구체적인 설명이 담겨 있는 또 다른 보고를 들어 보자.

옛 사람들 가운데 아낙시만드로스처럼 그것[즉 땅]은 균형으로 인해 머물러 있다고 말하는 이들이 있다. 왜냐하면 한가운데 자리 잡고 있어서 끝점들과 균등한 관계에 있는 것은 위로나 아래로나 [좌우] 어느 한 쪽으로 움직이는 것이 적절하지prosēkei 않고 반대쪽들로 동시에 움직일 수도 없어서 머물러 있을 수밖에 없기ex anankēs menein 때문이다.

아리스토텔레스 『천체에 관하여』 295b10~16 (DK 12A26)[28]

---

28 『단편 선집』 144~145쪽.

아낙시만드로스의 해결책은 요컨대 "모든 것들로부터 같은 거리만큼 떨어져 있기 때문에"(앞 인용문), 그리고 "균형으로 인해"(여기 인용문) 머물러 있다는 것이다. 끝점들과 등거리에, 즉 한가운데 자리 잡고 있는 것은 어느 한 쪽으로 움직이는 것이 '적절하지 않다'. 또한 동시에 반대편으로 움직일 '수도 없다'.[29] 따라서 머물러 있는 것이 '필연적'이다. 이 논변을 자세히 보면 앞에서도 잠시 언급된 바 있는 '적절성' 개념이 거론된다. 여기서 '적절하지 않다'는 것은 어느 한 방향으로 움직일 '충분한 이유가 없다', 다른 어떤 방향(B)이 아니라 특정의 방향(A)으로 움직일(즉 특정 방향 A가 B보다 우선적으로 선택될) 아무런 이유가 없다는 뜻으로 해석할 수 있다. 우리는 이것을 이를테면 충족 이유율의 최초 사용으로 볼 수 있다.[30]

앞의 첫 인용문에서 언급된 '적절성'은 정의 개념과 연결되어 있다는 것이 거의 분명해 보인다.[31] 특정 원소가 기체 노릇을 한다(고 보)는 것은 바로 직접 단편 B1에서 언급된 불의*adikia*, 즉 타자에 대한 침해가 항상적이 된다(고 보)는

---

29 이 불가능성 언술은 앞의 1장 4절에서 고찰했던 것처럼 용인 불가능성 내지 규범적 불가능성으로 이해할 수 있다. 그러니까 여기서 적절성의 부정과 나란히 나온 것은 아주 적절하다 할 수 있다.

30 '충족 이유율'principle of sufficient reason이란 모든 일에는 반드시 그걸 설명할 수 있는 이유나 원인이 있다는 원리를 말한다. '우 말론'*ou mallon*, not more 원리 내지 무차별성indifference 원리, 즉 차이 없이 변화 없다without difference no change는 원리가 사용된 것으로 이해할 수도 있겠다.

31 콘포드가 강조하던 것처럼 권역의 할당 등 공간 표상이 중심이었던 호메로스나 신화에서의 정의 개념과 달리, 아낙시만드로스의 정의 개념은 시간 표상과 긴밀히 연결되어 있다. 기본적으로 사회적 현상으로 자연적 현상을 바라보는 유비가 개재되어 있다. 사실 호메로스, 헤시오도스에도 이런 질서의 아이디어는 있었다. 모이라(시간적인 몫)가 정해져 있고, 그것을 어기면 휘브리스*hybris*(방자함, 도를 넘음)이며 제우스나 제우스적 질서의 표상인 디케*Dikē*의 제재를 받는다.

것이며, 이는 적절성에 부합하지 않는다는 것이다. 어느 한 원소가 기체가 되는 것(으로 상정하는 것)은 옳지 않다, 부적절하다, 그럴 수는 없다.

그런데 여기서 정확히 무엇이 부적절하다고 이야기되는 것인가? 앞 인용문의 단어 선택을 고려하면, "이것들 가운데 어떤 하나를 기체로 삼는*poiēsai* 것은 적절하지 않다"고 말하는 것으로 보아, 부적절함의 일차적인 지시 대상은 아무래도 두루뭉술 어느 한 원소가 기체라는 자연적 사태 자체를 가리키기보다는, 어느 한 원소를 기체로 삼는 설명을 가리킨다고 이해하는 것이 그럴듯해 보인다. 즉 문면상 일차적으로는 그런 사태가 부적절하다는 게 아니라 사태에 대한 그런 설명이 부적절하다고 이야기되고 있다.

그렇다면 사태에 대한 그런 설명이 부적절한 이유는 무엇인가? 그 설명이 부적절한 이유는 B1에 따르면 그런 사태(즉 특정 원소가 기체가 되는 사태)가 도의를 어기는 일, 즉 불의이기 때문이다. 그 인용문에는 "네 원소 간의 상호 변화에 주목하고서" 이런 설명의 부적절성을 사유했을 거라고 보고되어 있다. 네 원소가 상호 변화하는 것에 대한 관찰을 통해 세상에는 도의, 정의가 작동하고 있다는 통찰을 얻어 낸 것이 B1의 요체다. 그런데 네 원소 가운데 어느 하나를 기체로 상정하면, 그 이론 체계 내에서 세상은 불의가 지배하는 곳이 된다. 특정 원소가 기체가 되면 나머지 원소들은 자기가 누릴 수 있는 시간을 제대로 누리지 못하게 되는데, 이것이 불의다. 특정 원소를 기체로 삼는 설명은 이렇게 특정 원소가 기체가 되는 부정의한 사태를 상정하게 만드는데, 그런 부정의한 (혹은 어울림, 적절성과 옳음, 필연/의무가 긴밀하게 연결되는 앞의 1장 4절 호메로스적 양상 개념의 구도를 적용하면, 부적절한) 사태는 세상에 대한 관찰과 어긋나므로 결국 당초의 설명은 부적절한 것이라고 해야 한다. 여기서는 설명의 부적절성이 그 설명이 함축하는 사태의 불의 혹은 부적절성에 의존하는 셈이다. 요컨대, 앞의 첫 인용문에서 언급된 적절성은 기본적으로 사태에 대한 설명의 적절성이지만, 그것이 다시 설명 대상인 사태의 적절성으로부터 도출된다.

그런가 하면 방금 거론된 땅이 가만히 있는 것에 대한 설명에서 다시 언급된 적절성은 그 단어 선택으로 볼 때 일차적으로 사태의 적절성이라고 볼 수 있다. 특정의 방향으로 움직이는 일이 적절하지 않다고 말하기 때문이다. 그런데 이 적절성을 위에서 해석한 것처럼 '충분한 이유가 있음'으로 이해할 수 있다면, 사태의 적절성을 이야기할 수 있는 근거가 그 사태에 대한 설명의 적절성이라고 볼 여지가 생긴다. 다른 어떤 방향(B)이 아니라 특정의 방향(A)으로 '움직일 이유'가 없다는 것은 달리 말하면 특정 방향 A를 B보다 우선적으로 '선택할 이유'가 없다는 것이다. 그러니까 여기서 아낙시만드로스는 결국 특정 방향을 우선시하는 관점 내지 설명이 적절하지 못하다는 것을 근거로 삼아 특정 방향으로의 움직임이 적절하지 못하다는 결론을 내리고 있는 셈이다. 달리 말해, 특정 방향으로 움직인다고 생각하거나 말하는 것이 적절하지 못하다는 것을 근거로 삼아 특정 방향으로 움직이는 것이 적절하지 못하다고 생각하거나 말하게 된다는 것이다. 요컨대, 방금 전 인용문에서 언급된 적절성은 일차적으로 사태의 적절성이지만, 그것은 그 사태에 대한 설명의 적절성으로부터 도출된다.

이렇게 설명의 적절성과 설명 대상 사태의 적절성(내지 정의)이 서로 긴밀히 (즉 상호 도출의 관계로) 연결되어 있다는 것과 더불어, 방금 전 인용문에서는 적절성이 필연성을 함축하는 것으로 표상되어 있다. 어느 한 방향으로 움직이는 것이 '부적절'하기 때문에 땅이 머물러 있는 것이 '필연적'이라고 사유하는 것이다. 이렇게 사유되는 적절성과 정의, 필연성은 호메로스에서 엿볼 수 있었던 양상 개념의 구도와 연속선상에 있으며, 나중에 크세노파네스와 파르메니데스에게로 가면 새로운 담론의 기준 내지 표준 노릇을 하는 데까지 발전하게 된다.

이제 이 적절성 내지 정의 개념을, 앞 절의 탈레스를 다루면서 이야기된 '그 때문에'의 문제, 일원적 설명 태도의 문제와 연결 지어 생각해 보자. 이제까지 우리가 논의한 것들을 확인해 주면서 연결의 실마리도 제공해 주는 아리스토텔레스의 또 다른 보고를 살펴보자.

> 그러나 무한정한 물체söma는 결코 하나이거나 단순한 것일 리가 없다. 어떤 사람들이 말하는 것처럼 그것이 원소들과는 별개의 것으로서 이것으로부터 그들이 이것들[즉 원소들]을 산출해 내는 그런 것이든, 아니면 그냥 단순히 [무한정한 물체]든 간에 말이다. 실제로 이것[즉 원소들과는 별개의 것]을 무한정한 것으로 놓는 한편, 다른 것들이 그것들[즉 공기나 물]의 무한정함으로 인해 소멸되지 않도록 공기나 물을 무한정한 것으로 놓지 않는 사람들이 있다. 왜냐하면 공기는 차갑지만 물은 습하고 불은 뜨거운 것처럼, 그것들[즉 원소들]은 서로 간에 상반되기 때문이다. 만약 그것들 중 하나가 무한정하다면 다른 것들은 모두 이미 소멸되었을 것이다. 그러나 무한정한 것은 [원소들과는] 다른 것이며 그것으로부터 이것[즉 원소]들이 생겨난다고 그들은 말한다.
>
> 아리스토텔레스 『자연학』 204b22~29 (DK 12A16)[32]

이 보고가 말해 주는 것처럼 아낙시만드로스가 보기에 원소 중 어느 하나가 완전히 승하면 다른 것들이 다 없어지게 되고, 그렇게 되면 결국 현상의 다양성을 설명하려는 목적 자체를 이루지 못하게 된다. 아르케로서 아페이론을

---

32 『단편 선집』 138~139쪽.

설정한 것, 다시 말해 특정 원소의 손을 들어 주지 않고 무차별성에 기댄 것은 현상에 대한 적절한 설명이라는 목적 때문이다. 그리고 그는 땅이 가만히 있는 것에 대한 설명에서도 균형을 설명하기 위해 무차별성을 끌어들였다. 앞서 '그 때문에'를 논하면서 이야기한 대로 이런 설명들에는 하나의 원리가 여러 질문들에 다 적용된다는 혹은 적용되어야 한다는 생각이 '일관'되게 그 밑바탕에 깔려 있는 것 같다. 탈레스는 물로 세상의 질료와 기원을 설명하고 또 그것을 가지고 땅이 가만히 있는 이유도 설명했다. 비슷하게 아낙시만드로스는 아페이론(혹은 무차별성)으로 세상의 기원을 설명하고 또 그것을 가지고 땅의 평형도 설명하고 있다. 이런 설명의 정신은 호메로스든 헤시오도스든 시인들에게서는 찾아볼 수 없었던 이 철학자들 특유의 것이라 할 수 있다.

아무튼 중세인들이 말하던(실은 아리스토텔레스 텍스트[33]에 비웃음과 함께이긴 하지만 딱 지금과 같은 우주론적 맥락에서 묘사된 바 있는) '뷔리당의 나귀'[34]를 떠올리게 하는 아낙시만드로스의 설명은 무차별성으로부터 정지가 필연적으로 도출된다는 아주 그럴듯한 추론적 사고의 모델을 보여 준다. 그런데 포퍼가 아쉬워하는 것처럼 아낙시만드로스는 이 추론적 사고를 끝까지 밀어붙이지 못했다. 정지를 낳을 정도로 힘을 골고루 받으려면 사실 땅은 온전히 둥글어야 한다. 균형에 관한 추론적 사고를 그가 그대로 밀고 나갔다면 지구설 혹은 지구 구형설

---

33 『천체에 관하여』 295b32.

34 오컴의 파리 대학 제자이기도 했던 14세기 파리의 영향력 있는 철학자 장 뷔리당Jean Buridan (CE 1300년 이전~1360년경)의 이름을 딴 역설을 가리킨다. 나귀가 건초 더미와 물통 사이 정확한 중간 지점에 놓여 있어서 어느 한 쪽으로 가지 못하고 그 자리에서 허기와 갈증으로 죽게 되는 가설적 상황을 묘사한 역설이다. 아리스토텔레스 『천체에 관하여』에 대한 뷔리당의 주석에 실제로 나오는 동물은 나귀가 아니라 개라고 한다. 정작 아리스토텔레스 텍스트에 나온 것은 사람이었다.

로 자연스럽게 발전시킬 수 있었을 것이다.

그런데 실제 아낙시만드로스의 논의는 어땠을까? "땅은 너비가 높이의 세 배 정도 되는 원통형이라고 그는 말한다."(DK 12A10: 위-플루타르코스 『학설집』 2) 경험적 관찰은 사실 지구 구형설을 받아들이기 어렵게 한다. 공처럼 둥근 물건에 올라가서 걷다 보면 결국 사람이 밑으로 떨어지게 된다. 이런 경험적 관찰을 이제까지의 추론적 혹은 이론적 사고와 화해시키려다 보니 아낙시만드로스로서는 이런 원통형의 땅을 상정할 수밖에 없었을 것이다.

칼 포퍼는 『추측과 논박』[35]의 "소크라테스 이전 철학자들로 돌아가자"Back to the Presocratics라는 논문에서 이런 경험적 관찰과의 타협이 과학의 발전을 오히려 방해하는 요인이었다고 평한다. 그는 "아낙시만드로스/탈레스로 돌아가자"Back to Anaximander/Thales는 이야기를 하면서, 아낙시만드로스의 (그리고 탈레스의) 이런 대담하고 혁신적인 이론은 반관찰적이며, 오히려 추론 혹은 추측에 의한 설명이라고 말한다. 위대한 이론의 발전은 경험적 관찰로부터 나오는 것이 아니라 이런 대담한 짐작, 가설, 추측conjecture과 그것에 대한 논박refutation에 의해 추동된다고 그는 주장한다. 이런 의미에서 그는 아낙시만드로스를 높이 산다. 탈레스의 이론은 관찰에 의한 유비를 사용하고 있지만 아낙시만드로스의 이론은 직관적이기는 해도 관찰에 의한 유비를 전혀 사용하고 있지 않다는 점에서 말이다. 그의 이론을 참된 이론의 방향으로 근접하게 한 것이 탈레스 이론에 대한 사변speculation, 비판적인 논변, 추상적인 사고, 대담한 가설인 반면, 그를 최종 순간에 잘못 인도한 것이야말로 관찰 경험이었다는 것이다. 과학 이론에서 중요한 것은 관찰에서 나왔느냐, 정당한 귀납적 절차를 지켰느냐

---

[35] Popper(1963).

가 아니라 설명력이 있느냐, 테스트와 비판을 견뎌 내느냐.

포퍼적 입장에서 보면, 아낙시만드로스의 이론은 대체로 경험적·관찰적이라기보다는 비판적·사변적speculative이며, 따라서 오늘날의 관점에서 볼 때는 '과학적'이라기보다는 '철학적'이라고 불리는 것이 더 적절하다. 사실 영어의 '스페큘레이션'speculation에는 사변, 추측의 의미와 더불어 건다(즉 투기, 도박)라는 뜻이 들어 있다. 한번 걸어 보는 것, 논박과 비판의 법정에서 그 설명력을 테스트해보는 것, 이것이 철학적 사고의 특징인 스페큘레이션의 의미일 것이다. 다시 살펴보겠지만 관찰 경험과 이론 사이에서 타협하는 아낙시만드로스와 달리 나중에 엘레아주의의 대표자 파르메니데스는 경험과 타협하지 않으려는, 로고스에 충실하려는 태도를 꿋꿋이 견지한다.

이런 입장에 서면 잘못된 이론, 잘못된 생각도 참된 이론이나 생각에 못지않게 기여하는 바가 있다.[36] 잘못된 이론은 근본적인 수정의 방향을 제시할 수도 있고 비판을 자극할 수도 있다. 지구가 물 위에 떠 있다는 탈레스의 사변은 아낙시만드로스의 비판과 수정을 자극했고, 아낙시만드로스의 사변은 불완전하게 경험과 타협하긴 했지만 담론의 전반적인 방향을 지구 구형설 쪽으로 이끌었던 것이다.

그런데 여기서 우리가 사변 못지않게 눈여겨보아야 할 것이 있다. 증거가 빈약해 어차피 사변과 추측에 맡겨진 문제이긴 하지만, 탈레스와 아낙시만드로스에 관한 보고들로 미루어 볼 때 아마도 탈레스는 자신의 우주론적 가설을 그저 사변한 데 그친 것이 아니라 적극적으로 비판의 장에 내놓았던 것 같다. 아마도 그랬기 때문에 그에 부응해 아낙시만드로스가 스승의 설명 정신을 이어

---

36 자주 거론되는 바지만 철학에서는 해답 혹은 정답보다 오히려 질문이 더 중요하고 의미 있는 경우가 많다.

가면서도 스승의 가설에서 발견한 불충분성을 자유롭게 개진하면서 논의를 업그레이드하는 데로 나아갈 수 있었을 것이다. 이런 비판의 장을 통한 대화*dialogos*의 전통이 결국 철학의 정체성과 본질의 중요한 일부로 각인되기에 이른다.

아낙시메네스

밀레토스학파 삼인방의 마지막 사람은 아낙시메네스(?~BCE 525년경)다. 우선 그의 핵심 주장에 대한 보고가 들어 있는 자료 하나를 살펴보자.

> 에우뤼스트라토스의 아들이자 밀레토스 사람인 아낙시메네스는 공기를 있는 것들의 근원*archē*이라고 주장했다. 왜냐하면 이것에서 모든 것들이 생겨나서 다시 그것으로 분해되기 때문이다. "공기인 우리 영혼*psychē*이 우리를 결속해 주는*synkratei* 것처럼 바람*pneuma*과 공기가 우주*kosmos* 전체를 또한 감싸고 있다*periechei*."(DK 13B2)고 그는 말한다. (공기와 바람이 [여기서] 같은 뜻으로 언급된다.)
>
> 아에티오스『학설 모음집』1.3.4[37]

그가 철학사에 이름을 올리게 된 결정적인 계기가 된 것은 이 자료에도 언급된 대로 '만물의 아르케는 공기*aer*'라는 테제이며, 그의 이름은 늘 그 테제와 함께 기억되곤 한다. 그런데 그 테제에 관해 이야기하기 전에 우리가 주목할 만한 것은 영혼이 인간을 함께 묶어 주듯이 바람 혹은 영*pneuma*이 온 우주를

---

[37] 『단편 선집』151쪽.

감싸고 있다는 그의 설명 방식이다. 전체 우주를 설명하는 원리와 소우주로서의 인간을 설명하는 원리가 하나라는 생각이 우선 배경에 깔려 있다. 앞에서 언급한 일원적 설명 태도의 일환이다. 우주와 인간을 하나의 원리로 설명하겠다는 태도가 아르케 질문에 대한 그의 대답을 그런 방향으로 추동했으리라는 짐작을 가능케 하는 대목이다.

또한 이 설명에는 그런 일원적 설명 태도와 더불어, 설명을 가능한 한 상식인들의 이해 수준에 맞추어 제공하려는 정신이 엿보이기도 한다. 아르케에 대한 추상적 논의를 일상인들이 쉽게 접하거나 떠올릴 수 있는 구체적인 사태나 개념을 가지고 뒷받침하겠다는 태도 말이다. 이런 설명 태도에 관해서는 아래에서 상세히 고찰하기로 하고, 다시 아르케에 관한 테제로 돌아와 보자.

사실 앞선 두 철학자의 논의를 따라 여기까지 온 우리가 보기에 아낙시메네스의 행보는 일견 어설프다. 아르케를 특정의 한 원소로 잡은 탈레스의 논의로부터 아르케를 어느 한 원소로 잡으면 그 대립자가 어떻게 나오는가를 문제삼은 아낙시만드로스의 논의로 진전된 상황에서, 다시 특정의 한 원소를 잡는다는 것은 업그레이드된 논의를 접고 탈레스적인 방향으로 되돌아가는 것이 아닐까? 그렇게 원점으로 되돌리는 듯한 논의가 어떻게 철학사에 기록할 만한 가치가 있는가?

아리스토텔레스의 이해와 보고를 종합해 보면 탈레스의 아르케 논의는 구성 원리로서의 아르케에 상당히 집중하지만 그렇다고 기원적 의미를 배제하지는 않는다. 그것에 대응해 아르케의 기원적 의미를 충실히 붙잡고 사유를 전개하면서 아낙시만드로스의 아페이론 논의가 성립한다. 그럼 아낙시메네스는 어떤가?

대립자들의 상호 생성 문제 때문에 아낙시만드로스는 결국 그런 대립자들 각각의 특정한 성격을 제거한 무언가를 기원으로 삼았다. 그는 예컨대 물이 어떻게 불이 되는가를 문제 삼았다. 그런데 아낙시메네스는 문제를 좀 더 발전시킨다. 먼저 탈레스에게 묻는다.[38] 물에서부터 물 아닌 것(예컨대, 불)이 나왔다고 하는데, 이 불이 물의 성격을 갖지 않으면 물은 단지 시간적으로 선행할 뿐 질료가 될 수는 없지 않을까? 아낙시만드로스에게도 같은 질문을 하는 것으로 이해할 수 있다. 아페이론에서부터 아페이론이 아닌 것, 즉 특정 원소(예컨대, 불)가 나왔다고 하는데, 아페이론이 어떻게 불이 되는지(혹은 어떻게 불의 성격을 규정할 수 있는지)를 설명하지 않으면 아페이론은 그저 시간적으로 선행할 뿐 질료는 될 수 없는 것 아닐까? 결국 그는 앞선 두 선배의 이론이 사실상 기원적 의미의 아르케에만 충실할 뿐 구성 원리로서의 아르케 논의로서는 견고하지 못하다는 비판과 반성을 하고 있는 셈이다.

이런 비판을 통해 그가 새롭게 묻고 있는 질문은 생성 과정에 대한 질문이다. 예를 들어, 불이 어떻게 나오는가 하는 유의 질문 말이다. 탈레스는 '물에서부터'라고 말하지만 거기서 어떻게 불이 나오는지는 설명하지 않는다. 그런 탈레스의 설명이 싫어서 아낙시만드로스는 '불의 성격을 안 가진 것에서부터'라고 말하지만, 불의 성격을 안 가진 것에서부터 '어떻게' 불이 나오느냐는 질문에 대답하지 않았거나 아니면 그런 질문을 아예 제기하지 않았다.[39] 이제 아낙시메네스는 아르케가 예컨대 불이 되는 과정(즉 생성 과정)을 묻고 그것에 답하는 데는 공기가 적당하다고 생각했기에 탈레스적으로 회귀한 것이며, 또 그 회귀가 새로운 질문에 부수하는 것이었기 때문에 철학사에 기록된 것이다.

---

38 실제로 그렇게 질문했다는 역사적 기록이 있는 것은 아니다. 다만, 아낙시메네스의 논의로 보고된 글들을 통해 이와 같은 질문을 던진 것으로 가정해 보고 그런 관점에서 초기 철학사를 바라보는 것이 유용하다는 것이다.
39 아마도 계란 속에 닭이 들어 있지 않은데도 닭이 나오지 않느냐는, 그다지 심각하게 문제되지 않을 정도로 자명한 경험적 사실로 받아들였을지 모른다.

그의 대답은 '공기가 희박해지면 불이 되고 농밀해지면 물이 된다'는 것이다. 그에 따르면 농밀한 것은 차고 희박한 것은 뜨겁다. 그것을 뒷받침하는 근거 가운데 하나로 그는 입의 크기와 숨의 온도 사이의 상관관계를 예로 들고 있다.

> 또는 옛 사람 아낙시메네스가 생각했던 것처럼 차가운 것도 뜨거운 것도 실체*ousia*에 속하는 것으로 놓아두지 말고 변화*metabolē*에 수반되는 질료*hylē*의 공통된 성질*pathē koina*로 놓자. 왜냐하면 그것[질료] 중에서 압축되고 촘촘해진 것은 차갑지만 희박하고*araion* 느슨한 것*chalaron*(DK 13B1)(바로 이렇게 그는 이 단어를 가지고 표현했다)은 뜨겁다고 그는 말하기 때문이다. 그러므로 사람이 입으로 뜨거운 것뿐 아니라 차가운 것도 내보낸다고 말하는 것은 터무니없지 않다. 왜냐하면 숨*pnoiē*은 입술에 의해서 압축되고 촘촘해져서 차가워지지만 입이 열리면 [숨이] 빠져나가면서 희박해짐으로 인해 뜨거워지기 때문이다.
>
> 플루타르코스 『원리로서의 차가운 것에 관하여』 947f~948a[40]

일상에서 쉽게 관찰할 수 있는 구체적 현상을 가지고 사물들의 생성, 변화의 과정을 설명하려는 노력을 기울였다는 것을 잘 드러내는 사례라 할 수 있다. 그가 말하는 희박화와 농밀화에 의한 생성 과정을 좀 더 상세히 말하면 공기가 희박해지면 불이 되는 반면 공기가 농밀해지면 바람이 되고 다시 바람은 구름이, 구름은 물이, 물은 흙이, 흙은 돌이 된다(DK 13A5, A7 등).

---

40 『단편 선집』 152~153쪽.

결국 그는 x에서 x아닌 것으로 된다고 할 때 가장 잘 설명될 수 있는 x의 후보가 무엇인지를 물었고 그것을 공기라고 본 것이다. 예컨대 불이 어떻게 나왔는가? 그에 의하면 그것은 '공기에서부터' 나왔다. 그에게 있어서 불이란 우리 눈에 공기 아닌 것으로 보일 뿐이지 사실은 희박한 공기다. 이렇게 되면 공기는 시간적으로 선행하는 동시에 구성 질료가 될 수 있다고 그는 본 것이다. 생성의 과정을 그는 공기의 농밀화와 희박화로, 즉 뜨거워짐과 차가워짐으로 설명하고 있다. 이런 논의가 기본적으로 아낙시만드로스의 논의를 의식하면서 그것이 가진 한계를 지적하고 대안으로 제출된 것임을 우리는 다음 자료에서 잘 읽어 낼 수 있다.

> 공기는 모든 있는 것들의 유일한 근원으로서 운동하며 무한정하다고 아낙시메네스는 생각한다. 실제로 그는 다음과 같이 말한다. "공기는 비물체*asōma*에 가깝다. 그리고 이것의 유출에 의해서 우리가 생겨나기 때문에 그것은 무한할 수밖에 없고, 결코 바닥나는 일이 없으므로 또한 풍부할 수밖에 없다."(DK 13B3)
>
> 올림피오도로스 『희랍 연금술의 역사』 1.2 의 「현자의 돌에 의한 성스러운 기술에 관하여」 83 쪽 7 [41]

"공기는 비물체*asōma*에 가깝다"는 말에서 물체*sōma*는 무언가 만져지는 것이거나 눈에 보이는 것으로 표상되고 있는 듯하다. 물체는 그렇게 우리가 감각을 통해 접하고 확인할 수 있는 어떤 것이다. 그런데 그런 물체들이 존재하게 된 근원 노릇을 하는 것, 즉 아르케는 특정의 감각적 성질을 가질 수가 없다는 것이 아낙시만드로스가 탈레스 논의의 한계로부터 붙잡은 결정적 논점이었다. 그래서 그는 특정의 성질들을 추상하는 데로 나아갔고, 그런 행보에 힘입어 밀

---

41 『단편 선집』 152쪽.

레토스 철학 논의는 한층 업그레이드될 수 있었다.

그러나 아낙시메네스가 보기에 아낙시만드로스는 아르케에서 구체적인 성질들을 너무 많이 빼낸 나머지 비물체 쪽 극단으로 넘어가 버렸다. 이제 모든 사물들, 물체들을 나오게 할 만큼 충분히 추상적이고 무성질의 것이 되긴 했지만, 바로 그 이유 때문에 거기서 모든 존재 사물들, 물체들이 어떻게 생겨날 수 있을지를 설명하기가 난망한 지경이 된 것이다. 선생의 이런 한계로부터 아낙시메네스는 그저 선행하는 출처일 뿐만 아니라 어떻게 지금의 것들로 변해 왔는지까지 설명할 수 있는 온전한 아르케를 확보하려면 무슨 수정과 보완이 필요할까를 고민한 것이며, 그런 까닭에 새로운 문제를 제기한 세 번째 인물이 되었던 것이다. 이미 말했듯 선생의 아페이론은 그가 보기에 그 문제에 충실하게 답하기에는 너무 비물체에 근접해 버렸다. 그러니까 아무런 성질도 갖지 않은 것에서 모든 성질의 것들이 '어떻게' 나올지 막막하므로 아르케는 그런 생성 과정을 설명할 수 있을 만큼은 어떤 성질을 가진 것이면서, 동시에 모든 성질의 것들과 연결될 만큼은 또 비물체에 가까운 것이어야 했다. 결국 그는 스승의 아페이론이 가진 양적 무한성은 온전히 받아들이되(위에 인용된 B3의 둘째 문장이 이것을 잘 보여 준다), 질적 무한정성에는 일정한 제한을 가하는 방식으로 논의를 수정하게 된 것이다.[42]

이제 땅이 왜 가만히 있는가 하는 문제에 대한 그의 답변은 어떤 것이었는

---

[42] 다시 논의할 기회가 있겠지만, 방금 언급한 것과 같은 애매성(즉 아페이론이 양적으로 이해될 수도 있고 질적으로 이해될 수도 있다는 애매성)이 이 시대 철학자들에게는(그리고 아마 이후 철학자들에게도) 그저 빨리 벗어나야 할 재앙에 머무는 것이 아니라 상호간 사유의 차이를 선명히 하고 자신의 입장을 반성적으로 음미하거나 명확히 드러낼 기회요 촉매이기도 했다.

지 검토해 보자. 서로 다른 유비가 들어 있는 두 보고가 우리에게 전해져 있다.

땅은 평평하며 공기로 떠받쳐지고 있다. 마찬가지로 해도 달도 다른 별들도 모두 불로 된 것들로서 평평함으로 인해 공기 위에 떠 있다*epocheisthai*. 별들 [천체들]은 땅에서 습기가 올라감으로 인하여 땅에서 생겼다. 그 습기가 희박해져서 불이 생기고, 올라가는 불에서 별들이 형성된다. 별들의 장소에는 그것들과 함께 회전하는 땅 같은 물체들도 있다. 그는 별들이 다른 사람들이 생각했던 것과 마찬가지로 땅 아래로 움직이는 것이 아니라 마치 펠트 모자*pilion*가 우리 머리 주위를 돌듯이 땅의 주위를 돈다고 말한다. 그는 또 해가 감추어지는 것은 그것이 땅[지구] 아래에 있게 됨으로써가 아니라 땅의 더 높은 부분에 의해서 그리고 해와 우리 사이의 더 늘어난 거리로 인하여 가려지기 때문이라고 말한다.

히폴뤼토스 『모든 이교적 학설들에 대한 논박』 1.7.4~6 (DK 13A7)[43]

아낙시메네스와 아낙사고라스 그리고 데모크리토스는 땅이 머물러 있는 까닭은 그것이 평평하기 때문이라고 말한다. 왜냐하면 그것은 밑에 있는 공기를 자르는 것이 아니라 뚜껑처럼 덮기 때문이라는 것이다. 평평한 물체들은 분명히 그런 작용을 한다. 왜냐하면 그것들은 바람에 대해서조차 저항으로 인해서 움직이기가 어렵기 때문이다.

아리스토텔레스 『천체에 관하여』 294b13 이하 (DK 13A20)[44]

---

43 『단편 선집』 158~159쪽.
44 『단편 선집』 159쪽.

이 보고들에 따르면 그는 '땅은 평평하며, 그래서 공기 위에 떠 있다'고 주장하는 셈이다. 땅이 머물러 있는 것은 밑에서 공기가 떠받치고 있는데, 그것이 평평해서 (A20의 설명에 약간 보태자면) 마치 주전자 뚜껑이 김 위에 떠 있듯이 떠 있다고 그는 설명한다. A7의 펠트 모자의 예도 그렇고 주전자 예도 그렇듯, 그는 손에 잡히고 눈에 보이는 설명 방식을 아주 선호한 듯하다. 특히 스승 아낙시만드로스에 비하면 그렇다. 그의 그런 구상적 설명을 유도한 것은 아마도 스승의 매우 추상적인 논의에 대한 '반작용'이 아닐까 하는 짐작도 해볼 수 있겠다.

포퍼는 아낙시메네스의 설명이 아낙시만드로스의 추상적 이론을 덜 추상적이고 더 상식적인 이론으로 대체한 것으로서, 아낙시만드로스의 논변을 완전히 이해하지 못한 것이라고 평가한 바 있다.[45] 그러나 내가 보기에 아낙시메네스의 이런 설명 태도는 선생의 논변에 대한 몰이해에 기인한 것이기보다는 오히려 추상적 논의의 한계를 의식한 적극적 대응의 성격이 더 강하지 않았을까 싶다.

내가 보기에 위에 이미 언급했듯이 두 선배에게서처럼 그에게도 하나의 원리로 여러 문제를 한꺼번에 해명한다는 일원적 정신이 강하게 작용했던 것으로 보인다. 그 역시 하나의 아르케를 가지고 만물의 물질적 원리에 대한 설명도 하고 땅이 가만히 있는 까닭도 설명하려 했는데, 그런 설명을 찾아가는 도중에 그는 생성 과정에 대한 물음을 새롭게 묻게 되었던 것 같다. 그러다 보니 그 물음에 효과적인 대답을 내놓기에 아페이론 같이 너무 추상적인 아르케로는 한계가 있음을 깨달았을 것이다. 그래서 구체적인 세상을 생겨나게 할 수 있는 보다 구체적인 아르케의 논의로 다시 내려올 수밖에 없었을 것이다.

앞에서 나는 탈레스-아낙시만드로스 관계가 고전 시대 소크라테스-플라

---

45 포퍼는 앞의 논문에서 이 사람이 밀레토스 삼인방 가운데 철학적으로 가장 덜 혁신적인 사람이라고 평가한다.

톤 관계와 비슷한 일면이 있다고 말한 바 있다. 이제 그 유비를 계속 이어 말한 다면 아낙시만드로스-아낙시메네스 관계는 플라톤-아리스토텔레스 관계와 비슷한 구석이 많다. 아낙시만드로스가 더 위대하냐 아낙시메네스가 더 위대 하냐고 묻는 것은 마치 플라톤 철학이 더 위대하냐 아리스토텔레스 철학이 더 위대하냐고 묻는 것과도 비슷하다. 라파엘로의 "아테네 학당"에서 당신은 누 구에게 더 끌리는가? 손가락으로 위를 가리키는 플라톤인가, 옆으로 손을 내 민 아리스토텔레스인가? 개별적이고 구체적인 것들의 존재와 그것들에 대한 설명을 가능케 하는 원리적 존재자에 대한 추상적 내지 초월적 사유가 더 중요 할까, 아니면 우리 경험과 현실을 잘 반영하고 그것을 구상적으로 이해하고 그 것에 실질적으로 대응, 적용해 변화, 개선을 일으킬 수 있는 구체적 내지 현실 적 사유가 더 중요할까? 대답은 당신의 몫이다. 우문에 현답을 기다린다.

이제 밀레토스학파의 이야기를 뭉뚱그려 정리해 보자. 그들은 기본적으로 비슷한 문제의식을 공유한다. 세상을 이루는 물질적인 구성 원리가 무엇인가? 세상은 어떤 물질적 근원에서 출발했는가? 우주의 모습은 어떠한가? 지구가 어 디에 있고 왜 가만히 있는가? (아낙시메네스는 여기에 더해 생성 과정까지도 문제 삼는 다) 등의 문제의식 말이다. 그래서 현대적 의미의 학파와 같지는 않지만 일종의 '학파'로 불릴 수 있다. 물론 이 물음들에 대한 그들의 대답이나 대답을 뒷받침 하는 이론적 모델들에는 서로 차이가 있다. 예컨대, 세 사람이 서로 다른 아르 케를 제시했고, 각 아르케를 정당화하기 위해 탈레스와 아낙시메네스는 달리 됨alteration 모델을 취한 반면 아낙시만드로스는 갈라짐separation 모델을 취했다.

그러나 그들은 비슷한 문제를 비슷한 방식으로 풀려 했다. 그들은 눈에 보 이는 것(일반적으로 말해 감각에 의해 지각되는 것)이 전부가 아니며 그것 말고 '진짜 있는 것'이 별도로 있다고 생각하고 그것을 찾으려 한다. 달리 말해 현상phaino-

mena, appearance과 실재*on*, reality를 구별하면서 변하는 것, 움직이는 것들 가운데 변하지 않는 것, 부동의 것을 찾으려 한다. 변화 운동하는 것들 가운데 불변 부동의 것을 탐색한다는 것은 이 철학자들의 활동의 핵심적 화두인 '자연'(퓌시스)이 지닌 두 측면이다. 변화를 관통하는 불변 부동의 것, 즉 생겨나고 소멸하는 것들과 대비되는 그야말로 진짜 있는 것, 즉 아르케를 그들은 하나로 놓는 '일원론'monism의 입장을 취한다. 변하는 여럿 가운데서 그 변화 근저에 놓인 하나를 찾고, 그것에 의해 변화/운동을 설명하려 한다. 그런데 그 하나가 일종의 질료 혹은 물질의 성격을 갖는다고 그들은 본다(그들이 원리로 삼은 물, 공기, 아페이론은 현대 기준으로 따지면 물질이다). 즉 그들의 일원론은 일종의 '질료적 일원론'material monism이다. 그런데 그 하나의 것 자체가 주체가 되어 그것 아닌 것으로 된다(혹은 움직인다)고 그들은 생각한다. 즉 그들이 원리로 삼는 물질은 기본적으로 살아 있다. 일종의 '물활론'物活論, hylozoism을 전제로 하고 있는 셈이다. 이는 물체를 영혼과 달리 죽어 있는 것으로 생각하고 관성 법칙의 지배를 받는 것으로 보는 근세 이후의 관념과 대비된다. 이런 사고에서는 동인動因의 문제가 대두되지 않는다. 물체가 스스로 살아 움직인다고 설명하기 때문이다.

이제 앞에서 남겨 둔 왜 탈레스가 철학의 시작인가, 그리고 왜 자연철학인가 라는 질문으로 돌아가 보자. 사실 아르케 물음에 대해 이 철학자들이 내놓은 대답만 보면, 특히 대답의 유효성 측면만 보면 우리 눈에 이들은 그리 대단해 보이지 않는다. 물이나 공기 혹은 불특정의 무언가를 가지고 세상의 물질적 구성 혹은 기원을 충분히 효과적으로 설명해 낼 수 있을까? 별로 그럴 것 같지 않다. 그렇다면 왜 탈레스가, 그리고 그 제자들이 철학사의 첫 장에 기록되어야 하는 걸까? 그저 아리스토텔레스의 권위를 존중해서 그래야 하는 것일까? 물론 아리스토텔레스의 권위를 존중한다는 것이 하나의 이유로 기능할 수는 있지만,[46] 충분치는 않다.

그들이 내놓은 대답보다는 그들의 물음에서 실마리를 찾아야 할 것이다. 탈레스의 담론에서 세상은 '물'이라는 게 핵심이 아니라 세상이 진짜로 뭐냐, 세상이 뭐로 되어 있냐, 뭐로부터 나왔냐를 물은 것이 핵심이 아니냐는 것이다. 그러니까 '엑스$_{ex}$ 물'(물로 되어 있다 혹은 물로부터 나왔다)에서 '물'보다 '엑스'가 더 중요한 것이고 바로 이걸 강조하기 위해서 아리스토텔레스는 '아르케'라는 용어를 도입해 정리해 준 것 아닐까? 아리스토텔레스식 용어로 말하면 아르케가 '물'이라는 것이 중요한 게 아니라 아르케를 물었다는 것 자체가 중요한 것 아닐까?

다음 절 이후에서 우리가 계속 확인해 가겠지만, 탈레스 이후 철학자들은 한동안 탈레스가 물었던 물음을 놓고 이리저리 궁리를 계속했다. 대답의 내용과 방식은 바뀌지만 기본 물음과 물음에 접근하는 기본 자세와 태도는 그대로다. 탈레스를 우뚝 세운 것은 그의 물음과 묻는 방식이었던 것이다. 대답의 발견이 아니라 물음의 발견, 탐구 대상의 발견이 탈레스와 그 제자들을 위대하게 한다. 제대로 된 물음, 사람들의 호기심을 계속 자극할 수 있는 물음을 묻는다는 것이 인간에게, 인간의 지적 활동에, 특히 철학에 얼마나 중요한 것인지 우리로 하여금 다시 한 번 되돌아보게 하는 일이 아닐 수 없다.

그런데 시인들도 비슷한 걸 묻지 않았던가? 호메로스의 전쟁 이야기 밑바탕에 세상이, 인간사가 어떻게 작동하는 건가에 대한 물음이 깔려 있고, 헤시

---

46 여기서 상세히 논의를 진전시킬 수는 없지만, 아리스토텔레스의 권위를 존중한다는 것이 보기만큼 간단히 기각할 수 있는 논점은 아니다. 인간의 문화 전통을 이해하는 데 있어서, 특히 그 가운데서도 인간 자신을 다루는 인문학 전통에 접근하는 데 있어서 자기규정은 무엇보다도 중요한 고려 사항이 아닐 수 없다. 그렇다면 철학이라는 활동의 시작을 고찰할 때 철학사의 시작을 조회하는 것은 어쩌면 당연한 수순이라 할 것이다. 철학사를 시작한 아리스토텔레스가 철학의 시작을 어디로 설정했느냐를 무시할 수 없는 것이다.

오도스의 신 계보 이야기에 세상의 기원이 어떠했고 거기서 어떤 과정을 거쳐 세상이 생겨나는지에 대한 물음이 들어 있지 않은가? 물론 그렇다. 앞 장에서 확인한 대로 그들의 작품을 보면 그들도 나름 세상의 생겨남을 물었고 세상의 구조나 작동 원리에 대해 일정한 관심과 호기심이 있었다. 그러나 그들이 그런 관심을 추구하고, 이를 생각과 이야기로 이어 가는 과정을 지켜보면, 그들의 관심은 세상 자체에, 다시 말해 세상 안에서의 작동 원리와 세상 안에서의 기원을 찾는 데에 있었던 것 같지 않다. 그들은 이야기를 모두 신으로 풀었다. 신의 계획과 의도로 세상의 모습과 작동을 설명했고, 신의 계보로 세상의 생겨남을 풀어냈다. 엄밀히 말해 시인들은 제대로 아르케를 묻지 않았던 것이다.

이제 우리는 '자연'*physis, natura*이라는 용어를 자연스럽게 끌어들일 수 있겠다. 아리스토텔레스적 철학사 전통이 바라본 철학의 시작을 콘포드의 용어로 말하면 '자연의 발견'이라 말할 수 있다. 최초 철학자들의 눈으로 보면 시인들은 자연을 자연 자체로 탐색하고 설명하려 하지 않았다. 자연을 초자연으로 환원해 설명(정확히 말하면 사이비 설명)을 해내는 데 관심이 있었을 뿐이다. 반면에 최초 철학자들은 초자연으로부터 자연을 구분하면서 자연을 자연으로 설명했다. 이후 철학자들의 작업은 줄기차게 초자연으로부터 자연을 분리 혹은 발견해 내는 과정이었다. 자연을 초자연으로 설명하는 것이 아니라 자연을 자연으로 설명하는 것, 이것이 바로 '자연철학자들'의 작업이었다.

그런데 그들이 탐색한 '자연'에는 두 측면이 있다. 그 말의 본래 의미는 태어남 혹은 생성을 가리킨다. 자연에는 이렇게 변화의 측면이 있다. 그런가 하면 그 말은 본성, 원리, 본질적 성격 같은 것을 가리키기도 한다. 자연에는 이렇게 불변의 측면 또한 있다. 결국 자연 개념으로 집약되는 초기 철학자들의 통찰은 한마디로 말해 변하는 것 가운데 불변하는 것이 있다는 것이다. 그것을 찾아 밝혀내는 것이 '자연철학'의 일이었다.[47]

요컨대 최초 철학자들의 위대함은 자연의 발견과 물음에 있다. 시인들과 달리 그들은 자연을 발견하고 그걸 여럿이 끈질기게 함께 물으며 대답을 시도했다. 그 과정에서 계속 새로운 물음이, 새로운 탐색이 이어졌다. 최초 철학자들이 물은 아르케(혹은 엑스)의 두 의미, 그리고 그것에 기반해 그들이 내놓은 우주에 대한 두 종류의 담론은 이제 그들의 궁극적 탐구 대상인 자연(퓌시스)이 가진 두 의미와 자연스럽게 연결된다. 연결된 이 셋을 도식적으로 정리하면 다음과 같다.

(1) 기원으로서 아르케(엑스) - 우주 생성론 - 자연의 생성적 의미
(2) 구성 원리로서 아르케(엑스) - 우주론 - 자연의 본성적 의미

그러나 시작 이야기는 여기서 끝이 아니다. 이런 물음과 탐색이 가진 의의와 중요성에도 불구하고 그들을 최초 철학 전통으로 묶는 보다 중요한 계기는 설득과 비판의 전통에 있다. 그들이 개척한 철학 담론이 '자연의 발견'으로 특징지어지는 자연주의적인 내용과 방식을 특징으로 한다는 것은 물론 무시할 수 없으며, 이는 기존 연구자들도 충분히 강조하고 공감한 바라 할 수 있다. 그러나 그에 못지않게, 그들의 이런 사유가 관찰 경험과 귀납에 의존하기보다 과감한 사변에 의한 추측을 시도하고 그 귀결을 비판의 장에 회부해 설득을 시도하면서 상호 대화*dialogos* 속에서 적절한 설명을 함께 다듬어 가고 함께 논의를

---

47 아래 4장 3절에서 파르메니데스 저작을 '자연(퓌시스)에 관하여'로 부르는 전통에 관해 탐색하면서 자연(퓌시스)의 두 의미가 상세히 다루어진다. 생성, 변화, 기원의 측면을 '퓌시스₁'로, 불변적 본성의 측면을 '퓌시스₂'로 명명하고, 파르메니데스 의견편 논의가 그 두 측면을 어떻게 아우르는지 검토하게 된다.

키워 간 전통의 시작이었다는 점에 주목하는 것이 중요하다.

물론 방금 '대화'라고 표현한 것에는 엄밀히 말하면 약간의 견강부회가 들어 있다고 할 수 있다. 우리에게 전해 오는 자료들에 이런 대화의 증거가 명약관화하게 드러나 있지는 않다. 전승 자료는 그 성격상 각 철학자들의 '의견들'*doxai*이 일방적으로 제시되어 있을 뿐이다. 그러나 그 세 철학자는 우선 중심 문제, 즉 세상의 근본 원리가 무엇이냐는 문제와 그것의 핵심 응용문제, 즉 세상이 왜 가만히 있는가의 문제에 온통 집중된 논의를 펼쳤다. 그것도 시인들처럼 일방적으로 진리를 선포하고 마는 방식이 아니라 나름의 합리적인 방식으로 옹호하고 정당화하려고, 즉 설득하려고 시도한 흔적이 역력하다. 시인들의 경우와 달리, 이 철학자들은 담론 상대를 그저 자기 이야기를 일방적으로 듣는 경청자로 상정하는 데 머물지 않는다. 담론의 상대가 했을 법한 역할은 단순한 경청이 아니라 질문이었으리라는 짐작도 얼마든지 가능하다.

왜? 어째서? 상대편에서 이런 질문을 해주는 상황을 상정하면 이 밀레토스인들이 왜 그렇게 공을 들여 가며 자신들의 주장을 정당화한 흔적을 남겼는지가 더 잘 이해될 수 있을 것이다. 완벽한 수준의 평등한 대화라고 할 수 있는지까지는 단정하기 어렵지만 논변적 담론을 시작케 하기에는 충분할 만큼의 문답적 대화가 있었으리라는 짐작은 가능하다. 이런 초보적 수준의 대화는 그들이 질문에 대해 적절히 해명하면서 설득을 해낼 수 있을 정도로 자기 담론을 정교히 다듬는 반성의 계기가 되었을 법하다.

그들이 일군 이 대화 전통의 기본 축은 단일한 설명 원리로 세상에 대한 주요 물음들을 일괄적으로 통일성 있게 해결하려는 일원적 태도였다. 그런 태도를 공유하면서 설득과 비판을 통해 더 나은 대답을 향해 조금씩 함께 진전을 이루어 가는 전통을 일군 것이 역사에 길이 남을 이 최초 철학자들의 위대한 행보였다.

2. 형상의 발견과 신비적 전통

피타고라스와 피타고라스학파

밀레토스학파가 자연을 발견해 비판적 대화의 주제로 삼은 최초의 철학 전통을 세웠다면, 이제 이야기할 피타고라스학파는 그 전통에 대한 새로운 방향 내지 대안을 제출한 사람들이다. 이제 이야기의 무대는 이오니아 지방에서 '마그나 그라이키아'*Magna Graecia*(대희랍)라고 불린 이탈리아 남부 지방으로 이동하게 된다.

우선 언급해야 할 것은 이 학파에 관한 연구가 가진 기본적인 한계다. 초기 희랍 철학 일반이 갖는 기본적인 자료상 한계 문제와 더불어 피타고라스 혹은 피타고라스학파의 연구는 또 하나의 한계를 갖는다. 이 학파는 피타고라스에 의해 기원전 6세기 후반에 시작해 고대 말까지 몇 백년간 지속되었다. 그런데 문제는 이 학파가 철저한 밀교 집단이어서 자기들 견해의 편린들을 모두 학파의 이름으로(달리 말해, 교주인 피타고라스의 이름으로) 발표했는데, 피타고라스 자신은 정작 아무 저작도 남기지 않았기 때문에 어디서부터 어디까지가 피타고라스의 견해인지가 불분명하다는 것이다. 심지어 피타고라스 자신이 실존 인물인지조차 분명치 않고 생몰 연대도 불확실하다.[48]

우리가 이 학파에 관해 듣는 것들(따라서 우리가 이 절에서 거론하게 되는 것들)

---

[48] 나는 서양 고전 저술들에 대해 일반적으로 '진본 추정의 원칙'presumption of genuineness이 받아들여져야 한다고 생각한다. 고대 저자들의 이름을 달고 전해지는 것들은 받아들일 수 없는 강한 이유가 제시되어 위작성에 대한 일정한 합의가 이루어지지 않는 한은 일단 그들의 진짜 저술로 보고 접근하자는 느슨한 통칙 같은 것 말이다. 그러나 이런 원칙이 피타고라스학파나 원시 피타고라스학파의 경우에는 훨씬 더 조심스럽게 적용되어야 한다. 그 정도로 피타고라스학파와 관련된 자료들의 사정이 열악하다는 말이다.

가운데 적지 않은 부분이 사실상 후대에 속하는 것들이다. 그 후대 피타고라스 주의를 대표하는 사람이 소크라테스와 거의 동시대인인 필롤라오스다. 필롤라오스로 대표되는 5세기 피타고라스주의자들의 것과 구분되는 원시 피타고라스주의가 어떤 모습이었는지는 아직 베일에 가려져 있다고 해도 과언이 아니며, 지금도 학자들의 상상력과 호기심을 자극하는 활발한 연구 대상이 되고 있다. 이제 우리는 이런 사정을 감안하면서, 일반적으로 받아들여질 만한 언급들을 위주로, 즉 나중 피타고라스주의와 원시 피타고라스주의의 구별에 신경 쓰지 않아도 될 (혹은 원시 피타고라스주의에 속하는 것이라는 일종의 '원조' 꼬리표를 달지 않은 혹은 굳이 붙일 필요가 없는) 포괄적인 이야기 위주로 살펴보기로 한다. 그러니 우리는 이 절에서 거론되는 내용들이 모두 피타고라스 자신 혹은 원시 피타고라스주의에 귀속된다고 볼 필요는 없으며, 다만 이런 생각들의 뿌리 내지 핵심이 되는 무언가가 피타고라스라는 인물을 중심으로 거론되었다고 받아들일 수 있다면 그것으로 충분하다.[49]

---

49 제대로 한다면 이 절을 피타고라스 절로 삼고 필롤라오스(및 5세기 피타고라스주의자들)를 다루는 절을 별도로 5장에 마련해야 할 것이다. 그러나 방금 언급한 사정들 때문에 그런 작업은 별도의 독립적인 공간이 필요하다. 이 책에서는 피타고라스주의자들 상호간의 엄밀한 구별에 의존하지 않는 논의에 집중할 것이며, 따라서 6세기와 5세기 피타고라스학파가 대체로 공유했을 만한 일반적인 논의들을 이 절에서 모아 다룬다. 필롤라오스에게 특별히 귀속될 수 있는 내용들은 논의의 편의 때문에 따로 부각시키지는 않았지만, 그것들의 철학사적 의의는 이 절의 논의에 어느 정도 반영되어 있다. 대표적으로 한정하는 것, 한정되지 않은 것, 둘의 조합이라는 두 근원(혹은 세 근원) 이론이나 중심 화덕 이론 같은 것이 있다. 전자는 수를 근원으로 삼는 피타고라스적 사유를 보다 심화해 수를 파생시키는 더 근원적인 것들을 제시하는 것이라 할 수 있으며, 후자는 지구가 더 이상 우주의 중심에 있지 않고 우주 중앙의 화덕, 즉 불 주위를 도는 물체라는 획기적인 사유를 제출하는 것이라 할 수 있다. 전자가 가진 의의는 따로 언급하지 않았지만 수를 근원으로 삼는 사유에 대한 이 절의 논의에 반영되어 있으며, 후자의 의의는 '반대편 땅'에 관한 이 절의 논의에 상당히 반영되어 있다. 필롤라오스 철학의 상세한 내용을 알아보려면 『단편 선집』 438~467쪽, 774~785쪽을 참고할 수 있다. 거칠게

피타고라스는 기원전 570년경 이오니아의 사모스 섬에서 태어나 40세인 530년경까지 살다가 폴뤼크라테스의 전제정치에 반대해 정치적인 뜻이 맞는 사람들과 함께 마그나 그라이키아의 크로톤으로 이주했다고 한다. 그리고 그곳 참주의 지원으로 교단을 만들었다고 하는데(학파이기 이전에 하나의 교단이었다), 이들의 종교는 오르페우스교라고 알려져 있다. 오르페우스교는 그 전신인 디오니소스교를 세련화한 것인데, 디오니소스교는 이렇다 하게 교리라고 할 만한 것이 정해져 있기보다는, 주신酒神인 디오니소스를 숭배해 술을 마시면서 축제 형태의 예배를 드리는 외래 종교였다. 말하자면 아폴론화된 디오니소스교다. 오르페우스교도들은 영육을 구별했는데(영육 이원론), 그것도 차등을 두어 구별했다. 세상의 온갖 나쁜 것은 육체로부터 나온다고 보고 육체적인 것에서 영혼을 분리하는 것, 즉 카타르시스*katharsis*(정화)를 중요시한 금욕적인 종교였다.

> 어떤 사람들은 영혼이 현생에서 묻혀 있다고 여겨 그것[즉 소마*sōma*(육체)]을 영혼의 세마*sēma*(무덤)라고 말하네. 그런가 하면 영혼이 보여 주는*sēmainei* 징표들은 무엇이든 이것으로 보여 주기 때문에, 이런 면으로 보아도 '세마'*sēma*(표지)라 불리는 게 올바른 것이네. 하지만 무엇보다도 오르페우스 주변 사람들이 다음과 같은 생각을 해서 이 이름[즉 '소마'*sōma*라는 이름]을 붙인 거라고 나는 생각하네. 영혼이 어떤 것들 때문에 벌을 받고 있는데, 그

말하면, 두 분파가 갈라지는 대목을 기준으로 보아 이 절의 전반부 내용(영혼의 운명을 중심으로 한 종교적·도덕적 사유)은 피타고라스에게, 후반부 내용(수학과 음악을 세상의 질서에 적용하는 우주론적·자연학적 사유)은 필롤라오스에게 더 고유하게 귀속될 수 있는 내용이라 할 수 있다. 이런 구분이 혹 역사적으로 정확한 구분이라면, 필롤라오스 철학은 피타고라스의 신화적·종교적 사유와 밀레토스학파의 자연학적 사유의 만남을 성사시킨 혹은 대변하는 사상이라 할 만하다.

러면서 보호를 받기*sōizētai* 위해 감옥을 닮은 이 곽*peribolos*을 갖고 있는 거고, 그러니까 이것은 그 자체가 가진 이름 그대로, 치러야 할 것들을 다 치르기까지 영혼의 소마*sōma*(보호처)이며, 단 한 글자도 바꿀 필요가 없는 거라고 말이네.

플라톤 『크라튈로스』 400b~c (DK 1B3)

이런 오르페우스교의 영혼관은 아마 동방(혹은 더 멀리 인도)에서부터 온 것일 수도 있는 윤회 사상이었다.[50] 영혼*psychē*이 있기 때문에 윤회하면서도 자기 동일성을 유지한다는 생각 말이다.[51] 이 생각은 결국 영혼 불멸 사상으로 이어지게 되어 죽음에 대한 하나의 극복 방식으로 기능하게 된다.[52] 그것이 나중에는 피타고라스학파를 거쳐 플라톤 사상의 중요한 내용을 이루고, 결국 초기 기독교 사상에도 영향을 주게 된다.

이 디오니소스적 전통에서 강조되는 것은 엑스타시스*ekstasis*(자기 바깥에 서는 것), 즉 인간이 신과 합일되는 경지다. 이렇게 자기 바깥에 선다는 것이 영혼 개념을 표상하는 하나의 실마리가 된다. 영혼이 육체를 벗어날 때 어떤 신적인 경지에 도달한다는 것이다.[53] 이런 생각은 호메로스적 전통과 확연히 구분된

---

50 서구인들은 자신들의 이상적인 원천이 되는 이 귀중한 생각이 동방이나 혹은 다른 아시아에서 왔을 가능성에 대해 심각하게 숙고하고 싶어 하지 않았다.

51 예컨대 크세노파네스의 피타고라스에 관한 언급에 잘 표현되어 있다(DK 21B7: DL 8.36)

52 예컨대 포르퓌리오스의 『피타고라스의 생애』 19(DK 14A8a)에는 피타고라스학파에 침묵 규칙이 있었음에도 불구하고, 영혼 불멸론, 윤회 사상, 영혼을 지닌 것은 모두 동족이라는 생각 등이 널리 퍼져 있었다고 보고되고 있다.

53 DK 1B17(페텔리아에서 출토된 황금판의 비명, BCE 3~4세기)에 언급된 두 샘 가운데 하나는 윤회로, 다른 하나는 디오니소스와의 동화로 이어진다.

다. 호메로스적 전통은 모이라*Moira*(몫, 분수)를 중시한다. 신은 신이고 인간은 인간이다. 인간이 제 분수를 모르고 신의 영역을 침범하려 할 때 그들은 그것을 휘브리스*hybris*(방자함, 도를 넘음)고 부르며, 휘브리스를 저지르는 자는 디케 *Dikē*(정의) 혹은 네메시스*Nemesis*(응분, 응보, 복수)에 의해 벌을 받게 된다.[54]

디오니소스교에 비해 상당히 세련화 내지 합리화(즉 아폴론화)된 피타고라스 교단은 영혼의 카타르시스를 권장하는데, 특히 음악과 수학을 통한 카타르시스가 강조된다. 그밖에도 육체로부터 영혼을 지키기 위한 계율들이 많은데, 그 가운데는 바깥 사람들이 얼른 이해하기 어려운 것들도 상당수다.[55]

크로톤에서 일종의 교단 내지 공동체를 만든 피타고라스는 '피타고라스적 삶의 방식'[56]이라 불리는 것으로 사람들을 이끌었고, 이 종교 공동체는 도덕적인 면만이 아니라 현실 정치에도 상당한 영향력을 행사한 것으로 알려져 있다. 그런 정치적인 소용돌이의 여파로 (특히 크로톤의 유력 인사 퀼론의 억압 때문에) 그는 510년경 메타폰툼(메타폰티온)으로 이주하게 되고 그곳에서 삶을 마친 것으로 알려져 있다. 그가 죽은 후에도 450년경 퀼론의 추종자들이 크로톤의 밀론의 집에 일으킨 방화로 50~60명의 피타고라스주의자들이 죽는 등 정치적 격동 가운데 있게 되지만, 계속 활동이 이어지고 필롤라오스(BCE 470~385년경)나 아르퀴타스(BCE 428~350년경) 같은 인물들을 배출하게 된다.[57] 아무튼 이제까

---

54 콘포드적인 설명 방식이다.

55 예컨대 콩을 먹지 말라, 떨어진 것을 줍지 말라, 흰 수탉에 손대지 말라, 제물로 바친 물고기에 손대지 말라, 덩어리 빵을 부수지 말라 등(DK 58C3: DL 8.34~35).

56 이것에 관해서는 이 절의 말미에 다시 언급할 것이다.

57 이후에도 피타고라스학파는 플라톤의 아카데미 계승자들, 신피타고라스주의자들, 신플라톤주의자들에게로 수백 년간 명맥을 이어 갔다. 특히 신피타고라스주의자들은 피타고라스를 신격화하고 플라톤과 아리스토텔레스 등이 개진한 주요 희랍 사상의 원천으로 과장하거나 침

지 언급한 영혼의 윤회나 피타고라스적 삶 같은 사항들은 피타고라스 자신의 것으로 돌릴 만한 근거가 상대적으로 강한 것들이라 할 수 있다. 그러나 이제부터 언급하게 될 것들은 필롤라오스나 나중 피타고라스주의자들의 논의들과의 경계가 불분명하다.

피타고라스 사후인 5세기의 어느 시점에 피타고라스학파는 두 개의 분파로 나뉘게 된다. 청종파聽從派, *akousmatikoi*, 즉 듣는 것에 의존하는 사람들과 학구파學究派, *mathēmatikoi*, 즉 배움을 중시하는 사람들로 말이다. 약간 과장을 섞어 대비시키자면 전자가 피타고라스의 가르침을 그대로 따르려는 문자주의적 근본주의자 그룹이라면, 후자는 문자 그대로의 가르침 자체보다 유연하게 진리와 대의에 주목하는 자유주의자 그룹이며 그들의 탐구 내용이 말 그대로 마테마티카*mathēmatika*(배움에 속한 것들)가 되고 그것이 오늘날 '수학'mathematics의 어원이 된다. 철학적으로는 후자가 더 중요시되며, 우리가 주목하게 되는 내용들도 통상 후자에 속한 것으로 되어 있다.

피타고라스학파를 철학사에 편입시킨 중요한 테제는 '세상[58]은 수*arithmos*로 되어 있다'는 것이다.[59] 피타고라스학파도 일단은 이오니아학파적 질문에 대한

소봉대해서 소개하는 경향이 강했기 때문에 앞에서도 언급한 바 있는 자료 이용상의 어려움을 배가하게 된다.

58 밀레토스학파를 다룰 때는 '만물'로 새겼던 '판타'*panta*에 해당하는 말을 여기서는 편의상 '세상'으로 새긴다. 이 말을 '만물'로 새기든 '세상 만물'로 새기든 '세상'으로 새기든 사실 상관없다. 아래에서 다루겠지만, 이 말을 결국 '우주'*kosmos*로 바꾼 것이 피타고라스학파라는 이야기도 자주 회자된다. 이런 연결 고리들을 자연스럽게 음미하기 위해 이 절에서는 주로 '세상'으로 새기고자 한다.

59 아리스토텔레스의 문헌에는 이 생각이 여러 방식으로 표현되어 있다. ① 세상은 수로 되어 있다, ② 세상은 수다, ③ 세상은 수를 모방한다, ④ 수의 원소가 곧 세상의 원소다, ⑤ 수가

대답을 시도했던 것 같다. '세상은 무엇으로 되어 있는가?'라는 질문에 대해 '세상은 수로 되어 있다'라고 답변한 셈일 테니 말이다. '무엇으로 되어 있는가?' 하는 것은 엑스*ex* 혹은 아르케의 두 의미 가운데 구성 측면에 관한 것이다. 앞 절에서 살펴보았듯이 이오니아학파에서 추상 수준이 가장 높았던 아낙시만드로스가 주로 기원의 측면을 문제 삼았다면, 탈레스와 아낙시메네스에게서 상대적으로 더 부각된 것은 구성의 측면이다. 그런데 이들이 제기한 '무엇으로 되어 있느냐'는 질문은 구성 재료에 관한 질문이었다. 그렇다면 피타고라스학파가 물은 '무엇으로 되어 있느냐'는 질문 역시 같은 내용의 질문인가?

일단 그 대답을 수로 설정한 것으로 볼 때 단순히 재료를(혹은 이오니아학파가 상정한 것과 같은 성격의 재료를) 물은 것은 아닌 것으로 보인다. 피타고라스학파의 관심은 아리스토텔레스의 용어로 말하면 구성의 재료 혹은 질료*hylē*, matter가 아니라 구성의 모양새 혹은 형상*eidos*, form이었다. 수는 재료가 아니라 모양새, 생김새를 전달해 주는 것이다. 결국 그들의 '무엇으로 되어 있느냐'는 질문은 '무슨 재료로 되어 있느냐'가 아니라 '무슨 모양새로 되어 있느냐', 즉 '어떻게 되어 있느냐', '어떤 구조적 원리로 되어 있느냐'는 질문으로 이해된다.[60]

세상의 본질이다 등. 예컨대 ①은 『형이상학』 1080b16 이하(DK 58B9)나 『형이상학』 986a15 이하에, ②는 『형이상학』 1083b8 이하(DK 58B10)에(여기에 ①도 등장), ③은 『형이상학』 987b10에, ④는 『형이상학』 986a1 이하에, ⑤는 987a19에 나온다. 수를 뜻하는 '아리트모스'*arithmos*는 동사 '아라리스케인'*arariskein*, 즉 짜맞춘다는 말에서 나왔다. 추상적 개념에서 나온 것이라기보다 구체적인 사물에서 연원한 개념이다. ①, ②를 '세상이 수라는 추상적 존재자로 이루어져 있다'거나 '세상이 수라는 추상적 존재자다'라고 해석하기보다는 ③, ④, ⑤의 정신에 어울리게 풀어서 이해해야 할 것이다. 즉 '세상 모든 사물들이 다 개수로 되어 있다'거나 '세상 사물들의 기본 구조는 개수다' 정도로 이해하면, 결국 '세상이 수의 구조나 성격을 띠고 있다'거나 '세상 사물의 기본 성격은 수의 기본 성격과 같다'는 말과 비슷한 의미의 언명으로 새길 수 있을 것이다.

60 그러니까 피타고라스학파의 질문 '세상은 무엇으로 되어 있는가?'는 이오니아학파의 질문

여기서 모양새라는 말, 형상*eidos*이라는 말은 우리 눈에 보이는 외관으로서의 모양이 아니라 사물에 깃들어 있는 구성의 구조로서의 모양을 뜻하는 것 같다. 눈에 보이는 모양새, 생김새가 아니라 눈에 보이지 않는 사물의 모양새, 생김새라는 의미로 에이도스*eidos* 혹은 이데아*idea*라는 말을 쓴 것은 우리가 잘 알고 있듯이 훗날의 철학자 플라톤과 아리스토텔레스다. 그것도 질료와 대비해서 에이도스라는 말을 쓴 것은 아리스토텔레스다. 피타고라스학파가 실제로 이 말을 썼는지 사실 우리는 모른다. 아마 밀레토스학파와 선명하게 대비시키기 위해 아리스토텔레스가 끌어들인 개념일 가능성이 높다. 아무튼 사물의 구성 원리로서 재료가 아니라 형상을 도입한 피타고라스학파가 상당한 정도의 추상적 사고를 했던 것만큼은 분명한 것 같다.

그렇다면 어떻게 수가 세상의 원리*archē*라고, 세상 사물이 수적인 구조를 갖고 있다고 생각하게 되었을까? 앞에서 그들의 카타르시스가 음악과 수학을 기반으로 하고 있다고 말했는데, 그들은 음악에서 어떤 특별한 발견을 했던 것 같다. 예컨대 원시적인 현악기에서 음의 정체성(혹은 동일성)identity은 악기가 무슨 재료로 되어 있는가에 달려 있지 않다. 기판을 무슨 나무로 만들든 줄을 무슨 실로 만들든 상관없이 우리는 똑같은 음을 말할 수 있고, 그것은 줄을 나누는 일정한 비율로 나타낼 수 있다. 음이란 이렇게 수적으로 나타낼 수 있는 비율이다. 바로 이 수적 비율이 동일성의 기준이 된다. 이런 수학적 규칙성의 발견과 이용을 통해 우리는 음악적 조화*harmonia*를 성취할 수 있다.

세상이 수로 되어 있다는 것은 결국 세상이 수적 질서를 갖고 있다는 것이다. 그래서 그들은 세상을 단지 모든 것, 즉 '만물'*ta panta*이라고 부르지 않고

에 대한 다른 방식의 대답일 뿐만 아니라 동시에 물음을 달리한 것이기도 하다. 즉 이오니아적 질문과 같은 것이면서 다른 것이다.

질서 지어진 것, 즉 '우주'*kosmos*라고 부른다.⁶¹ 우주는 천체들로 이루어져 있는데, 그것들이 일정하고 규칙적인 비율을 따라 운동하고 있으며 그 운동이 하나의 최선, 최고의 음악적 조화(협화음)*harmonia*를 이룬다고 생각한다.⁶²

그들은 세상에서 만날 수 있는 모든 것들을 어떤 수에 대응시켜 이해하는 것으로 알려져 있다.⁶³ 그리고 수 중에서 가장 완전한 수를 테트락튀스*tetraktys*, 즉 10으로 보았다.⁶⁴ 그런데 수에 대한 이런 생각은 그들의 표준 우주론의 골격까지도 좌우하게 된다. 필롤라오스의 우주론에 따르면 우주 중심에는 화덕, 즉 불이 있다. 불을 중심으로 돌아가는 신적 물체들을 맨 바깥부터 안쪽으로 하나하나 세어 보면 이렇다. 하늘(아마 항성이 있는), 다섯 행성(수성, 금성, 화성, 목성, 토성), 태양, 달, 지구, 일단 이렇게 9개가 된다. 그런데 조화로운 우주는 완전해야 하고 완전한 것은 10개여야 하므로, 우주를 구성하는 천체의 수도 10개가 되어야 한다는 게 그들의 생각이었다. 이론적인 완전수로는 10개, 관찰을 토대로 한 개수는 9개, 그래서 그들은 이론적 필요를 좇아 빠진 하나를 상정하게 된다. 반대편 땅*antichthōn*, 즉 반-지구counter-earth가 우리 눈에 안 보이게 숨바꼭질하고 있다고 생각했다(〈그림 1〉 참조).⁶⁵ 중심 화덕 둘레의 신적 물체는 이렇게 반-지구까지 포함해 10개가 된다.⁶⁶

---

61 "피타고라스는 모든 것을 포괄하는 것을, 그 속에 있는 질서*taxis*에 근거해서 처음으로 코스모스*kosmos*라고 일컬었다." (DK 14A21: 아에티오스『학설 모음집』 2.1.1)

62 예컨대 DK 47B1(플라톤『국가』 7권 530d~531c)이나 DK 58B15(아에티오스『학설 모음집』 1.3.8) 참고.

63 예컨대 정의는 (정방수인) 4와 동일시된다(아리스토텔레스『형이상학』 985b29).

64 섹스투스 엠피리쿠스『학자들에 대한 반박』 7.94~5.

65 아리스토텔레스『형이상학』 986a8~12.

66 아에티오스『학설 모음집』 2.7.7(DK 44A16). 지금까지도 계속 그랬거니와 이 절에서, 특히 수와 관련해 논의하는 이 절 후반부에서 제시된 견해들이 반드시 피타고라스 내지 원시 피

현대인의 눈으로 볼 때 일단 황당하기는 하지만 사실 로고스의 요구, 이론적 요구를 무시하지 않는 태도, 현상*phainomena*보다 로고스를 더 중시하는 태도는 학적 정신의 중요한 구성 요소 가운데 하나다. 이렇게 보면 피타고라스학파의 로고스 정신은 적정선에서 경험과 타협한 아낙시만드로스보다 더 철저한 것이었다고 할 수 있다. 이런 정신이 추상적 논변의 정점에서 꽃피운 것의 결실이 파르메니데스로 대변되는 엘레아주의이며, 피타고라스학파는 그런 엘레아적 정점을 향해 올라가는 여정에서 중요한 길목 노릇을 하는 셈이다.

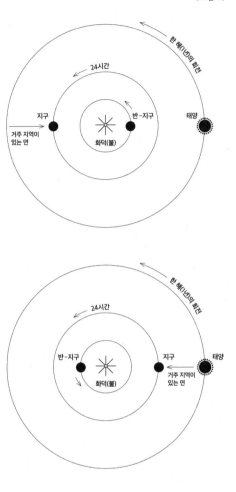

〈그림 1〉

이렇게 사물을 전부 수에 대응시켜 이해한다는 것은 달리 말하면 각 사물이 동일한 일자—者들이 모여 이루어진 것으로 본다는 것이다. 단위unit들이 모여 여럿을 이루게 된다는 것이고, 그렇게 복수화될 때 짝수가 되는 원리와 홀

타고라스주의에 귀속된다는 보장은 없다. 특히나 방금 이야기한 천문학적 견해는 5세기 필롤라오스의 것이었다고 보는 것이 안전하다.

수가 되는 원리가 따로 있으며 그 원리에 의해 세상이 이루어진다고 그들은 이해한다. 홀과 짝이 어떻게 달리 나오는가에 대해서는 곱자(경절형罄折形)gnōmōn를 그려 보이는 기하학적 설명 방식을 취한다.[67]

점으로 표상되는 동일한 일자들이 모여 복수를 이룰 때, 홀수는 정방tetragōnon, square수인 반면 짝수는 장방heteromēkes, oblong수다. 즉 〈그림 2〉의 (가)에서처럼 홀수들은 비율이 일정한 정사각형을 만들지만(즉 자기 동일성을 유지하지만), (나)에서처럼 짝수들은 비율이 계속 달라지는 직사각형을 만든다(즉 자기 동일성이 유지되지 않는다). 홀수는 규정된, 정돈된peras 세계를 가리키고 짝수는 무규정apeiron의 세계를 가리킨다. 이 두 원리에 입각해 세상을 설명하는 것이 피타고라스학파의 기본 입장이다. 피타고라스주의자들은 결국 이런 입장을 확장해 보여주는 10개 대립자 목록systoichia을 확립하게 된다.[68]

한정 - 홀수 - 하나 - 오른쪽 - 남 - 정지 - 곧음 - 빛 - 좋음 - 정방

무한정 - 짝수 - 여럿 - 왼쪽 - 여 - 운동 - 굽음 - 어둠 - 나쁨 - 장방

그런데 이들의 설명에 나오는 수는 모두 정수整數, whole number, 즉 온전한 수, 쪼개지지 않은 수다. 정수들의 비례로 성립하는 분수까지 포함해 세상을 이루는 수는 이 온전한 하나들로 되어 있다. 이것들은 모두 하나를 가지고, 그러니까 단위를 가지고 '이해할 수 있는' 수, 즉 유리수有理數, rational number다. 그런데 이른바 '피타고라스의 정리'에서 잘 드러나듯 세상에는 정수로 '이해되지

---

67 아리스토텔레스가 『자연학』 203a10 이하(DK 58B28)에서 언급하는 내용이다. 그림을 비롯한 상세한 내용은 Cornford(1939, 9~10)나 『단편 선집』 475~476쪽 주 55를 참고할 것.
68 아리스토텔레스 『형이상학』 986a22~26 (DK 58B5).

(가)   (나)

않는'*alogon*, 더 정확히 말해 정수의 비율이 없는*alogon*, 혹은 정수 단위로 잴 수 없는*asymmetron* 크기가 존재한다. 이것은 단위를 가지고는 도저히 '이해되지 않는' 수, 즉 무리수無理數, irrational number다. 믿거나 말거나, 무리수를 발견한 사람(흔히 히파소스로 알려져 있다)을 학파 내에서 숙청하는 무리수를 두었다는 말까지 전해 올 정도로 무리수의 발견은 세상을 이해 가능한 수로 설명하려던 피타고라스학파에게 그야말로 무리한 일, 충격적인 일이었던 것 같다.

요컨대 피타고라스학파는 세상을 수적 구조를 가진 것으로, 그것도 추상적인 수가 아니라 구체적인 하나(즉 단위)들의 모임으로 설명하려 했다. 이오니아학파가 세상의 질료를 물었던 데 비해 피타고라스학파가 세상의 형상을 물었다는 이런 초기 철학사 이해는 소요학파의 입김이 잔뜩 들어가 있어 주의가 필요하지만, 피타고라스학파의 의의와 면모를 파악하면서 초기 철학사의 흐름을 읽어 내는 데는 유용한 관점을 제공해 준다.

그들의 아르케 논의가 가진 이런 의의와 더불어 우리가 주목해야 할 것은 그들이 '철학함'*philosophia*이라는 지적 활동을 반성적으로 의식하면서 실행한 최초의 사람들이라는 것이다.[69] 그들이 의식하고 실천한 철학함의 의미는 '피타고라스적인 삶의 방식'[70]이라는 말에 잘 담겨 있는 것 같다. 디오게네스 라에르티오스의 전언에 따르면 피타고라스주의자들은 철학함을 일종의 구경, 즉 관조*theōria*로 생각했다.

> 『학통』*Diadochai*에서 소시크라테스가 말하는 바에 따르면, 그[즉 피타고라스]는 플레이우스인들의 참주 레온에게서 자기가 누구냐는 질문을 받았을 때 "철학하는 사람"*philosophos*이라고 말했다. 또 삶이 축제*panēgyris*와 같다는 비유를 했다. 그러니까 이렇게 말했다고 한다. "축제에 어떤 사람들은 자웅을 겨루러*agōnioumenoi*[71] 오고, 어떤 사람들은 장사하러 오지만, 어떤 사람들은 구경꾼*theatai*으로 오는데 이들이야말로 가장 훌륭한 사람들이다. 그와 마찬가지로 삶에 있어서도 어떤 사람들은 천생*phyontai* 명성*doxa*과 이득*pleonexia*을 추구하는 노예*andrapodōdeis*가 되는 반면, 어떤 사람들은 진리*alētheia*를 좇아 철학하는 사람이 된다."

DL 8.8

축제와도 같은 인생을 살아가는 여러 부류의 사람들 가운데 자웅을 겨루러 오는, 즉 명성을 추구하는 경기자가 있는가 하면 장사를 하러 오는, 즉 이득을

---

69 "므네사르코스의 아들 사모스 출신 피타고라스가 처음으로 철학함*philosophia*을 이 말*rhēma*로 불렀다."(DK 58B15: 아에티오스 『학설 모음집』 1.3.8) '필로소피아'*philosophia*와 '필로소포스'*philosophos*를 대개 문맥에 따라 '철학'과 '철학자'나, '애지'와 '애지자', 혹은 '지혜 사랑'과 '지혜를 사랑하는 사람' 등으로 옮기게 되는데, 여기서는 이런 용법들을 포괄하면서 문맥에 맞게 동사적 의미도 강조하는 방식을 택해 '철학함'과 '철학하는 사람'으로 옮겼다. 사실 나는 다른 문맥에서 쓴 '철학'과 '철학자'라는 말들도 모두 이런 동사적 의미로 읽히기를 바란다.

70 플라톤 『국가』 10권 600a~b 등을 참고할 것.

71 아곤을 가리키는 말이 사용되고 있다는 점을 유념할 필요가 있다.

추구하는 장사꾼이 있는데, 이들은 모두 명성이나 이득이라는 주인에 목매어 노예로 산다. 그러나 이들과 달리 그냥 구경하러 오는, 즉 세상이 어떤 모습인지 관조하기를 즐기며 사는 구경꾼이 있는데, 바로 철학하는(지혜를 사랑하는) 사람이다.

피타고라스학파의 세상 구경(즉 코스모스에 대한 테오리아)은 서로 연관되기 어려워 보이는 피타고라스주의의 두 측면, 즉 종교적 신비주의 측면과 수학적 합리주의 측면을 포괄하고 있다. 신화에서 이오니아학파로 넘어오면서 철학은 자연주의적 탐색을 시작했고, 이전 시인들이 가지고 있던 신비주의적 측면은 잠시 배면으로 밀려나는 듯했다. 그런데 초기 철학사 제1기의 둘째 국면을 주도한 피타고라스학파에 의해 신비주의 측면이 아주 신비스럽게 자연주의와 결합하게 된다. 과연 철학은 이 신비주의 요소를 떼어 버려야 하는가? 혹은 떼어 버릴 수 있는가? 아니, 도대체 떼어 버렸던 적이 있는가? 신화와 철학, 종교와 철학, 신앙과 이성, 초합리성과 합리성의 관계는 우리에게 남겨진 영원한 물음이요 숙제일지 모른다.

이제까지 우리가 고찰한 바에 따르면 피타고라스학파의 질문은 이오니아학파의 물음과 일면 같으면서도 일면 다른 물음으로 이해될 수 있는데, 그들의 물음이야말로 이오니아학파가 물었던 아르케의 구성적 의미에 대한 물음의 가닥을 붙잡아 고도의 추상적 사유로 발전시킨 촉매였고, 세상에 대한 수학적 통찰의 연원이 되었다. 그들의 학적 정신이 보여 준, 현상을 넘어서는 태도, 경험되고 관찰되는 현상보다 로고스(합리적 설명)를 더 중시하는 태도는 이후 엘레아주의로 가는 데 중요한 길목 노릇을 하고 있다.

그들의 전통에 들어 있는 수학적 합리주의와 종교적 신비주의 측면은 이분법적이지 않은 방식으로 접근할 때 더 잘 이해되고 조명될지 모른다. 그들이 의식적으로 반성하면서 세우고 실천하고자 했던 생활 방식으로서의 철학, 관조로서의 철학 전통은 그 점을 우리에게 강하게 암시하는 듯하다. 신화와 철학, 초합리성과 합리성의 긴장과 조화를 균형 있게 설명하고 보존하는 것이 이후 철학자들, 특히 이 책의 주 탐구 대상인 파르메니데스나 그의 정신적 후계자 플라톤의 과제요 성과였다는 점을 고려하면, 피타고라스주의에 대한, 혹은 그것에서 연원한 이분법적 혹은 영지주의[72]적 전통이 가진 의의와 한계에 주목하는 것이 철학사적으로만이 아니라 철학적으로도 매우 중요한 과제 가운데 하나로 대두된다.

그런가 하면, 피타고라스적 삶의 방식, 즉 관조가 가진 또 다른 의의가 있다. 이겨서 명예를 얻어야 하는 경기자, 팔아서 이득을 얻어야 하는 장사꾼과 달리, 관조자, 즉 구경꾼은 그의 활동 자체를 벗어난 외재적 목적이나 가치를 따로 갖고 있거나 설정해 놓고 있지 않다. 그냥 봄을 즐기는 것, 그것도 진리를 봄을 즐기는 것뿐이다. 이런 즐김, 유희의 요소가 피타고라스주의 전통에서 아주 잘 통찰, 천명되어 있다. 이제 피타고라스와 비슷한 시기에 비슷한 지역에서 완전히 다른 방식의 철학 담론을 산출하면서 이오니아적 담론 전통에 또 다른 중요한 획을 긋는 시인 철학자 크세노파네스의 논의로 넘어가 보자.

---

72 '영지주의'gnosticism 혹은 '그노시스주의'란 육체의 세계, 물질적인 세계를 피하고 영혼의 세계, 정신적인 세계를 추구하는 종교적인 움직임을 가리킨다. 주로 기독교적 맥락에서 이단적 사상으로서 많이 회자되어 왔는데, 이런 움직임에 속한 집단들은 대개 영지靈智, *gnōsis*, 즉 신비로운 어떤 직관적인 앎에 도달하는 것이 영혼을 물질세계로부터 구원하는 길이라는 믿음을 공유한다.

3. 신의 발견과 우주론 혁신
크세노파네스

이오니아학파의 철학 전통에서 '하나'는 계속 신과 연관되어 있었다. 그들이 말하는 아르케는 언제나 생성 소멸을 겪지 않는 것, 영속적인 것, 무한한 것이라는 아이디어와 연결되어 있었던 것이다. 그런가 하면 그 이전의 신화/시 전통에서 신은 인간의 모습을 하고 인간 세상의 일들을 좌지우지하는, 그래서 세상사의 설명 원리가 되는 것이었다. 피타고라스처럼 이오니아에서 마그나 그라이키아, 즉 남부 이탈리아로 건너온[73] 크세노파네스는 이런 이전 전통에 대해 반성하는 모습을 보여 준 사람이다.

초기 희랍 철학에서 가장 위대한 인물이라 할 수 있는 파르메니데스의 스승이었다고까지 이야기되는 이 사람의 위상에 대해서는 평가가 매우 엇갈린다. 한낱 음송 시인에 불과한데 '실수로 희랍 철학사에 편입된' 인물로 보는 사람이 있는가 하면,[74] 완벽한 분석적 논변을 구사하는 '논리적 신학'의 대가, '소크라테스 이전 철학 시대 천재의 전형'으로 보는 사람도 있고,[75] 예지적 '직관'에 기반한 위대한 종교 사상가라고 평가하는 사람도 있다.[76] 호오가 극과 극을 달릴 뿐만 아니라, 같은 호오를 보이는 사람들 사이에서도 그 이유가 다양하게

---

[73] 그는 이오니아의 콜로폰 출신인데, 이오니아가 페르시아 왕 퀴로스에 의해 멸망한 546년경 희랍 본토로 망명한 후 곳곳을 주유하며 보냈으며 식민 도시 엘레아가 건립될 즈음에 그곳에서 활동했다는 기록이 있다. 절정기*akmē*도 540년경으로 피타고라스와 거의 비슷할 것으로 추정된다.

[74] Cherniss(1951).

[75] Barnes(1982).

[76] Jaeger(1947).

나선다.

우리의 관심사는 그가 어떤 반성의 모습을 보여 주면서 새로운 문제를 개척하는가 하는 것이다. 특히 그가 신을 어떻게 이해하는가? 이오니아 자연철학과 어떻게 다른 사고를 하는가? 얼마나 철학의 특징인 논변의 모습을 보여 주는가? 앎/탐구의 가능성 문제에 관해 어떻게 사고했는가? 등이 우리의 관심을 끌 만한 사안들이다.

철학이란 무엇인가? 철학을 한다는 것은 무엇을 하는 것인가? 이런 물음들이 제기되면서 철학 내지 철학함의 성격과 위상에 대한 조명과 성찰이 아마도 처음으로 이루어진 것이 피타고라스학파에서였다는 것을 우리는 앞에서 살펴본 바 있다. 크세노파네스에 오면 이 반성이 훨씬 더 의식적이고 도전적이며 전면적으로 이루어지게 된다. 그는 지혜와 힘의 대결 구도를 세운다. 전해지는 단편들 가운데 상대적으로 길이가 긴 두 향연시 단편 가운데 하나인 B2에서 그는 올림픽 경기의 승자가 국가로부터 과분하게 대우받고 있다고 지적한 후에 다음과 같은 이야기를 이어 간다.

> 나처럼 그럴 자격이 있는 것도 아닌데도 그렇다. 사나이들이나
> 말馬들의 힘rhōmē보다 우리의 지혜sophiē가 더 훌륭하니까 하는 말이다.
> 허나 이것[77]은 아주 제멋대로 지켜지는 관행이며,
> 훌륭한 지혜보다 힘을 더 높이 평가하는 건 정의롭지dikaion도 않다.
> [15] 까닭은 이렇다. 뭇사람 가운데 훌륭한 권투 선수가 있다거나
> 또 오종 경기나 레슬링을 하는 데 훌륭한 자가 있다거나,

---

77 올림픽 승자에 대한 국가의 지나친 대우.

심지어 발이 빠른 걸로 훌륭한 (이거야말로 사나이들이 경기*agōn*에서

힘을 과시하는 것으로는 가장 영예로운 위업이다) 자가 있다고 해 보자.

그런 것 때문에 국가가 더 훌륭한 법질서*eunomiē*를 갖추게 되는 건 아닐 것이다.

[20] 또 국가가 즐거울 일*charma*은 별로 없을 것이다.

누군가가 피사 둔치에서 시합을 벌여 승리한다고 해도 말이다.

그게 국가의 내밀한 보고寶庫를 키워 주지는 않으니까.

아테나이오스 『현인들의 만찬』 10.413~414 (DK 21B2.11~22)

경기의 승자와 지혜로운 자를 대립시키는 구도는 흥미롭게도 경기자와 구경꾼을 대립시킨 피타고라스학파의 구도를 떠올리게 한다. 힘으로 자웅을 겨루는 자의 맞은편에 진리의 관조자, 지혜를 가꾸는 자인 철학자가 서 있다. 크세노파네스는 바야흐로 문화적·교육적 권위를 놓고 벌어지는 시와 철학의 한판 싸움을 선포하고 있는 것이다. 국가의 질서 혹은 잘 다스려짐*eunomia*은 시인들이 상찬하는 투사의 힘에 달려 있지 않고 '우리의 지혜'에 달려 있다고 말이다. 이제 크세노파네스는 의식적으로 호메로스와 대결하고 있다. "처음부터 모든 사람은 호메로스를 따라 배웠다."(DK 21B10)는 언급에서 드러나듯 그는 당대 희랍의 문화, 교육 분야에서 크게 드리워진 호메로스의 그림자를 강하게 의식하면서 사유를 펼치고 있다. 위 인용문에서는 그런 의식이 전면화되어 있지는 않지만, 찬찬히 살펴보면 그 이면에 그런 의식이 면면히 흐르고 있다는 것을 알 수 있다.

이미 말한 바 있듯이 고대 희랍을 대표할 만한 어떤 전반적인 문화 현상이 있다면 그것은 아곤이다. 아곤 없는 희랍은 상상하기조차 어려울 정도로 사회의 모든 부면에 아곤이 침윤해 있다. 이 아곤을 '문학적'으로 잘 형상화한 것이 다름 아닌 호메로스였고, 그래서 호메로스는 그렇게도 긴 세월 동안 고대 희랍

과 이후 서구에서 '영원한 교과서'로 남을 수 있었다. 투사의 힘을 비판하면서 크세노파네스는 당대의 물리적 아곤 자체를 비판하고 있지만, 다른 한편으로 그 아곤과 긍정적 피드백 관계에 있는 호메로스적 권위를 비판하고 있는 것이다. 호메로스적 권위의 우산 아래 안주하면서 힘자랑에 연연하는 희랍인들에게 '지혜'가 더 중요하다고 고언苦言하고 있는 것이다.

그렇다면 호메로스의 무엇이 문제인가? 그 논의로 들어가는 길목 역할을 하는 향연시 단편(이며 B2보다 두 행이 길어 현존 크세노파네스 단편 가운데 제일 긴 단편)인 B1의 뒷부분을 살펴보자.

흥이 난euphrones 사나이들은 제일 먼저 신을 찬양해야chrē 한다.

정제된 이야기mythoi와 정결한 말logoi로.

[15] 헌주를 하고 정당한 일들ta dikaia을 행할 수 있게 해 달라고

기도를 하고 나면(이것들이야말로 보다 쉬운 부분에 속하니까),

아주 나이든 사람이 아닌 한 하인을 대동하지 않고 집까지

갈 수 있을 만큼 마시는 건 방자함hybris이 아니다.

또 사나이들 중에서 술을 마실 때 자기에게 기억이, 또 덕aretē을 향한

[20] 노력이 있는 만큼 고상한 것들을 보여 주는 사람을 칭찬해야 한다.

티탄들의 싸움도 기가스들의 싸움도 켄타우로스들의

싸움도 다루지 않으며 (그것들은 옛날 사람들의 허구다) 극심한 내분도

다루지 않는 (그것들은 아무짝에도 쓸모가 없다) 사람을.

하지만 언제나 신들을 배려하는 태도promētheiē를 갖는 게 훌륭한 일이다.

아테나이오스 『현인들의 만찬』 11.462~463 (DK 21B1.13~24)

축제에서 펼쳐지는 힘자랑을 구경하면서, 그리고 그 축제의 하이라이트 가

운데 하나인 호메로스 시 낭송 가운데 펼쳐지는 옛 무사들의 힘자랑 이야기를 들으면서도 당대인들은 덕, 탁월함(아레테)을 기억하려고, 그것을 얻으려고 애쓰지도 않고 신에 관해 숙고하지도 못한다고 크세노파네스는 비판하고 있다. 술판을 벌일 줄은 알면서, 그리고 술판 첫머리에 신에게 헌주libation를 하면서도 신을 제대로 이해하지 못한다고 불만을 제기하고 있는 것이다. 이 인용문에는 호메로스적 이야기 일반에 대한 불만이 표명되어 있다. "옛날 사람들의 허구"인 여러 싸움 이야기들은 "아무짝에도 쓸모가 없"고, 대신 "언제나 신들을 배려하는 태도를 갖는 게 훌륭한 일"이라고 말한다.

이 향연시가 겨냥하고 있는 것은 우선 호메로스적 이야기의 내용이다. 나는 그것 외에도 어쩌면 그것보다 더 중요할 수 있는 비판이 이 향연시에 들어 있다고 생각하는데, 먼저 내용에 대한 비판을 다룬 후에 그 이야기로 다시 돌아오기로 하자.

구체적인 호메로스 이야기 내용에 대한 크세노파네스의 비판은 크게 두 갈래로 나뉘어 전개된다. 하나는 신의 부도덕성을 노래하고 있다는 것이요, 다른 하나는 신인동형론적이라는 것이다. 예컨대, 호메로스가 비난받을 만한 일들이나 법도에 맞지 않는 행위들(도둑질, 간통, 속이기 등)을 신에게 돌린다는 비판[78]이 전자에 속한다면, 주관적 표상을 신에게 덧씌우고 있다는 문제 제기[79]는 직접 호메로스를 거론한 것은 아니지만 호메로스 이야기의 영향하에 널리 퍼져 있는 신인동형론적 신관을 포괄적으로 문제 삼고 있는 것이라 할 수 있다. 특히 인간들이 자기들처럼 신들도 '낳아준' 자가 있다고 생각하며, 자기들의 '형

---

78 섹스투스 엠피리쿠스의 전승들(DK 21B11, B12). 이 두 단편은 거의 같은 내용을 담고 있는데, 이중 B12가 아래에서 인용되며 다루어진다.
79 클레멘스의 전승들(DK 21B14, B15, B16).

체'*demas*를 갖고 있다고 생각한다는 언급[80]은 신은 "형체도 생각도 가사자들과 전혀 비슷하지 않다"는 언급(B23)과 연결지어 이해할 필요가 있다. 과연 이 두 언급은 신이 형체를 갖지 않는다는 취지의 말인가?

서로 다른 인간 종족의 신 표상을 거론하는 단편[81]은 새로운 인간학적 접근을 보여 주며, 이는 결국 퓌시스-노모스*physis-nomos* 구분으로 발전한다.[82] 서로 다른 동물 종들의 신 표상을 거론하는 단편[83] 역시 사람들이 표상하는 신의 모습은 관행*nomos*일 뿐 본연의 모습*physis*이 아니라는 그의 생각을 잘 드러내 주고 있다. 이런 비판을 통해 크세노파네스는 퓌시스와 노모스의 문제를 논의 선상에 올려놓고 있는 것이다.

기존 신관의 문제점에 대한 이런 비판의 다음 단계로 우리가 기대할 만한 것은 크세노파네스 자신의 적극적인 신론theology이다. 먼저 '유일신론 단편'monotheistic fragment이라 불리는 위에서도 잠깐 언급된 대목을 살펴보자.

> 하나다, 신은*heis theos*. 신들과 인간들 가운데서 가장 위대하며,[84]

---

80 "하지만 가사자들은 누군가가 신들을 낳아 주었다*gennasthai*고 생각하며, / 자기들의 옷을 신들이 갖고 있고 목소리도 형체*demas*도 그렇다고 생각한다."(DK 21B14)

81 "이디오피아인들은 〈자기들의 신들이〉 납작코에 검다고 하고, / 또 트라키아인들은 [자기들의 신들이] 파란 눈에 붉은 머리카락이라고 〈말한다〉."(DK 21B16)

82 '노모스'란 관습, 법, 윤리, 종교 등을 아우르는 것으로서 사람이 개입해서 인정해 주어야 비로소 효력을 가지게 되는 어떤 것을 가리킨다. '퓌시스'는 사람이 개입하기 전의 자연, 본연의 것, 원초적인 것을 가리킨다. 이 둘의 관계가 앞으로 계속 철학자들에게서 문제가 된다.

83 "만일 소들과 〈말들〉 혹은 사자들이 손을 갖고 있다면, / 혹은 손으로 그림을 그리고 사람과 똑같이 작품들을 만들어 낼 수 있다면 / 말들은 말들과, 소들은 소들과 같게 신들의 형상*ideai*을 그릴 것이고 / 그들의 몸*sōmata*을 〈각자〉 자신들이 갖고 있는 형체*demas*와 꼭 같게 만들 것이다."(DK 21B15)

84 이 행은 거드리의 번역 정신과 유사하게 옮겼다.

형체도 생각도 가사자들과 전혀 비슷하지 않다.

알렉산드리아의 클레멘스 『학설집』 5.109 (DK 21B23)

앞의 내용 비판 부분에서 이미 살펴본 바 있는 둘째 행은 신인동형론적이지 않은 신을 말하고 있고, 첫 행은 하나인 신을 말하고 있다. 많이 논란되어 온 문제는 이 하나의 신과 바로 뒤에 언급된 신들의 관계가 뭐냐는 것이다. 하나의 '신'(혹은 유일한 신)을 말하면서 어떻게 복수의 '신들'을 의미 있게 말할 수 있는가 하는 것이다. 이 물음에 대한 간편한 대답 하나는 '모든 신들 가운데서 하나의 신이 가장 위대하다'고 이해하는 것이다. 크세노파네스가 일종의 단일신론henotheism[85]을 표명하고 있다고 보는 이런 해석은 크세노파네스가 그다지 새로운 이야기를 하는 게 아니라고 해석한다는 점, 고대의 여러 간접 전승이 그를 유일신론자monotheist로 해석했다는 점 때문에 수용하기 어렵다. 우리는 텍스트를 그렇게 우회할 것이 아니라 정면으로 승부해야 한다. 곧이곧대로 '가장 위대한 하나의 신이 있다'는 취지로 읽어야 할 것이다. 그렇다면 위에서 제기한 문제, 즉 이 하나의 '신'과 복수의 '신들'을 조화시켜야 하는 문제는 어떻게 해결할 것인가?

해결의 실마리는 우리가 이제까지 검토해 온 양상 개념들 혹은 적절성이나 정의라는 기준이 크세노파네스에서 어떻게 문제되고 있는지 살펴보는 데서 찾을 수 있을 것 같다.

---

[85] 오직 하나의 신만 존재한다고 믿고 그 신을 신앙하는 '유일신론'monotheism과 구별하기 위해 혹은 그것의 초기 단계들을 묘사하기 위해 흔히 거론되는 것이 '단일신론'henotheism이다. 하나의 신을 신앙하면서도 다른 신들의 존재나 다른 사람들도 자신과 똑같이 정당하게 다른 신들을 신앙할 수 있다는 것을 부인하지 않는 신관을 가리킨다.

그런데 그는 언제나 같은 곳에 전혀 움직이지 않은 채 머물러 있다.

또한 그가 이때는 여기 저때는 저기로 옮겨 다니는 것은 알맞지*epiprepei* 않다.

심플리키오스『아리스토텔레스의「자연학」주석』23.11~12 (DK 21B26)

오히려 그는 애쓰지 않고도 마음의 생각으로*noou phreni* 모든 것을 흔든다.

심플리키오스『아리스토텔레스의「자연학」주석』23.20 (DK 21B25)

첫 인용문은 이리저리 옮겨 다닌다는 것은 신에게 '알맞지*epiprepei* 않다', 달리 말해 움직이는 신은 '적절하지 않다'는 생각을 표명하고 있고, 둘째 인용문은 움직임이 '불필요하다'는 생각을 표명하고 있다. 이제 아낙시만드로스의 도의와 디케를 되짚어 보자.

도의에 따라*kata to chreōn* [···] 왜냐하면 그것들[즉 원소들]은 시간의 질서에 따라*kata tēn tou chronou taxin* 서로에게 [자신의] 불의*adikia*에 대한 대가*dikē*와 보상*tisis*을 치르기 때문이다.

심플리키오스『아리스토텔레스의「자연학」주석』24.13 이하 (DK 12B1)

우주 내 사물의 생성 소멸 과정(달리 말해 원소로부터 사물이 되어 나오는 과정과 거꾸로 원소로 되돌아가는 과정)이 '도의*chreōn*에 따라' 진행된다는 것을 아낙시만드로스는 원소들이 서로를 부당하게 침해하고 다시 그런 불의에 대한 대가를 지불하게 되는 것으로 설명한다. 아낙시만드로스의 이 설명에서 주목할 만한 것은 '필연'으로 흔히 번역되는 '크레온'*chreōn*이 정의 혹은 의무의 의미로 사용되며, 지켜야 할 어떤 것, 따라야 할 어떤 것을 가리킨다.[86]

이런 생각의 연장선상에 있다고 할 만한 크세노파네스의 구절인 신론 단편

B26으로 다시 돌아오자. 반스J. Barnes는 2행의 '알맞다'*epiprepei*, fitting에 대한 독해의 두 선택지로 미학적 독해와 논리적 독해를 제시하고 후자를 취한다.[87] 즉, 장소 이동하는 신은 '멋있지' 않다와 장소 이동하는 신은 '논리적으로 가능하지' 않다 사이에서 후자를 택한다. 물론 미학적 독해는 논변의 근거를 주관적 기준, 즉 입맛의 문제로 돌리는 것이기에 '합리적' 신론을 마련하려는 것으로 보이는 크세노파네스의 작업의 성격과 어울리지 않는다. 그렇다고 해서 이 구절의 메시지를 반스처럼 곧바로 논리적 불가능성의 문제로 치부할 수 있을까? 신이 움직인다는 것이 왜 자기 모순인가? 반스의 독해는 크세노파네스에게 논리적 추론의 모습을 부여해 주려는 선의가 지나쳐서 오히려 그를 불합리한 논변자로 만드는 해석이 아닐 수 없다. 신과 운동이 모순이라는 생각은 선배 이오니아 철학자들의 사고에서는 나타나 있지 않던 생각이고 당시 일상인들이 공유하던 믿음이라고 보기는 더더욱 어려우므로 정당화가 필요하다. 게다가, 크세노파네스가 '불가능하다'에 해당하는 어휘를 갖고 있었던 것으로 보인다는 점도 반스에게 불리한 증거다. 그런 어휘를 갖고 있는데도 불구하고 이렇게 어렵게 꼬아서(즉 '불가능하다' 대신 '부적절하다'는 말을 사용해서) 이야기해야 할 곡절이 크세노파네스에게 있었다는 걸 해명해야 할 부담을 지기 때문이다.

그럼 우리는 어떻게 보아야 할까? 무리 없는 해석은 두 독해의 중간 어딘가에서 찾을 수 있을 것이다. 한 가능성은 '알맞다'에 대한 규범적 독해다. 신이 갖추어야 할, 즉 그것을 갖추지 않으면 신이라 할 수 없는 어떤 규준, 기준, 표준이 있고, 그것에 따라 '적절하다'proper 혹은 '부적절하다'improper고 이야기한다는 것이다. 예컨대, 미국 대통령이 직무 중에 인턴 사원과 성관계를 갖는

---

86 이 단편은 아래 4장 2절에서 다시 자세히 다루게 될 것이다.
87 Barnes(1982, 85~86).

다는 것은 '부적절'하다고 말할 때, 우리는 그런 일이 그저 불쾌한 일이라고 말하는 것도 아니요, 그렇다고 해서 그런 일이 논리적으로 성립될 수 없는 일이라고 말하는 것도 아니다.

이제 우리는 위에서 미루어 둔 유일신론 단편(B23)의 문제(즉 유일한 신과 여러 신들의 조화 문제)에 대해 하나의 대답을 제시할 수 있게 되었다. 크세노파네스가 다음과 같이 사유했다고 보면 된다. 신이라 불리는 여럿이 있다. 이건 기존 신 관념에 대한 관행상의 인정이다.[88] 그런데 그 가운데 (크세노파네스 자신의) 신의 기준에 맞는 규범적 신은 하나뿐이다.

이제까지 크세노파네스가 수행한 호메로스 비판의 한 중요한 측면, 즉 이야기 내용의 비판에 해당하는 부분을 살펴보았다. 대개의 연구자들이 주목하는 부분이고 신학 중심성 테제(그의 저작의 핵심에 신학 단편들이 있다는 통념)와 맞물려 크세노파네스 담론에 대한 현대 논의의 주류에 속한다고 할 수 있다. 그런데 앞서 B1 향연시 구절이 제기하는 호메로스 비판에는 이제까지 거의 주목받지 못한 또 다른 차원이 내장되어 있다. 어쩌면 철학적으로나 문화사적으로 더 중요한 함축을 가진다고 할 수도 있을 만한 차원의 호메로스 비판이 거기에 들어 있다.

사실 인용하지 않은 그 단편의 전반부(1행~12행)는 시인이 향연장에서 노래를 부르는 시점에 향연의 흥을 돋우기 위한 물리적인 세팅들이 어떻게 이루어져 있는가를 차근히 묘사하는 것으로 이루어져 있다. 편의상 4행과 직전 두행(11~12행)만 인용하자.

---

88 예컨대 신 관념의 혁신을 시도하는 플라톤조차도 『티마이오스』에서 당대인들의 통속적인 다신론(올림포스 신들을 포함하는)을 대수롭지 않은 듯 인정하며 언급한다(40d~41d).

술 섞는 동이는 흥*euphrosynē*으로 가득 차 있다.

[…]

한가운데 제단은 온통 꽃들로 덮여 있고

노래*molpē*와 흥겨움*thaliē*이 집안을 감싸고 있다.

(DK 21B1.4, 11~12)

　향연장의 물질적이고 가시적인 준비에 대한 묘사의 절정에 해당하는 12행에 따르면 아마도 춤을 동반한 흥겨운 노래가 온 집안을 감싸고 있다. 앞서 인용한 후반부 시작(13행)이 '흥이 난' 사람들이 무엇을 해야 하는가로 시작되는 것은 이제 시인이 전반부에서 행한 흥겨움의 묘사자 역할에 머물지 않고 새로운 역할을 적극적으로 행하고 있음을 수행적으로performatively 보여 준다. 이제 시인은 향연의 좌장*symposiarchos*이 되어 '에우프로쉬네'*euphrosynē*[89]를 어떻게 성취하고 고양시킬 것인가를 논하면서, 아니 노래하면서 묘사description가 아닌 규정prescription을 수행한다.

　그의 이 역할은 일차적으로 묘사와 규정의 대조를 통해서 수행되고 있지만, 동시에 그와는 다른 차원, 보다 철학의 특성에 어울릴 만한 근본적인 차원의 작업을 통해서 수행되고 있다. 크세노파네스가 이 향연시를 통해 새로 제창하고 개척하고 있는 일 가운데 더 주목 받아야 할 것은 그것의 메타 향연적 측면이다. 물론 이미 언급한 대로 호메로스에게도 자기 직업에 대한 자의식이 있었고, 시인(가인)의 사회적 지위와 역할에 대한 깊은 관심과 애정이 있었다. 그리고 거기엔 일정 정도 시인 자신의 작업에 되먹임될 수 있는 모종의 반성이

---

89 편의상 '흥'으로 옮겼지만, '지각', '호의'로 옮길 수도 있는 말이며, 이 시의 메시지와 효과는 그 말의 중의성에 상당히 기대고 있다.

포함되었을 수도 있다. 그러나 호메로스의 자의식은 딱 거기까지다. 자신이 남들에게 어떻게 보일 것이고 어떤 대우를 받을 것인지에 대한 그의 관심은 그가 노래하는 영웅들의 의식 상태와 완전 판박이다.

크세노파네스의 향연시는, 그리고 그가 그것을 통해 노래하는 향연은 향연을 즐기면서 향연 자체를 반성한다. 또 그 반성 자체를 즐긴다. 다시 말해 향연을 즐기면서 동시에 향연을 반성하며, 그 반성 자체를 다시 즐긴다. 이제 향연이 이를테면 메타 향연이 된 것이다. 여기서 크세노파네스는 자기가 하고 있는 일을 근본적으로 반성한다. 호메로스의 반성은(만약 그런 것이 있었다면 말이다) 자기가 하고 있는 일의 주변적인 것을 향한 것일 뿐이었다. 그러나 철학자 크세노파네스의 반성은 자기가 하고 있는 일의 핵심을 향해 있고, 그것이 어떠해야 하는가 라는 규범적 차원의 반성이다.

호메로스가 도달하지 못한 메타 향연의 차원 혹은 메타 문학의 차원은 그저 향연이나 문학이라는 특정 문화 영역에만 한정된 의의를 갖는 것이 아니다. 경쟁 상대인 호메로스가 당대에 차지하고 있던 문화적·교육적 위상이 매우 전면적이고 절대적이었기 때문이다.[90] 크세노파네스가 제시하는 메타 향연은 호메로스의 이야기 내용을 문제 삼는 수준을 넘어서서 그런 이야기가 나올 수밖에 없었던 호메로스적 문화 자산, 문화적 토양의 한계를 지적하는 것이며, 자기 활동의 비판적 반성 그리고 동료들과의 비판적 대화를 통한 새로운 담론의 소통이 그런 한계를 극복하는 대안이 될 수 있다는 적극적 제안이다. 그러니까 크세노파네스의 메타 향연은 호메로스적 문화와 교육에 대한 비판일 뿐만 아

---

90 해블록에 따르면 구술 사회에서 서사시 언어는 공동체 성원들이 표현의 기준으로 삼는 문화 어였으며, 그런 방식으로 시인은 공동체에 대해 문화적 지배력을 행사했다. Havelock(1963, 140)을 참고할 것.

니라 이를테면 반성과 비판, 대화를 통한 소통이라는 새로운 문화 자산이 이미 가능한 대안으로 성립되어 있다는 철학 측의 선언이라 할 만하다.[91]

신론, 호메로스 비판에 관해서는 이쯤 해두고 이제 자연학으로 눈을 돌려보자. 사실 그의 자연학자로서의 면모는 이제까지 신학자로서의 면모에 밀려 거의 연구자들의 관심 밖에 있었다. 그러나 이오니아적 탐구가 이후 엘레아적 논의로 넘어가는 데 일종의 가교 역할을 하고 있다는 의의를 그의 자연학적 논의에서 찾을 수 있기 때문에 크세노파네스 자연학에 대한 재조명이 필요하다. 그의 자연학적 메시지를 간단히 요약하면 다음과 같다. 첫째, 물과 흙이 자연 사물의 본성이요[92] 원천이다.[93] 아르케를 흙으로 삼은 사람은 이전에 아무도 없었다. 그런데 흙이 논의 선상에 나왔다는 데 큰 의의가 있으며, 이것이 파르메니데스의 자연학에도 영향을 주게 된다. 둘째, 생성과 소멸은 물과 흙의 혼합 *meixis*으로 설명된다. 이오니아 전통만 고려하면 복수의 아르케, 그리고 그것들의 혼합이라는 사고는 참신한 것이다. 물론 비슷한 아이디어가 피타고라스학파에 나오지만, 거기에는 이미 말했듯이 자료상 혹은 연대상의 문제가 남아 있다. 이전의 이오니아적 사고는 단지 하나의 아르케로부터의 분리*apokrisis*로써 세상의 생성 소멸을 설명했다. 이 혼합의 아이디어 역시 파르메니데스 우주론

---

91 여기 크세노파네스의 B1이 드러내는 메타 향연의 내용과 의의에 관한 논의는 강철웅 (2012b)에 기반을 두고 있다.

92 "생성되고 자라는 것은 모두 흙과 물이다."(DK 21B29: 심플리키오스 『아리스토텔레스의 「자연학」 주석』 189.1)

93 "우리 모두는 흙과 물에서 생겨났으니까."(DK 21B33: 섹스투스 엠피리쿠스 『학자들에 대한 반박』 10.34) "땅에서 모든 것이 생기고 모든 것이 땅으로 끝난다."(DK 21B27: 아에티오스 『학설 모음집』 4.5) "바다는 물의 원천이며, 바람의 원천이다."(DK 21B30: 아에티오스 『학설 모음집』 21.196)

에 영향을 준다.

노모스를 넘어선 퓌시스를 찾겠다는 것이 크세노파네스 신론의 목표였다고 한다면, 그의 자연학에서도 이런 정신은 그대로 유지된다.

> 사람들이 이리스(무지개)라 부르는*kaleousi* 것이 본래*pephyke* 구름이다.
>
> 에우스타티오스 『호메로스 「일리아스」 주석』 11.27에 대한 외곽 주석 (DK 21B32)

사람들이 명명하는*kaleousi* 것, 즉 신으로 부르면서 제멋대로 이해하는 것, 즉 제멋대로의 관행*nomos*을 넘어 그것의 본래 모습*pephyke*, 즉 본성*physis*을 찾겠다는 것이 이 단편이 대변하는 그의 자연학 정신이다. 이 단편은 신론 단편이면서, 그의 신론이 자연학적 논의로 어떻게 이행되는가를 잘 보여 준다.

호메로스적 이야기에 대한 크세노파네스의 비판은 노모스의 이중성으로 잘 집약된다. 그에 따르면 '우리의 훌륭한 지혜'가 아닌 '사나이들이나 말들의 힘'을 더 높이 평가하는 호메로스적 이야기는 '정의롭지 않은'*oude dikaion* '아주 제멋대로 지켜지는 관행'*eikē mala … nomizetai*이다(B2.13). 이 '제멋대로'의 관행으로서의 노모스는 아주 자연스럽게 '제대로' 된 관행으로서의 노모스, 기준 노릇을 할 규범을 떠올리게 한다. 제멋대로의 것과 제대로 된 것으로 대비되는 이 이중적 노모스는 무엇보다도 신학에 잘 적용되는 것이었다. 기존 시인들이 읊은 형편없는 신 이야기와 제대로 된 신 이야기가 대비된다. 기존의 형편없는 신 이야기란 호메로스적 신 이야기가 보여 주는 '법도*themis*를 벗어난' 신들의 이야기를 가리킨다.[94]

---

94 크세노파네스에서 발견되는 노모스의 이중성에 관한 상세한 논의는 강철웅(2012a) 참고.

B12가 이 정신을 문면에 잘 드러낸다.

> 그들은 법도를 벗어난*athemista* 신들의 행위들을 수도 없이 소리쳐 불러 댔
> 다*ephthenxanto*.
> 도둑질, 간통, 서로를 속이는 일 같은 것들 말이다.
>
> 섹스투스 엠피리쿠스 『학자들에 대한 반박』 1.289 (DK 21B12)

앞에서 상세히 논한 B26의 신에 대한 적절성 논의는 이 정신을 자신의 담론에 구현하려는 시도를 잘 보여 주는 것이었다. 방금 살펴본 B32는 이런 정신이 그의 신론만이 아니라 자연학적 논의에도 일관되게 반영되어 있다는 것을 드러낸다.

이제 마지막으로 그의 인식론적 논의들을 다룰 차례다. 우선 주목할 만한 단편은 인간 인식의 상대성을 드러내 주는 B38과 B36이다.

> 신이 노란 꿀을 안 만들었다면 사람들은
> 무화과가 [지금보다] 훨씬 더 달다고 여겼을*ephaskon* 것이다.
>
> 헤로디아노스 『특이한 어법에 관하여』 41.5 (DK 21B38)

> 가사자들이 바라볼 수 있게 그들이 드러내 준*pephēnasin* 바로 그만큼.
>
> 헤로디아노스 『두 박자 음에 관하여』 296.9 (DK 21B36)

가사자로서의 한계를 가진 우리는 결국 우리가 바라볼 수 있게 신들이 드러내 준*pephēnasin* 것, 즉 우리에게 분명히 드러난 것만 본다. 만일 신이 꿀의 달콤

함을 우리에게 드러내 주지 않았다면 무화과가 달콤함의 기준 노릇을 했을 수 있다. B38은 사실 꿀조차도 달콤함의 절대적 기준은 못 된다는 것을 드러낸다. 결국 인간은 우리에게 드러나 있는 만큼, 우리에게 분명한 것으로 주어진 만큼만 파악하고 또 그만큼의 기준에 의해서만 판단을 내린다. '우리에게 꿀이 없다면 어땠을까'라는 반사실적 가정에 따른 질문은 이렇게 인식의 상대성으로, 즉 우리가 달콤하다고 여기는 것도 주어진 한계 내에서 그렇게 여기는 것일 뿐 본래의 달콤함, 절대적 기준 노릇을 할 만한 달콤함이 아니라는 결론 쪽으로 우리를 이끈다. 반사실적 가정에 따른 질문은 우리 인식 내용이 과연 제대로 안다고 할 만한 확실한 것일까 하는 반성적·인식론적 질문으로 진전된다. 꿀은 하나의 대표 사례일 뿐이며, 크세노파네스의 질문은 아주 일반적인 인식론적 언명으로 나아간다. 우리에게 너무나 잘 알려진 인식론 단편인 B34다.

> 어떤 사람도 신들에 관해서, 그리고 모든 것들에 대해 내가 말하는 것들에
>> 관해서
> 분명한 것to saphes을 알고 있지 못하며 알게 되지도 못할 것이다.
> 설사 누군가가 아무리 완벽한 말을 하게 된다 하더라도, 그렇다고 해서
> 그 자신이 직접 그것을 아는 건 아니고 다만 모두에게는 의견dokos[95]이 주
>> 어져 있으니까.
>
> 섹스투스 엠피리쿠스 『학자들에 대한 반박』 7.49.110 (DK 21B34)

그 단편에 따르면 우리는 분명한 것to saphes, 즉 앎에는 이르지 못했고 아마 앞으로도 그럴지 모른다. 크세노파네스 자신의 담론 역시 마찬가지다. 다른 곳

---

95 나중 시대에 '의견'doxa이라는 용어로 수렴된다.

에서 그는 자신의 담론이 '진실과 유사한 의견'이라고 말한다.

> 이것들이 진실과 유사한 것들*eoikota tois etymoisi*이라 받아들이자*dedoxasthō*.
>
> 플루타르코스『일곱 현인의 향연』9.7.746b (DK 21B35)

요행히 참된 언명을 해내더라도 안다고 하기엔 부족하다. 무엇이 앎이 아닌 참된 의견에 머물게 하는 요인인지가 분명히 밝혀져 있지는 않지만, 그 둘의 간격만큼은 뚜렷하게 의식되어 있고 또 앎의 가능성에 대한 포괄적 회의도 분명히 선포되어 있다. 반사실적 가정, 반사실적 질문이 결국 인식론적 한계 내지 상대성의 인정을 낳은 것이다.

그러나 그의 인식론은 비관적인 데서 머물지 않는다. 신처럼 모든 걸 분명히 알 수 없는 인간의 한계를 논한 건 호메로스적 전통에서도 충분히 강조되어 있었다. 그러나 크세노파네스는 인간의 한계를 극복하는 과정으로서의 탐구를 이야기한다.

> 사실 신들이 가사자들에게 처음부터 모든 것을 밝혀 주지는 않았지만,
>
> 가사자들은 시간을 두고 탐구하다 보면 더 잘 발견하게 된다.
>
> 스토바이오스『선집』1.8.2 (DK 21B18)

비록 모든 것을 분명히 알 수는 없지만, B18이 말해 주듯 그런 주어진 한계 내에서 인간은 진리를 향한 끝없는 탐구를 수행하는 과정 속에서 더 잘 발견하게 된다. 혹은 위에 인용한 B35의 표현을 따르면 진실에 끊임없이 가까이 갈 수 있다. 이것이 그가 새롭게 세우려는 탐구 전통의 모습이다.

여기서도 그는 일종의 이중성을 말하려는 것 같다. 인간 의견이 가진 이중

성 말이다. 인간 의견 *dokos*(B34.4)은 진실을 닮은 것이다. 진실을 닮았다는 것은 우선 진실이 아니라는 것이다. 아직 확고한 앎에는 못 미친 것이요 그만큼 간격이 있는 것이다. 그러나 다른 한편 탐구를 통해 인간은 조금씩 조금씩 그 간격을 좁혀 감으로써 끝없이 진실에 가까이 간다. 이전보다 더 잘 알게 되는 것이다. 주어진 한계 내에서 끝없이 개선되는 모습이 바로 탐구를 통해 진실로 나아가는 철학하는 인간의 모습이다.

내가 (혹은 우리가) 확보하고 있는 이야기가 과연 제대로 된 이야기일까? 내가 (혹은 우리가) 포착하고 있는 달콤함이나 내가 (혹은 우리가) 착안하고 있는 신의 모습이 과연 제대로 된 걸까? 이런 메타 담론적 반성이 결국 메타 향연의 모습과 연속을 이루는 크세노파네스의 핵심 질문이었다. 이런 질문은 결국 반사실적 가정을 따르는 질문으로 진전된다. 꿀 이야기 같은 자연학 논의 말고도 우리에게 잘 알려진 신학 논의에도 이런 반사실적 질문들이 아주 극적인 방식으로 제기되어 있다. 다른 문화권 사람들이 신을 어떻게 묘사하느냐 하는 인류학적 질문이 결국 소나 말이나 사자가 손이 있어 신을 그린다면 어떻게 될까 하는 반사실적 질문으로 발전한다(B15).

이런 질문들을 통해 신에 대한 기존의 통념이 가진 한계가 드러나지만, 그렇다고 의미 있는 신 이야기를 곧장 포기할 이유는 없다. 오히려 그 한계에서부터 비로소 적절성을 갖춘 신 이야기가 시작될 수 있다. 제대로 된 신이 어떤 걸까, 제대로 된 신 이야기는 어때야 할까 하는 질문을 제기함으로써, 그러니까 탐구/담론의 대상이나 탐구/담론 자체가 제대로 설 수 있는 기준이나 규범을 물음으로써 더 나은 이해와 담론을 향해 걸음을 떼게 되는 것이다.

여기서 더 나은 것, 참을 닮은 것이란 무엇일까? 더 낫다, 참을 닮았다는 평가는 적절한 것, 제대로 x인 것을 의식하면서 이루어지는 일이다. x로 불리는 것, 제멋대로 x로 여기는 것, 으레 여럿이서 x라고 간주하는 것 등 통념적인 관행*nomos*을 넘어서 제대로 x로 불릴 수 있는 것, 본래 x인 것, x라고 불리기에 적절한 것 등 본연의 것*physis*을 찾는 방향으로 나아가는 일이다. 이렇게 x다운 것을 의식하는 일, 그리고 그 x다움을 탐구/담론의 대상에만 적용하는 게 아니라 자신의 탐구/담론 자체에도 적용하는 일이 바로 크세노파네스의 메타 향연, 메타 담론의 요체라 할 수 있다.

이제까지 검토한 크세노파네스 단편들을 되짚어 보면 향연시 단편들이나 인식론 단편들에는 논리적 연결사 등에 의해 가시적으로 나타나는 논변적인 모습이 상대적으로 두드러지는데, 담론의 본론에 해당하는 신론과 자연학 부분에는 그런 가시적인 논변적 면모가 상대적으로 빈약해 보인다.

여기서 잠시 이와 관련한 커드P. Curd의 논의를 살펴보기로 하자. 커드는 소크라테스 이전 철학에서 방법론의 발전 단계를 다음과 같이 셋으로 나눈다.

> 1 단계: 자기 이론을 그냥 주장하는 단계
>
> 2 단계: 이론의 출발점을 옹호하거나 다른 이론을 반대하는 논변을 제시하는 단계
>
> 3 단계: 받아들일 만한 이론의 기준을 발전시키거나 적용하면서 경쟁 이론을 배제하는 단계

주장에서 논변(즉 옹호 논변과 반론)으로, 다시 논변에서 이론 평가(즉 메타 이론)로 이어지는 이런 발전 그림 자체는 일단 자연스럽고 무난한 것으로 보인다. 밀레토스학파가 1단계에, 나중에 이야기하게 될 파르메니데스가 2, 3단계에 속해 있다는 것은 크게 논란의 여지가 없어 보인다. 논란의 소지는 오히려 크세노파네스를, 그리고 아래에서 다룰 헤라클레이토스를 이 세 단계 가운데 어디에 위치시킬 것인가에 있다. 커드는 크세노파네스가 아직 논변 단계에 도달

하지 못하고 1단계에 주로 머물러 있다고 이해한다.[96]

　다시 우리 논의로 돌아와서 보면, 두 본론 부분에 가시적인 논변적 면모가 약하다는 것을 커드 식으로 이해하고 넘어갈 수도 있을 것이다. 그러나 커드 식의 논의는 크세노파네스 담론의 신학 중심성이라는 주류적 이해에 기반해 있고, 그런 주류적 이해를 반성의 대상으로 삼으면 새로운 시야가 열릴 수도 있다. 앞서의 관찰에 따르면 크세노파네스 담론에는 신학이나 자연학 단편 외에 향연시와 인식론적 단편으로 대변되는 메타 담론의 차원이 있다. 이 메타 담론은 그의 본 담론(신학과 자연학 담론)과 유기적으로 연결되어 있으며, 향연으로 대변되는 당대 유행 문화 내지 호메로스로 대변되는 당대 교육적 권위에 대한 전면적인 비판과 더불어 개진되고 있다.

　철학 제1기에 해당한다고 할 수 있는 밀레토스학파나 피타고라스학파가 일정한 원리에 따른 세상사의 설명, 우주에 관한 학문적 담론에 집중했다면, 철학 제2기에 해당하는 크세노파네스에 오면 그런 우주론적 담론이 신 이야기에 대한 집중 조명을 통해 비판적으로 계승, 고양되는 측면과 더불어 그런 우주론적 담론 자체에 대한 반성이 새롭게 제기되고 있다. 메타 향연을 즐기는 향연시나 인식의 한계와 극복을 말하는 인식론적 단편들이 그런 메타 담론의 측면을 잘 드러낸다. 바야흐로 철학의 시선이 세상을 향해 있다가 이제 세상에 대한 인식 자체, 세상에 대한 이야기 자체를 향해 되돌아온 것이다. 이런 '인식론적 전회'epistemological turn가 크세노파네스 철학에서 시작되고 있고, 그런 전회를 형식적으로 드러내는 것이 그의 의도적인 시 매체 선택이며, 결국 핵심 어휘의 이중적 구사, 규범성의 의식, 규범에 어울리는 담론 대상 및 담론의 탐

---

96 Curd(1998a) 참조.

색과 추구에 의해 그의 이런 인식론적 기획이 천명되고 전달된다.

주장에 그치는 단계에서 논변(즉 이론의 옹호와 반론)의 단계로, 다시 논변에서 이론 평가(즉 메타 이론)의 단계로 발전한다는 커드의 이해는 철학사의 이 전환점을 해명하기에는 너무 도식적이고 단선적이다. 담론이 1단계에 그치지 않고 2단계로, 즉 그 주장의 옹호나 반대의 근거를 드는 데로 이행하게 되는 데는 담론에 관한 반성이 동시에 혹은 먼저 개입되는 것 아닐까? 즉 2단계를 거쳐 3단계로 단선적으로 이행하는 것이라기보다 3단계와 2단계가 중첩적으로 상호작용하면서 발전할 수 있지 않을까? 3단계에 속하는 문제의식이 생긴 상태에서 2단계 작업이 이루어지고 결국 본격적인 3단계 작업으로 마무리되는 게 아닐까? 그리고 이런 발전은 일방적인 담론의 생산, 공표의 과정이 아니라 담론의 생산과 그것에 대한 비판, 재비판 등이 일련의 대화 내지 변증법적인 형태로 상호작용하는 과정에서 일어나는 게 아닐까?

철학사 1기의 밀레토스학파나 피타고라스학파는 세상을 설명하는 새로운 그림을 산출하기에 바빴다. 그들이 호메로스적 시 전통을 얼마나 경쟁 상대로 여기고 있었는지는 확실히 말하기 어렵지만, 아무튼 크세노파네스의 시각으로 보면 1기 철학자들과 호메로스적 시인들 사이의 경쟁 구도는 아주 선명하다. 그 담론 경쟁의 2라운드를 열면서 크세노파네스는 담론이 어떠해야 하는가 하는 물음을 물었다. 그에게 '인식론적 전회'라는 거창한 타이틀을 굳이 주어야 하는지는 물론 의문시될 수도 있다. 그러나 적어도 그가 담론의 기준이나 역할에 대한 반성을 통해 인식론적 방향의 탐구를 시작한 것만큼은 분명하다. 이런 인식론적 혹은 메타 담론적 시야를 확보했기 때문에 그는 파르메니데스만큼 본격적인 수준은 아니지만 논변적 정당화에 준하는 어떤 식의 뒷받침이 필요하다는 의식을 가질 수 있었다. 그의 메타 담론적 시야의 요체는 노모스의 이중성으로 대변되는, 상식과 통념(노모스)을 넘어선 어떤 기준 내지 규범(퓌시스)

의 의식이다.[97]

그런 까닭에 그의 신학과 자연학 단편들을 낱낱이 관찰할 때는 비논변적 주장으로만 채워져 있는 것으로 보이지만, 심층적인 차원에서 보면 그의 신학적 담론 배후에는 다음과 같은 가설적 형태의 논변 형식이 상정되어 있는 것으로 보인다.

 (1) 신은 A라고들 한다.

 (2) 신을 A라고 하면 그건 결국 신이 B라는 얘기다.

 그런데 (3) B는 신의 기준에 맞지 않다.

 달리 말해 (3)′ B는 신에 대한 잘못된 관행적 믿음*nomos*이다.

 따라서 (4) 신은 A라고 하면 안 된다.

 (5) 신은 C다.

 혹은 (5a) 신은 C라고 해야 한다.

 달리 말해 (5)′ C가 제대로 된 신 본연의 모습*physis*이다.

각론 수준에서 논란의 여지가 있음에도 불구하고,[98] 전반적으로 이런 가설적 논변 형식에 따라 신학적 (그리고 자연학적) 주장들이 개진되어 있는 것으로 이해하는 것이 유용하다. 그런데 우리에게 표면적으로 남겨진 단편들은 (1)과 (5)에 해당하는 것들이 대부분이다.[99] 그렇기 때문에 보고나 주장만 들어 있다

---

97 규범 내지 규범성에 대한 의식은 결국 파르메니데스의 필연*anankē* 개념으로 발전하게 된다. 크세노파네스의 '알맞음'에서 반스가 읽어 내려던 게 실은 나중 파르메니데스에게서 나오게 되는 것이다.

98 예컨대 (3)과 관련해, 어떤 것이 신에게 알맞은 것인지 혹은 아닌지 판단하는 기준이 무엇인가 하는 물음을 별도로 물을 수 있을 것이다.

는 인상을 준다.[100] 그러나 그 배후에는 (1)과 (5)를 (3)′과 (5)′의 대비로, 즉 규범에 의거한 잘못된 관행(노모스) 대 본연의 모습(퓌시스)의 대비로 환원하는 사고가 깔려 있다. 인식론적 단편들에서 논의되는 앎과 의견 구분, 앎과 참된 의견 구분도 이런 사고를 넌지시 드러내는 언급이라 할 수 있다.

그런 인식론적 반성은 자연스럽게 메타 담론적 반성으로 연결된다. 즉 (1)과 (5)를 대비시키는 믿음(의견) 이야기를, (1)과 (5a)를 대비시키는 '이야기의 이야기'로 풀 수도 있다. (1)에 (5a)를 맞세우면서 이를 다음 (3)″과 (5)″의 대비로 환원하는 수순으로 자연스럽게 연결된다는 말이다.

(3)″ B는 신에 대한 적절한 이야기가 아니다.

(5)″ C라고 해야 신에 대한 제대로 된 이야기다.

(3)에 해당하는 B12의 '법도', B26의 '적절성', 그리고 B1.13~14의 '정제된 이야기와 정결한 언사'라는 신 찬양 기준 언급 등이 이런 자연스러운 연결의 가능성을 시사해 주는 이야기라 할 수 있다.[101]

---

99 (1)에 해당하는 것이 B11과 B12(호메로스와 헤시오도스의 부도덕한 신 그림), B1의 21~24행(옛 사람들의 허구인 신들의 전쟁), B14(가사자들의 의인적 신관), B16(민족마다 다른 자기 투사적 신관), B15(동물들의 가상적 신 그림) 등이고, (5)에 해당하는 것이 B26의 1행(신은 부동), B25(신은 애쓰지 않고 마음의 생각으로 만물을 흔든다), B24(신은 전체로서 보고 듣고 생각한다) 등이다.

100 헤라클레이토스의 경우도 경구적 형태의 주장들만 잔뜩 들어 있는 것으로 우리에게 전해져 있다. 커드 식 단계론을 기계적으로 적용하면 헤라클레이토스 담론 역시 1단계에 머물러 있다. 아래 4절에서 상론하겠다.

101 같은 논변 형식이 신학 외의 논의들에도 적용될 수 있을 것이다. 예컨대 자연학 단편 B32에도 위에 언급한 틀을 다소 변형해 다음과 같이 적용해 볼 수 있다. (1) 무지개는 이리스 신이라고들 부른다. (2) 이건 결국 신이 우리 눈에 보이는 형체를 가졌다는 말이다. (3) 이건 신

신학 중심성에만 주목하면 커드처럼 1단계 위주의 논의를 읽어 낼 수밖에 없다. 또 논변 전통에 단계론적으로 접근하면, 주장만 제출(1단계), 근거를 포함한 논변(2단계), 논변의 평가와 반성(3단계) 순서에 시선이 고정될 수밖에 없다. 이제까지의 논의가 성공적이라면, 신학 외의 '주변적' 단편들을 정당하게 음미하면서 발견한 인식론적·메타 담론적 지평을 통해 우리는 논변 전통의 발전이 1단계에서 3단계를 거쳐 2단계로 진행할 수도 있다는 통찰을 얻게 된다. 이렇게 열린 접근 방식을 적용해 추적해 보면, 2단계가 3단계로 넘어가기 위해 반드시 거쳐야 하는 과도적 단계가 아니라 3단계를 수단으로 다다르는 목적지일 수도 있고, 더 그럴듯하기로는 3단계를 통해 2단계에 이르고 그 성과가 다시 3단계에 되먹임되는 상호작용이 계속 일어나는 방식으로 진행되었을 수도 있다.

초기 철학사에서 논변 전통의 발전이 커드가 상정한 것과 다른 방식으로 펼쳐졌을 가능성을 확보한 것 외에 수확은 더 있다. 철학사 1기 이오니아학파와 피타고라스학파 철학에서 파르메니데스 철학으로 가는 길목에는 크세노파네스가 있다. 전자에는 논변적 면모가 거의 없지만 후자에는 완숙한 논변적 면모가 메타 담론적 면모와 더불어 들어 있다. 크세노파네스의 철학시가 드러내는 인식론적 전회와 메타 담론적 면모에 주목함으로써 우리는 논변 전통의 발전을 파르메니데스라는 특정 철학자의 천재성과 특이성으로 환원하는 접근 방식으로부터 탈피할 수 있게 된다. 철학은 그런 특정 천재의 출현으로 갑자기 생기고 변화하는 단발적인 활동이 아니다. 사변의 결과 산출된 이야기를 내놓

의 기준에 맞지 않는다. (4) 무지개는 신이 아니다. (5) 무지개의 본 모습은 구름이다. 단편에 들어 있지 않은 내용인 (2)와 (3)은 얼마든지 다르게 재구성해 볼 수 있고, 그런 재구성을 이 자리에서 일일이 시도할 계제는 아니다. 그러나 그의 단편들 이면에 이와 유사한 논변 형식이 함축되어 있으리라는 추정은 충분히 해봄직한 일이다.

고 비판적으로 성찰하면서 공동 자산으로 함께 성숙시켜 가는 변증과 대화의
전통이 철학이다.[102]

4. 영혼의 발견과 자기반성성
헤라클레이토스

헤라클레이토스는 이오니아의 에페소스에서 기원전 540년경[103] 출생했다고 전
해진다. 에페소스의 귀족 출신이었고 왕의 자리를 받을 자격이 주어졌지만 형
제에게 양보했다고 한다. 한 세대쯤 앞선 철학자 피타고라스, 크세노파네스가
모두 이오니아를 떠났기 때문에 당대에 이오니아에서는 그가 유일하게 알려진
철학자였을 것이다. 그의 이런 출신 성분과 정황 때문에, 그리고 그가 내놓은
발언들의 독특성과 자부심 때문에 그를 헐뜯는 수많은 일화들이 전해 오는데,
대개 가짜라고 볼 수 있다.[104] 또 그는 '수수께끼 같은 말을 하는 사람'*ainiktēs*,[105]

---

102 여기 개진된 신학 중심성 테제 비판, 크세노파네스의 인식론적 반성과 메타 담론적 면모 등
소크라테스 이전 철학의 논변 전통에서 크세노파네스의 기여에 관한 논의는 강철웅(2012a)에
기반을 두고 있다.

103 파르메니데스와의 선후 관계에 관해 상당한 논란이 있었다. 라인하르트(Reinhardt 1916)
등의 반대론도 없지는 않았지만, 이제는 대체로 파르메니데스보다 먼저라는 견해 쪽으로 정리
되어 있다.

104 '수종을 앓다가 소똥의 열기가 물기를 증발시키리라 믿고 소똥더미 속에 몸을 담그고 있
다가 똥통에 빠져 죽었다'는 이야기가 대표적이다. 이것은 "영혼에게 죽음은 젖는 것"이라는
그의 단편(B36)과 그의 증발 이론(즉 물이 불이 되는 것에 관한 설명)에 기반한 픽션이다.

105 DL 9.6.

'어두운 사람'*skoteinos, obscurus*[106]이라는 평가를 받아 왔다. 그의 발언들이 이해하기 어렵다는 점에 기인하는 이 호칭이 얼마나 정당한 것인지 따져 볼 필요가 있다.

우리가 주목할 만한 물음들은 다음과 같다. 그가 정말 만물 유전流轉설total flux theory을 주장했는가? 그는 세상의 모순을 인정했는가? 그가 말하는 로고스는 무엇인가? 로고스와 불의 관계는 무엇인가? 그는 영혼론을 어떻게 진전시켰는가? 그는 왜 '어두운 사람'이라는 말을 들었는가? 그의 이론적 반성의 모습은 어떠했는가?

먼저 그의 것으로 가장 잘 알려진 '만물은 흐른다'*panta rhei*, 세상은 끊임없이 운동 변화한다는 테제에 관해 생각해 보자. 사실 그의 현존 단편 어디에도 '만물은 흐른다'는 말은 들어 있지 않다. 이 언급을, 즉 만물 유전설을 헤라클레이토스의 것으로 돌려도 좋은가? 그의 유전설은 흔히 강물 이미지와 연관되는 것으로 간주된다.[107] 즉 모든 것이 '강물처럼' 끊임없이 흐른다, 어떤 것도 정지해 있지 않다는 생각을 헤라클레이토스에게 귀속시키는 것이 일반적인 해석이었다. 이런 해석이 정당한 것인지는 결국 직접 단편의 검토를 통해 밝혀져야 한다. 이와 관련된 두 유명한 '강물 단편'은 일견 상충하는 듯 보인다.

> 같은 강에 발을 담근 사람들에게 다른 강물이, 그리고 또 다른 강물이 계속해서 흘러간다.
>
> 아리우스 디뒤무스 단편 39.2 (DK 22B12)[108]

---

106 키케로『최고 선악론』 2.5.15.

107 "어디에선가 헤라클레이토스는 모든 것은 나아가고 아무것도 제자리에 머무르지 않는다고 말하고, 있는 것들을 강의 흐름에 비유하면서 '너는 같은 강물에 두 번 들어갈 수 없을 것이다'라고 말한다."(플라톤『크라튈로스』402a: DK 22A6)『단편 선집』243쪽.

108『단편 선집』243쪽.

기원전 1세기의 학설사가doxographer이자 아우구스투스의 철학 선생이던 디뒤무스가 전해 준 이 B12에 따르면 헤라클레이토스는 같은 강이라고 할 수 있는 어떤 것이 있고 그것에 우리가 들어갈 수 있다고 생각하는 것으로 보인다.

> 같은 강에 두 번 발을 담글 수 없고 가사적인 것을 고정된 상태에서 두 번 접촉할 수도 없다. 그것[즉 강]은 변화의 급격함과 빠름에 의해서 흩어졌다 또 다시 모이고[109] (아니 '다시'도 '나중'도 아니며 차라리 '동시에') 합쳐졌다 떨어지며 다가왔다 멀어진다.
>
> 플루타르코스 『델피의 E(에이)에 관하여』 392b (DK 22B91)[110]

기원후 1세기 말 2세기 초에 활동했던 플라톤주의자 플루타르코스(CE 45~120년경)가 전해 준 이 B91 역시 일견 같은 강의 존재를 인정하는 것 같다. 그러나 자세히 그 의미를 되새겨 보면 다음과 같은 질문을 얻게 된다. 같은 강에 두 번 들어갈 수 없다고 말하는데, 그것은 (A) 같은 강이라고 할 수 있는 어떤 것이 있고 그것에 우리가 두 번 들어갈 수는 없지만 한 번은 들어갈 수 있다는 말인가, 아니면 (B) 같은 강이라고 할 수 있는 그 어떤 것도 없다는 말인가?

전통적으로 이 문장은 (B)쪽으로 해석되어 왔다. 플라톤, 아리스토텔레스의 이해처럼 말이다. 그리고 아리스토텔레스는 이 테제에 대한 흥미로운 수정을 보고해 주는데, 이 보고에 따르면 크라튈로스(기원전 5세기 후반에 활동한 헤라클레이토스의 유명한 제자)는 '같은 강에 한 번조차도 들어갈 수 없다'고 스승의 테제를 수정했다고 한다.[111] 이 보고가 옳다면, 그리고 우리가 크라튈로스의 수정

---

109 '흩어졌다 또다시 모이고' 대신 '홀트렸다 또다시 또다시 모으고'로 옮길 수도 있다.
110 『단편 선집』 243~244쪽.

을 진지한 것으로 받아들인다면, (A)쪽 해석의 가능성을 찾기는 쉽지 않아 보인다. 이런 여러 증거들에 힘입어 19세기까지 대부분의 연구자들은 B91이 진짜 헤라클레이토스의 단편임을 의심하지 않았다. 이른바 '전통적 해석'이라고 부른다.

20세기의 몇몇 학자들이 이 해석에 반기를 들었다. 그 전형적인 사례가 KRS다. KRS에 따르면 플라톤적 해석의 함축은 전면적인 유전, 즉 모든 사물 하나하나에 변화가 끊임없이 지속된다는 것이다. 연속되는 순간들에 강은 결코 같지 않으며, 자연의 모든 사물은 그 점에서 강을 닮았다, 즉 아무것도 가만히 있지 않다는 것이다. KRS를 비롯한 대안적 해석자들은 이렇게 (B)로 해석되는 B91보다 B12(아리우스식 해석)를 헤라클레이토스의 진의에 더 가까운 것으로 선호했다. 이들에 따르면 B12는 다음과 같이 해석된다. 첫째, 같은 강이라고 할 수 있는 어떤 것이 있지만, 그것은 또한 어떤 면에서는 다르기도 하다. 둘째, 세상처럼 복합적인 전체는 그 구성 부분들이 끊임없이 변화하고 있는 와중에도 같은 것으로 남아 있을 수 있다. 전체로서의 강의 통일성은 그것을 구성하는 강물들의 유전의 규칙성에 의존한다. 요컨대, B91은 지속적인 변화를 지나치게 강조한다는 점에서 오도의 가능성이 있다. 설사 헤라클레이토스의 것이라 해도 기껏해야 그가 가진 원래 의도의 일부분만 대변할 뿐이다. 반면에 B12는 헤라클레이토스의 전체 입장을 정확히 보여 준다. 그러니까 대안적 해석에 따르면, B91은 의심스러우며 그런 변조의 원천은 플라톤과 크라튈로스의 헤라클레이토스주의에 있었다.

---

111 "크라튈로스는 헤라클레이토스가 같은 강물에 두 번 들어갈 수 없다고 말한 데 대해 비판했다. 왜냐하면 그 자신은 한 번조차도 안 된다고 생각했기 때문이다."(아리스토텔레스 『형이상학』 1010a13 이하)

과연 어느 쪽 해석이 옳다고 말할 수 있을까? 전통적 해석자나 그것에 반대하는 대안적 해석자 모두 B91을 (B)로, 즉 크라튈로스식으로 읽었다. 대안적 해석은 크라튈로스가 오도 가능성이 있는 수정을 가했다는 점을 적절히 지적했다. 그런데 그들은 B91의 진작성 대신 B91의 강한 해석 (B)를 버릴 수도 있었는데 그렇게 하지 않았다.

사람들에게 덜 알려진 제3의 강 단편에서 해결의 실마리를 얻을 수 있을 것이다.

우리는 같은 강에 들어가면서 들어가지 않는다. 우리는 있으면서 있지 않다.[112]

헤라클레이토스 호메리코스 『호메로스적 물음들』 24 (DK 22B49a)[113]

철학자 헤라클레이토스와 동명이인인 사람이 전해 준 이 단편은 우리가 같은 강에 들어간다는 것을 긍정하면서 부정한다. 물론 이 단편은 다른 두 강 단편에 없는 또 다른 측면을 포함하고 있다. 우리가 유동한다는 것our fluidity 말이다. 어쩌면 이것이 더 중요한 측면일 수도 있다. 그러나 여기서 우리는 논의의 필요상 첫 번째 문장에 주의를 집중하기로 한다.

어떤 의미에서 우리가 같은 강에 들어감을 긍정하면서 부정하는 것은 같은 강을 긍정하면서 부정하는 것으로 이해할 수 있다. 그렇다면 이 단편은 B12와 B91의 메시지를 종합하고 있는 단편이라 할 수 있다. 여럿 가운데 하나, 같음과 다름을 함께 드러내고 있다는 점에서 헤라클레이토스의 의도는 하나(통일성)와 여럿(다양성), 같음과 다름 둘 다를 말하려는 것이라 할 수 있다.

---

112 '있으면서 있지 않다' 대신 '…이면서 …이지 않다'로 옮길 수도 있다.
113 『단편 선집』 243쪽.

그런데 전통적 해석은 다양성, 다름의 측면만 강조하고 있다. 그러나 이런 다름 내지 변전의 측면은 우리가 어떤 지시를 할(즉 뭔가를 가리킬) 수 있을 정도로는 제한될 필요가 있다. 달리 말해 어떤 같음도 허용되지 않는다면 우리는 사실상 다름에 관해서도 말할 수 없다.

예컨대 '어제 내가 들어간 강(강₁이라 하자)은 더웠는데 오늘 그 강(강₂라 하자)은 차갑다'고 내가 말한다고 하자. 이 말을 내가 '(그) 강이 지난 밤 사이에 변했다'The river has changed during last night라고 재진술한다고 해 보자. 이 문장이 의미 있는 것이라면 강₁과 강₂는 완전히 (즉 모든 면에서) 다른 것일 수는 없다. 적어도 한 측면에서 그 둘은 같아야 한다. 그렇지 않으면 우리는 변화를 의미 있게 이야기할 수 없다. 왜냐하면 변화change란 어떤 것의 변화change of something이고, 어떤 것의 변화여야 하기 때문이다. 이 어떤 것이 이 경우에는 '그 강'the river이다.

이 점에서는 아리우스식의 대안적 해석이 그럴듯하다. 사실 헤라클레이토스는 유전의 철학자일 뿐만 아니라 로고스의 철학자다. 그의 로고스는 모든 자연의 변화들 밑바탕에 놓인 원리 혹은 설명으로 이해될 수 있다. 그의 로고스는 두 측면을 포괄한다.[114] 첫째, (올바른) 설명 내지 이론, 즉 세상이 어떠한가에 대한 설명을 가리킨다. 둘째, 세상이 작동되는 원리 내지 구조를 가리킨다. 그는 여러 단편에서 표면적인 다양성, 차이 밑에 놓여 있는 통일성을 강조하며, 이 통일성이 대립자들 사이의 균형 잡힌 긴장과 역관계에 의존하고 있음을 밝히고 있다.

그러나 이런 통일성 측면이 중요하다 하더라도 여전히 B91은 배제되어서는 안 된다. 그것이 아까의 강한 해석 (B)와 다른 방식으로, 즉 (A)로 해석될

---

114 이 중의성重義性을 극명하게 보여 주는 것이 바로 B1이다.

수 있는 한은 말이다. B12는 강의 같음을, B91은 강의 다름을, 그리고 B49a는 강의 같음과 다름을 이야기한다. 우리는 이 셋 모두를 유지할 수 있다. B12와 B91 사이에 있는 것으로 보이는 불일치 자체가 헤라클레이토스 자신의 의도와 어울리며, 그 의도는 B49a "우리는 같은 강에 들어가면서 들어가지 않는다"에 집약되어 있는 것이다. 게다가 앞에서도 잠깐 언급했듯이 이 B49a에는 강만이 아니라 인식자로서의 우리 자신에 대한 언급도 들어 있다. "우리는 있으면서 있지 않다"We are and we are not.

많은 후대 철학자들(특히 아리스토텔레스)은 이런 그의 주장이 무모순율을 어기고 있다고 이해했다. 세상에 모순이 있는 것으로 헤라클레이토스가 생각했다는 것이다. 강이 같으면서 같지 않다, 우리가 있으면서 있지 않다(혹은 우리 자신이면서 아니다)라는 주장이 모순을 인정하는 발언이라고 보는 것이다. 과연 헤라클레이토스가 정말 세상이 모순적이라고 생각했을까?

이 물음은 아래에서 다시 다루기로 하고 잠시 아르케 논의로 이야기를 돌려 보자. 세상이 무엇이냐 혹은 세상의 원리가 무엇이냐고 물었다면 헤라클레이토스는 아마 '세상의 아르케는 불'이라고 대답했을 것이다.

> 우주kosmos는 모두에게 동일한데, 어떤 신이나 인간이 만든 것이 아니라 언제나 있어 왔고 있고 있을 것이며 영원히 살아 있는 불pyr aeizōon로서 적절한 만큼 타고 적절한 만큼 꺼진다.
>
> 알렉산드리아의 클레멘스 『학설집』 5.103.6 (DK 22B30)[115]

---

115 『단편 선집』 245쪽. '이 세계'를 '우주'로 바꾸었다.

이 B30에 따르면 i) 만물이 어떤 법칙(혹은 로고스)에 따라 불에서 나오며, ii) 다른 한편으로 질서 그 자체가 또 불이다, 즉 불은 곧 로고스다.

i)의 측면을 보여 주는 B31에서는 불의 전환이 이야기되고 있고(불이 질료적 원리처럼 묘사되어 있다) 그 전환을 지배하는 규칙성으로서의 로고스(비율)가 별도로 이야기되고 있다.

> 불의 전환*tropai*. 우선 바다, 그리고 바다의 절반은 땅*gē*, 나머지 절반은 뇌우 雷雨, *prēstēr* [⋯] 〈땅이〉 바다로서 쏟아져 나오고, 땅이 되기 전과 동일한 양 *logos*으로 재어진다.
>
> 알렉산드리아의 클레멘스 『학설집』 5.104.3 (DK 22B31)[116]

그런가 하면 ii)의 측면을 드러내는 B64에서는 불이 만물의 어떤 조종자요 규율자로 표상되어 있다.

> 번개*keraunos*가 만물을 조종한다*oiakizei*.
>
> 히폴뤼토스 『모든 이교적 학설들에 대한 논박』 9.10.7 (DK 22B64)[117]

여기에는 만물의 본질적 실체와 만물의 법칙성 내지 원리를 구별해 내려는 시도가 엿보인다. 당시에는 없던 개념틀을 가지고 사고했기 때문에 실체와 원

---

116 『단편 선집』 245~246쪽.
117 『단편 선집』 245쪽. 이는 태양(우리가 사는 세상에서 불을 대표할 만한 물체다)이 B94 에서는 판정과 규제의 대상으로, B100에서는 판정과 규제를 담당하는 자로 묘사되어 있는 것 과 궤를 같이한다.

리 사이에서 애매한 구석이 있을 수밖에 없다. 그는 이렇듯 언어의 한계와 싸우려고 했던 사람이다.

만물의 본 모습이 불이라는 것은 만물의 원재료에 대한 질문에서 나온 것만이 아니라 만물의 기본적 성격, 더 정확히 말해 만물의 존재와 변화를 관통하는 법칙/원리/구조에 대한 질문에서 나온 것이다. 그러니까 불은 세상의 본성에 대한 일종의 상징의 역할을 한다고 이해할 수도 있다.

이제까지 우리가 살펴본 헤라클레이토스는 세상이 끊임없이 움직인다는 것과 세상이 불이라는 것을, 즉 한편으로는 변화와 다른 한편으로는 변화를 관통하는 어떤 규칙성(로고스)을 동시에 주장하고 있다. 그에게는 세상에 대한 두 가지의(어느 쪽이든 무시하기 어려운) 직관이 있었다. 하나는 세상은 단일한, 안정된, 질서 있는, 통일성 있는 체계, 즉 코스모스*kosmos*라는 직관이요, 다른 하나는 세상은 여럿, 다양한 것, 변화하는 것이라는 직관이다. 그는 이 직관들을 종합하는 어떤 사유를 보여 주고자 했다. 이리하여 그가 세상에 대한 설명의 단초로 삼은 것은 '대립자들의 통일'unity of opposites이었다. 여기서 통일unity은 동일성identity이라기보다는 상호 의존성 혹은 상호 설명성이다.

우선 인식 차원에서 성립하는 상호 의존성이 있다.

> 병은 건강을 달콤하고 좋은 것으로 만든다. 굶주림은 배부름을, 피곤은 휴식을 그렇게 만든다.
>
> 스토바이오스 『선집』 3.1.177 (DK 22B111)[118]

---

118 『단편 선집』 244쪽. '포만'을 '배부름'으로, '피로'를 '피곤'으로 바꾸었다.

건강은 그 대립자인 질병이 있기에 좋은 것으로 성립한다는 말이요, 건강이 존재하는(혹은 건강이 건강으로 인식되는) 근거는 그것의 대립자인 병이라는 말이다. 또 부정의한 행위들이 있기 때문에 우리는 정의가 무엇인지 안다.

만일 이것들이 없었더라면 사람들은 디케의 이름을 알지 못했을 것이다.

알렉산드리아의 클레멘스 『학설집』 4.9.7 (DK 22B23)[119]

그런가 하면 존재 차원에서 성립하는 상호 의존성도 있다.

활과 뤼라의 경우처럼 반대로 당기는 조화*palintonos harmoniē*[120]

히폴뤼토스 『모든 이교적 학설들에 대한 논박』 9.9.2 (DK 22B51)[121]

활은 가만히 있는 것으로 보인다. 그러나 그 내부에는 팽팽한 긴장과 균형이 있고, 바로 그 긴장과 균형에 의해 활이 활로서 존재할 수 있다. 상반되는 힘이 서로 싸우고 있음으로써 활이 활 노릇 한다. 외견상의 정지 이면에 끊임없는 긴장과 투쟁이 깃들어 있다. 사물은 바로 이런 긴장과 투쟁에 의해 존속한다.

맞서는 것*antixoun*이 합치하[/함께 모이/유익하]*sympheron*고[/게 되고], 다른[/다투는] 것들로[/것들로부터]*ek tōn diapherontōn* 가장 아름다운 조화*kallistē harmoniē*

---

119 『단편 선집』 244쪽.
120 '반대로 당기는 조화' 대신 '되돌아가는 조화'*palintropos harmoniē*로 읽는 독법을 취할 수도 있다.
121 『단편 선집』 237쪽.

가 이루어지며[/생겨나며], 모든 것들은 투쟁에 따라*kat' erin* 생겨난다.[122]

아리스토텔레스『니코마코스 윤리학』1,155b4~6 (DK 22B8)

결국 헤라클레이토스는 '투쟁이 정의'라고 선언한다.

전쟁은 공통*xynon*이고 투쟁*eris*이 정의*dikē*이며 모든 것들은 투쟁과 도의*chreōn*
에 따라 생겨난다는 것을 알아야 한다.

오리게네스『켈수스에 대한 반박』6.42 (DK 22B80)

헤라클레이토스가 말하는 정의는 아낙시만드로스의 세상 설명에 나오는
정의와 비슷하면서 다르다. 먼저 유사성은 모든 것이 도의(크레온)에 따라(즉 질
서 있게) 진행된다는 생각에 있다. 세상의 모든 일에는 질서가 있다는 생각, 대
립자들 가운데 어느 하나가 완전히 승리하는 것은 질서의 파괴로 이어진다는
생각 말이다. 차이를 말하자면, 마치 밤과 낮이 교대하듯이 대립자 중 한 쪽이
자기 삶을 누리고 그 삶을 누리는 것은 대립자의 영역을 침해하는 것이어서 결
국 그 보상으로 대립자에게 시간을 양보하는 것이 아낙시만드로스의 정의였다
면,[123] 헤라클레이토스에서는 대립자 양쪽이 동시에 자기 삶을 누리는 것, 즉
상대방과 겨루는 것이 전체를 살아 있게 하고 질서를 유지시키는 원동력이 된

---

122 말의 중의성을 아주 정교하게 구사하는 헤라클레이토스의 스타일이 잘 표현된 단편이다.
그래서 원문은 단순 간명하지만, 번역과 해석은 복잡다기할 수밖에 없으며, 최소한의 대안들
을 함께 병기해야 원문의 정신이 잘 드러나기에 이렇게 모양 빠지는 번역을 택할 밖에 별 도
리가 없다.
123 아낙시만드로스와 헤시오도스에서는 낮과 밤의 공존이 불가능하게 되어 있다. 애초에 그
것들 자체가 상대방을 침해하는 것으로 설정되어 있기 때문이다.

제2장 자연의 발견 157

다는 것이다. 여기서는 각 대립자가 자기 역할에 충실한 것 자체가 그것의 대립자를 존재케 하는 근거 노릇을 하며 (아낙시만드로스에서처럼 보상을 치러야 할 불의가 아니라) 정의라고 생각되고 있다.

이제 헤라클레이토스가 생각하는 이론의 지위와 역할을 다루면서 앞에서 미루어 둔 모순의 문제에 대해 생각을 가다듬어 보자.

> 자연[/본성]physis은 자신을 감추려는kryptesthai 경향이 있다.
>
> 테미스티오스『연설집』15쪽, 69 (DK 22B123)

헤라클레이토스가 보기에 자연 자체가 비밀스럽고 수수께끼 같다. 즉 해석이 필요하다.

> 주재자anax, 델피 신탁이 그분 것인 그 주재자는 언명하지도legei 감추지도kryptei 않으며 다만 징표를 보여 줄sēmainei 뿐이다.
>
> 플루타르코스『퓌티아 신탁의 쇠퇴에 관하여』404d (DK 22B93)

아폴론은 명시적으로 언표하지도 않고 그렇다고 감추지도 않으며 그저 징표를 보여 준다. 자연에 대한 헤라클레이토스의 이론은 그런 수수께끼를 있는 그대로 드러내려 한다. 역시 해석이 필요하다. 결국 로고스(설명/이론)의 구조는 세상의 구조를 재현한다. 여기에는 세상과 언어(로고스)의 동형성isomorphism이 전제되어 있다. 세상 자체가 수수께끼 같고 역설적이다. 그래서 올바른 로고스는 수수께끼 같고 역설적인(즉 모순인 듯한) 모습을 띨 수밖에 없다. 별 노력 없이 이해될 수 있는 것이 아니라 꿰뚫고자 하는 해석의 노력이 필요하다.

예컨대 B30에 따르면 우주는 영원히 살아 있는 불이다. 그런데 B76에 따르면 불의 죽음이 곧 공기의 생성이다. 전자대로라면 불은 영원히 살아 있다. 그런데 후자에 따르면 불은 죽는다. 이 둘은 모순적으로 보인다.

다른 예를 들자면, B67에 따르면 신은 낮이고 밤이며, 겨울이고 여름이며, 전쟁이고 평화이며, 배부름이고 굶주림이다. 그런데 B32에 따르면 현명한 것은 하나뿐인데 이는 제우스라고 명명될 수도 있고 아닐 수도 있다. (혹은 B50에 따르면 만물은 하나다.) 전자대로라면 신은 여럿이다. 그런데 후자에 따르면 신은 하나다. 이 둘 역시 모순적으로 보인다.

모순적인 듯한 이 언명들에는 헤겔의 정립Thesis, 반정립Antithesis, 종합Synthesis과 비슷한 과정이 숨어 있는 듯하다. 우선 하나와 여럿에 관해 그러하다.

B50 만물은 하나다. (단일성) 〈정립〉

B1   만물은 본성에 따라kata physin 구분될 수 있다. 즉 만물은 각각 자신의 본성을 갖는 구분되는 것들이다. (여럿) 〈반정립〉

B10 모든 것으로부터 하나가, 하나로부터 모든 것이. (단일성과 여럿의 내재적 연관) 〈종합〉

위에 언급한 불에 관해서도 그렇다.

B30 우주는 영원히 살아 있는 불이다. (즉 불은 영원히 살아 있다.) 〈정립〉

B76 불의 죽음이 공기의 생성이다. (즉 불은 죽는다.) 〈반정립〉

B31 불은 영원히 살아 있으면서 죽는다. (즉 불은 불사적이면서 가사적이다.) 〈종합〉

또 좋음과 나쁨에 관해서도 그렇다.

B61, B13, B37, B9 관점 상대적인 대립자들 〈정립〉

B102 신의 관점에서 보면 좋은 것과 나쁜 것, 정의와 불의의 대립이 없다. 〈반
　　정립〉

그렇다고 관점 상대적인 가치들을 신의 관점이 완전히 무화시키는가? 그
렇지 않다.

B67 신은 낮이고 밤이며, 겨울이고 여름이며, 전쟁이고 평화며, 배부름이고 굶
　　주림이다. 〈종합〉

인간의 관점에서 보면 배부름은 좋은 것이요 배고픔은 나쁜 것이지만, 신
의 관점에서 보면 배고픔도 (바로 그것 때문에 배부름이 가치 있는 것이 되기에) 어떤
의미에서는 좋은 것이다. 결국 좋은 것이 나쁜 것에 의존해 있다(즉 나쁜 것이 좋
은 것을 설명해 준다)는 생각이 바탕에 깔려 있다. 대립자 각각이 그것 나름의 존
재 의의가 있다는 것이다.

대립자의 통일을 이야기한다는 것은 모순을 인정하는 것이 아니다. 모순을
인정한다면 의미 있는 언명을 할 수 없다. 대립자가 동일한 것이라고 말하는
것이 아니라 대립자의 투쟁과 균형이 사물을 끊임없이 살아 움직이게 하는 원
동력이 된다고 말하는 것이다.

그의 이론이 역설적인 언명을 포함하고 있는 것은 배경에 자리한 그의 메
타 이론에 의거한 것이라 할 수 있다. 그는 이론이 세상의 모습을 있는 그대로
그려 내야 한다고 생각한 것으로 보인다. 예컨대, 그는 B1에서 각각의 사물을
본성에 따라 구분하면서 그것의 모습을 보여야 한다고 말한다. 세상이 역설적
이므로 그것을 그리는 이론도 역설적이 될 수밖에 없다는 것이다. '수수께끼

같은 말을 하는 사람', '어두운 사람'이라는 평가는 그의 메타 이론에 대한 정당한 자리매김을 거치지 않은 평가다. 그의 메타 이론에 따르면 세상에 대한 적절한 언명은 논변 형태가 아니라 경구aphorism 형태를 띨 수밖에 없다. 그는 언어의 한계를 분명히 의식하고 있다. 그러면서도 동시에 언어에 깃든 세상의 참 모습을 밝히려고 애썼다. 얼핏 말장난처럼 보이는 것들도 실은 바로 이런 정신에서 나온 것이다. 활의 이름은 삶bios이지만 그 기능은 죽음이라는 B48의 언명은 같은 사물에 대립자가 공존하고 있는 사태를 여러 차원에서 잘 드러내 준다. 그의 메타 이론과 담론 스타일은 이 책의 주된 관심사이므로 아래에서 다시 상론하기로 한다.

이제 그의 영혼론을 살펴보자. 젖은 영혼과 건조한 영혼에 대한 언급(B77, B117, B118 등)[124]과 영혼을 불과 동일시하는 언급(B36 등)[125]은 영혼을 물질stuff로 보는 호메로스 이래 영혼관의 잔재라 할 수 있다. 그러나 "말을 알아듣지 못하는 영혼barbaros psychē을 가진 사람에게 눈과 귀는 나쁜 증인"이라는 언급(B107)이나, "깊은 로고스", "자신을 키우는 로고스"를 영혼과 연관 짓는 언급(B45,

---

124 "젖는다는 것은 영혼들에게 죽음이 아니라 즐거움이다. 그들에게 즐거움이란 생성으로 떨어지는 것이다. 다른 곳에서 그는 말하기를 우리는 저들의 죽음을 살고, 저들은 우리의 죽음을 산다."(DK 22B77: 누메니오스 단편 35, 포르퓌리오스 『님프들의 동굴』 10에 인용됨) "사람은 취했을 때 어디로 가는지 알지 못하면서 비틀거리며 철들지 않은 아이에게 이끌려 다닌다. 젖은 영혼을 지녔으므로."(DK 22B117: 스토바이오스 『선집』 3.5.7) "빛은 건조한 영혼이다, 가장 현명하고 가장 뛰어난."(DK 22B118: 스토바이오스 『선집』 3.5.8) 세 단편 모두 『단편 선집』 256쪽에서 인용.

125 "영혼들에게 죽음은 물이 되는 것이고, 물에게 죽음은 흙이 되는 것이다. 흙에서 물이 생겨나고, 물에서 영혼이 생겨난다."(DK 22B36: 알렉산드리아의 클레멘스 『학설집』 6.17.2) 『단편 선집』 255쪽.

B115)[126]에서는 더 이상 죽은 자의 영혼이 아니라 산 자의 영혼, 그것도 의사소통하는, 인지 활동의 주체가 되는 영혼이 서서히 부각되고 있다. 그런가 하면 송장은 똥보다 더 하찮은 것(B96)으로 평가된다. 호메로스에서 '그들 자신'이었던 몸이 이제 하찮은 것으로 취급되고 있는 것이다.

반면에 그는 B101에서 '나 자신'을 탐구했다*edizēsamēn emeōuton*고 말하는데, 만약 이것이 B45와 연결되어 이해될 수 있다면 '나 자신'을 찾는 것이 곧 '영혼'을 찾는 것이라고도 말할 수 있겠다. 이 두 단편이 연결되어 이해될 수 있는지 확실히 말할 수는 없지만, 아무튼 자신self을 더 이상 몸에서 찾고 있지 않다는 것(그래서 아마도 영혼과 연결될 가능성이 암시되고 있다는 것)만큼은 분명해 보인다.

요컨대 그의 영혼관은 아직 물질로서의 영혼관의 잔재를 포함하고 있기는 하지만, 인지 능력의 주체 특히 로고스의 담지자로서의 영혼을 새로 언급하고 있으며, 이는 몸의 그림자에 불과한 호메로스적 영혼관에서 앎, 행위, 도덕의 주체로서의 자신 역할을 하는, 그리고 자신을 되돌아볼 수 있는 소크라테스적 영혼관으로 이행하는 데 중요한 디딤돌을 마련해 주는 것이라 하겠다.

헤라클레이토스 철학은 크게 두 가지 점에서 특기할 만하다. 첫째, 세상에 대하여. 그는 세상의 변화/운동의 아르케가 무엇이냐 라는 이전 질문에 대해 변화/운동 자체가 세상의 원리요 근본적인 모습이라고 대답했다. '만물은 흐른다'*panta rhei*로 알려진 전통의 길을 연 사람이다. 둘째, 이론에 대하여. 이런 세

---

126 "그대는 가면서 모든 길을 다 밟아 보아도 영혼의 한계들을 찾을 수 없을 것이다. 그렇게도 깊은 로고스를 가지고 있다."(DK 22B45: DL 9.7) "자신을 키우는 로고스가 영혼에 속한다."(DK 22B115: 스토바이오스 『선집』 3.1.180a) 두 단편 모두 『단편 선집』 257쪽에서 인용. '스스로를 자라게 하는' 대신 '자신을 키우는'으로 옮겼다.

상에 대한 이론을 내놓는 동시에 그는 이론이 어떠해야 하느냐를 반성했다. 이런 반성은 아낙시만드로스나 크세노파네스에 등장했던 '적절성' 기준에 대한 의식을 발전시킨 것이라 할 수 있다. 이제까지의 논의에서 주로 첫째 측면이 부각되었고, 둘째 측면에 관해서는 헤라클레이토스에도 메타 담론의 측면이 있고 그것이 그의 경구 스타일을 낳았을 것이라는 점을 확인한 정도였다. 이제 그 둘째 측면에 주목하면서 담론 형식과 매체 측면에서 헤라클레이토스 철학의 특징과 기여를 제2기 철학 일반의 면모와 연관 지으며 고찰해 보자.[127]

구술 언어에 주목하는 것은 소크라테스 이전 철학에서 매우 중요하고, 시로 쓴 철학자가 포함된 2기 철학의 경우에는 더더욱 그렇다.[128] 그러나 헤라클레이토스 담론에 접근할 때는 구술 언어의 측면보다 오히려 문자 언어의 측면이 더 중요하다.[129] 그의 담론 서두는 이렇게 시작한다고 한다.

> 이 로고스가 있는데 늘*aiei* 사람들은 이해 못하고 있다는 게 드러난다, 듣기 전이든 처음으로 듣고 나서든 말이다*tou de logou toud' eontos aiei axynetoi ginontai anthrōpoi kai prosthen ē akousai kai akousantes to prōton.*
>
> 섹스투스 엠피리쿠스 『학자들에 대한 반박』 8.132 (DK 22B1)

---

127 이하의 고찰은 상당 부분 강철웅(2013)에 기반을 두고 있다.

128 문자 도입 시기를 상대적으로 늦춰 잡고(BCE 8세기 말경) 상고 시대를 본질적으로 구술성이 지배하는 시대로 보며, 특히나 구술성에서 문자성으로의 이행이 매우 점진적이어서 플라톤에 와서야 문자성이 온전히 정착한다고 생각하는 해블록의 논의가 시사하는 바가 크다. Havelock(1963)과 Havelock(1983)을 참고할 것. 특히 이 책의 주제와 관련해서는 후자가 더 참고할 만하다.

129 이 점을 잘 강조하는 연구로는 Kahn(1983)과 Kahn(2003)이 대표적이다.

이 첫 문장은 아리스토텔레스의 불만을 산 것으로 유명하다. '이 로고스가 있는데 늘aiei 사람들은 이해 못하고 있다'에서 중간에 애매하게 걸쳐 있는 '늘'aiei 을 '이 로고스가 늘 있는데' 쪽으로 읽을지 아니면 '사람들은 늘 이해 못하고 있다' 쪽으로 읽을지가 읽는 순간 미리 특정되어 있지 않기 때문에 이 문장은 애매하다.[130] "무릇 저술이라 하면 잘 읽히고 잘 전달되어야" 하는데 이 문장은 구두점이 없어서 그렇지 못하다는 것이 아리스토텔레스의 불만이다.[131]

그런데 그와는 다른 태도를 표명하고 있는 소크라테스에 관한 전승이 있어 흥미롭다.

> 그[즉 소크라테스]에게 헤라클레이토스의 저술을 준 후 에우리피데스가 물었다고 한다. "어떤 생각이 드시나?" 그러자 그가 말했다고 한다. "내가 이해한 것들은 대단하지만 이해 못한 것들 역시 그렇다고 생각해요. 델로스 잠수부Dēliou kolymbētou가 필요하다는 것만 빼면요."
>
> DL 2.22 (DK 22A4)

불분명하게 흐려 놓는 품이 전달을 포기했거나 전달에 실패한 것이라는 평가와, 잘 전달받은 부분이 있고 나머지 부분도 능력 있는 자에겐 얼마든 접근 가능하다는 평가가 대립하는 셈이다. 과연 아리스토텔레스와 소크라테스 중 누가 헤라클레이토스의 사유에 대한 적정한 평가와 안내를 제공하는가? 단서는 또 다른 전승에 있다.

---

130 물론 부사를 동사 앞에 두는 특성 때문에 우리말 번역에서는 후자 쪽으로 기울어 있지만, 이것 이상으로 균형을 맞출 수 있는 번역은 우리말에서 나오기 어렵다. 희랍어에서는 전자와 후자가 뷔리당의 당나귀처럼 균형이 이루어져 있다.
131 아리스토텔레스『수사학』 1407b11 이하(DK 22A4).

그것을 그[즉 헤라클레이토스]는 혹자들에 따르면 부러 꽤 불분명하게 써서 는*epitēdeusas asaphesteron grapsai* 아르테미스 신전에 바쳤는데*anethēke*, 능력 있는 자들*hoi dynamenoi*〈만〉이 그것에 다가가고 대중으로부터 쉽게 경시되지*ek tou dēmōdous eukataphronēton* 않게 하려는 것이었다.

DL 9.6 (DK 22A1)

이 전승에 따르면 그의 불분명함, 어두움은 의도적 선택의 결과였다. 크세노파네스에서 우리가 이미 확인한 바 있듯이 의도된 이중성, 애매성은 제2기 철학자들이 공유하는 특성이기도 하다. 아리스토텔레스적 전승은 헤라클레이토스 저작을 써진 것, 즉 저술로 규정하고 접근하는 점에서 인상적이지만, 애매성에 대한 불만은 저자의 의도와는 거리가 있는 접근 방식이다.

이런 정신에 입각해서 저자의 의도를 추적해 보기 위해서는 핵심 단편 가운데 하나인 활 단편이 유용하다.

그러니 활*toxon*의 이름은 삶[活]*BIOS*이지만 그것이 실제로 하는 일*ergon*은 죽음이다.

『어원 사전』「비오스」항목 (DK 22B48)

이 단편의 가장 단순한 표면적 메시지는 활이 이름은 삶이지만 기능*ergon*은 죽음이라는 것이다. 더 복잡하게, 활의 신 아폴론은 거꾸로 이름은 파괴와 죽음(어둠)이지만 기능은 치유와 삶(태양, 빛)이라는 메시지로 새길 수도 있다. 여기서 더 추적하지는 않겠지만, 그 외에도 다양한 읽기 방식이 있을 수 있다.

더 흥미롭고 주목을 요하는 것은 내용이 아니라 형식이다. 쓰기와 말하기의 차이에 주의하면서 다시 단편을 살펴보자. 생생한 맥락과 긴장을 잃지 않으면서 의미가 온전히 드러나려면 이 단편은 입으로 말하기보다는 써야 한다. 'BIOS'라 쓰면 그 애매성이 살아 있게 되어 독자는 '삶'을 읽을 수도 있고 '활'을 읽을 수도 있다.[132] 저자가 쓸 때 애매한 것으로 남아 있던 두 가능성, 즉 달리 읽힐 여지는 독자가 읽는 순간, 그것도 소리 내어 읽는, 즉 말하는legein 순간 사라지고 둘 중 어느 한 쪽이 선택된다. 반면에 이 단편을 산출자가 구술적 맥락에서 발화하는 경우에는 애초부터 애매성과 긴장이 살아 있기 어렵다. 발화하면서 앞 음절에 악센트를 줄 경우 '삶'을 말하는 것이 되고, 뒤 음절에 악센트를 줄 경우 '활'을 말하는 것이 되기 때문이다. 이 단편은 그 내용만 다의적인 것이 아니라 형식으로 보아도 다의성이 의도되어 있고, 결국 헤라클레이토스가 말하기보다 쓰기를 일부러 택하고 있었으리라는 심증을 굳게 해준다.

B48이 우리에게 주는 주된 메시지는 고정되지 않아야 한다는 것, 애매성과 긴장이 계속 유지되어야 살아 있게 된다는 것이다. 결국 그는 삶을 강조하는 철학자다. 그러나 그 삶은 죽음을 포섭하는 삶이다. 죽음과 대립되는 것이 아니라 끊임없이 죽음과 이어지는 삶이다. 사물을 고정된 관점에서 보지 말라는 것, 그것을 그는 메시지의 내용만이 아니라 메시지의 형식(즉 전달 방식 내지 매체)을 통해서도 보여 주고 있다.

헤라클레이토스에게 로고스의 목적은 고정되어 있지 않은 살아 숨 쉬는 세상을 있는 그대로 보여 주는 것이다. 그렇기 때문에 제대로 된 로고스는 고정되고 일의적인 명료한 언명legein이 아니다. 그건 세상을 지나치게 단순화할 것

---

132 'bíos'는 삶을, 'biós'는 활을 가리키는 말이다. 중세 이래 대학 등 교육 기관에서 훈련하는 고전 희랍어에서는 악센트가 단어 표기의 본질적 구성 부분이다. 그러니까 온전한 표기법에 따라 소문자로 쓸 경우에는 둘 중 어느 쪽을 가리키는지가 전혀 애매하지 않다. 그러나 이런 식의 소문자와 악센트를 이용한 표기법은 중세인들에게서 비롯된 것이며, 헤라클레이토스 시대에는 존재하지 않았다. 고대인들은 그저 대문자로 'BIOS'라고 쓰면 그만이었다.

이기 때문이다. 그렇다고 드러내 주는 것 없이 소통을 회피하는 감추기*kryptein*도 아니다. 그건 로고스의 목표에 역행하는 것이기 때문이다. 로고스는 그러니까 있는 모습 그대로, 살아 있는 그대로 세상을 드러내는 것, 징표를 보여 주는 것*sēmainein*일 수밖에 없다(B93). 그런 까닭에 소통의 매체와 방식 측면으로 볼 때는 분절적 언명과 직결되는 말하기가 아니라 보여 줌에 더 어울리는 쓰기를 택할 수밖에 없었고, 말하기와의 연결이 더 긴밀하고 용이한 시가 아니라 쓰기와 같은 방향으로 길을 잡은 산문을 택할 수밖에 없었을 것이다. 이 선택은 그저 우연이 아니라 철저한 반성과 전략 속에서 나온 것이었다.

세상을 있는 그대로 애매하게 드러내는 데 헤라클레이토스 담론의 목표가 있다. 그래서 그는 책을 썼고 그걸 아르테미스 신전에 바쳤다. 이것이야말로 그의 소통 방식과 목적을 잘 드러내는 사건이다. 흐릿하게 두어야 할 게 있다, 그래야 애매성과 긴장이 생생하게 유지된다는 통찰이 들어 있다. 아낙시만드로스 이래 책을 쓴 철학자들이 이것을 염두에 두며 글을 썼다는 흔적은 눈에 띄지 않는다. 이것은 헤라클레이토스 특유의 통찰이라 할 만하다. 책을 신전에 둔 이유는 책을 쓴 이유와 무관하지 않다. 책이 말로 언표되는 순간 애매성과 긴장은 사라질 것이다. 그런 구술 실연oral performance의 대상이 되지 않게 하는 방법으로 아르테미스 신전 봉헌만 한 것이 없었을 것이다.[133]

다시 아리스토텔레스를 괴롭힌 첫 문장 B1으로 돌아가자. 쓰고 읽는 소통에서 B1의 '늘'*aiei*은 거기까지 읽으면, 즉 '로고스가 있는데 늘'까지 읽으면 일단 앞에 붙여 '이 로고스가 늘 있는데'로 읽힌다.[134] 그런데 조금 더 읽어 내려가

---

133 "내가 아니라 로고스를 들어라."(DK 22B50)라는 말도 나는 직접 구술하는 상황 대신 애매성과 긴장이 보존된 책의 형태를 매개로 삼아 간접적으로 전달되는 상황을 헤라클레이토스가 선호한다는 말로 이해한다.

면 다시 그 말이 뒤로 붙어 읽힐 수 있다는 게 드러나고, 독자는 되짚어 올라가 '늘 이해 못하고 있다는 게 드러난다'로 읽게 된다. 같은 말을 두 번 반복하면서 한 번은 앞으로 한 번은 뒤로 연결해 읽게 되는 것이다. 읽기는 기본적으로 이렇게 반복을 가능하게 하며, 그런 반복과 연결은 독자에게 맡겨져 있다. '늘'을 몇 번 읽을지, 어디에 어떻게 붙여 읽을지는 전적으로 독자의 몫이다. 반면에 듣기는 그렇지 않다. 청자는 그저 화자가 말해 준(혹은 읽어 준) 대로 들을 뿐이다. 이런 다중적 수용multiple reception, 즉 다중적 독해multiple reading로 열려 있다는 것이 읽기의 특성이자 장점이다. 이것이 바로 위에서 '의도된 애매성'으로 포착하려던 철학의 중요한 한 특징이며, 헤라클레이토스 담론이 성취하려던 것 가운데 하나다.

헤라클레이토스를 '어두운 철학자'로 규정짓는 전승은 명쾌한 사유와 단순한 전달을 담론의 이상으로 삼는 이분법에 의해 산출되고 강화되어 왔다. 그러나 현존 단편이 가진 불연속성과 단편적 경구 스타일은 텍스트 전승 과정에서의 굴곡 때문에 생긴 우연의 산물이 아니라 저자 자신의 담론 형식과 매체에 대한 반성과 선택에 따른 의도적 결실이었다. 이는 무엇보다도 2기 철학자들의 시대정신이라 할 '의도된 애매성'을 담론에 반영하려는 시도였다. 세상을 있는 그대로 징표를 통해 보여 준다는 것이 담론의 목표요 정신이었기 때문에 그에게는 애매성과 긴장을 최대한 유지할 수 있는 담론의 매체와 형식이 필요했다. 그래서 다중적 수용과 해석의 가능성을 살리면서 독자 쪽의 할 일을 많이 남길 수 있도록 말 대신 글을, 시 대신 산문을 선택했고, 단절적 금언 내지 경구를 많이 포함하지만 연속적인 논변적 산문의 모습도 얼마간 포함된 다양

---

134 아까도 언급했듯이 우리말이 아니라 희랍어 구문에서 그렇다는 말이다.

한 형태의 담론을 제공하게 된 것이다.

애매성을 살리려고 매체를 고려한다는 것은 담론을 기획하고 구성하면서 자기 담론의 성격과 역할을 반성한다는 것이며 담론의 기준을 의식하고 있다는 것이다. 또 이런 메타 담론적 반성은 1기 철학자들에게 보이지 않던 그들 특유의 기획이라 할 수 있는 인식론적 반성으로의 전회와 맞물려 있다. 세상을 알고 이해하려는 노력과 그것을 초보 수준에서나마 함께 나누고 비판적으로 소통하려는 노력이 1기 철학자들의 작업이었다면, 이제 그 앎과 이해가 과연 제대로 된 것인지 되돌아보고 제대로 된 앎의 기준이 무엇인가를 의식하게 되는 것이 크세노파네스에서부터 시작한 일련의 인식론적 전회였다. 철학 담론에 논변적 정당화가 필요하다는 인식론적·메타 담론적 반성하에 이를 연역 논변의 모습으로 직접 보여 주게 될 파르메니데스만큼 본격적인 수준으로는 아직 아니지만, 상식과 통념(노모스)을 넘어선 사유와 담론의 기준 내지 규범(퓌시스)을 세우려 시도하면서 크세노파네스는 인식론의 방향으로, 메타 담론의 방향으로 철학의 시야를 돌리고 넓히기 시작했다. 그렇다면 이 두 시인 사이에서 철학한 헤라클레이토스의 역할은 무엇이었는가?

이중적 로고스와 로고스의 역할에 대한 언급(B1과 B93)에서 자연스럽게 드러나듯 헤라클레이토스의 로고스(담론)에는 로고스가 어떠해야 한다는 메타 담론적 성찰과 태도가 크세노파네스에서보다 훨씬 더 선명하게 포함되어 있다. 그저 시간적으로만이 아니라 담론사에서의 역할 면에서도 그는 두 시인 '사이'에 위치해 있다. 그런데 로고스로써 세상을 있는 그대로 보여 주고자, 드러내고자*sēmainein* 하는 그의 메타 담론적 언명과 태도는 로고스로써 자기 사유 *noēma*를 언명하고자*legein* 하는 파르메니데스의 그것과 분명히 달라 보인다. B1 등이 분명히 보여 주듯 로고스가 세상에 있고 그것을 잘 드러내는 게 또 진짜 로고스다. 파르메니데스가 '진리를 잘 드러내는 진리'를 말한다면,[135] 헤라클레이토스는 '로고스를 잘 드러내는 로고스'를 말한다. 이런 동형적isomorphic 진리 내지 로고스를 (누스*nous*로) 통찰하고 전달하는 것이 철학자의 몫이다.

그런데 그는 그런 로고스를 그저 완성된 형태의 것으로 일방적으로 전달하는 데 머물지 않았다. 그가 남긴 저술은 열린 저술이고 독자가 채워 갈 빈 칸과 여백을 남기는 저술이다. '어두운 철학자' 헤라클레이토스의 어두움은 그저 불투명한 이야기의 '어두움'이 아니라 다중적인 해석을 향해 열려 있는 이야기의 '풍성함'이다. 저자가 일방적으로 툭 던져 놓고 끝내 버리는 이야기*monologos*가 아니라 저자가 운을 떼어 화두를 던지고 나머지는 독자가 채우는, 함께 만들어 가고 키워 가는 이야기*dialogos*의 전통이다.

---

135 파르메니데스가 제시하는 진리의 이중성에 관해서는 아래 4장 2절을 참고할 것.

제2부

파르메니데스의
철학 담론

제3장

이중적 길 이야기
담론의 세 부분 간의 유기적 연관과 통일성

이제부터 우리는 두 개의 장에 걸쳐 철학자 파르메니데스의 담론을 본격적으로 만나게 된다. 설득과 비판의 담론 전통이 파르메니데스에 와서 어떻게 일정한 결실을 맺어 자기 완결성과 반성성을 구현하는 온전한 형태의 담론으로 모습을 갖추게 되는지를 음미하려 한다.

특히 이 장에서는 우리에게 전해지는 파르메니데스 담론을 내적인 연관 관계나 통일성을 중심으로 살펴본다. 1절, 2절, 3절에서는 담론의 세 부분(서시, 진리편, 의견편)이 지닌 특징적인 모습들을 각각 분석, 조명하고, 4절에서는 그런 논의들을 모아 종합적인 정리와 고찰을 하게 된다. 논의 과정에서 그의 담론이 가진 특징이라 할 수 있는 길 이야기에 초점을 맞출 것이고, 세 부분 사이의 관계를 조명할 기초로서 신성divinity 지시어 등장 부분에 관해 고찰할 것이다. 이런 그의 담론이 이전 시인들과 철학자들이 일구어 놓은 논의 전통을 어떻게 혁신하거나 계승하면서 펼쳐진 것인가 하는 역사적 관계 내지 맥락에 대한 고려와 평가는 이 장의 이야기 진행에 필요한 만큼은 다루지만, 그 본격적인 논의는 다음 장에서 이루어질 것이다.

이 장에서부터 진행되는 파르메니데스 논의가 기존 논의와 구별되는 근본 지점은 '세 부분의 관계'를 묻는 데 있다. 이제까지의 논의들은 대개 '두 부분의 관계'를 물었고, 그것도 매우 불균형한 두 부분의 관계를 물었다. 대개 서시, 진리편, 의견편 가운데 진리편과 의견편의 관계를 묻고 진리편을 두드러지게 강조하는 방식으로 논의가 이루어져 왔다. 나는 논의의 원점으로 되돌아가 우리에게 전해진 단편의 세 부분 모두를 일단은 균등하게 조명하는 데서 출발하고자 한다.

물론 파르메니데스의 진리편에만 주목하던 이제까지의 관점에서 보면 이런 접근이 서시와 의견편을 필요 이상으로 부각시키는 것으로 비칠 수도 있을 것이다. 그러나 진리편만 강조하는 관점 자체가 반드시 따라야 할, 혹은 안심하고 따라도 좋은 지침인 양 당연시될 수 있는 것인지는 재고할 필요가 있다. 파르메니데스 저작이 주로 진리편을 중심으로 전수되고 논의된 까닭에 의견편에 해당하는 저작 부분 가운데 상당량이 소실된 것은 사실이다. 그러나 그런 논의와 전수 과정이 파르메니데스 담론에 대한, 진리편에 편향된 접근(즉 진리편만을 파르메니데스 자신의 메시지로 보는 접근)을 충분히 정당화하지는 못한다. 진리편보다 훨씬 더 많은 분량의 의견편을 쓴 파르메니데스의 진의가 그런 좁은 시각을 가지고 온전히 포착되기는 어렵지 않겠는가? 세 부분이 서로 모습과 역할은 다를지 모르지만 셋 모두 파르메니데스가 공들여 내놓은 지적 자식들이라고 가정한 상태에서 출발해 보면 이제까지 우리 시야에 잡히지 않았던 모습이나 특징들이 더 선명하게 드러날 수 있지 않을까? 이런 반성과 기대하에 파르메니데스의 철학 담론을 좀 더 세밀히 들여다보고자 한다.

각 부분의 분석에 들어가기 전에 파르메니데스 현존 단편의 분절과 각 부분의 명칭에 관해 짚고 넘어가고자 한다.

    (1) 여신에게 가는 길 이야기 (B1.1~23)

    (2) 여신이 들려주는 길 이야기 (B1.24~B19)

(2-1) 모두 발언 (B1.24~32)

(2-2) 진리의 길 이야기 (B2~B8.49)

(2-3) 의견의 길 이야기로의 이행 (B8.50~61)

(2-4) 의견의 길 이야기 (B9~B19)

화자만으로 구분하면 (1)과 (2)로 나뉘지만, 내용상으로 (그리고 전수 및 논의 과정에서의 관습적 구분을 존중해) 나누어 명칭을 할당하면 다음과 같다.

(1)과 (2-1) 서시[1]

(2-2) 진리편 (혹은 제 1 부)

(2-3)과 (2-4) 의견편 (혹은 제 2 부)

(2-2)와 (2-3)과 (2-4)(즉 진리편과 의견편의 묶음) 본편 (혹은 본 메시지)

세 부분에 대한 이런 명칭들과 더불어 논의의 편의상 도입하는 또 다른 명칭들은 다음과 같다.

(2-1) 중 B1.28b~32[혹은 그냥 (2-1)]와 (2-3) 안내 구절

(2-3) 이행 부분[2]

이 외에도 주요 대목을 가리키기 위해 도입하는 명칭들이 있는데, 그 가운데 특기할 만한 것은 다음과 같다.

(2-2) 중 B8.34~41: 요강要綱 부분[3]

---

1 B1.29부터 진리편에 편입시키는 견해도 있다. 예컨대 Wright(1997, 1)의 주2 참조.
2 혹은 '의견편 도입부'.
3 B8의 핵심 부분인 표지 논변 네 개가 개진된 후 그 논변들의 대강을 뭉뚱그려 요약해 주는 부분이다.

1. 문턱 지킴이 디케에 대한 설득
서시 여행 묘사에서 다이몬과 디케

파르메니데스의 저작은 시로 되어 있다. 크세노파네스의 작품이 시로 되어 있다는 것은 우리가 이미 살펴보았는데, 그와 무관치 않아 보이는 파르메니데스 역시 시로 소통했다는 것은 무슨 의미일까? 이 질문을 염두에 두면서[4] 우선 그의 시 첫머리가 어떻게 되어 있는지 이른바 '서시'를 음미해 보자.

> (가) 충동*thymos*이 미치는 데까지 나를 태워 나르는 암말들이 [나를] 호위해 가고
>
> 있었다, 그들이 나를 이끌어 이야기 풍성한*polyphēmos*,[5] 여신의*daimonos*[6] 길로 가게 한 후에.
>
> 아는 사람知者, *eidōs phōs*[7]을 모든 도시들에 두루[8] 데려다주는 그 길로.[9]

---

4 이 질문에 대한 본격적인 논의는 아래 4장 1절에서 이루어질 것이다.

5 '유명한'으로 볼 수도 있고, '많은 보고report가 담긴'으로 볼 수도 있다.

6 섹스투스의 텍스트대로 읽었다. 이 '여신'은 22행의 '여신'*thea*과 같은 대상을 가리킨다고 볼 수 있다. 한편 슈타인의 독해를 따라 '여신들'*daimones*로 읽으면 이는 뒤에서 '태양의 딸들'이라고도 지칭되는 마부들을 가리킨다고 볼 수 있다.

7 '본 사람'으로 옮길 수도 있다.

8 텍스트가 이해하기 어려운 '*KATA PANTATH*'로 되어 있어 논란이 아주 많으나 결정적인 논변은 발견하기 어렵다. 무취만H. Mutschmann을 따라 '*kata pant' astē*'로 읽은 DK의 독법을 그대로 두었다. '모든 도시들을 지나서'로 옮길 수도 있다. 이 독법이 27행(이 여행길이 사람들이 많이 다니는 길에서 멀리 떨어져 있다는 대목)과 충돌한다는 반론(예컨대 Graham 2010, 235)이 있다. 그것이 결정적인 반론이 아님은 아래에서 문 묘사 구절[(나)] 해석의 문제를 논의하는 과정에서 자연스럽게 드러나게 될 것이며, 이 구절의 해석 문제는 아래(예컨대 4장 1절 등)에서 계속 주목과 음미의 대상이 된다.

거기서 나는 태워 날라지고 있었다. 즉 거기서 아주 명민한 암말들이 마차를 끌면서

[5] 나를 태워 나르고 있었고, 처녀들이 길을 인도하고 있었다.

축은 바퀴통들 속에서 열을 내면서 피리 소리를 내고 있었다

(돌아가는 두 바퀴에 의해

양쪽으로부터 힘을 받고 있었기 때문에),

뉙스(밤)의 집을 떠나 빛을 향해 온 헬리오스(태양)의 딸들*Hēliades*인 처녀들이

[10] 머리에서부터 너울을 손으로 밀어젖히고는 [나를] 서둘러 호위해 가고 있을 때.

(나) 거기에 뉙스(밤)와 헤메라[10](낮)의 길들의 문이 있고,

그 문을, 아래 위 양쪽에서 상인방과 돌로 된 문턱이 에워싸고 있다.

그리고 에테르에 있는 그 문은 커다란 문짝들로 꽉 차 있는데,

많은 대가를 치르게 하는 디케(정의)가 그 문의, 응보의*amoiboi*[11] 열쇠를 가지고 있다.

[15] 처녀들이 부드러운 말로 그녀를 달래면서

영리하게 설득했다, 어서 자기들을 위해 내리잠금목으로 꽉 죄어진*balanōtos*

빗장을 문으로부터 밀어내 달라고. 그러자 이 문이

마개못과 핀으로 짜 맞춰진, 청동으로 된 두 회전 기둥을 [축받이] 구멍 속

---

9 '*hē*'가 2행의 길을 가리킨다고 보았다[Furley(1973), Gallop(1984) 등 다수의 견해]. 바로 앞의 여신을 가리킨다고 보는 견해[Mourelatos(2008), Mansfeld(1964) 등]도 있는데, 이 견해를 따르면 '그 길로' 대신 '그 여신의'로 옮길 수 있다.

10 텍스트대로 표기하면 '에마르'라고 지칭해야 정확하다. 그러나 헤시오도스에 '헤메라'(더 정확히는 '헤메레')로 표기되는 것까지 감안해 논의의 편의를 위해 고전 시대 아티카의 표기이기도 한 '헤메라'로 통일해 부르겠다.

11 '밤낮을 바꾸는'으로 이해하는 사람들도 있다.

에서 번갈아 돌린 후에

활짝 나래 펴듯 열리면서 문짝들의 쩍 벌어진 틈을 만들어 냈다.

[20] 그러자 그 문을 통해

곧장 처녀들이 마차와 암말들을 마찻길로 이끌었다.

(다) 그리고 여신thea[12]이 나를 반갑게 맞아들였는데, [내] 오른손을 [자신의]

손으로

맞잡고는 다음과 같은 이야기epos를 하면서 내게 말을 걸었다.

불사不死의 마부들과 더불어,

[25] 그대를 태워 나르는 암말들과 함께 우리 집에 온 젊은이kour'여!

잘 왔다. 그대를 이 길로 오도록 보내 준 것은 나쁜 모이라(운명)가

아니라(실로 이 길은 인간들이 밟고 다니는 길에서 멀리 떨어져 있으니까 하는 말이다),

테미스(옳음)와 디케(정의)이니 말이다. 자, 그대는 모든 것들을 배워야 한다,

설득력 있는eupeitheos[13] 진리의 흔들리지 않는 심장과,

[30] 가사자들의 의견들을. 그 속에는 참된 확신pistis이 없다.

그렇지만 그대는 이것들도 배우게 될 것이다, …라고 여겨지는 것들이 어떻게,

내내 전부 있는 것들로서[14] 받아들여질 만하게 있어야 했던가를.

1~30행: 섹스투스 엠피리쿠스『학자들에 대한 반박』7.111~114 /
28~32행: 심플리키오스『아리스토텔레스의「천체에 관하여」주석』557 (DK 28B1.1~32)

---

12 나는 이 '여신'이 디케와 다르다고 본다.

13 섹스투스 등의 사본을 따랐다. 한편 심플리키오스의 사본은 'eukykleos'(아주 둥근)로 읽고
있다.

14 'perōnta' 대신 'per onta'로 읽는 사본들을 따랐다.

서시는 크게 세 부분으로 나뉜다.

(가) 마차 여행 기술 (B1.1~10)

(가1) 여행의 개괄적 요약 (1~5행): 여행의 주체, 조력자, 추진력, 내용

(가2) 마차 여행 묘사 (6~10행)

(가2-1) 움직이는 마차 묘사 (6~8a행): 축이 내는 열과 소리

(가2-2) 처녀들의 정체와 행적 (8b~10행): 태양의 딸들, 밤의 집에서
빛으로

(나) 문 묘사 (B1.11~21)

(나1) 묘사 1 (11~14행): 에테르에 있는, 밤과 낮의 길의 문. 상인방과
돌 문턱. 큰 문짝. 디케가 열쇠를 갖고 있음

(나2) 행위 1 (15~16a행): 문 열어 달라 처녀들이 디케를 로고스로 설득.
열어 줌

(나3) 묘사 2 (16b~20a행): 빗장을 밀어 문이 열려 생긴 문짝들의 틈

(나4) 행위 2 (20b~21행): 문을 가로질러 마찻길로 들어섬

(다) 여신의 영접과 모두 발언 (B1.22~32)

(다1) 여신의 영접 (22~23행)

(다2) 모두 발언 1 (24~28a행): 파르메니데스가 지나온 길의 성격

(다3) 모두 발언 2 (28b~32행): 파르메니데스가 배우게 될 내용

본 메시지로 이행하기 위한 예고인 (다3)을 논외로 하면 실질적인 서시의
마지막은 (다2)다. 이렇게 보면 서시는 전형적인 원환 구성ring composition의 구

조를 보여 준다.[15] 맨 앞(가1)과 맨 끝(다2)에서 파르메니데스는 자신의 여행 길의 성격을 특징적으로 부각시키고 있다. 그 구조는 특히 (가1)과 (다2)를 각각 시작하는 1행과 25행의 전반부 구절colon의 평행성에서 잘 드러난다.

> (ㄱ) 나를 태워 나르는 암말들이*hippoi tai me pherousin* (B1.1a)
>
> (ㄴ) 그대를 태워 나르는 암말들과*hippois tai se pherousin* (B1.25a)

이 두 평행 구절은 파르메니데스와 여신이 각각 청자와 파르메니데스에게 이야기의 허두로 꺼낸 제1성第一聲이다. 이 평행 구절을 통해 성취되고 있는 것은 이 시 전체를 특징짓는 길 모티브의 확립이요, 구체적으로는 파르메니데스의 작업으로서의 길이 지닌 성격과 위상의 확정이다. 파르메니데스와 여신 모두 허두를 길 이야기로 시작하고 있다는 점이 의미심장하다.

이 두 평행 구절이 감싸고 있는 안쪽에는 불필요하다 싶을 만큼 다소 장황한 사물 묘사들이 들어 있으며, 그 사물 묘사들 사이사이를 처녀들과 여신의 행위나 행적이 장식하고 있다. 즉 여행의 성격 기술을 A, 사물 묘사를 B, 등장자들의 행위 기술을 C라 하면 서시 전체는 다음과 같은 구조로 진행되고 있다.

A - B - C - B - C - B - C - A

---

15 원환 구성의 의미와 역할에 관한 일반적인 논의는 Douglas(2007, 1~16) 참고. 그에 따르면 끝이 처음과 다시 연결된다는 것이 원환 구성의 최소한의 기준이다. 그는 이 연결을 통해 중간에 나오는 내용물을 감싸 담는 하나의 봉투 같은 게 생겨나는 것으로 상상한다. 원환 구성은 파르메니데스 담론의 주요 대목들에 등장하며 그것들이 담론 전체에 갖는 의미가 깊다. 아래에서 자연스럽게 거론될 것이다.

여기서 세 B 부분, 즉 (가2-1), (나1), (나3)이 특히 산문에 익숙한 독자의 입장에서는 불필요하다고 느껴질 만한 부분이다. 파르메니데스에게 왜 이 부분들이 필요했고 과연 무슨 역할을 하고 있을까?

앞선 연구자들이 인정하듯이[16] 우선 이 묘사들은 호메로스와 헤시오도스를 떠올리게 한다. 파르메니데스는 서사시적 운율의 시를 지음으로써만이 아니라 그 시에 담은 내용을 통해서도 우리에게 호메로스, 헤시오도스와의 대면을 유도하는 셈이다. (나), 그중에서도 특히 묘사 부분인 (나1), (나3)은 헤시오도스의 『신통기』에 나오는 하부 세계 묘사(720~819행)를 떠올리게 한다. 이 묘사로써 파르메니데스가 청자에게 주의를 환기하고자 하는 바가 무엇인지 살펴보기 위해 헤시오도스의 관련 대목을 들여다보자.

(A) 거기에 어두침침한 땅과 안개 자욱한[/흐릿한] 타르타로스와

불모의 바다와 별이 가득한 하늘,

이 모든 것들의 원천들*pēgai*과 한계들*peirat'*이 차례대로 있다.

신들조차도 혐오하는 고통스럽고*argale'* 축축한 (원천들과 한계들이).

[740] (B) (그것은) 커다란 틈*chasma meg'*인데, 일단 문 안에 들어서기만 하면

한 해가 다 갈 때까지도 바닥에 닿지 못하고

오히려 계속 불어 대는 고통스러운 돌풍이 이리저리로 데려가게 될 것이다.

불사의 신들에게조차 무섭다,

---

16 Havelock(1958; 1963), Guthrie(1965, 10 이하), Mourelatos(2008), Furley (1973), Pellikaan-Engel(1974), Fränkel(1975), Coxon(2009, 9~11), Lesher(1981; 1994; 1998) 등. 앞선 연구자들의 서시 연구는 호메로스, 헤시오도스와의 비교 연구가 대종을 이루며, 서시가 본편의 메시지와 어떻게 연결되는지에 관해 선명히 밝힌 연구는 거의 없다. 서시에 관한 기존 논의의 성과와 한계에 관한 보다 상세한 논의는 강철웅(2004a)을 참고할 것.

그 기괴함이. (C) 어두운 뇍스(밤)의 무서운 집이

[745] 검은 구름들에 휩싸인 채 서 있다.

(D) 그 앞에는 이아페토스의 아들[즉 아틀라스]이 제자리에 서서

넓은 하늘을 머리와 지치지 않는 손으로 떠받치고 있다.

(E) 거기서 뇍스와 헤메라(낮)가 가까이 다가와서

서로에게 말을 건다. 청동으로 된 큰 문턱*oudon*을 지나치면서.

[750] 하나는 안으로 내려가려 하고 다른 하나는 문에서

나온다. 집은 절대 둘 다를 안에 붙들어 두지는 않는다.

오히려 언제나 하나는 집에서 밖으로 나와

땅을[/땅 위를] 가로질러 가고*epistrephetai* 다른 하나는 집 안에 있으면서

자기 여행의 때*hōrēn hodou*가 오기를 기다린다.

[755] 하나는 땅 위의 사람들을 위해, 많은 것을 보는 빛을 갖고 있지만,

다른 하나는 파멸을 가져오는*oloē* 뇍스인데 흐릿한 구름에 휩싸인 채

타나토스(죽음)의 형제인 휩노스(잠)를 팔에 안고 있다.

헤시오도스 『신통기』 736~757행

이 대목의 내용은 다음과 같이 정리할 수 있다.

(A) 만물의 (고통스럽고 축축한) 원천과 한계

(B) 커다란 틈

(C) 뇍스의 집

(D) 아틀라스가 지키는 입구

(E) (뇍스와 헤메라가 교차하는) 문턱. 양자는 같은 집에 사나 동시에는 아니다.

이제 파르메니데스의 (나)를 인용해 보자.

(a) 거기에 뉙스(밤)와 헤메라(낮)의 길들의 문이 있고,

(b) 그 문을, 아래 위 양쪽에서 상인방과 돌로 된 문턱*oudos*이 에워싸고 있다.[17]

(c) 그리고 에테르에 있는 그 문은 커다란 문짝들로 꽉 차 있는데,

많은 대가를 치르게 하는*polypoinos* 디케(정의)가 그 문의, 응보의*amoiboi* 열

쇠를 가지고 있다.

[15] 처녀들이 부드러운 말로 그녀를 달래면서

영리하게 설득했다, 어서 자기들을 위해 내리잠금목으로 꽉 죄어진*balanōtos*

빗장을 문으로부터 밀어내 달라고. (d) 그러자 이 문이

마개못과 핀으로 짜 맞춰진, 청동으로 된 두 회전 기둥을 [축받이] 구멍 속

에서 번갈아 돌린 후에

활짝 나래 펴듯 열리면서 문짝들의 쩍 벌어진 틈*chasm'a achanes*을 만들어 냈다.

[20] 그러자 그 문을 통해

곧장 처녀들이 마차와 암말들을 마찻길로 이끌었다.

B1.11~21

우선 커다란 틈*chasma*에 대한 묘사인 (B)는 (d)의 문짝들의 틈과 연관되

---

17 상인방은 하늘을, 문턱은 땅을 가리키는 것으로 본 파틴의 해석이 상당히 설득력 있다. 그에 의하면 상인방이 '에워싸고 있다'*amphis echei*는 표현은 의견편 B10.5에서 하늘을 가리키는 표현이었고, 문턱이 청동으로 된*chalkeos* 것이 아니라 돌로 된*lainos* 것이라고 표현된다는 점에서 이 '에테르의' 문은 하늘과 땅 사이의 거대한 공간을 가리킨다(Patin 1899, 641). 아래에서 이야기되겠지만, 이런 그림은 위 헤시오도스 인용문의, 입구를 지키는 아틀라스의 모습과 연결될 수 있고, 상승 해석을 약화시키고 하강 해석을 뒷받침하는 역할을 할 수 있다.

고, 그 틈을 들어가서 나오는 뉙스의 집 묘사인 (C)는 (a)의 뉙스와 헤메라의 길과 연관되며, 이는 다시 태양의 딸들이 떠난 뉙스의 집(B1.9), 그리고 이와 동일한, 여신의 집(B1.25)과 연관된다. 입구를 지키는 아틀라스의 묘사인 (D)는 (c)의 입구를 지키는 디케 여신과 연관되며, 뉙스와 헤메라가 교차하는 문턱의 묘사인 (E)는 (b)의 문턱과 연관된다. 헤시오도스의 긴 묘사가 상당히 압축된 형태로 파르메니데스에 의해 인유되고 있다는 것은 이런 평행성들로 볼 때 의심의 여지가 없다.[18]

우선 두 구절의 평행성을 받아들이면 논란이 많았던 여행의 방향에 관해 하강, 즉 하부 세계 여행katabasis 해석이 상당히 힘을 얻는다. 상승 해석의 텍스트상 주된 근거였던 '빛으로'eis phaos(B1.10)가 파르메니데스의 여행이 아닌 태양의 딸들의 여행을 가리킨다는 나중 해석자들의 비판[19]이 이젠 이렇다 할 재반론 없이 받아들여지고 있고, 그 해석의 또 다른 텍스트상 근거인 '에테르에 있는 (문)'aitheriai(B1.13)도 다른 방식의 독해[20]가 가능하다는 점에서 상승 해석

---

18 물론 위 헤시오도스 인용문이 세부적으로 불명확하고 때로는 상충하기도 해서 West(1966) 등 주요 편집자들 대부분이 모든 행들을 진짜 헤시오도스의 것으로 받아들이지는 않는다. 그러나 그런 자세한 그림은 다른 자리의 논란거리로 남겨 두고, 여기서는 헤시오도스가 그리는 하부 세계의 개략적인 그림과 분위기를 참고 삼아, 파르메니데스가 이 대목을 인유하면서 의도하는 바가 무엇인지를 추측해 보는 것으로 충분하다고 생각한다.

19 특히 Furley(1973, 1~2)를 참고할 것. 펄리는 '빛으로'가 처녀들이 밤의 집을 떠남과 연결되는 것이 자연스러운 독해임을 'lipein … eis'의 여러 유사 예들(헤로도토스 6.100, 크세노폰 『아나바시스』 1.2.24, 뤼시아스 14.5 등)을 들어 밝히고 있다. 일찍이 섹스투스 엠피리쿠스도 '빛으로'를 태양의 딸들의 여행을 가리키는 것으로 받아들인 바 있다. KRS는 섹스투스가 파르메니데스의 여행을 빛으로의 여행으로 간주한 것으로 해석하고 있지만(KRS 1983, 243), 섹스투스의 문맥은 아주 분명하게 처녀들의 여행을 가리키고 있다.

20 예컨대 이 말을 '에테르의 성격을 가진'으로 읽을 수도 있고, 앞에 언급된 파틴의 해석을 이용해 그 문이 하늘과 땅 사이를 채우는 것으로 보면서 땅의 끝자락 부근의 하늘과 만나는 곳을 묘사하는 것으로 볼 수도 있겠다.

의 텍스트적 기초는 상당히 미약하다.

또한 무명의 여신이 누구냐는 논란에 관해서도 일정한 시사점을 얻을 수 있다. 고대 이래로 적지 않은 해석자들이 3행의 '다이몬'과 22행의 '여신'을 14행의 지킴이 '디케'와 동일시한 바 있다.[21] 그러나 이 해석은 무엇보다도 서시 전체의 구도에 어긋난다. 여행자는 마차를 타고 디케가 지키고 있는 문을 '설득'으로 통과한 후 여신의 환영을 받는다. 여신은 이 여행이 테미스와 디케가 보내 준 것임을 분명히 한다(B1.25~28a). 여신은 또 B8에서 생성 소멸을 불가능하게 하는 디케를 언급한다(B8.13b~15a). 이런 서시의 구도로 보아 무명의 여신이 디케라는 해석은 받아들이기 어렵다. 위 헤시오도스 인용문의 정신에 충실하게 문자적으로 읽으면 파르메니데스의 무명의 여신은 오히려 펠리칸-엥엘M.E. Pellikaan-Engel의 주장대로 헤메라이거나[22] 최근 팔머J. Palmer의 주장대로 뉙스일 가능성이 훨씬 높다.[23]

---

21 대표적으로 고대에는 섹스투스 엠피리쿠스(『학자들에 대한 반박』 7.111~114)가, 그리고 20세기에는 Gilbert(1907), Reinhardt(1916, 26), Deichgräber(1959), Mansfeld(1964, 261 이하), Verdenius(1967, 100~101), Hussey(1972, 79~81), Hussey(1990, 29)와 같은 쪽의 주50 등을 들 수 있다. 아에티오스(A37)의 경우에는 다이몬이 디케요 아낭케라고 말하지만 그때 다이몬은 B12.3의 다이몬인데, 그가 이 다이몬을 시 속 화자인 다이몬과 동일시하고 있다고 볼 이유가 문맥에서 발견되지 않으므로, 이 목록에서 제외된다. 아래에서 밝히겠지만, 나는 그의 B12 이해가 우리에게 알려 주는 바가 많으며, 그곳의 다이몬을 디케와 동일시한 것이 일리가 있다고 생각한다. 물론 아낭케와의 동일시는 좀 더 많은 이야기를 필요로 하지만 말이다.

22 자세한 내용은 Pellikaan-Engel(1974, 59~62)을 참조할 것. 곰페르즈H. Gomperz도 이런 의견을 표명했다고 한다(Tarán 1965, 16). 한편 웨스트는 이 '여신'thea이 헬리오스의 어머니인 테이아Theia를 가리킬 수도 있다고 추측했다. 파르메니데스가 '바라보는'이라고 어원적 해석을 했을 수 있다는 것이며, 태양 관련 세팅에도 적당하다고 보았다. West(1971, 220)과 주2.

23 팔머는 오르페우스의 우주 생성론 전통에서 제우스가 우주의 통일성을 유지하는 데 조언자 역할을 한 뉙스가 파르메니데스에게 계시를 주는 여신으로 적절하다고 주장한다. Palmer

하지만 이런 문자적 독해에 기반해, 파르메니데스가 헤메라나 뉙스를 염두에 두고 '여신'을 말했다는 이해로 곧장 나아갈 수 있을까? 파르메니데스가 헤시오도스를 인유하면서 그의 세부 사항 전부를 청자가 되새겨 주길 바랐다고 하기는 어렵다. 사실 여신이 헤메라인가, 뉙스인가, 혹은 어떤 다른 신(뮤즈 여신 등)인가는 파르메니데스가 괄호 친 대목이지, 청자가 애써 밝혀 보도록 퀴즈처럼 제시한 대목은 아닌 듯하다. 여신의 정체가 중요했다면 파르메니데스는 좀 더 분명한 힌트를 제시했을 것이다.

마찬가지로, 여행의 토포그래피topography 또한 그에게는 해석자들에게만큼 중요했던 것 같지 않다. 위에서 말했듯이, 헤시오도스의 구절을 참고하면 하강 해석이 더 그럴듯하다는 것은 부인하기 어렵지만, 파르메니데스가 간 곳이 어디인가의 문제는 그가 무엇을 떠나려, 무엇을 넘어서려 했는가, 다시 말해 서시가 본 메시지에 대해 갖는 함축이 무엇인가 라는 질문만큼 중요한 것 같지는 않다. 요컨대 서시에서 그는 여행의 장소, 여행 후 만난 여신의 정체를 의도적으로 불분명한 상태로 남겨 두고 있는데, 일단 그 불분명함은 그냥 그대로 두고 그의 의도를, 그가 분명히 강조하려는 것을 오히려 밝혀 보아야 하지 않을까 싶다.

묘사 (나)보다 앞에 나오는 (가2)의 마차 여행 묘사를 검토한 후 이 문제로 다시 돌아오자. (가2)의 원문은 이렇다.

> (i) 축은 바퀴통들 속에서 열을 내면서 피리 소리를 내고 있었다
>
> (돌아가는 두 바퀴에 의해

(2010, 58~61).

양쪽으로부터 힘을 받고 있었기 때문에),

(ii) 뉙스(밤)의 집을 떠나 빛을 향해 온 헬리오스(태양)의 딸들*Hēliades*인 처
     녀들이

머리에서부터 너울을 손으로 밀어젖히고는 [나를] 서둘러 호위해 가고 있을 때.

B1.6~10

직전의 (가1)이 마차 여행의 일반적 기술이라면 이 부분은 시각과 청각 이 미지를 이용한, 여행의 세부 묘사[(i)]이며 또한 처녀들의 정체를 드러내면서 그들이 파르메니데스에게 온 여행을 묘사하고 있는 것[(ii)][24]이다. 여기서 분명 해진 것은 B1.5에서 언급된 길잡이 처녀들이 다름 아닌 헬리오스의 딸들이라 는 점, 그리고 그들이 밤의 집을 떠나 빛으로 왔다, 즉 하부 세계에서부터 (아마 도 태양을 따라) 지상으로 나왔다는 점이다. 바퀴가 굴러갈 때 축이 내는 빛과 소 리는 시 첫 행에서 언급된 시인의 열정*thymos*에 따른 여행의 치열함을 나타낸 다. 이 여행이 지향하는 목적은 여신과의 만남, 그 만남을 통한 진리의 획득이 다. 결국 (가)에서 점차 부각되고 있는 것은 여행을 추동하는 시인의 열정과 그 여행의 치열함이다.

문을 묘사하는 (나) 앞에 마차 여행의 모습을 그린 (가2)를 앞세우면서 파 르메니데스는 호메로스의 마차 여행 묘사를 떠올렸음 직하다.

① 헤라가 채찍으로 말들을 재빨리 건드렸고,

② 하늘의 문들이 저절로 큰 소리를 내며 열렸다. ③ 그 문들은 호라이가

---

24 (ii)에서 시제가 이제까지의 현재와 미완료과거에서 부정과거aorist로 바뀌어 있다.

지키고 있었는데,

그들에게 큰 하늘과 올림포스가 맡겨져 있다,

짙은 구름을 열거나 닫는 일이.

④ 그들[즉 헤라와 아테나]이 막대기를 맞는 말들을 거기 그 문들을 지나 데
리고 갔다.

『일리아스』 5권 748~752행 = 8권 392~396행

(가2)와 (나)의 긴 묘사와 유사한 묘사가 다섯 행으로 간단히 처리되어 있
는 이 대목은 다음과 같이 진행된다.

혜라가 채찍으로 말을 몬다. (①) → 문지기인 호라이가 동의한다. (③) → 하
늘의 문이 저절로 열린다. (②) → 두 여신이 말을 몰아 문을 지나간다. (④)

헤시오도스 구절에 없는 부분인 (가2)가 ①에 해당한다면 ③은 (나2)에,
②는 (나3)에, ④는 (나4)에 적절히 변형되어 수용된다. 이제 앞의 헤시오도스
까지 포함해 세 평행 구절을 비교해 보면 가장 주목할 만한 변형은 문 지킴이
에 관련된다. 헤시오도스의 (D)에서는 입구에 아틀라스가 서 있는데, 그가 출
입자를 통제하고 있는지는 분명치 않다. 반면 호메로스의 ③에서는 호라이가
출입을 통제하고 있다. 이 둘의 변형인 파르메니데스의 (나2)에서는 호라이
대신 디케가 지킴이이고, 호메로스에서는 언급 안 된 로고스에 의한 설득이라
는 요소가 부각되어 있다.

나는 일단 이 대목이 파르메니데스가 힘주어 드러내고자 한 것이 무엇인지
를 간접적으로 보여 준다고 본다. 호라이(시간)는 헤시오도스에 의하면 제우스
와 그의 둘째 아내 테미스(옳음 혹은 확립된 관습)의 세 딸, 즉 에우노미아(준법 혹

은 질서)와 디케(정의 혹은 옳음)와 에이레네(평화)를 가리킨다(『신통기』 901~902행). 파르메니데스는 여행의 길목에서 만나는 지킴이로 호라이 가운데서도 디케를 택했고, 그 디케를 설득함으로써 여행이 계속될 수 있다고 설정했다.

서시의 한가운데, 그리고 묘사되고 있는 여행의 중요한 길목에 배치된 디케*Dikē*에 대한 설득이 의미하는 바는 무엇일까? '디케'*dikē*는 거드리의 추측에 의하면 원래 길이라는 의미를 지녔다. 어떤 부류의 사람들이 통상적으로 처신하는 방식이나 관습, 혹은 자연의 정상적인 진행이나 추세를 뜻한 데서 출발해, 즉 사건의 정상적인 진행에서 기대되는 것이라는 도덕과 무관한 의미로부터, 결국 누군가에게 기대되는 것으로서의 올바름이나 의무 등의 도덕적 의미로 전이되었다는 것이다.[25] 이 의미 전이에도 불구하고 지속되는 것은 정상적인 것, 당연하다고 기대되는 것이라는 의미다. 어떤 행위나 사건이 그 기대를 저버릴 때 그것은 디케가 아닌 것, 즉 불의*adikia*다.

진리를 목표로 한 사유 여행에서 디케의 엄정한 심판을 거친다는 것은 사유에 대해 기대되는 것, 사유가 으레 따라야 하는 정상적인 절차가 제대로 지켜지고 있는지 검토된다는 것을 의미한다. 그리고 그 검토는 사유가 객관화된 형태인 로고스를 대상으로 한다. 디케를 로고스로 설득한다는 것은 사유가 이런 검토 과정을 거쳐야 한다는 점을 비유적으로 표현한 것이라 할 수 있다. B7에서 여신 자신이 파르메니데스에게 자기 엘렝코스(테스트 혹은 논박)를 로고스로 판가름*krinai*하라고 말할 때 역시 바로 이런 검토가 여신 자신의 로고스에도 적용되어야 함을 말하고 있는 것이다. B7의 이 언급은 여신의 입을 빌린 파르메니데스의 로고스가 디알로고스(대화)의 성격을 띠고 있다는 점, 그리고 그 디

---

25 Guthrie(1950, 6~8).

알로고스가 준수해야 할 규준 내지 절차를 의식하면서 진행되고 있다는 점을 잘 드러내 준다.

헤시오도스에서 문턱은 뉙스와 헤메라가 만나는 지점이며, 그것의 묘사에서 두드러지는 점은 두 대립자가 한 곳에 동시에 있을 수 없다는 점이다(749~754행). 프랭켈H. Fränkel이 지적하듯이 언제나 세상은 낮이거나 아니면 밤이다. 프랭켈에 의하면 문턱은 공간적 의미라기보다는 이 '…이거나 아니면'either…or에 의해 표상되는 형이상학적 의미로 이해되어야 한다.[26] 확실히 헤시오도스적 문맥의 문턱이 강조하는 이 배타적 선언選言, disjunction은 진리편의 '판가름'krisis, krinein[27]을 강하게 암시하며, 이 점에서는 의견편에서 이야기되는 빛과 밤의 혼합과 대비되는 측면이 있다.

그런데 프랭켈을 직접 거명하지는 않았지만 펄리D. Furley는 같은 구절을 이런 해석과 반대 방향으로 독해해야 한다고 주장한다.[28] 그에 의하면 문턱과 관련한 핵심 요점은 만남이 이루어지는 장소라는 것이다. 그곳은 세상의 가장자리이며 땅, 타르타로스, 바다, 하늘이 거기에 원천을 두는데, 바닥없는 틈(심연)이 열려 있다(740행 이하). 그것들의 공통의 원천이기 때문에 그곳에서는 땅과 하늘, 땅과 타르타로스, 땅과 바다의 대립이 무의미하다. 바로 그곳에서 밤과 낮이 만나며 대립은 사라진다. 프랭켈이 배타적 선언의 강조를 읽어 내는 바로 그 구절에서 펄리는 배타적 대립의 제거를 읽어 낸다. 프랭켈이 이 구절에서 진

---

26 Fränkel(1975, 104~106).

27 이 말이 이 책의 핵심어 '비판'criticism의 어원이다. 파르메니데스 자신이 아주 의식적으로 강조하며 사용한다(B8.15; B7.5 등).

28 Furley(1973, 3~5).

리편의 있는 것과 있지 않은 것의 대립을 읽어 내는 반면 펄리는 빛과 밤의 대립의 제거를 읽어 낸다. 과연 이 구절은 어느 대립(의 제거)에 관한 것일까?

나는 다음과 같은 몇 가지 고려 사항들 때문에 펄리의 해석을 더 선호한다. 우선 진리편의 선언選言은 빛과 밤 간에가 아니라 있다와 있지 않다 간에 이루어지는 것이다. 파르메니데스가 뛰어넘으려고 하는 세계가 오히려 프랭켈이 말하는, 낮이 아니면 밤인 세계다. 따라서 낮이 아니면 밤이라는 선언지選言肢, disjunct는 파르메니데스가 궁극적으로 추구하는 판가름을 온전히 구현하는 것이 아니다.

물론 서시가 인유하고 있는 헤시오도스 구절의 넓은 문맥에서 대립자가 한 곳에 있을 수 없다는 점이 강조되어 있음은 부인하기 어렵다. 그러나 문턱은 뉙스와 헤메라가 길을 맞바꾸는 장소로 삼는 지점(*ameibomenai* ··· *oudon*: 749)이며, 문턱에서 이루어지고 있는 사건은 서로 같은 곳에 함께 있을 수 없는 뉙스와 헤메라가 더 가까이 다가와서(*asson iousai*: 748) 서로에게 인사하는(*allēlas proseeipon*: 749) 일이다. 적어도 그 지점에서만큼은 양자가 만나며, 적어도 문턱이 이야기 되고 있는 바로 그 좁은 문맥(748~749행)은 만남을 강조한다. 펄리가 지적하듯 이 파르메니데스의 여행 묘사 21행 가운데 절반인 10행이 바로 그 문에서 벌어지는 일을 묘사하고 있다. 헤시오도스에서는 문 안팎의 일들이 더 자세히 묘사되어 있지만, 파르메니데스는 문 자체의 묘사에 훨씬 더 많은 공을 들인다.[29]

그리고 헤시오도스 구절보다도 더 직접적으로 파르메니데스가 끌어 대고 있는 평행 구절이 『오뒤세이아』에 나온다.[30] 오뒤세우스는 칼륍소에게서 떠나

---

29 모건도 이 점을 지적한 바 있다. "[헤시오도스의 구절의] 토포그래피는 [파르메니데스보다] 훨씬 더 분명하며 강조는 경계선 자체가 아니라 위치 바꿈에 있다. 파르메니데스에서는 초점이 문에 있다."(Morgan 2000, 76)

항해하는 중에 배의 난파로 인해 만나 환대를 받은 파이아케스족의 왕 알키노오스에게 자신의 긴 모험담[31]을 들려주는 가운데, 세상 끝에 살고 있는 라이스트뤼고네스족에 대해 언급하면서 그들이 살고 있는 곳을 이렇게 말한다.

밤과 낮의 길들이 가깝다.

engys gar nyktos te kai ēmatos eisi keleuthoi.

『오뒤세이아』 10권 86행

파르메니데스의 직접 인유가 이곳을 향해 있다는 것은 어구의 유사성에서 충분히 드러난다.

거기에 밤과 낮의 길들의 문이 있다.

entha pylai nyktos te kai ēmatos eisi keleuthōn.

B1.11

첫 두 단어만 바꾸었을 뿐 파르메니데스는 이 구절을 거의 그대로 이용하고 있다. 호메로스가 묘사하는 땅끝은 밤의 길과 낮의 길이 가까운 곳이며, 그 가까움 때문에 땅 가운데에 사는 사람들이 경험하지 못하는 것을 그곳 사람들은 경험한다. 그 경험이 구체적으로 무엇이냐에 관해서는 논란이 분분하지만,[32] 적

---

30 필리도 이 구절을 언급했다.

31 작품 전반부의 끝 3분의 1 가량이, 즉 9권부터 12권까지가 이 오뒤세우스 자신의 모험 이야기로 설정되어 있다. 파르메니데스의 인유 가운데 상당 부분이 이 이야기에 집중되어 있다는 점이 주목할 만하다. 물론 지하 세계 여행 이야기도 여기에 포함되어 있다(11권)는 것은 잘 알려져 있다.

어도 헤시오도스 구절에도 '더 가까이'라고 표현되었듯이 밤과 낮의 만남이 이루어지는 곳(혹은 그곳과 가까운 곳)이어서 겪는 일이라는 점은 분명하다.

이 단계에서 우리는 다시 3행의 '모든 도시들에 두루'*kata pant' astē*를 떠올리게 된다. 파르메니데스의 여행은 인간이 사는 모든 곳을 두루두루 거친 후에 그 경계에 이르고, 거기에 밤과 낮의 만남이 일어나는 문이 있다. 그 지점은 밤과 낮의 이분과 대립이 무의미해지는 지점이고, 그의 여행은 바로 그 지점을 거쳐 '사람들이 많이 다니는 길'로부터 넘어선다. 호메로스에서는 그곳(혹은 그 근처)에 사는 사람들이 관심 대상이었지만, 파르메니데스에서는 그곳이 문으로 표상되고 넘어설 문턱으로 표상되어 있다. 그 문턱을 넘어선다는 것은 더 이상 빛과 밤의 대립으로 세상을 바라보지 않는 새로운 조망을 향해 나아간다는 것을 의미한다. 이 넘어섬은 밤/어둠에서 빛/밝음으로의 상승이 아니라 빛과 밤의 대립으로부터 그 대립이 무의미해지는 지점으로의 상승이다. 이 점에 주목하지 않는 한 상승의 도달점이 빛이냐 아니면 어둠, 즉 하부 세계냐 하는 해석가들의 논란은 핵심을 벗어나는 것이다. 물론 파르메니데스가 구사하는 언어들이 하부 세계 묘사와 유사하다는 점은 인정되지만, 요점은 빛이냐 어둠이냐(즉 빛과 어둠 사이에서 출발지와 목적지가 각각 어디냐)가 아니라 오히려 빛과 어둠을 넘어서려 했다는 데 있다.[33]

---

32 '두 배의 품삯'(*doious … misthous*: 84행) 이야기는 *OCD*의 리처드슨N.J. Richardson의 설명에 따르면 밤이 짧아서 두 배로 일당을 벌 수 있다는 것이며, 먼 북쪽 지역을 가리킨다(*OCD* 1996, 811). 펄리는 이 짧은 밤 설명을 받아들이지 않으며, 낮과 밤의 차이가 없는 곳이라는 의미만 받아들이고 있다.

33 이상과 같은 '문턱'에 대한 고찰이 파르메니데스 여행에 대한 기존 논란에 세 가지 수준(문자적 수준, 인유의 수준, 상징의 수준)에서 제공하는 시사점에 관해서는 강철웅(2004a, 17~18)을 참고할 것.

서시의 여행 기술은 명시적으로 혹은 표면적으로 삼차원 공간 여행의 기술이다. 땅, 하늘, 바다, 땅속 등으로 구분되는 **이곳**으로부터 그 구분되는 것들의 원천이 되는 **저곳**(즉 그 구분이 없는 혹은 없었던 곳)으로의 이동을 그리고 있다(cf. 『신통기』 736~738행). 그런데 그것은 동시에 낮과 밤이 계속 교대하는 (다시 말해, 낮과 밤이 서로 만나지 않는) 이곳으로부터 낮과 밤이 만나는 (다시 말해, 낮과 밤의 구분이 사라지는) 저곳으로의 여행을 그리고 있다. 그런 의미에서 이 여행은 시간이 흘러가는 (즉 변화가 의미 있는) 이곳으로부터 시간이 제거되는 (즉 변화가 의미 없어지는) 저곳으로의 여행이기도 하다. 달리 말해 이 여행은 시공간의 구별됨으로부터 시공간의 구별 없음으로 향하는 사유의 행보를 여러 이미지들을 가지고 구상화한 것이라 할 수 있다.

이쯤에서 문턱의 문제로 다시 돌아와 보자. 프랭켈의 독해가 가능했던 것은 문턱 묘사 전후의 문맥이 빛과 밤의 나뉨과 공존 불가능성을 시사하고 있기 때문이다. 헤시오도스의 평행 구절이 적어도 그런 오해의 소지는 갖고 있다. 프랭켈의 독해를 반면교사로 삼아 우리가 얻어 낼 수 있는 것은 빛과 밤의 나뉨과 공존 불가능성이 파르메니데스가 넘어서려 했던 것이라는 논점이다. 파르메니데스가 문 묘사로 풀어내려 했던 것은 빛과 밤의 나뉨 자체가 아니라 그것을 넘어서는 지점의 이야기였고, 그것은 그가 호메로스의 평행 구절을 더 유념하고 있음을 시사한다. 어구가 거의 반복되고 있다는 점은 이미 지적한 바 있다. 이제 그 문턱에서 벌어지고 있는 일, 즉 디케에 대한 설득 장면이 이제까지의 논의와 어떻게 연결되는지 살펴보기로 하자.

디케가 지킴이로서 혹은 심사자로서 하는 역할은 이중의 것이다. 하나는 헤시오도스 평행 구절에서 드러나는 빛과 밤의 질서를 유지하는 역할이다. 이것은 빛과 밤의 나뉨과 교대를 전제한다. 따라서 디케는 빛과 밤이 교대하는 경험 세계의 질서를 관장하는 것으로 표상되어 있다.[34] 적어도 표면적인 담론의 구도상 파르메니데스에게 가르침을 주는 다이몬(B12.3의 다이몬이 아니라 B1.3의 다이몬, 그리고 B1.22의 여신)과 디케(B1.14와 B1.28의 디케, 그리고 아마도 B12.3의 다이몬[35])는 구분되는 것으로 설정되어 있다.

디케의 또 다른 역할은 호메로스 평행 구절에서 드러나는 것처럼 빛-밤 대립의 초월을 심사하는 역할이다. 경험 세계의 질서를 유지하는 자가 경험 세계와 그것을 넘어선 세계의 경계선에서도 여전히 질서 유지자로 등장하고 있음을 상징하는 것이라 할 수 있다. 경험 세계를 넘어선 파르메니데스의 사유 여행은 그 초월의 영역으로 보내 준 자의 심사에 계속 지배되도록 설정되어 있다. 이 심사자는 B1.14에서 디케였지만 여신의 환영사에서는 그것이 테미스와 함께 지칭되는 것으로 보아 파르메니데스는 그가 도입하는 신들로 상징되는 역할에 초점을 둘 뿐이며, 그들의 계통을 따지는 헤시오도스적 관심사와는 반대 방향으로 신 체계를 상정하는 것 같다.

환영사에 등장하는 모이라도 죽음을 관장하는 나쁜 모이라가 아니라는 점만 강조될 뿐, 이 심사단에서 제외되는 것은 아닌 듯하다. 나쁜 모이라가 아님이 강조된 이유는 가사적 인간에게 있어서 이 빛과 밤의 대립을 초월하는 경지는 사실상 죽어서야 다다를 수 있는 경지(사람들이 흔히 다니는 길에서 멀어져 있다는 말의 한 의미가 이런 것이다)라는 점을 지적하기 위한 것이며, 여기서도 디케가 하는 역할은 빛과 밤의 이 세계를 죽지 않은 채로 넘어서려는 시인을 심사하는 일이다.

---

34 이런 디케의 역할에 대한 아이디어는 헤라클레이토스에서도 발견된다. "헬리오스(태양)는 적도適度, *metra*를 넘어서지 못할 것이다. 그렇지 않으면 디케의 조력자들인 에리뉘스들이 그를 찾아낼 것이다."(DK 22B94)

35 이 다이몬의 정체에 관해서는 아래 3절에서 다시 논의된다.

죽어서야 다다를 수 있는 곳을 살아서 넘어간다는 것은 빛과 밤의 세계(즉 의견의 세계)로 다시 돌아옴이 예정되어 있음을 의미한다. 서시는 그것이 이야기되는 형식적 틀인 원환 구성에 의해서도, 그리고 그것이 담고 있는 내용에 의해서도 초월만이 아니라 초월로부터 원래 세계로의 돌아옴을 예비한다. 다시 돌아올 의견의 세계는 초월에 의해 무시되고 배제될 것으로서가 아니라 초월에 의해 재조명되어야 할 것으로 설정되어 있다. '많은 대가를 치르게 하는 디케가 갖고 있는 응보의*amoibous* 열쇠'는 로고스의 설득력을 평가해 그것에 합당한 대가를 주는 심사자의 역할을 상징한다.

이제까지의 고찰에서 다음과 같은 점들이 드러나게 되었다. 서시의 여행 기술에서 부각된 디케의 역할은 경험 세계의 질서를 조정하는 것만이 아니라 그것을 넘어선 곳에서의 질서까지도 관장하는 것으로 표상되어 있다. 이것이 시인 자신에게 갖는 의미는 경험을 넘어선 논의를 전개하면서 줄곧, 자기 담론이 따르고 지켜야 할 어떤 규준을 의식한다는 것이다. 그는 엄정한 심사자라는 장치로 그 규준의 규범성normativity을 의식적으로 승인하고 부각시키려 했다.

화자인 여신(다이몬)과 디케가 대표하는 이 심사단이 서로 다른 위격으로 상정된다는 점이 이런 논점을 잘 시사한다. 무명의 여신과 디케가 구별된다는 것, 여신 자신도 디케로 표상되는, 로고스의 규준을 넘어서 있지 않다는 것, 자신의 논의를 '로고스로 판가름하라'(B7.5)고 말하는 데서 드러나듯이 여신은 말하자면 이 법정의 판관이 아니라 한 관련 당사자일 뿐이라는 것, 이것이 여러 신적 존재들을 자기 로고스에 끌어들이면서도 신비적 직관이나 계시에 대한 호소에 안주하지 않으려는 파르메니데스의 의식적 노력을 잘 대변해 준다.

2. 올바름과 필연
진리편의 판가름과 표지 논변에서 디케와 아낭케

서시에서 화자 파르메니데스는 자신이 거쳤던 치열한 사유의 여행길을 보고한다. 그 보고를 끝내면서 그는 시 속 화자인 여신의 입을 빌려 이 여행을 통해 배우게 될 두 길이 있음을 예고한다. 파르메니데스 자신이 간 길을 따라 청자가 가게 될 두 배움의 길은 진리의 길과 의견의 길이며, 이 둘은 각각 진리편과 의견편에 개진되어 있다. 이제 살펴보게 될 진리편은 파르메니데스가 힘주어 강조하는 핵심 메시지를 담고 있다는 것이 중론이다.[36] 이 절에서는 논의의 편의를 위해, 진리편 전체를 다루는 대신 디케가 다시 등장하는 B8 대목에 주목할 것이다. 우선 그 대목까지 진리편 논의가 어떻게 이루어지는지 일별한 후에 다시 논의를 이어 가기로 하자.

파르메니데스는 길을 말하는 철학자다. 엘레아 철학자들 가운데 파르메니데스만이 길을 이야기한다. 앞에서 이미 살펴본 대로 우선 시인 파르메니데스가 자신이 간 길에 관한 이야기로 자기 담론을 시작하고 있을 뿐만 아니라(B1.1~5), 그가 본격적인 이야기의 주체로 따로 설정한 여신 또한 파르메니데스가 간 이 길에 관한 이야기로 자기 담론을 시작한다(B1.24~28a). 이 두 화자(적어도 표면상으로는 둘이다)가 모두 담론의 허두를 길로 시작하고 있는 것은 길 모티브가 앞으로 진행될 논의에서 핵심적인 역할을 하게 되리라는 점을 암시한다. 실제로 길 모티브는 적어도 B8의 생성 소멸 불가능성 논변 대목에 이르기까지 지속적으로 등장하면서 논의의 진행을 주도하는 형식적 틀로 기능한다.[37] 즉 서시에

---

36 나는 이 평가에 대해 기본적으로 동의하지만 그것이 의견편 논의의 위상에 대한 부정적 평가로 곧바로 연결되는 데 대해서는 반대한다. 아래에서 자세히 다루어질 것이다.

서부터 B8.21까지를 관통하면서 논의를 추동하는 일관된 모티브가 있다면 그 것은 바로 길이다.

길은 논의 진행의 모티브이지만 동시에 파르메니데스가 자기 작업의 성격을 어떻게 규정하는지를 엿볼 수 있는 단서가 되기도 한다. 길을 이야기한다는 것은 그 길을 가서 얻은 결과만이 아니라 그 길을 가는 여정을 이야기한다는 것이고, 파르메니데스에서 그 여정은 특히 '판가름'krisis으로 특징지어지는 길의 선택으로부터 시작한다. 그 판가름은 B2[38]에서 이루어진 것으로 이야기된다.

진리편 서두(B2)에서 여신은 사유(노에인)[39]를 위한 '탐구의 길'로 두 길을 제시한다.[40] '있다'(혹은 '…이다')라는 길과 '있지(혹은 …이지) 않다'라는 길이다.[41] 두 길은 배타적 선택지로 제시되는데 그 가운데 둘째 길은 제시되자마자 곧바

---

37 '길'에 해당하는 용어는 다섯 가지가 동원되며, B1.2에서부터 B8.18에 이르기까지 열다섯 번 정도 사용되고 있다. ① 'hodos'가 아홉 번: B1.2~3, B1.5, B1.27a, B2.2, B6.3, B7.2, B7.3, B8.1, B8.17~18 (생략되어 나오는 B6.4를 합치면 열 번), ② 'keleuthos'가 세 번: B1.11, B2.4, B6.9, ③ 'amaxitos'가 한 번: B1.21, ④ 'patos'가 한 번: B1.27b, ⑤ 'atarpos'가 한 번: B2.6. 참고로 파르메니데스 단편의 단어 색인으로는 DK 3권과 Aubenque(1987, 122~134)가 유용하다.

38 "자, 이제 내가 말할 터이니, 그대는 이야기mythos를 듣고 명심하라. / 탐구의 어떤 길들만이 사유noēsai를 위해 있는지. / 그중 하나는 있다estin라는, 그리고 있지 않을 수 없다 라는 길로서, / 페이토(설득)의 길이며(왜냐하면 진리를 따르기 때문에), / 다른 하나는 있지 않다 라는, 그리고 있지 않다는 것이 옳다 라는 길로서, / 그 길은 전혀 배움이 없는 길이라고 나는 그대에게 지적하는 바이다. / 왜냐하면 바로 이 있지 않은 것을 그대는 알게 될gnoiēs 수도 없을 것이고 (왜냐하면 실행 가능한 일이 아니니까) / 지적할phrasais 수도 없을 것이기에."(DK 28B2: 프로클로스 『플라톤 「티마이오스」 주석』 1.345)

39 진리편의 핵심 인식 용어 '노에인'noein은 오류 가능한 생각을 포함하는지, 아니면 제대로 된 사유에 한정되는지 사이에 해석의 중요한 갈림길이 있다. 나는 진리 언표적veridical 용어로 보는 후자 해석을 지지한다. 이런 해석하에서는 '사유' 대신 '앎'으로 읽어도 상관없다.

40 이 두 '탐구의 길'은 서시에 언급된 두 '배움의 길'과 다르다.

41 앞으로는 그냥 '있다', '있지 않다'로 줄여 말하지만, 거기엔 항상 '…이다', '…이지 않다'로 읽을 여지가 포함되어 있다는 점을 짚어 두고자 한다.

로 기각된다. 있지 않은 것은 알*gnōnai* [42] 수 없고 지적할*phrazein* 수도 없기 때문이다.

이후 B7까지의 내용은 사유(앎)를 가능하게 하는 길로서 '있다'라는 길만 성립한다는 논점을 확립하는 것이 주된 골자다. 그런데 B6[43]과 B7[44]에서 이 두 길을 혼동하는 '가사자의 길'이 제시된 후 기각된다. 이 길은 B2의 판가름에서는 아예 제외되었던 제3의 선택지다. 제외된 까닭은 비일관성, 즉 무모순율을 어긴다는 점 때문이다. 있음과 있지 않음을 섞는 길, 그러니까 있다가 있지 않은 것이 '되는' 혹은 있지 않다가 있는 것이 '되는' 길은 앎을 향한 제대로 된 탐구의 길이 아니다. 이 제3의 길이 새로 언급되고 기각되는 이유는 그 길의 내용을 길게 이야기하는 제2부 의견편이 부가되는 이유와 맥을 같이할 것이므로 아래에서 의견편을 다룰 때 상론하기로 하고, 이오니아적 자연학 전통에 대한 파

---

42 이 용어의 등장은 '노에인'을 강하게 읽은 나의 해석을 옹호해 주는 강력한 텍스트적 근거 가운데 하나다.

43 "이야기되고 사유되기 위한 것은 있어야만 한다. 왜냐하면 그것은 있을 수 있지만, / 아무것도 아닌 것*mēden*은 그렇지 않으니까. 이것들을 곰곰이 생각해 보라고 나는 그대에게 명한다. / 왜냐하면 그대를 탐구의 이 길로부터 우선 〈내가 제지하는데〉*eirgō* / 그러나 그 다음으로는 가사자들이 아무것도 알지 못하면서 / 머리가 둘인 채로 헤매는 (왜냐하면 그들의 / 가슴속에서 무기력함이 헤매는 누스를 지배하고 있기에) 그 길로부터 [그대를 제지하기에]. 그들은 / 귀먹고 동시에 눈먼 채로, 어안이 벙벙한 채로, 판가름 못하는 무리로서, 이끌려 다니고 있는데, / 그들에게는 있음과 있지 않음이 같은 것으로, 또 같지 않은 것으로 통용되어 왔다. / 그리고 [그들에게는] 모든 것들의*pantōn* 길이 되돌아가는 길이다."(DK 28B6: 심플리키오스 『아리스토텔레스의 「자연학」 주석』 117)

44 "그 이유는 이렇다. 이것, 즉 있지 않은 것들이 있다는 것이 결코 강제되지 않도록 하라. / 오히려 그대는 탐구의 이 길로부터 사유를 차단하라. / 그리고 습관*ethos*이 [그대를] 많은 경험을 담은*polypeiros* 이 길로 [가도록], / 즉 주목하지 못하는 눈과 잡소리 가득한 귀와 혀를 사용하도록 강제하지 / 못하게 하라. 다만 나로부터 이야기된, 많은 싸움을 담은 테스트*polydēris elenchos*를 / 논변으로*logōi* 판가름하라*krinai*."(DK 28B7: 1~2행: 플라톤 『소피스트』 237a, 258d / 2~6행: 섹스투스 엠피리쿠스 『학자들에 대한 반박』 7.111)

르메니데스 측에서의 대응과 긴밀히 연관되어 있으리라는 점만 짚어 둔다.

　진리편의 클라이맥스에 해당하는 B8은 유일하게 남은 '있다'라는 길에 관한 논의다. 확실한 노에인의 대상인 '있는 것'은 불생불멸하며 온전한 한 종류의 것이요 부동이며 완전하다는 것을 '표지'^{semata}로 갖고 있다고 설파되고, 이 네 표지 각각을 정당화하는 일련의 논변들이 제시된다. 다음은 B8 진리편 부분의 기본 얼개다.[45]

　　　1~4 행: 표지 논변 안내 및 프로그램

　　　1~2a행: 있다는 길 이야기만 남아 있다는 안내

　　　2b~4 행: 표지들 = ① 불생불멸, ② 전체요 단일 종류, ③ 부동(불변),

　　　　　　　　　④ 완전

　　　5~6a행: 프로그램에서 생성 소멸 불가능 논의로의 이행

　　　○ 지금 함께 전체로 하나로 연속되어 있음(②) → 있었다, 있을 것이다

　　　　부정(①)

　　　(가) 6b~21 행: 생성 소멸 불가능

　　　○ B2 의 판가름 (디케의 족쇄#1, 아낭케#2) → 불생불멸(①)

　　　(나) 22~25 행: 분할 불가능

---

45 원문자(○)는 각 표지를 가리키고, 화살표의 방향은 근거와 주장의 관계다. 대괄호([ ]) 는 문면에 명시되어 있지 않은 것을 부가한 것이다. 속박 관련어는 올림표(#) 다음에 순번을 매겼다.

○ 균질 → 분리 불가능 → 연속(②)

(다) 26~31 행: 변화 불가능

○ 불생불멸(①) (속박#3) → 시작과 끝없음 → 불변(③)

○ 아낭케의 한계의 속박#3 → 정지

(라) 32~33 행: 완전성

○ [아낭케의 한계의 속박#3 혹은 운동 불가능] → 부족 없음 → 완전(④)

(마) 34~41 행: 요강要綱 - 있는 것에 대한 노에인과 가사자들의 이름 붙임

(마 1) 34~38a행: 있는 것과 노에인

○ 모이라의 족쇄#4 → 전체(②의 전체 측면), 부동(③)

→ 있는 것만 있음(②의 단일 측면) → 있는 것만 노에인됨

(마 2) 38b~41 행: 가사자들의 이름 붙임

○ 생성과 소멸, 있음과 있지 않음, 장소 바꿈, 밝은 색의 바꿈

(바) 42~49 행: 공 비유

○ 맨 바깥에 한계#5 → 완결(④) → 둥근 공 덩어리 같음

○ [맨 바깥에 한계#5] → 불가침(=비존재 없다) → 균질(②) → 균등

이 논변들은 B2의 판가름에 기반해 연역적인 방식으로 펼쳐진다. 우리가 이제부터 살펴보게 될 디케 등의 이야기는 흥미롭게도 바로 그 엄밀한 연역적 증명 과정에 등장한다.

그것을 위해*tou heineken* 디케는

족쇄를 풀어서 생겨나도록 또 소멸하도록 허용하지 않았고

오히려 꽉 붙들고 있다.

B8.13b~15a

왜 파르메니데스는 이 지점에서 이제까지의 엄밀한 논변의 정신과 사뭇 다르게 느껴지는 신화적 용어를 새삼스럽게 구사하는 것일까? 이어지는 표지 논변들에도 족쇄, 속박, 한계 등의 아이디어와 더불어 신화적 이미지가 계속 등장하기 때문에 이 질문은 꼭 짚고 넘어가야 할 숙제로 다가온다. 우선 디케의 등장은 바로 앞 문장에서 '확신의 힘'*pistios ischys*이 부가된 데서 이미 예고되어 있었다고 할 수 있다.[46] 그리고 그에 앞선 논변에서 '필요*chreos*가 강제한다*örsen*'(B8.9)고 말할 때도 이미 디케의 등장이 시사되었다고 해야 할 것이다. 이 구절들에서 디케는 분명히 힘, 강제, 속박의 아이디어와 연결되어 있고, 다시 그 힘은 확신, 설득이 가지고 있는 것으로 표상되어 있다.

이쯤에서, 서시에서 디케가 하는 역할을 다시 음미해 보는 것이 적절하겠다. 디케는 서시에서 파르메니데스 사유 여행의 중요한 관문에 서 있었다. 추상 같은 엄정함이 바후브리히 복합어*bahuvrihi* compound[47] '폴뤼포이노스'*polypoinos*

---

46 이 확신의 힘, 즉 설득력과 디케의 족쇄의 연결은 서시의 '디케에 대한 설득' 언급(B1.14~16)과 좋은 평행을 이룬다.

47 '바후브리히 복합어'란 부유한 사람을 '많은 쌀(의)'로 형용하여 가리킬 때처럼 대상이 가진 어떤 성질이나 특성을 가지고 대상을 가리킬 때 사용되는 복합 형용사다. 복합어의 둘째 부분이 대개 명사로 되어 있으며, '…를 가진'이라는 소유 개념을 넣어 이해되기 때문에 '소유 복합어'possessive compound라고도 부른다. 이 복합어에 관한 상세한 내용은 MacDonell(1927, 175~178)을, 그것의 시적 장치로서의 역할은 Čermák(1997)을 참조할 것. 여기서 자세히 다룰 수 없지만, 핵심적인 아이디어를 드러내는 대목들에서 파르메니데스는 이 '서사시적' 복

(많은 대가를 치르게 하는)에 의해 디케의 특징적 성격으로 부각되어 있었다. 파르메니데스의 인도자인 헬리오스의 딸들이 디케를 부드러운 로고스로 설득해 문을 열어 주게 되었다는 이야기가 서시의 문 묘사에서 가장 핵심적인 아이디어였다. 이제 서시와 여기 B8 논변에서 디케의 행위는 열어 주는 일과 꽉 붙잡고 놓아 주지 않는 일로 대비되어 있고, 두 곳에서 공히 이 열어 주느냐 아니냐 여부는 로고스가 갖는 설득력에 의해 좌우되는 것으로 표상되어 있다.

B8 논변 가운데서는 여기 13b~15a행에서 처음으로 도입되는 디케는 이제, 한편으로는 논변이 따라야 할 규준(그것을 따름으로써 확보되는 설득력)과, 다른 한편으로는 논변이 타깃으로 삼는 있는 것의 성격을 동시에 표상하고 있는 것으로 보인다. 디케를 통해 이런 두 차원의 규범성, 즉 논변(혹은 이론)의 논변(혹은 이론)다움과 있는 것의 있는 것다움이 강하게 의식되면서 논변이 이루어지고 있다고 볼 수 있다.[48]

진리편에서, 특히 B2에서 둘째 길에 대한 기각이 의미 있게 이해되려면 불가능 양상어가 기본적으로 진위 양상어가 아니라 의무 양상어 혹은 규범 양상어로 읽혀야 한다. B2의 '크레'*chrē*나 여타 부분의 '파톤'*phaton*, '노에톤'*noēton* 등을 독해할 때 일단은 앞서 호메로스 양상어 용법 검토의 정신을 따라 불가능성과 부정 의무를 묶는 방식으로 읽는 것이 적절하다는 말이다. 있지 않다는 것이 말이 안 된다, 노에인이 안 된다는 것은 있지 않다는 것이 아예 발화조차 안 된다, 아예 머릿속에 떠올리는 것조차 안 된다는 뜻이 아니라, 제대로 된 말이 안 된다, 제대로 된 노에인이 안 된다는 뜻으로 읽어야 한다. B2의 둘째 길을 논리적 불가능성으로 읽으면 '애초부터 선택지는 둘이 아니라 사실은 하나

합어를 적어도 열세 번 이상 구사하고 있어 주목할 필요가 있다.

48 "디케는 우리의 사유만이 아니라 사태까지도 결정한다."(프랭켈 2011, 663)

였다'고 말할 수밖에 없게 되고, B2의 판가름은 사이비 판가름이 되고 말 것이다. 기각되는 선택지를 무의미하게 만드는 이런 해석은 딜스-콘포드가 상정하는 B2 선택지와 크게 다르지 않은 선택지를 만드는 일이 된다.[49]

그런데 이런 양상어 이해가 반드시 파르메니데스의 모든 불가능/필연 양상어에서 논리적 불가능/필연 측면을 탈각시켜야 한다는 것으로 일반화할 수 있을까? 우리가 지금 검토하려고 하는 B8의 문맥에서는 논변의 유기적 구성이 이전(B2~B7)보다 훨씬 더 명료하게 의도되어 있기 때문에 좀 더 주의 깊게 접근할 필요가 있다. 이제 논변의 이 지점에서 파르메니데스는 규범적 양상을 강하게 시사하는 디케와 더불어 논리적 불가능/필연처럼 보다 강한 의미의 양상을 시사하는 듯한 아낭케를 함께 언급하고 있다.

> 이것들에 관한 판가름krisis은 다음의 것에 달려 있다.
> 있거나 아니면 있지 않거나다. 그런데 필연ananke인 바 그대로
> 한 길은 사유될 수 없는 이름 없는 길로 내버려두고 (왜냐하면 그것은 참된
> 길이 아니므로) 다른 한 길은 있고 진짜이도록 허용한다는 판가름이 내려져 있다.
>
> B8.15b~18

그리고 이 아낭케가 지시하는 바는 B2에서의 판가름이다. 이제 디케로 대변되었던 올바름 양상이 B8 논변에서 어떻게 강조되고 강화되는지 살펴볼 차례가 되었다.

---

49 B2의 판가름이 '있는 것이 있다'는 길과 '있는 것이 있지 않다'는 길 사이에서의 선택이라고 보는 딜스-콘포드 해석은 여전히 다수 한국 연구자들에게 친숙한 '전통적' 해석이지만 논리적으로 답이 너무도 뻔한 선택을 읽어 내기 때문에 서양에서는 진작에 기각된 해석이다.

먼저 파르메니데스 이전에 '디케'가 어떤 의미로 사용되었는지를 살펴보자. 그것은 크게 세 의미 갈래로 나뉘는 것으로 관찰된다.

> i) 자연스러운/특징적인 방식(길, 관행, 습성):『오뒤세이아』 4권 691행, 11
> 권 218행, 14권 59행, 18권 275행, 19권 43행, 19권 168행, 24권 255
> 행 등
>
> ii) 판정, 판결:『일리아스』 16권 542행, 18권 508행, 『오뒤세이아』 3권
> 244행, 11권 570행, 『일과 날』 219행, 250행 등
>
> iii) 합당함, 올바름, 질서:『일리아스』 16권 388행, 19권 180행, 23권 542
> 행, 『오뒤세이아』 14권 84행 등

i)번 의미는 『오뒤세이아』에만 등장하며, 『일리아스』에서는 '테미스'가 그것에 대응한다. 호메로스 이후 상고 시대에 이 용법은 거의 사라졌고 주로 4격 부사형 '디켄'*dikēn*('…의 방식으로')으로만 사용된다.[50] 다른 두 의미는 주로 정치·경제적인 분쟁의 맥락에 사용된다. 대표적인 두 구절을 인용해 보자. ii)번 용법이 등장하는 『일리아스』 18권 아킬레우스의 방패 묘사 가운데 나오는 대목과 iii)번 용법이 등장하는 비유 대목이다.[51]

> 그런데 백성들은 회의장*agorēi*에 모여 있었다. 그곳에서 싸움*neikos*이
> 일어났는데, 두 남자가 한 죽은 남자의 피값*poinēs*을 놓고
> 다투고 있었다. 한 사람은 군중에게 공언하면서 (피값을) 전부 치렀다고

---

50 LSJ의 관련 항목과 Gagarin(1973, 82 이하; 1974, 187), Clay(1983, 169와 주 69) 참조.
51 이 두 구절에 대한 상세한 해설은 Gagarin(1973, 84~87)을 참고할 것.

주장하고 있었고, 다른 한 사람은 아무것도 받지 않았다고 부인하고 있었다.

그 둘 각각은 판관*istori* 앞에서 결정*peirar*을 얻어 내려 하고 있었다.

[…]

그러자 그들[즉 노인들]은 벌떡 일어나서 차례로 판결을 내리고 있었다*dikazon*.

한가운데는 금 두 탈란톤이 놓여 있었는데,

그들 가운데 가장 곧바른 판결*dikēn ithyntata*을 말하는 자에게 주어질 것이었다.

『일리아스』 18권 497~501행, 506~508행

제우스가, 신들의 보복을 염두에 두지 않고

회의장*agorēi*에서 강압에 의해*biēi* 비뚤어진 명령들을 판결하여*skolias krinōsi themistas*

올바름*dikēn*을 몰아내는 사람들에게 분개하여 화가 났을 때

『일리아스』 16권 386~388행

　　이 문맥들에서 '디케'는 여럿 앞에서 말로 다투는 상황을 평화적으로 조정, 해결하는 역할을 수행한다. 폭력적인 행위가 개재되어 있는 상황을 강압이 아니라 말로 중재하는 것이 '판결'로서의 디케이고, 그것에 의해 얻어지는 것이 '올바름', '질서'로서의 디케다. 이 올바름, 질서는 관련 당사자들이 판결의 결과 결국 얻게 되는 '응분의 대가'로 대변된다.[52]

---

52 예컨대 아킬레우스와 아가멤논의 화해 장면 중에서 오뒤세우스가 아킬레우스와 아가멤논에게 하는 말에 이런 용법이 잘 드러나 있다. "또 그대 자신의 프렌 속의 튀모스가 자비롭게 하시오. / 그런 연후에 그가 막사에서 진수성찬으로 그대에게 보상하게 하시오. / 그대가 합당한 것*dikēs*에 조금이라도 부족한 것을 가지게 되는 일이 없도록 말이오. / 아트레우스의 아들이여, 그대는 장차 다른 사람 앞에서도 더 올바르게*dikaioteros* / 될 것이오. 더 먼저 화를 키운 경우라면 왕이라고 해서 / 다른 사람에게 보상하는 것이 조금도 비난받을 일이 아니니까 말이

이제 파르메니데스로 돌아오자. ii)번, iii)번 의미 모두 서시의 '디케'에 들어 있다. 호메로스적인 이 두 의미 외에 서시에서(그리고 본편에서도) '디케'가 갖는 의미는 우주적 질서의 관장자라는 것인데, 앞에서 말했듯이 이런 의미로의 확장은 이미 헤라클레이토스에서 이루어져 있었다. 디케가 아낭케와 연관되는 B8.12~18의 맥락은 서시에서 부각된 심사자이자 질서 유지자인 디케가 본편에서 어떤 역할을 하게 되는지를 잘 보여 준다(해당 구절에 나오는 동사의 시제를 별도로 표시한다).

(A) 12~13a 확신의 힘이 생성(과 소멸)을 허용하지 않을 것이다. (미래)

(B) 13b~15a 이것을 위해 디케(의 족쇄)가 생성 소멸하도록 허용하지 않았다. 꽉 붙들고 있다. (부정과거, 현재)

(C) 15b~16a 이 판가름은 있다 아니면 있지 않다는 판가름에 달려 있다. (현재)

(D) 16b~18 그런데 있다는 길만 허용된다는 판가름이 이미 내려져 있고 그것은 아낭케다. (완료)

이 문맥에서 논의되고 있는 것은 있는 것이 생성 소멸하느냐 여부의 판가름이다. (A)와 (B)가 말하는 것은 디케가 있는 것을 족쇄로 붙들고 있기 때문에(B) 생성 소멸이 불가능하다고 확신할 수 있다(A)는 것이다. 있는 것을 구속하는 디케의 힘이 생멸 불가능하다는 확신의 힘이 되고 있다는 것이다. 그리고 이 디케의 힘은 (C)와 (D)에서 B2의 판가름이 가진 구속력(즉 아낭케)과 동일시된다. 요컨대 생성 소멸하느냐의 판가름은 있는 것을 있는 것답게 만드는

오."(『일리아스』 19권 178~183행)

디케의 구속력에 의거하고, 이것은 다시 있느냐 있지 않느냐 라는 기본 판가름 basic *krisis*이 가진 구속력(아낭케)이다.[53] 있느냐 있지 않느냐가 정해지면 그에 따라 생성 소멸하느냐 여부가 달리 어찌해 볼 도리 없이 정해진다는 것이 이 문맥의 요지다. 이제 아낭케와 동일시된 디케는 판가름의 적절함, 올바름의 아이디어만이 아니라 판가름의 귀결을 받아들일 수밖에 없음(즉 귀결의 불가피성)의 아이디어를 덧붙여 갖게 된 것이다.

여기서 도입된 디케, 아낭케(그리고 요강 부분에서 도입되는 모이라)와 속박/한계 이미지는 은유로 보아야 한다. 그 신성과 이미지들이 드러내는 물리적 강제의 아이디어는 내키지 않아도 받아들일 수밖에 없음을 강조하는 것이며, 거기에 포함된 물리적 뉘앙스는 마치 공 비유[54]가 끌고 들어오는 그것처럼 파르메니데스가 표현하고자 하는 진짜 아이디어에 비하면 부차적인 것이라 할 수 있다.

B2의 양상어는 선택의 상황에서 사용되고 있는데, 선택이 가짜가 아니라면 둘째 길의 선택 가능성도 열려 있어야 한다. 그런가 하면 B8의 이미지들이 도입되는 문맥은 이미 선택이 내려진 상황에서 그것의 논리적 귀결이 어떠한지를 살펴보는 맥락이다. 일단 첫째 길을 택했다면 그것이 함축하는 여러 귀결들도 받아들일 '수밖에 없다', 달리 어찌할 '수 없다'라는 훨씬 강한 양상 개념들이 의미 있게 되는 문맥이며, 그런 문맥에서 새로 도입된 아낭케나 모이라의 이미지는 일차적으로 그런 문장간 혹은 판단간의 논리적 연결을 염두에 둔 것으로 이해하는 것이 자연스럽다. B2의 판가름이 이미 내려져 있다*kekritai*라고 완료형 표현을 사용하고 다시 그것이 아낭케라고 부연함으로써, 그 기본 판가

---

53 '이미 판가름이 내려져 있다'*kekritai*는 완료 표현이 이 구속력, 불가피성의 아이디어를 잘 대변한다.
54 공 비유에 관해서는 아래 5장 1절에서 상세한 고찰이 이루어진다.

름이 생성 소멸 여부를 가르는 지금의 판가름을 좌우하는 힘을 갖는다는 것을 강조하고 있다.

요컨대, B2의 있음-있지 않음의 판가름 논변은 B8의 생성 소멸 불가능성 논변으로 이어진다. 텍스트 문면에 표지 논변의 연쇄가 비교적 분명하게 드러나 있다. B2의 판가름(즉 있지 않음의 불가능성) → (가) 생성 소멸 불가능성 → (다) 변화 불가능성 → (라) 완전성으로 연결된다. 그런데 (가)와 (다) 사이에 있는 (나), 즉 하나의 전체(즉 분할 불가능성, 연속성)라는 표지는 '*oude*'로 시작하고 있고, (다)나 (라)에서처럼 연쇄에 관한 별도의 단서가 주어져 있지 않다. 다섯 번 등장한 속박 관련어는 (가)에 두 번, 그리고 (다), (마), (바)에 각 한 번씩 나오고 (나), (라)에는 빠져 있다. (라)에는 인격화되지는 않은 채로이긴 하지만 테미스의 언급이 나와 있어서 결국 속박 관련어가 완전히 빠져 있는 곳은 역시 (나)뿐이다.

이렇게 볼 때 확실히 (나)는 다른 표지 논변들과 다른 방식으로 구성되어 있다. 다른 논변들은 전부 족쇄(및 그 유사물)에 의존하거나 이전 논변의 결과에 의존하는데, 이 부분은 그런 관련에 대한 직접적인 시사가 빠져 있다. 이 경우 자연스러운 독해는 앞 (가) 논변에 계속 이어져 나오는 것으로, 즉 (가) 논변에서 확보된 것이 이 논변에도 적용된다고 보는 것이다. 게다가 (가) 논변의 도입부 B8.5~6a는 이곳을 지시하는 듯하게 '하나요 연속된 것'임을 거론했었다. 거기서 연속성(②)이 생멸 불가능성(①)과 더불어 거론되고 있는 것으로 보아 연속성 표지는 생멸 불가능 표지와 긴밀하게 짝을 이루는 것임을 짐작할 수 있다.

> [그것은] 나누어질 수 있는 것도 아니다. 왜냐하면 전체가 균일하기에.
> 또 여기에 조금도 더 많이 있지도 않고 (그런 상태는 그것이 함께 이어져 있지
>   못하도록 막게 될 것이다),

조금도 더 적게 있지도 않으며, 오히려 전체가 있는 것으로 꽉 차 있다.

이런 방식으로[/그러므로] 전체가 연속적이다. 왜냐하면 있는 것이 있는 것
　에 다가가기 때문이다.

B8.22~25

이 연속성 표지는 프로그램의 '전체요 한 종류'에 대응된다고 할 수 있는데 그 내용에 관해서는 논란의 여지가 많다. 시간에 관한 이야기로 보는 버전은 무엇보다도 앞 논변과의 연속성 때문에 배제하기 어렵다. 그렇게 보면 전체가 균일하다는 것은 생멸 부인 논변에서 성취된 것, 즉 전적으로 있는 것임을 가리킨다. 22행의 내용은 있는 것은 전적으로 있는 것이어서, 즉 그 안에 있지 않은 것이란 없어서 나뉘지 않는다, 다시 말해 틈이 없다는 것이다. 23~24행의 내용은 있지 않은 것이 끼어들 틈이 어디에도(즉 어느 순간에도) 없이 있는 것으로 꽉 차 있다는 것이고, 25행의 내용은 그렇기 때문에 있는 것으로 연이어 있다는 것이다. 생멸 부인 논변에서는 절대적인 시작점 0(무)이었던 시간 t_0이나 1(온전한 존재)인 시간 t_1이 생성이나 성장(혹은 소멸)의 시작점으로 고려되고 부인되었다면, 여기서는 그 0과 1 사이 어떤 순간에도 그런 시작점이 따로 이야기될 수 없다는 말을 하는 것이 된다.

그런가 하면 이 부분을 공간적으로 해석하는 버전은 문면의 용어들('나누어진다', '여기', '저기', '연속', '꽉 차 있다', '다가간다' 등)이 공간적 표상을 포함하고 있다는 점에서 배제하기 어렵다. 이렇게 읽으면 B4[55]와 연관지어 볼 가능성이 확

---

[55] "그런데 멀리 떨어져 있음에도 불구하고 곁에 있는 것들을 누스(지성)로 확고하게 바라보라. / 왜냐하면 그것은 있는 것을 있는 것에 붙어 있음으로부터 떼어 내지 않을 테니까, / 그것이 전적으로 질서에 따라*kata kosmon* 모든 곳에 퍼져 있는 상태에서도 그럴 수 없을 것이고 /

보되며, 무엇보다도 의견편 B9[56]나 B16[57]의 '더 많은 것'*to pleon*과 잘 연결된다. 있는 것으로 꽉 차 있다는 것과 빛과 밤으로 꽉 차 있다는 것의 유사성과 대조에 주목하는 것이 진리편과 의견편의 관계를 이해하는 데 중요한 열쇠가 된다.

시간과 공간 가운데서 어떤 버전을 택하든 이 부분의 독해는 이어지는 부동성 논변과의 연결을 자연스럽게 만드는 것이어야 한다. 일단 표면적으로는 시간적 독해가 이어지는 부동성 논변과의 연결을 매끄럽게 하는 것이 사실이다. 부동성 논변은 시작과 끝이 없는 것임을 이야기하고 그 근거로 이미 확인된 생멸 불가능성을 들고 있기 때문이다.

> 그러나 [그것은] 커다란 속박들의 한계들 안에서 부동不動, *akinēton*이며
>
> 시작이 없으며 그침이 없는 것으로 있다. 왜냐하면 생성과 소멸이
>
> 아주 멀리 쫓겨나 떠돌아다니게 되었는데, 참된 확신이 그것들을 밀쳐 냈기 때문이다.
>
> 같은 것 안에 같은 것으로 머물러 있음으로써 그 자체만으로*kath' heauto* 놓여 있고
>
> 또 그렇게 확고하게*empedon* 그 자리에 머물러 있다. 왜냐하면 강한 아낭케(필연)가

그러그러하게 함께 결합되어 있는 상태에서도 그럴 수 없을 것이기에."(DK 28B4: 알렉산드리아의 클레멘스『학설집』5.15)

56 아래 3절에 인용되어 있다.

57 "왜냐하면 많이 헤매는 지체들의 혼합이 매번 어떤 상태에 처하느냐에 따라 / 그렇게 누스가 인간들에게 다가오기 때문에. 왜냐하면 / 사람들 모두에게 그리고 그들 각각에게 있어서 [누스가] 생각하는*phroneei* 것은 동일한 것, / 즉 지체들의 본성*physis*이기 때문에. 왜냐하면 더 많은 것*to pleon*이 사유*noēma*니까."(DK 28B16: 아리스토텔레스『형이상학』1009b22 / 테오프라스토스『감각에 관하여』3)

그것을 빙 둘러 에워싸고 있는 한계의 속박들 안에 [그것을] 꽉 붙들고 있기 때문이다.

B8.26~31

첫 문장에 나오는 '속박들의 한계'는 생성 소멸을 못하게 디케가 채워 놓은 족쇄를 가리키는 것으로 보인다. 이는 그다음의 근거 문장에 참된 확신이 생멸을 밀어냈다는 이야기가 나오는 것으로 보아 분명하다. 여기서도 속박 관련어와 설득 관련어가 한 자리에 모였다.[58] 전반부 세 행의 논변은 생멸이 부인된 데서 시작과 끝이 없음이 따라나오고 다시 그것으로부터 불변이 귀결되는 방식으로 되어 있다. 시작과 끝은 이제까지의 논변에서 주목된, 과정의 시작점과 끝점을 가리키므로 이 구절에 일차적으로는 시간적 함축이 부각되어 있다. 그러나 '한계들 안에서'나 '부동' 등 공간적 함축을 갖는 용어들도 사용되고 있고, 이어지는 29~31행은 공간 함축을 아주 분명히 드러내고 있다. 게다가 시작과 끝에 대한 멜리소스의 해설(DK 30B2)도 시공간 함축 모두를 포함하는 것으로 보인다. 그러므로 이 부분이나 방금 전에 살펴본 연속성 논변에 시공간 함축이 다 들어 있다고 보는 것이 자연스럽다. 그리고 이런 문맥으로 미루어 볼 때 첫 행의 '부동'akinēton은 넓은 의미의 변화 일반을 가리킨다(즉 장소 이동을 배제하지 않지만 그렇다고 장소 이동만으로 한정되지도 않는다)고 말할 수 있다.[59]

후반부 세 행에도 속박 관련 이미지가 등장한다. 강한 아낭케가 맨 바깥의

---

58 생멸 부인 논변 중의 B8.12~18과 좋은 평행을 이룬다.

59 예컨대 플라톤 『테아이테토스』 1부에 언급된 '운동'kinēsis과 같은 의미로 볼 수 있다. "그래서 나는 이 두 종류의 운동kinēsis이 있다고 말합니다. 하나는 달리 됨alloiōsis이고, 다른 하나는 장소 이동phora이죠."(181d)

속박 안에 있는 것을 꽉 붙들고 있어서 같은 자리에 같은 것으로 머물러 있게 되고(장소 이동과 성질 변화의 부정), 그럼으로써 독립적으로 확고하게 머물러 있다(독립성과 자기 동일성). 후반부는 의견편 B10.6~7과 평행한데, 그곳에서는 아낭케가 둘러싸는 하늘에 족쇄를 채워 별들의 한계를 꽉 쥐고 있다고 이야기된다. 이것으로 미루어 보아도 적어도 이 후반부는 공간성 아이디어를 강하게 담고 있다. 게다가 속박 표현 도중에 둥긂의 아이디어가 부각되어 있기도 하다. 또한 '그 자체만으로'*kath' heauto*는 있는 것이 타자의 영향을 받지 않는 독립적인 것임을 나타내는, 일원론을 시사하는 표현이다.

아낭케의 속박은 다음의 완전성 논변에도 계속 영향을 미친다. 전반부가 부동성 표지를 부정적인 방식으로 제시하고 있다면 후반부는 긍정적인 방식으로 제시한다고 볼 수 있고, 전반부에서는 이전 논변에까지 지속되던 시공간성 아이디어를 근거로 변화 일반이 부인되고 있다면 후반부는 공간성이 더 부각되는 방식으로, 즉 전반부 논변에서 유난히 강조되지는 않았던 장소 이동의 측면이 주목되는 방식으로 표현되어 있다고 할 수 있다.

전반부 논의에서 후반부 논의로 옮겨가면서 파르메니데스는 크세노파네스의 평행 구절(DK 21B26)을 강하게 의식하고 있던 것으로 보인다.[60] 파르메니데스는 여기서 크세노파네스의 평행 구절에 담긴 규범적 필연성보다 훨씬 강해 보이는 '강한 아낭케'의 이야기를 개진한다. 앞에서 그는 생멸 불가능 논변 과정에 디케의 족쇄를 이야기했고, 거기에 인격화된 채로는 아니나 아낭케가 등장했다. 이 둘은 B2의 판가름을 지시하기 위해 도입되었다. 이제 있는 것이 움직이냐 여부를 따지는 대목에서 파르메니데스는 있는 것이 그 판가름에 철저

---

60 평행 구절과 비교하는 상세한 논의는 다음 장의 2절에서 다루어질 것이다.

히 종속됨을 강한 어조로 이야기하고 있다.

가사적인 것을 넘어 불생불멸로 있는 것은 크세노파네스의 신처럼 자유롭게 누스로 생각을 하면서 만물을 움직이는 것이 아니다. 그것은 오히려 아낭케의 속박에 묶여 완전히 정지해 있다. 크세노파네스의 신은 움직이는 것이 그의 위상에 걸맞지 않아서 가만히 있으면서 생각으로 세상을 움직이는 것이었다. 그러나 파르메니데스에서는 이런, 세상을 움직이는 자로서의 신은 진리편 논의에 빠져 있고 오히려 의견편에 등장한다. 그런가 하면 '알맞다'와 맥이 통하면서도 그것보다 훨씬 강한 의미의 필연, 즉 그 부정 사태의 가능성이 철저히 배제된 '강한 아낭케'에 의해 묶여 있는, 파르메니데스의 있는 것은 사유조차 할 수 없다.

진리편에서 파르메니데스는 크세노파네스의 신론이 표방하는 아이디어 '하나의 신' 가운데 '신'은 탈각시키고 '하나'는 붙잡으려 하면서, 크세노파네스가 엑스트라로 밀어냈던 서사시의 신들[61]을 있는 것의 그림에 또 다른 주연으로 등장시키고 있다. 이 그림에서 우리는 크세노파네스와의 차별성과 더불어 B3[62]의 독해에도 일정한 시사를 얻는다. B3의 '노에인'을 능동으로 읽는 독해, 즉 '사유하는 것은 있는 것이다'는 파르메니데스가 크세노파네스로부터 떼어 내려 했던 측면을 파르메니데스에게 귀속시키는 것이라 할 수 있다.[63] 파르

---

61 "하나다, 신은. 신들과 인간들 가운데 가장 위대하며."(DK 21B23.1)

62 "왜냐하면 같은 것이 사유되기*noein* 위해 또 있기*einai* 위해 있으니까."(DK 28B3: 알렉산드리아의 클레멘스 『학설집』 6.23 / 플로티누스 『엔네아데스』 5.1.8)

63 이 해석의 역사는 아주 오래다. 무엇보다도 B3의 두 전달자 클레멘스(2세기 말~3세기 초)와 플로티누스(3세기)가 그렇게 읽었다. 지금은 대다수 연구자들이 신플라톤주의적 해석이 끼어들었다는 이유로 이 독해에 동의하지 않지만, 여전히 우리는 간간이 지지자를 만나게 된다. 예컨대 최근의 모건도 그 가운데 하나이며(Morgan 2000, 70과 주 59), 지금까지 『단편 선집』

메니데스의 있는 것은 노예인하는 것이 아니라 노예인된다. 그것이 묶이는 것은 노예인되기 위해서다. 이어지는 요강要綱 부분이 그 점을 잘 드러낸다. 그 부분으로 넘어가기 전에 간략히 덧붙어 있는 완전성 논변을 먼저 짚어 두자.

> 그러므로 있는 것이 미완결이라는 것은 옳지*themis* 않다.
> 왜냐하면 결핍된 것이 아니며, 만일 결핍된 것이라면 그것은 모든 것이 결핍된 것일 테니까.

B8.32~33

'그러므로'라고 옮긴 '*houneken*'을 타란(Tarán 1965)은 딜스와 폰 프리츠K. von Fritz 등을 따라 '왜냐하면'으로 번역하는데, 이는 앞 문장이 있는 아낭케의 속박과 자연스럽게 연결되기 어려운 번역이다. '*houneken*'이 지시하는 것은 앞 문장 전체라고 보는 것이 자연스럽고, 이렇게 보면 완전성 논변은 직접적으로는 부동성에 그리고 간접적으로는 아낭케의 속박에 의존하게 된다. 여전히 논변을 관통하는 핵심 아이디어는 '전적으로 있거나 아니거나'(11행)다. 조금이라도 결핍이 허용되면 완전한 결핍으로 이어진다는 것이다.

이제까지의 표지 논변들은 계속해서 있다 아니면 있지 않다라는 B2의 판가름을 상기시키면서 있지 않은 것을 밀어내는 내용으로 집약된다. 생멸 부인 논변은 직접 이 판가름으로의 귀착을 명시하고 있고, 나머지 세 표지 논변들은 생멸 부인 논변에 의존되어 있음이 밝혀짐으로써 간접적으로 판가름으로의 귀착이 이야기되고 있다. 사유의 영역에서(혹은 사유 대상으로부터) 있지 않은 것을

외에 이 분야에 속한 아마도 유일한 국내 저서에서도 발견된다(김내균 1996, 185과 주 268).

밀어내는 이 작업은 사실상 가사자들의 의견과의 콘테스트(아곤)였다. 가사자들은 (있는 것에 대해) 생겨난다, 없어진다, 움직인다, 바뀐다 등등을 생각하는데, 그것은 표지들을 통한 멀티-테스트(*polydēris elenchos*: B7.5)에 의해 결국 B2의 판가름을 어기는 것으로 귀착하며(각 표지들은 그것이 있는 것에 허용될 만한가를, 최종적으로는 있느냐 있지 않느냐의 테스트에 의거하여 심사한다), 결국 그 테스트는 가사자들과의 콘테스트 방식이었음이 드러난다.

B5의 언명도 바로 이것, 즉 가사자들의 세계 파악 내용(아래 구절에서 '이름'이라고 명명된다)에 대한 테스트를 염두에 둔 것이었다.[64] 그것이 어떤 내용(즉 이름)이든 간에, 그리고 그것이 얼마나 많든 상관없이 그것의 테스트는 직접적으로 이 네 표지를 기초로 한 테스트이거나 그것으로 환원될 수 있으며(표지는 아주 많으니까: B8.3), 다시 이 네 표지 테스트는 모두 있다 아니면 있지 않다라는 판가름으로 귀착한다는 것이다.

파르메니데스가 속박 관련 이미지들을 표지 논변에서 여러 번 사용한 것은 모든 테스트, 즉 판가름(예컨대, 생겨나느냐 생겨나지 않느냐)은 B2의 바로 그 기본 판가름에 의존되어 있다는 것, 그것의 필연적 귀결이라는 것을 드러내기 위함이고, 또 각 테스트들도 긴밀한 일종의 논리적 연쇄에 의해 서로 결속되어 있음을 구상적으로 표현한 것이라 볼 수 있다. 그 테스트가 가사자들과의 콘테스

---

64 "그런데 어디서부터*hoppothen* 내가 시작하든 내게는 마찬가지*xynon*다. 왜냐하면 그리로*tothi* 나는 다시 돌아갈 것이니까."(DK 28B5: 프로클로스『플라톤의「파르메니데스」주석』708) B5는 기본적으로 B2가 아닌 B8에 대한 언급이며, B2를 결국 가리킨다 해도 그것은 B8을 통해 간접적으로 그렇다. 시작점은 B8의 여러 표지다. 표지가 하는 역할은 테스트이며, 그 테스트는 어떤 탐구 대상에 대해서든 행해질 수 있다. 그것이 앎의 대상으로 될 만한 것인지에 대한 테스트는 여러 표지들을 갖고 행해질 수 있는데, 어떤 표지를 갖고 테스트하든 결국 관건은 B2의 판가름에, 즉 있느냐 있지 않느냐에 귀착한다는 것이 B5에서 말하는 시작과 돌아감이다.

트였다는 점은 이제까지의 논의를 집약해 보여 주고 있는 요강 부분에서 분명해진다.

> 같은 것이 사유noein되기 위해 있고 또 그것에 의해 사유noēma가 있다.
> 왜냐하면 있는 것 없이 ([사유가] 표현된 한에서는 그것에 의존하는데)
> 그대는 사유함to noein을 찾지 못할 것이기에. 왜냐하면 있는 것 밖에 다른
> 아무것도
> 있거나 있게 될 것이 아니기 때문에. 왜냐하면 모이라(운명)가 바로 이것을
> 온전하고
> 부동의 것이게끔 속박했기에 그러하다. 이것에 대해 모든 이름들이 붙여져 왔다,
> 가사자들이 참되다고 확신하고서 놓은 모든 이름들이,
> 즉 생겨나고 있음과 소멸되어 감, 있음과 있지 않음,
> 그리고 장소를 바꿈과 밝은 색깔을 맞바꿈 등이.

B8.34~41

먼저 34행이 의견편의 B16.2b~4와 평행하다는 점을 기억해 두자. 다음으로, 이 요약에도 속박 관련어가 들어 있음을 발견할 수 있다. 다만 그 신성이 디케나 아낭케에서 모이라로 바뀌었을 뿐이다. 이 세 신성의 바뀜을 면밀히 관찰해 보면, 거의 같은 아이디어를 표현하긴 하지만, 바뀐 표현이 드러내는 뉘앙스의 차이가 활용되고 있다는 점 또한 무시하기 어렵다. 이전 사람들의 필연 개념이 디케가 시사하는 알맞음 혹은 올바름 측면(물론 엄정함의 아이디어와 함께)으로 계승되지만, 파르메니데스에서는 디케의 또 다른 측면, 즉 엄정함의 측면이 아낭케가 드러내는 물리적 강제의 은유에 의해 한층 발전한다.

아낭케의 명시적인 인격화는 아마도 파르메니데스에서 처음 시도된 것이

아닌가 싶다. 파르메니데스보다 앞선 시대를 산 시모니데스(556년경에 출생)의 서정시에 "신들조차 아낭케와는 싸우지 않는다."(단편 19.21[65])는 언급이 있고 서사시의 생각과 연속되어 있을지도 모르는 이 아이디어를 파르메니데스가 끌어들이고 있는 것은 분명하지만, 시모니데스가 행위자로서의 아낭케의 능동적인 측면을 인격화한 것은 아니다.[66] 아낭케는 적어도 파르메니데스가 신성을 도입하면서 염두에 두었을 수밖에 없는 헤시오도스에는 나오지 않는다. 셋 신성 가운데 디케와 모이라는 헤시오도스에서 각각 테미스의 두 딸 그룹인 호라이와 모이라이에 속해 있었다.[67] 사유의 심사자로 새로 출연한 아낭케는 이제 사유가 따를 규준을, '지키는 것이 알맞다, 그래야 사유답다' 정도가 아니라 '따르지 않는다는 것은 있을 수 없다, 안 그런 경우는 배제된다'는 수준의 것으로 격상시킨다. 파르메니데스는 필연성 개념이 규범적 필연성에서 논리적 필연성으로 진전되는 전환점에 서 있다고 할 수 있다.

이제 이 전환은 다시 모이라로 정리되어 표현된다. 모이라는 위에서도 언급한 헤시오도스의 구절에서 복수 모이라이로 등장했었다. 아마도 단수로 표현하면서 파르메니데스는 그 가운데 하나를 지시하는 것으로 보이고, 그것은 이 문맥에 적절한 아트로포스*Atropos*일 것이다. 이미 살펴본, 디케가 아낭케와

---

65 에드먼즈판 기준(Edmonds 1924, 286~287). 베르크T. Bergk판 기준으로는 단편 5.21. 시모니데스 시 해석을 다루는 것으로 잘 알려진 플라톤의 작품 『프로타고라스』의 345d에도 인용되어 있다.

66 LSJ가 언급하는 다른 자리들은 파르메니데스 이후의 것이다. 엠페도클레스 DK 31B116, 아이스퀼로스 『페르시아인들』105, 소포클레스 단편 256.

67 헤시오도스 『신통기』 901~906행. 제우스가 둘째 아내 테미스에게서 난 두 딸 그룹 호라이와 모이라이는 각각 셋으로 구성된다. 에우노미아(준법 혹은 질서)와 디케, 에이레네(평화)가 전자에, 클로토(인생의 실을 잣는 것), 라케시스(분배하는 것), 아트로포스(되돌이킬 수 없음)가 후자에 속한다.

연관되는 문맥에서 "판가름이 이미 나 있다"*kekritai*(B8.16)고 완료형으로 표현된 것이 아트로포스와의 연결을 자연스럽게 만든다. 모이라가 시사하는 돌이킬 수 없음*atropos* 혹은 신조차도 따를 수밖에 없음의 측면은 디케에서 아낭케로의 이행을 잘 종합하는 것이라 하겠다.[68]

논의를 다시 정리해 보자. 서시에서 우리가 주목한 심사자로서의 디케는 이야기가 이어지는 과정에서 새로운 신들의 도입으로 복수화되고 그 역할이 구체화된다. 서시 말미에서 테미스(헤시오도스에서는 디케의 어머니였다), 모이라가 추가되며, 다시 본편의 B8에서는 표지 논변에 이 셋이 다 등장하고 거기에 아낭케가 추가된다.[69] 이 네 신성의 역할 분담에 관해 논의할 수도 있겠지만, 관심은 오히려 그것들을 논변 과정에서 끌어들임으로써 파르메니데스가 성취하고자 하는 바가 무엇인지에 집중될 필요가 있다.

이런 인격화의 측면 외에, 그 지시어들이 일상어에서 필연, 올바름 양상을 가리키는 추상명사이기도 하다는 점은 파르메니데스 텍스트 여러 곳에서 분명하기도 하거니와, 그가 왜 건조무미한 논변 과정에서 이 신들을 언급하는지 이해할 수 있는 힌트를 제공한다. 디케가 B8의 논변에 처음으로 도입되는 곳인 생성 소멸 부인 논변의 문맥은 청자 혹은 독자인 우리가 보기에 논변이 따라야 할 규준을 제대로 따르고 있느냐를 이야기하는 대목이다. 즉 디케는 논변의 차원에서 '알맞다', '적절하다', '기준에 합당하다'는 용어들이 알맞은 상황에서

---

[68] 이 아트로포스는 '되돌아가는'*palintropos*(B6.9) 가사자의 길과 잘 대비된다. 있다-있지 않다의 판가름에 이르면 더 이상 있지 않은 것으로 돌아가지 않게 되어 헤맴을 끝내게 된다는 것이다.

[69] 아낭케는 나중에 의견편 B10에서 우주적 질서의 담당자로 등장하는데, 아래에서 상술하기로 한다.

도입되고 있다. 그와 동시에 그곳은 논변이 드러내려는 '있는 것'의 성격을 논의하고 있는 자리이기도 하다. 즉 디케는 논변 차원의 규준으로 도입될 뿐만 아니라 존재 차원에서 '그런 상태일 수밖에 없다', '그런 상태여야 마땅하다'는 의미를 함축하는 것이기도 하다. 결국 네 신성의 도입은 논변의 논변다움, 있는 것의 있는 것다움이라는 규범성을 강하게 의식하면서 이루어진다고 볼 수 있고, 다른 맥락들에서 그가 사용하고 있는 양상어의 의미도 그런 규범성 의식과 맞물려 있으리라고 짐작할 수 있다.

3. 우주적 질서와 섞임
의견편 우주 이야기에서 아낭케와 다이몬

표지 논변과 요강 부분을 거치면 이제 진리편에서 여신이(즉 파르메니데스가) 하려는 이야기의 핵심이 개진되고 요약, 정리까지 이루어졌다고 할 수 있다. 그런데 진리편은 아직 끝난 것이 아니다. 있는 것이 둥근 공과 비슷하다는 이야기(B8.42~49)[70]를 덧붙이고 나서야 비로소 진리편은 마감된다. 그러면서 여신은(즉 파르메니데스는) "이제부터 내 이야기들의 기만적인 질서를 들으면서 가사적인 의견들을 배우라."(B8.51b~52)고 명한다. 이후 개진되는 의견편의 골격은 다음과 같다.

---

70 이 비유에 관한 상세한 고찰은 아래 5장 1절에서 2세대 엘레아학파 논의와 함께 이루어진다.

B8.53~61: 두 원리(불과 밤) 도입과 기본적 성격 설명

B9: 두 원리를 통한 세계의 이름 붙임

B10 과 B11: 프로그램 - 우주론에서 배울 사항들

B12: 우주 그림과 다이몬의 역할

B13: 에로스의 탄생

B14 와 B15: 달의 작용

B15a: 땅의 성격

B16: 누스론 - 가사자의 사유에 관한 이론

B17: 태생학 - 남녀의 발생

B18: 남녀의 결합

B19: 에필로그 - 의견에 따른 생멸의 되풀이

가사자들의 그 어떤 견해도 따라잡지 못할 만큼 '그럴듯한' 설명으로 제시되는 이 의견편 우주론의 기본 얼개는 다음과 같이 제시된다.

> 그들[즉 가사자들]은 이름 붙이기 위해 두 형태morphai를 마음에gnōmais 놓
> 았는데,
> 그것들 가운데 어느 하나도 그래서는 안 된다. 바로 그 점에서 그들은 헤맸
> 던 것이다.
> 그리고 그들은 형체에 있어 정반대인 것들을 구분했고 그것들 서로 간에
> 구분되게 표지들을 놓았다, 즉 한편에는 에테르에 속하는 타오르는 불을,
> 부드럽고 아주 가벼우며 모든 방면에서 자신과 동일하되

다른 하나와 동일한 것이 아닌 [불을 놓았다]. 그런가 하면 [그들은] 저것[즉

다른 하나]도, 즉 그 자체만으로

정반대인 어두운 밤도, 조밀하고 무거운 형체인 [밤도 놓았다].

B8.53~59

그러나 모든 것들이 빛*phaos*과 밤으로 이름 붙여져 있고*onomastai*[71]

그것들[즉 빛과 밤]이 그 힘들*dynameis*에 따라 이것들에 그리고 저것들에 갖

다 붙여져 있기 때문에,

전체[즉 사물들 전체]가 빛과 보이지 않는 밤으로 함께 꽉 차 있다,

둘이 동등한 채로. 왜냐하면 둘 중 어떤 것에도 아무것도 아닌 것이 관여해

있지 않기에.

심플리키오스 『아리스토텔레스의 「자연학」 주석』 180.9~12 (DK 28B9)

가사자들이 놓은 두 '형태'(즉 원리)는 서로 환원 불가능한 대립자mutually ir-reducible opposites요 서로 대립되는 성질을 가진 불(빛)과 밤이라는 것이며, 의견편 교설은 이렇게 도입부에서 제시된 두 원리를 가지고 세상의 사물들을 이름 붙이는 데서 이야기가 시작된다.

우리가 서시에 대한 펄리의 해석을 따라 문 묘사에서 빛과 밤의 만남, 즉 빛과 밤의 구별이 없어짐이라는 메시지를 읽을 수 있다면 서시가 기술하고 있는 넘어섬(이건 물론 밤에서 빛으로의 넘어섬이 아니다)은 바로 이 대립자 설정을 뛰어넘는 것을 가리킨다고 볼 수 있다. 파르메니데스가 사람들이 늘 밟고 다니는

---

71 여기서 일단 주목되는 것은 앞에서 두 원리 중 하나로 도입된 불이 여기선 빛이라고 표현되어 있다는 점이다.

길과 아주 멀리 떨어져서 사유 여행을 하고 있다는 것은 이 빛과 밤의 구분을 넘어선, 있는 것으로의 초월을 가리킨다고 생각할 수 있다.

서시에서부터 내내 파르메니데스는 빛과 밤으로 대변되는(즉 빛과 밤이라는 원리로 파르메니데스가 재구성한) 가사자들의 이 세계 이해에 경종을 울리고 싶어 했다. 그런 세계 이해는 '이름 붙임'으로 특징지어지는데, 사물을 빛과 밤이라는 이름으로 부르면서(즉 빛과 밤이라는 원리로 환원함으로써) 그것을 완전히 이해했다고 생각하는 사람들에게서 나온 것이다. 그런 이해에도 판가름이 있고 표지가 있다. 그러나 그 판가름은 진리편에서 말한 있다와 있지 않다 사이의 판가름, 즉 있지 않다가 완전히 배제되는 판가름이 아니라 빛과 밤 사이의 사이비 판가름, 즉 서로가 서로를 완전히 배제하지 못하고 오히려 각각의 자기 정체성이 상대방에 의해 규정 받는 그런 구분이다. 표지 역시 빛이냐 밤이냐 라는 기준만 의식한 것이어서 있지 않다를 완전히 배제한다는 기준을 만족시키지 못한다. 결국 두 원리는 각각 자신만으로는 있지 않음을 배제하지 못하고 그 배제를 위해서는 대립자의 보족을 받아야 하므로(위 B9.4의 의미가 이것이다), 완벽한 앎의 대상 혹은 완벽한 세계 이해를 위한 기본 사물basic entities이 될 수 없다.

여신은 이렇게 B8 후반부와 B9에서 우주론의 기본 원리를 도입한 후 B10에서는 앞으로 청자가 배우게 될 내용을 예고한다.

> 그리고 그대는 알게eisēi 될 것이다. 에테르의 퓌시스와 에테르에 있는 모든
> 표지들sēmata과 빛나는 태양의 순수한
> 횃불의 파괴적인 일들erga과 그것들이 어디서부터 생겨났는지를.
> 또 그대는 배우게peusēi 될 것이다. 얼굴이 둥근 달의 왔다갔다 헤매는 일들과
> 퓌시스를. 그리고 그대는 또한 알게eidēseis 될 것이다. 에워싸고 있는 하늘
> 에 대해서도

그것이 어디서부터 태어났는지*ephy*와 어떻게 아낭케(필연)가 그것을 이끌어

별들의 한계들을 잡고 있도록 묶었는지를.

알렉산드리아의 클레멘스 『학설집』 5.138 (DK 28B10)

의견편이 다루게 될 내용을 제시하는 도입부에 속하는 이곳에서 여신은 앞으로 '안다'*eisēi, eidēseis* 혹은 '배운다'*peusēi*로 특징지을 수 있는 일이 의견편을 통해 일어날 것이라 예고하는데, 그 앎이나 배움의 대상이 하늘(즉 우주)에 속한 여러 사물의 기원*physis*과 작용*erga*이라는 점이 이 단편의 주요 메시지라 할 수 있고, 이는 의견편을 이해하는 데 핵심 사항이 된다.

그런데 이 대목에서 우리가 놓칠 수 없는 사항이 하나 더 있다. 앞에서 계속 주목해 왔던 신성이 여기서 재등장한다는 점이다. 현존 파르메니데스 단편을 기준으로 볼 때, 뚜렷한 이름과 정체성을 가지고 등장하는 네 신성 가운데 아낭케는 본편에만 등장한다. B8의 표지 논변 가운데 디케와 더불어 한계, 속박의 이미지를 업고 새로 등장한 아낭케는 이제 의견편 B10에서 우주적 질서의 담당자로 등장한다. 즉 아낭케가 진리편에서는 공 비유와 연계되고 둥긂의 아이디어와 연결되기도 하는데, 여기 의견편에서는 진리편에서와 유사한 이미지를 연상하게 하면서 하늘에 족쇄를 채워 별들이 제 궤도를 유지하게 하는 역할의 담당자로 제시된다.

이제까지 살펴본 대로 B1 이후 B10까지 무명 여신 외의 신성들(디케, 모이라, 테미스, 아낭케)의 등장은 꽤 인상적이고 의식적인 방식으로 이루어진다. 이외에 현존 의견편에서 신성에 대한 지칭이 등장하는 또 하나의 대목이 발견되는데, 다름 아닌 B12다.

왜냐하면 더 좁은 것들[즉 고리들]은 섞이지 않은 불로 꽉 차 있고

이것들 다음의 것들은 밤으로 꽉 차 있는데, 불꽃의 한 부분이 [밤을 향해]

　뿜어지고 있기 때문에.

이것들의 한가운데에 모든 것들을 조종하는 여신*daimōn*이 있다.

왜냐하면 그녀가 모든 것들의[72] 끔찍스러운 출산과 섞임을 다스리고 있기에,

남성과 섞이도록 여성을 보내고, 다시 반대로

남성을 여성과 섞이도록 보냄으로써.

1~3행: 심플리키오스 『아리스토텔레스의 「자연학」 주석』 39.14~16 /

2~6행: 심플리키오스 『아리스토텔레스의 「자연학」 주석』 31.13~17 (DK 28B12)

　이제까지 거명된 신들 외에 다시 이 B12에 서시처럼 무명으로 지칭되는 여신, 즉 '다이몬'이 등장하고 있어 자못 흥미를 자아낸다. 여기 다이몬은 천체들의 고리 한 가운데에서 만물을 조종하는 역할을 하고, 그 조종은 섞임(즉 남성과 여성을 섞이도록 서로에게 보내는 일)을 다스리는 것으로 표상된다. 섞임이 이 단편의 주제다. 이것의 의미와 중요성을 이해하기 위해 잠시 B9로 되돌아가 보자.

　B9에 따르면 빛과 밤 어느 것에도 아무것도 아닌 것이 끼어들어 있지 않으며,[73] 그래서 그 둘이 동등한 채로 전체를 꽉 채운다. 두 원리에 의한 이름 붙임이라는 원론적 단계(즉 아직 섞임을 도입하지 않은 단계)였기 때문에 빛도 아니고 밤도 아닌 것(혹은 빛이면서 밤인 것)은 아직 들어올 맥락이 아니었다. 마치 진리편의 원론적 시작 단계인 B2가 아직 셋째 길(있으면서 있지 않은 것)을 끌어들일 만큼 무르익은 자리가 아닌 것처럼 말이다. 강하게 이원론적 원리를 확보하고 있

---

72 '모든 곳에서'로 읽는 방식도 있다.

73 이것은 B8 진리편의 도처에서 있지 않은 것이 개재해 있지 않다고 언급한 것에 대응되는 언급이다. 특히 B8.48 "전체가 불가침*asylon*이다"에서 잘 드러나 있다.

는 마당에 제3의 것 운운하는 건 뜬금없는 일이 아니겠는가?

그런데 여기 B12의 섞인 고리 이야기는 섞임이 확보된 다음의 이야기다. 바로 그 섞임이 B12의 주제다. 이 이야기에 따르면 사물은 순수하게 빛으로만 된 것, 순수하게 밤으로만 된 것, 둘이 섞인 것으로 나뉜다.

B9와 B12의 이야기 단계와 내용 차이를 분명히 하는 것이 중요한 까닭은 파르메니데스가 서시부터 의견편 끝까지 줄곧 이분법적 설정을 유지하고 있다는 관찰 때문이다. 타란-커드 식 해석이 셋째 길의 별도 설정을 거부하고 둘째 길로 통폐합하려 했던 것도 바로 그 이분법적 설정 때문이었다. 하지만 그들은 파르메니데스가 세우고 나아가는 이분법적 구도를 오해하고 있다. 의견편에서 파르메니데스는 일단 빛과 밤 둘의 구분을 이야기한다. 거기엔 빛도 아니고 밤도 아닌(혹은 빛이면서 밤이기도 한) 것은 끼어들 자리가 없다. 일단 원리로 환원 가능한 것은 둘이라는 얘기다.[74] B9의 강조점은 거기에 있었다.

그러나 그렇다고 해서, 즉 원리로 둘만 상정되었다고 해서 B12의 펼쳐져 있는 사물들에도 두 가지만 있다고 말하는 것은 어불성설이다. 섞임이 고려된, 즉 실제 천문 현상을 설명하고 있는 이 자리에서는 셋째 것도 이야기된다고 보아야 맞다.[75] 진리편을 논하면서 세 길을 놓아도 파르메니데스의 이분법적 설정을 얼마든지 더 그럴듯하게 설명할 수 있다는 것은 이미 살펴본 바 있다. 이제 그 교훈은 의견편에도 적용된다. 빛과 밤의 두 원리 설정과 그것으로 세계를 설명할 때 끼어드는 제3의 것은 서로 그 위상이 다르므로 이분법적 설정을

---

[74] 여기에 Finkelberg(1997)처럼 B12를 끌어들여 셋이 이야기되고 있다고 말하는 것은 자리에 맞지 않는 얘기다.

[75] 커드 식으로라면 애초에 둘이 상정되었으니 이것은 빛이든 밤이든 어느 한 쪽으로 (아마밤 쪽일 것이다) 환원시켜야 이분법적 설정에 어울린다고 강변해야 한다. 그것 또한 자리에 맞지 않는 얘기다.

방해하는 것이 아니다. 제3의 섞인 고리까지 고려해 설명할 때도 역시 의견편 설명 원리는 빛과 밤, 그 둘이다.

이제 우리의 호기심을 자극하는 질문은 B12에 등장하는 이 다이몬의 정체가 무엇인가다. 이 이야기의 화자인 다이몬(여신)과 같은 신인가? 통상의 신화라면 이 단편에 언급된 섞임은 아프로디테의 관할 사항인 것처럼 되어 있는데, 그렇다면 이 이야기에서 별 생각 없이 아프로디테와 동일시되어도 좋은가?[76]

이미 충분히 검토했듯이 적어도 표면적인 담론의 구도로 보면 서시에서 파르메니데스에게 가르침을 주는 다이몬(B1.3의 다이몬, 그리고 B1.22의 여신)과 디케(B1.14와 B1.28의 디케)는 구분되는 것으로 설정되어 있다. 그리고 그 구분이 갖는 의미는 매우 심대하며, 그 구분 자체가 저자의 의식적인 고려와 계획 아래 놓여 있다. 앞에서 고찰한 대로 서시에서 묘사되는 디케는 경험 세계의 질서를 유지하는 자가 경험 세계와 그것을 넘어선 세계의 경계선에서도 여전히 질서 유지자로 등장하고 있음을 보여 준다. 경험 세계를 넘어선 파르메니데스의 사유 여행이 그 초월의 영역으로 보내 준 자의 심사에 계속 지배되도록 설정되어 있다. 이후 복수 신성의 도입으로 이야기가 복잡해지지만, 저자 파르메니데스는 그가 도입하는 신들로 상징되는 역할에 초점을 둘 뿐 그들의 계통을 따지는 헤시오도스적 이야기 방식에는 관심이 없다.

환영사에 등장하는 모이라 언급이 강조하는 것처럼 시인은 죽어서야 다다를 수 있는 곳을 살아서 넘어가는 것이며, 결국 빛과 밤의 의견 세계로 다시 돌아옴이 예정되어 있다. 서시는 그것이 이야기되는 형식적 틀인 원환 구성에 의해서도, 그리고 그것이 담고 있는 내용에 의해서도 초월만이 아니라 초월로부

---

76 실제로 예컨대 프랭켈은 여기 다이몬을 아프로디테로 보고 있다(프랭켈 2011, 676).

터 원래 세계로의 돌아옴을 예비하고 있었다. 다시 돌아올 의견의 세계는 초월에 의해 무시될 것으로서가 아니라 초월에 의해 재조명되어야 할 것으로 설정되어 있었던 것이다. 그런 예비와 설정의 한가운데 '응보의 열쇠'로 로고스의 설득력을 평가해 그것에 합당한 대가를 주는 심사자 역할을 하는 디케가 자리하고 있었다.

이렇게 경험 세계의 질서 유지자가 초월 세계의 질서도 유지한다는 이중적 역할 이야기가 서시의 서사시적 묘사의 핵심 메시지 가운데 하나였음을 유념한다면, 여기 B12에서 섞임을 관장하며 만물을 조종하는 주재자로 등장하는 무명의 다이몬은 서시의 구도로 말하면 다이몬보다 디케 쪽에 가까워 보인다. 즉 심사 받는 이야기 주체 노릇을 하는 서시의 다이몬이 아니라 이중적 심사자 역할을 수행하는 서시의 디케와 동렬에 놓이는 것이 더 적당해 보인다.

4. 길 이야기에서 신성 이미지의 역할
신성 지시어 등장 구절 분석

이제 앞 절들에서 주목해 온 디케 이야기를 정리해 보자. 우선 서시에 나온 심사자로서의 디케가 이후 복수 신성으로 전화 내지 분화되는 양상을 되짚어 보자. 서시 한가운데서(14행) 선명히 존재감을 과시한 디케가 서시 말미에서 모이라, 테미스와 함께 재등장한다(26행, 28행). 즉 서시에서 신성 지시어의 등장은 다음과 같이 발전한다.

서시: 디케(14행) - 모이라(26행) - 테미스(28행) - 디케(28행)

서시에서는 그러니까 디케가 핵심인 상태에서 모이라와 테미스가 조연 격으로 추가되는 방식으로 신성 지시어가 등장한다. 이제 이것들을 요즘 서양어적 표기 방식 상의 대·소문자 구별을 적용해 표시하면 다음과 같다.[77]

서시: 디케(대) - 모이라(소) - 테미스(소) - 디케(소)

뒤의 셋은 소문자로 간주했지만 대문자로 표기될 가능성이 아예 없지는 않은 용법이라 할 만하다. 신화적 인격화가 적용되어 신성을 지시하기도 하고 그것의 추상명사적 용법, 그러니까 규범 지시어로서의 용법으로 쓰이기도 하는 이중적 사용이 엿보인다. 서시에서 가장 두드러진 것은 디케가 두 번 나와 강조된다는 점과 더불어 그 디케가 한 번은 대문자로 한 번은 소문자로(정확히는 대문자만이 아니라 소문자로 이해할 수도 있는 방식으로) 번갈아 나온다는 점이다.

한편 무명의 여신은 서시 서두에는 '다이몬'으로 서시 말미에는 '여신'*thea*으로 나온다. 이 여신이 서시의 디케를 비롯한 여신 트리오와 같지 않다는 것은 비교적 분명하다. 편의상 이 다이몬/여신에 관해서는 신성 지시어들이 등장하는 의견편 대목까지 모두 살핀 후에 정리하면서 다시 언급하기로 한다.

이후 본편의 B8 표지 논변 과정에 이 셋이 다 재등장한다. 신성의 등장 순서는 다음과 같다.

---

77 신화적 인격화가 판연히 드러나는 경우에 대문자를, 그렇지 않은 경우에 소문자를 적용한다는 말이다. 예컨대 '디케'가 '정의의 여신'을 가리킨다는 것이 비교적 분명하고 두드러진 용례의 경우에 '*Dikē*'로, 그런 인격화가 두드러지지 않은 채로 '정의'를 가리키는 것이라면 '*dikē*'로 표기하는 식의 구별을 염두에 둔 것이다. 편의상 대문자 용례는 고딕체로 강조하기로 한다.

진리편(B8): 디케(14행) - 아낭케(16행) - 아낭케(30행) - 테미스(32행)

- 모이라(37행)

서시 트리오의 재등장과 더불어 B8 신성 묘사의 특징적인 점은 아낭케의 등장인데, 그것도 다른 세 신성과 달리 두 번씩이나 굵직한 존재감을 과시하며 등장한다. 서시의 주연이 디케였다면 진리편 B8의 주연은 단연 아낭케라 할 수 있다. 이제 대·소문자 구별을 또 적용해 보자.

진리편(B8): 디케(대) - 아낭케(소) - 아낭케(대) - 테미스(소) - 모이라(대)

두 번 두드러지게 등장하는 아낭케가 (서시의 디케가 그랬듯) 한 번은 소문자로 한 번은 대문자로 등장하며, 트리오도 대·소문자 용례가 번갈아(즉 디케가 대문자, 테미스가 소문자, 모이라가 대문자로) 나온다. 추상명사 용법과 인격화가 규칙적으로 반복됨으로써 그런 이중적 사용을 잘 의식할 수 있게 청자를 상기시키는 방식으로 나온다고 볼 수 있다.

이제 서시와 본편에 나오는 네 신성[78]을 함께 모아 보자.

서시: 디케(대) - 모이라(소) - 테미스(소) - 디케(소)

---

[78] 무렐라토스가 한 신의 네 얼굴 혹은 네 위격four faces or hypostases 이를테면 4위 일체처럼 표현하고 그것들의 스펙트럼에 주목하고 있는데, 그럴듯한 표현이라고 생각한다. 하지만 그 4위에 내가 든 테미스는 빠져 있고, 대신 페이토가 들어 있다(Mourelatos 2008, 160~162). 이제까지 계속 논의해 온 대로 테미스가 들어가야 하며, 페이토는 그 네 신성과 다른 차원에서 고려되어야 한다고 생각한다. 그 넷은 담론 차원에서 규준으로서의 역할과 더불어 세계 차원에서 질서 짓는 역할을 함께 담당하는데, 페이토는 후자 역할을 공유하는 것 같지 않기 때문이다. 물론 이 신성들과 긴밀한 연관을 맺고 있다는 점은 분명하다.

진리편(B8): 디케(대) - 아낭케(소) - 아낭케(대) - 테미스(소) - 모이라(대)

서시에서는 디케가, 진리편 B8에서는 아낭케가 각각 강조되면서 이중적으로 사용된다는 점을 객관적으로 확인할 수 있다. B8에 와서 아낭케가 새로 강조되지만 여전히 서시에서 강조된 디케로 시작함으로써 서시에서의 이미지와의 연속성이 잘 반영되어 있다.

마지막으로 남아 있는 의견편의 신성 등장 대목은 다음과 같다.

의견편(B10): 아낭케(6행)

그리고 서시에도 등장했던 '다이몬'이라는 용어가 나오는 나머지 한 대목까지 마저 아울러 보자. 앞 절에서 논했듯이 여기 B12에 나오는 다이몬은 서시의 다이몬이 아니라 오히려 디케와 동일시될 만하다.

의견편(B12): 다이몬=디케(3행)

이제 이 둘을 모아 대·소문자 구별을 적용해 보면 이렇게 된다.

의견편(B10, B12): 아낭케(대) - 다이몬=디케(대)

'다이몬'이 나왔으므로, 이제 앞에서 미루어 두었던 서시의 다이몬/여신까지 마저 정리해 보자.

서시: 다이몬(3행), 여신(22행)

서시의 다이몬/여신을 무명이긴 하나 인격화로 간주할 수 있으므로 이제까지의 정신에 따라 일종의 대문자적인 용법으로 간주할 수 있을 것이다.

서시: 다이몬(대) - 여신(대)

이제 서시의 용례들을 뭉뚱그린 후 시인의 여행 묘사 부분과 서시 말미의 여신 발언 부분으로 나누어 정리하고, 진리편과 의견편까지 덧붙여 작품 전체의 신성 지시어들의 용법을 개괄적으로 정리하면 다음과 같다. (괄호 안의 숫자는 해당 단편의 행수, 강조점은 해당 텍스트 부분에서 특히 강조된 캐릭터를 가리킨다.)

서시(B1) 여행 묘사: 다이몬(대, 3) - 디케(대, 14) - 여신(대, 22)

서시(B1) 여신 발언: 모이라(소, 26) - 테미스(소, 28) - 디케(소, 28)

진리편(B8): 디케(대, 14) - 아낭케(소, 16) - 아낭케(대, 30) - 테미스(소, 32)
        - 모이라(대, 37)

의견편(B10, B12): 아낭케(대, B10.6) - 다이몬=디케(대, B12.3)

서시의 대문자적인 신성들은 앞에 몰려 있는데, 시 속 화자인 여신의 이야기로 들어가는 뒤의 셋은 모두 소문자적(정확히 말하면 대문자적으로만이 아니라 소문자적으로도 이해 가능한) 용법이다. 이미 살폈듯이 진리편 신성들은 대소가 엇갈려 있지만 의견편은 대문자적인 것으로만 되어 있다. 다시 말해 서시의 여행 묘사에 인격화된 신들이 나오고 의견편 이야기에 인격화된 신들이 일관되게 등장하는 반면, 여신의 이야기, 그것도 서시 후반부와 진리편에서는 추상명사적 성격과 인격화된 것들이 혼재되어 등장한다. 서시 여행 묘사와 의견편 이야기가 신성 지시어 사용 방식이 유사한 반면, 서시 후반부와 진리편이 유사한 방식을 사용하는 것으로 묶인다. 이야기의 이런 그룹 구분은 나중에 검토하게될 담론 지시어 구분과도 상통하는 방식으로 되어 있다.[79] 이런 그룹 구분의 의미와 역할은 담론 지시어를 검토할 때 다시 상론하기로 하고, 여기서는 신성지시어가 등장하는 대목들을 다시 일별하면서 지금까지 점검한 내용, 즉 추상명사로서의 쓰임새와 인격화된 쓰임새의 혼재가 갖는 의미에 집중해 보자.

서시의 서두에서 시인은 암말들이 자신을 '다이몬의 길'(2~3행)로 태워가고 있었다고 묘사한다. 이때 다이몬의 길은 일차적으로 다이몬을 만나러 가는 여행길을 가리키지만, '이야기 풍성한'*polyphēmos*(2행)[80]이라는 형용어는 다이몬이 들려주는 이야기를 길로 연결시킬 가능성을 열어 놓는 듯하다. 이 가능성을 받아들일 수 있다면 다이몬의 길이란 다이몬을 향해 가는 길(즉 여정)이면서 다이몬이 제시하는 길(즉 여정을 통해 도달한 결과로서의 이야기 내지 가르침)이기도 하다.[81]

서시 한가운데 나오는 디케 이야기에서는 여행 안내자(태양의 딸들)가 디케를 부드러운 로고스로 설득한다. '다이몬의 길'에서처럼 '디케에 대한 설득'도

---

79 미리 말하자면 '에포스'가 한 편에, '뮈토스'와 '로고스'가 다른 한 편에 위치하는, 통상의 '뮈토스'-'로고스' 구분과는 다른 방식의 구분이 파르메니데스 담론에 들어 있다. 아래 4장 4절에서 자세히 검토될 것이다.

80 앞의 2절에서 언급한 바 있는 바후브리히 복합어다. 흥미롭게도 바후브리히 복합어 13개 가운데 절반이 넘는 7개가 '폴뤼-'(많은) 복합어다. 이것들이 대개 길을 가리키거나 여타의 인식과 탐구 관련 중요 항목들에 쓰인다는 공통점이 있다.

81 동양에서 말하는 '도'道가 이중적인 것과 꼭 같다.

일단은 다이몬과 만나는 여정에 대한 묘사이지만, 시인이 자기 이야기의 성격을 규정짓는 일과 연관시킬 수도 있을 것이다. 요컨대, '나'로 지칭되는 시인이 디케 그리고 다이몬과 만나는 여정을 묘사하는 것이 서시 앞부분의 역할인데, 거기 등장하는 두 신성은 여정 묘사의 주요 아이템이면서 동시에 그 여정의 결과인 이야기가 가진 모종의 성격을 가리키기 위해 이용된다.

신성의 이런 기능상의 이중성은 앞에서 살핀 신성 지시어 쓰임새의 이중성과 연결되어 있는 것으로 보인다. 여정 묘사에 등장하는 캐릭터를 가리키는 데는 신성 지시어의 대문자적 용법이, 그리고 이야기의 성격이나 내용을 특징짓는 규범성을 가리키는 데는 신성 지시어의 추상명사적(즉 소문자적) 용법이 잘 어울리고 대응하는 것 같다. 시인이 직접 여행을 묘사할 때 언급되는 두 신성(다이몬/여신과 디케)의 등장에 대문자적 용법이 두드러진 것은 그런 의미에서 매우 자연스러워 보인다.

그다음으로 여신(다이몬)이 건네는 말 속에 처음으로 등장하는 신성 지시어는 B1 말미 환영사에 나오는 모이라-테미스-디케다. 죽음의 모이라가 이 여행을 가능케 한 것이 아니라 이 여행은 테미스와 디케의 허가에 의존한다고 이야기된다. 여행(즉 여신을 향해 가는 길)의 성격 규정에 등장하기 때문에 충분히 인격화된 방식으로 등장하는 것으로 간주해도 별 무리가 없어 보인다. 그런데 여행의 결과 도달한 가르침(즉 여신이 말해 주는 길)의 내용에서는 오히려 추상명사로만 이해해도 크게 무리가 없을 만한 방식으로 언급된다. 기능상 중첩되면서 신성이 등장한다는 것이 이제부터 이야기 표면에, 즉 말 쓰임새에 의해 좀 더 두드러지는 방식으로 드러나게 된다. 이야기의 성격이나 내용과 연관될 수도 있을 모이라가 환영사에서는 비록 적극적인 특성을 부여받지 못하고 그저 부정적인 방식으로(즉 죽음으로서의 모이라가 이 여행의 원인 제공자가 아니라는 내용 속에) 등장하긴 했지만, 다시 뒤집어 생각하면 죽어서야 갈 수 있을 만큼의 초월과 비약을 요구하는 치열한 여행이라는 점을 간접적으로 드러내므로 B8에 다시 나올 모이라에 대한 복선 깔기용으로는 충분한 설정이라 할 수 있다.[82]

이후 진리편의 신성 지시어가 포진한 B8에서 제일 먼저 등장하는 건 역시 디케다. 생멸 부인 논변에 나온다. 그곳 이야기에 따르면, 있는 것의 생성 소멸을 확신의 힘이 허용하지 않는데, 그러도록 디케가 족쇄를 풀어 허용하지 않고 꽉 붙들고 있다. 이 디케 이야기에 이어 아낭케가 등장한다. 두 길에 관한 판가름이 (한 쪽은 허용하고 다른 한 쪽은 기각한다는 판가름이) 바로 아낭케라고 언급된다. 디케는 대문자적으로, 아낭케는 소문자적으로 사용된 셈이다. 논변에 필요한 규범성은 사실 소문자적인 것이다. 그런데 B8의 그 대목에 처음 사용된 건 대문자다. 강한 논변적 규범성을 강조하고 각인시켜야 할 필요가 아마 그런 대문자적인 신성, 즉 신적 행위자의 등장을 추동한 것으로 보인다.

그다음으로 부동 논변에 다시 한번 아낭케가 등장하는데 이번에는 대문자로 나온다. 참된 확신이 생멸을 밀쳐 냈기에 속박의 한계 안에서 부동인데, 강한 아낭케가 한계의 속박 안에 꽉 붙들고 있어 그것은 가만히 머무른다고 이야기된다. B8에 이렇게 강한 이미지로 강조되면서 등장하는 주역 아낭케는 진리편 논변에서 파르메니데스가 가장 부각시키고 싶은 아이템이라 할 수 있을 것이다.

나머지 한 신성 테미스는 소문자적으로만 등장한다. 그러니까 현존 파르메니데스 단편에서 네 신성 가운데 유일하게 대문자적 등장을 하지 않는 것이 테미스인 셈이다.[83] 그것이 B8에서 등장하는 곳은 완결성 논변 대목이다. '미완

---

82 방금 언급한 환영사 바로 다음에 등장하는 '진리'는 인격화 용법 측면이 상대적으로 더 두드러진 B2의 '진리'와 더불어 이 자리에서 거론되어야 할 테지만, 다음 장(2절)에서 다루게 될 것이다.

83 무렐라토스가 네 신성을 묶을 때 테미스 대신 페이토를 넣은 중요한 이유 가운데 하나도 바로 이것 때문일 것이다.

결은 테미스가 아닌데, 왜냐하면 이러이러하니까'라는 식으로 논변이 제시되어 있다. 달리 말하면, 있는 것이 미완결이라는 게 허용되지 않는다고 말하면서 허용되지 않는 이유를 분명하게 논변하고 있다. 허용의 뉘앙스가 계속 이야기되고 있다는 점은 우리가 놓치지 말아야 할 사항이다.

이제 진리편에서 신성의 마지막 등장 장소는 요강 부분이고 등장자는 모이라다. 그 대목의 이야기에 따르면 모이라가 온전하고 부동의 것이도록 속박했기 때문에 있는 것 외에 다른 것이 있지도 않고 있게 되지도 않을 것이며, 따라서 있는 것에서만 노에인을 찾을 수 있다. 있는 것만이 노에인의 대상이라는 건 B3의 재확인이기도 하다. 여기서 모이라는 대문자적으로 등장한다. 마지막으로 B8 표지 논변의 대강을 요약하는 자리에서 강한 임팩트를 주어야 할 필요에 걸맞게, 그러니까 B8의 처음 임팩트를 받는 디케의 등장이 대문자적으로 이루어졌던 것처럼 마무리 임팩트를 받는 여기 모이라의 등장도 대문자적으로 이루어지는 것이다.

그러니까 가장 논변적이고 가장 덜 신화적인 대목인 진리편 B8 담론에서 자신이 새로 확립한 필연, 의무, 규범의 아이디어를 선명하고 극적인 방식으로 부각시켜야 할 때 파르메니데스는 저자로서 담론의 성격을 추상명사로 규정짓는 대신 시인으로서 마치 서사시에서 그렇듯 신적인 캐릭터를 등장시켜 그 캐릭터의 행위 묘사로 그 일을 수행하고 있는 것이다.

의견편으로 넘어가서, B10에서 아낭케가 대문자적으로 등장하고 B8의 아낭케 행위 묘사와 유사한 묘사가 이루어진다. 아낭케가 어떻게 하늘을 이끌어 별들의 한계들을 잡고 있도록 묶었는지를 파르메니데스가 알게 될 것이라고 여신은 이야기한다. B8 논변에서 핵심 역할을 맡았던 아낭케가 의견편 우주론 이야기에서도 여전히 핵심 역할을 담당하는 것이 인상적이다. 두 아낭케가 대변하는 필연의 상호 관계가 관심거리로 부상한다.

이 아낭케가 진리편과 의견편의 관계에 대한 시사점을 제공하는 것이라 한다면, B12에 나오는 다이몬은 서시와 진리편, 의견편 모두의 관계를 음미할 수 있게 한다. 그곳의 이야기에 따르면 고리들의 한 가운데에 다이몬이 있어 모든 것들을 조종하는데, 그 조종이란 남녀를 섞이게 함으로써 모든 것들의 생성을 관장하는 것을 말한다. 대문자적으로 등장하는 이 다이몬은 서시의 다이몬이 아니라 디케와 동일시된다. 서시에서는 다이몬이 디케와 나뉜다는 점이 공들여 확립된 반면, 의견편에 나오는 다이몬은 서시의 다이몬과 달리 디케와 동일시되는 것이다.

서시에서 무명으로 둔 다이몬이 디케와 구분된다는 점 못지않게 의견편에서 무명으로 둔 다이몬이 이번에는 서시의 다이몬이 아니라 디케와 동일시된다는 게 무슨 의미와 함축을 갖는 것일까? 이런 물음을 유발하는 것 자체가 저자 파르메니데스의 의도에 속하는 것은 아닐까? 이런 물음과 관련한 저자의 의도가 무엇인지 염두에 두면서 이제 이전 시인들, 철학자들과의 변증적 관계를 음미하는 논의로 넘어가 보자.

전통과의 만남과
새로운 모색

철학사적 맥락 속의 파르메니데스 담론

앞 장에서 나는 파르메니데스 담론의 특징적인 모습을 길 이야기와 신성 등장 이야기에 초점을 맞추어 분석, 조명했다. 파르메니데스는 자신의 이야기를 무명의 여신(다이몬)을 만나러 가는 길의 이야기로 만들었고, 다시 그 길에서 만난 여신이 들려주는 이야기도 길로 구성되도록 꾸몄다. 그리고 그 길 이야기에서 아주 인상적인 모습과 방식으로 등장하는 여성 신성들이 이 이야기의 임팩트와 통일성을 이끄는 주된 아이템이었다. 앞 장의 작업을 통해 파르메니데스 저작의 그런 내적 연관과 통일성의 계기들을 탐색하면서 텍스트가 제기하는 중요 물음들을 확인했다고 한다면, 이제 내적 연관의 내용들을 구체화하고 텍스트가 남긴 물음들에 대답 내지 대응하는 일이 우리에게 남아 있다.

텍스트의 내적 연관이라는 문제는 사실 철학사적 맥락에서 파르메니데스가 이전의 지적 선배들과 어떤 관계 속에 있는가 하는 문제와 긴밀히 연결되어 있다. 텍스트를 서시, 진리편, 의견편이라는 세 부분으로 세팅하는 과정에서 파르메니데스는 알게 모르게 이전 시인들이나 철학자들의 담론에 대한 자신의 비판적 평가를 개진하고 대안을 모색하게 되었으며, 특히 상이한 담론의 특징이나 가능성, 한계들에 대해 민감하게 사유하면서 그 사유를 자신의 담론에도 적용하고 반영하는 일을 의식적으로 수행했다. 이제 파르메니데스가 이룬 그런 작업의 면모를 추적하면서 우리 앞에 놓인 두 문제(즉 텍스트의 내적 연관의 문제와 철학사적 콘텍스트의 문제)를 함께 다루어 보고자 한다. 그러므로 이 장의 질문은 이렇게 모아진다. 파르메니데스의 길 이야기는 이전 담론 전통과 어떻게 만나는가?

이 질문을 염두에 두고 전개되는 이 장의 논의는 앞 장에서와 같은 구조로 구성된다. 1절, 2절, 3절은 각각 서시, 진리편, 의견편이 철학사적 콘텍스트와 어떻게 맞닿아 있는지를 개별적으로 다룬다. 특히 파르메니데스가 자기 담론의 세 부분 각각을 기획하면서 이전 시인들이나 철학자들의 담론에 어떤 대응을 하는지, 즉 어떤 비판적 평가를 내리고 그 평가를 자신의 담론 각 부분에 개별적으로 어떻게 반영하는지를 탐색한다. 그 탐색들의 가닥을 모으는 4절은 그런 작업의 과정을 거치면서 이전 전통의 가능성과 한계에 관해 파르메니데스가 결국 도달하게 된 총체적이고 일반적인 평가와 통찰이 그 자신의 담론 전체의 세팅과 구성에 어떻게 일관되게 반영되는지, 그리하여 어떻게 하나의 새로운 담론 전통을 확립하게 되는지 종합적으로 고찰하고 추적한다.

1. 계시와 설득
시와 철학의 만남

서시의 여행 묘사, 그리고 그 여행의 주요 길목들에 등장하는 신성 이미지의 의미와 역할에 대한 앞 장에서의 고찰은 이제 다음과 같은 질문으로 우리를 이끈다. 파르메니데스는 왜 시를 택했는가? 앞선 철학자들처럼 산문적 소통 방식을 취하지 않고 군이 서사시라는 옛 매체로 돌아간 까닭은 무엇인가? 서시의 고찰은 결국 이렇게 매체 선택의 문제, 그리고 시인들과의 관계 문제를 숙고하도록 우리를 인도한다.

마차 여행을 통해 자신에게 온 파르메니데스를 환영하면서 여신은 환영의 이유를 이렇게 말한다.

> 잘 왔다. 그대를 이 길로 오도록 보내 준 것은 결코 나쁜 모이라(운명)가
> 아니라(실로 이 길은 인간들이 밟고 다니는 길에서 멀리 떨어져 있으니까 하는 말이다),
> 테미스(옳음)와 디케(정의)이니 말이다.

B1.26~28a

여신의 환영사는 이렇게 파르메니데스 여행의 성격 규정으로 시작한다. 여기서 '나쁜 모이라'는 뒤에 다시(B8.37) 등장하는 모이라, 즉 파르메니데스가 새로 도입하는 신성으로서의 모이라와 일단은 구별되면서 간접적으로 연결되는 서사시적 의미의 모이라, 즉 죽음과 강하게 연결되어 있는 모이라라 할 수 있다. 물론 이 측면에만 주목하면 이 구절이 하강 해석의 한 지지 근거 노릇을 할 수 있다. 그러나 앞에서도 언급한 대로 파르메니데스는 서시에서 토포그래피나 여신의 정체 등을 그냥 불분명한 상태로 남겨 두고자 했던 것으로 보인다. 그렇다면 우리는 다른 방향에서 그의 의도에 접근하는 것이 좋을 것이다.

하강 해석을 떠올리게 할 만한 헤시오도스를 인유하면서도 토포그래피를 흐릿하게 남겨 놓은 파르메니데스의 서시에서, 특히 여신의 환영사에서 우리는 파르메니데스의 이 길(즉 이 사유 여정)이 일상적 삶을 초월해 있는, 보통의 경우에는 죽어야만 갈 수 있는 길이라는 시사를 어렵지 않게 읽어 낼 수 있다. 시의 도처에서 (특히 서시와 진리편에서) 특징적으로 부각되는 '불사적인 신'과 '아무것도 모르는 가사자'의 대비는 바로 이런 점을 강조하기 위한 것이라 할

수 있다. 이렇게 볼 때 B1.3의 '아는 사람'*eidōs phōs*은 가사자이면서도 불사의 영역에 이르게 된 파르메니데스의(혹은 파르메니데스처럼 사유 여행을 하게 될 가사자의) 구별된 지위를 가리키는 말이라 하겠다.

파르메니데스가 이런 지위를 얻게 된 까닭은 여신의 말에 따르면 '테미스와 디케가 보내 주고 있어서'다. 디케는 직전 파르메니데스의 여행 묘사에서 이미 중요한 캐릭터로 부각된 바 있다. 거기서 '많은 대가를 치르게 하는' 디케는 밤과 낮의 길의 문 앞을 지키고 있는데, 부드러운 '로고스로 설득'되면 문을 열어 주는 것으로 묘사된다. 이미 살펴본 대로 '로고스에 의한 설득'을 통해 디케의 인가를 받아야 한다는 것은 사유가 이치(로고스)에 따라 전개되어야 한다는, 그럼으로써 참된 존재에 이르게 된다는 생각의 상징적 표현이라 할 수 있고, 이 모티브는 진리편 전체를 관통하고 있다. 여신이 진리편에서 전달해 주고 있는 말(뮈토스) 역시 단순히 가사-불사의 간격에 기초한 권위에서 나오는 계시라기보다는 '로고스에 의해 판가름*krinai*'되어야 할 '많은 싸움을 담은 테스트*elenchos*'로 규정된다.

지금 언급한 두 요소, 즉 가사자-불사자 대비에서 드러나는 비일상성, 초월성(및 계시성)이라는 요소와 디케에 대한 설득이라는 장치에서 드러나는 로고스의 규준 내지 합리성이라는 요소가 서시에서 상당한 긴장을 이루고 있다. 이는 파르메니데스를 가리키기 위해 서시의 허두와 말미에 각각 등장하는 두 용어 '아는 사람'(B1.3)과 '젊은이'(B1.26)의 대비에서 극명하게 드러난다. 이 두 요소 간의 긴장은 본편의 메시지를 읽는(혹은 듣는) 과정에서 계속 염두에 두어야 할 사항이다. 진리편이 설파되는 장場의 한가운데서는 후자(즉 합리성)가 전면에 부각되어 나타나지만, 진리편과 의견편의 위상이 이야기되는 이행 구절들에서는 담론 지시어들에 의한 각 담론의 위상 구별을 통해 전자(즉 초월성)가 일정 정도 계속 논의의 배면에 스며들어 있다.

서시의 여행에 관해서는 사본 전달자인 섹스투스의 극단적인 알레고리 해석에서부터 샤머니즘을 염두에 둔 극단적인 문자적 해석에 이르기까지 다양한 해석 스펙트럼이 제시되어 있다. 사실 시인으로서의 파르메니데스에 대해서는 이제까지 대체로 부정적 평가가 지배적이었다. 아닌 게 아니라 서시의 여행 묘사 부분[예컨대, B1.1과 B1.4~5와 B1.9에 드러나는 "진짜 서사시적 특징"(딜스), 마차 묘사 부분, 문 묘사 부분]과 의견의 두세 단편(예컨대, B14, B18, B19는 전치법轉置法, *hyperbaton*, 교차배열법*chiasmos*, 모순어법*oxymoron* 등의 수사 기법을 시행 내에 적절히 구현하고 있다) 외에 시적 아름다움을 말할 수 있는 대목이 그리 많지 않다. 독특한 문학적 기교를 두드러지게 보여 주지 못함에도 불구하고 그가 서사시라는 형식을 자기 철학을 공표하는 수단으로 삼은 데 대해서는 일단 암기를 통한 전달이 용이하다는 편의상의 이유가 무시되기 어렵다. 그리고 그의 '지인'知人 크세노파네스가 운문을 공표 수단으로 삼은 것도 그에게 일정 정도 영향을 주었을 수 있다.[1]

그러나 이런 표면적 이유들보다 더 근본적인 이유들이 있을 것이다. 우선, 파르메니데스는 서로 긴장을 이루며 서시와 본편을 관통하는 핵심 요소 역할을 한다고 위에서 언급한 계시적 초월성과 설득적 합리성을 동시에 인상적으로 담아내는 장치가 필요했을 것이다. 서사시라는 형식을 채택함으로써 자기 사유의 스케일과 비일상성을 서사시적 웅대함과 계시에 견줄 수 있고,[2] 동시에

---

1 현존 크세노파네스 단편들은 약간의 애가*elegiakos*와 단장격*iambos* 외에는 대개 장단단격*daktylos*의 육각운*hexametron*으로 되어 있다

2 이는 『장자』 서두에 나오는 '붕'鵬이라는 새 이야기에 비견할 만하다. 소요유逍遙遊편에서 저자는 등 넓이가 수천 리나 되는 그 새가 불끈 힘이 솟아 날아오를怒而飛 때 그 날개가 하늘에 드리운 구름 같다其翼若垂天之雲고 묘사한다. 장자와 파르메니데스가 공히 작품 서두에서 다소 '기괴한' 방식으로 재현하는, 엄청난 에너지가 실린 비상飛上과 현실감을 아주 멀리 보내 버린 듯한 웅대한 스케일은 앞으로의 이야기가 일상 및 구체성과의 절연을 토대로, 그야말로 아주 추상적이고 초월적인 지평에서 수행된다는 메시지를 '시적'으로 담아낸 것이라 할 수 있다.

본편이 담고 있는 무미건조하고 장황한 논변들의 메시지를 은유와 상징을 통해 압축의 묘미를 살리며 드러낼 수 있다는 점이 매력이었을 수 있다. 그러는 중에도 여신을 굳이 무명으로 남겨 두었다는 것은 전자, 즉 계시적 성격이 지나치게 두드러지지 않게 균형을 유지하려는 파르메니데스의 의도를 엿볼 수 있는 대목이다.

둘째, 그가 서시에서 불필요하다 싶을 정도로 세밀한 서사시적 묘사에 공을 들이는 것은 그 묘사가 인유하고 있는 서사시의 원래 문맥들을 청자에게 상기시킴으로써 본편의 내용을 시적인 방식으로 예비하려는 의도 때문인 것 같다. 예컨대, 문턱의 묘사는 호메로스(혹은 배타적 선언이 강조되는 헤시오도스)의 문맥을 떠올리게 함으로써 진리편 논의를 훌륭하게 예비하는 데 기여하고 있다. 또 쩍 벌어진 틈chasma의 언급은 헤시오도스에서 만물의 시원始原의 위상을 점하는 아이템을 인유함으로써 삼라만상의 시원에까지 사유가 상승 혹은 회귀하고 있음을 드러냄과 동시에 만물의 생성에 대한 의견편 논의의 내용과 수준이 어떠할지를 예고하는 역할을 하고 있기도 하다.

셋째, 둘째 이유와 연관되는 것으로서, 서시의 세세한 묘사들은 본편에 들어가기 전에 적당한 시청각 이미지들을 활용해 청자들을 준비시킨다. 마차 여행 묘사에서 두드러진 두 이미지, 즉 차축이 양편에서 힘을 받아 끊임없이 움직이면서 뜨겁게 작열하며 빛난다는 시각 이미지와 새새거리는 파이프 소리를 낸다는 청각 이미지는 한편으로는 사유 여행의 치열함을 드러냄으로써 앞으로 개진될 범상치 않은 교설에 대한 일종의 완충 역할[3]을 하면서, 다른 한편으로

---

3 즉 범상치 않은 여행의 설정이 청자에게 앞으로 펼쳐질 범상치 않은 이야기를 예상케 하고, 그 이야기를 범상한 접근 방식(B7의 습관과 경험의 길)으로 대해서는 안 된다는 암묵적인 경고를 해 줌으로써 차근차근 청자를 준비시키고 있는 것이다.

는 어둡고 고요한 밤 이미지와의 대비를 통해 의견편 교설에서 논의될 두 형태 (빛과 밤)에 대한 복선 역할을 하기도 한다. 요컨대 서시는 여러 이미지와 묘사들을 이용해 자신이 다루게 될 진리, 의견 교설에 대한 일정 정도의 상징적 시사와 복선을 담아내면서 동시에 그 교설에 이르기까지의 지난한 과정, 그 교설의 비일상성 등을 강조하기 위한 파르메니데스의 문학적 장치가 아닐까 싶다.

서시를 다룸에 있어서 메시지 전달의 효과를 고려한 문학적 장치나 기교의 측면에서만 접근하자는 것은 물론 아니다. 서시에서 그려지는 여러 사태들이 파르메니데스 자신이 겪은 모종의 신비한 체험을 형상화 혹은 재현하는 것일 가능성은 얼마든지 열려 있다. 물론 거기서 묘사되는 대로 파르메니데스가 그런 여행을 실제로 했다는 식의 극단적인 문자적 독해로 한걸음에 내닫는 것은 무리가 있다. 하지만 서사시적 형식을 해명함에 있어서 파르메니데스 쪽에서의 체험 측면은 아예 배제하고 그저 딱딱한 이야기를 개진하기 전에 청자의 주의를 끌어내는 방편으로만 보는 반대편 극단으로 나아가는 것 또한 적절해 보이지 않는다. 파르메니데스는 시의 첫 행에서부터 이 여행을 추동한 자신의 튀모스(충동이나 열정)를 무엇보다도 강조하고 있고 이후 묘사들은 상당히 강렬한 이미지들로 그 튀모스의 추진력을 형상화하고 있기 때문이다.

이런 맥락에서 나는 서시가 논리의 힘에 대한 발견이라는 파르메니데스 자신의 신적 체험을 재진술한 것이라는 주장이 귀담아 들을 만하다고 생각한다.[4] 앞에서 호메로스 담론을 다루면서 이미 언급한 것처럼, 여기 '신적'이라는 말은 인간의 의지나 노력과 상관없이 존재하는 어떤 것에든 적용 가능하다. 물론

---

4 매키라한의 주장이다(McKirahan 2010, 153). 콕슨도 덜 분명하지만 비슷한 견해를 피력한 바 있다. "서시는 어떤 순간에 시인이 자신의 이전 철학적 삶의 추구와 철학적 조명 상태의 첫 성취를 실제로 경험한 방식에 대한 설명일지도 모르며 아마 그렇게 읽어야 한다."(Coxon 2009, 18)

그런 신비한 체험의 원천을 신에게 돌린다는 것이 반드시 자신의 주장을 정당화하는 데 신적 권위를 사용하는 것으로 귀착하는 것은 아니다.[5] 여신과의 만남 설정이 파르메니데스 자신의 철학적 발견의 경이로움*thaumazein*을 이미지화한 것임은 비교적 분명해 보인다. 그러나 그것을 곧바로 계시적 권위에 대한 호소로 연결하는 것은 청자의 능동적 비판자 역할을 강조하는 진리편 내부의 진술(B7.5~6)로 보나 파르메니데스의 전반적인 합리적 태도로 보나 무리한 해석이다. 게다가 신에게서 나온 말이라면 무조건 진실일 것이라고 생각할 정도로 당대의 청자들이 순진하지도 않았을 것이다. 뮤즈 여신들이 마음만 먹으면 얼마든 진실 비슷한 거짓말을 할 수 있다는 헤시오도스의 시구를 떠올릴 수 있었다면 말이다.[6]

서사시적 형식과 장치가 파르메니데스에게 가졌을 이런 의미와 역할을 염두에 두면서, 이제 그가 서시에서 야심차게 기획하고 도입한 시적인 여행 묘사가 본편 메시지에 대한 우리의 이해에 구체적으로 어떤 함축과 시사점을 제공하는지 살펴볼 차례다.

서시에서 기술된 여행은 튀모스의 활동(1행)에서 시작해 이름 모를 여신(다이몬)과의 만남(22행)으로 끝나는 파르메니데스의 체험을 묘사한다. 모종의 지적 노력에서 출발해 모종의 진리 체험으로 끝나는 이 여행 그림에서 시작점을 '튀모스'로, 도달점을 이름 모를 '다이몬'으로 설정한 파르메니데스의 의도는 무엇일까? 왜 그는 튀모스 대신 프쉬케(영혼)를, 그리고 다이몬 대신 뮤즈나 다

---

5 Curd(1998b, 20).
6 "우리는 많은 거짓된 것들을 진짜인 양 말할 줄 안다. 하지만 우리는 하고자 하면 진실을 이야기할 수 있다."(『신통기』 27~28행)

른 특정한(즉 정체성을 분명하게 가지는) 신적 존재를 놓지 않았을까?

우선, 파르메니데스가 프쉬케를 자기 논의에 끌어들이고 있지 않다는 것은 그저 우연의 소치라고 보기 어렵다. 완벽한 발전이 이루어진 것은 아니나 이미 헤라클레이토스에서 프쉬케의 비호메로스적 의미(즉 죽음과 반드시 연관되는 것이 아닌, 지적 작용의 주체로서의 의미)가 상당한 진전을 이루었는데, 헤라클레이토스처럼 '탐구'에 주목하는 그가 헤라클레이토스적 의미의 프쉬케를 논의 테이블에 올리지 않았다는 것은 아주 주목할 만한 일이다.[7]

한편 '무명의 다이몬' 설정은 다음과 같은 의도를 가진 것 같다. 우선 '다이몬'으로 놓았다는 것은 파르메니데스 자신의 체험이 가진 신비적인 성격을 강조하려는 목적이 배경에 있는 것 같다. 그런데 그 다이몬을 '무명'으로 놓았다는 것은, 그럼에도 불구하고 자기 메시지의 정당성을 신적 권위에 호소하는 방식으로 확보하지 않겠다는 의도를 드러내는 것으로 보인다.

파르메니데스의 이런 의도는 이른바 호메로스적 '심리 개입'psychic intervention에 입각해서 이해해 볼 수 있다. 일찍이 도즈는 『오뒤세이아』의 가장 특징적인 면모가 등장인물들이 모든 종류의 물리적·심리적 사건들을 무명의 불특정한 다이몬이나 신(들)의 개입으로 설명해 내는 방식에 있다고 보았다.[8] 『오뒤세이아』의 시인은 불현듯 머릿속에 떠오르는 통찰이나 눈부신 아이디어, 기억, 타인의 정체, 징조의 의미 등이 방금 전까지 그것을 갖고 있지 않던 자신에게 속한 것이라기보다는 어떤 신비스러운 힘, 즉 다이몬이 준 것으로 묘사하기를 즐긴다. 도즈는 이를 호메로스적 '심리 개입'의 한 유형으로 다룬 바 있다.

『오뒤세이아』는 이전 선배들의 사유 전통 가운데서 파르메니데스 시 전체

---

7 이 문제는 그것 자체로 별도의 고찰을 필요로 하므로 다른 기회를 기다리기로 한다.
8 Dodds(1966, 10~11).

에 걸쳐 가장 많은 영향을 준 텍스트(혹은 구술 전승)라 할 수 있다. 내가 보기에 호메로스적 심리 개입에서 강조되는 것은 자기 속으로 들어 온 통찰이 '맞다'는 점이라기보다는 그 통찰이 '자기도 모르는 사이에' '뜬금없이' 자기 속에 있게 되었다는 점이다. 적어도 그 심리 개입을 활용하고 있는 파르메니데스에서는 그랬다. 그것은 훗날 소크라테스가 체험했다던 다이몬, 더 정확히는 다이몬적인 것to daimonion의 목소리가 그러했듯이 자기 내면에서 메시지를 주는 또 다른 자기일지도 모른다. 자기 속에 있긴 하지만 자기 것이라고 하기엔 너무도 신비스러운 내면의 대화 상대자(혹은 훈계자)를 외부의 것으로 전이시키는 심리 기제는 호메로스 시대에만이 아니라 파르메니데스를 거쳐 심지어 고전 시대 소크라테스에게조차 부자연스럽지 않은 것이었다.

이미 말한 대로 파르메니데스의 여행을 진행시키는 추진력은 튀모스다. 튀모스가 미치는 범위만큼 여행이 펼쳐진다(B1.1). 달리 말하면 진상을 향해 탐구를 진전시키려는 욕구와 관심이 이끄는 대로, 그리고 이끄는 만큼 탐구가 진행된다. 이 대목에서 무렐라토스A.P.D. Mourelatos는 탐구에는 그 대상에 대한 욕구와 관심이 포함되어 있으며 그것의 존재는 우리가 이미 알고 있다는 점을 강조한다.[9] 예컨대 오뒤세우스는 고향 이타카에 도달하고 싶어 한다. 이 경우 그에게 문제인 것은 어떻게 이타카에 다다를 것이냐, 즉 이타카로 가는 길이 무엇이냐이지, 이타카가 존재하느냐 여부는 이미 해결된, 즉 더 이상 문제가 안 되는 문제다. 무언가를 찾는 탐구에 있어서 탐구 대상인 그 무언가의 존재는 적어도 암묵적으로는 해결(내지 전제)되어 있다. 그 대상에 대한 욕구와 관심은 그 대상의 존재를 선취 혹은 요청한다.[10] 파르메니데스에게 있어서 탐구 여행

---

9 Mourelatos(2008, 67~68).

10 거의 비슷한 시대를 산 선배인 헤라클레이토스 역시 비슷한 통찰을 피력한 바 있다. "탐구

을 촉진하는 튀모스는 '아는 사람'*eidōs phōs*(B1.3)의 튀모스라는 점이 주목되어야 한다. 그의 튀모스는 여행의 목표(즉 탐구의 대상)가 존재한다는 것을 문제로 삼지 않는다. 이 구절(B1.1~3)에서 '안다'*eidōs*는 것은 이미 이 세상의 모든 도시들을 두루*kata pant' astē* 가서 '보았다'*eidon*는 것을 가리키는 듯하다.

이 구절이 본편 메시지에 대해 갖는 함축은 네 가지 정도로 정리될 수 있다. 첫째, 서시에서 피력되고 있는 탐구 여행 묘사는 진리편의 핵심 사안인 '에스티'*esti*의 의미 문제에 간접적으로 시사점을 던져 준다.[11] 방금 살펴보았듯이 서시에서는 진리편 '에스티'를 '존재'의 논의로만 좁혀 보는 해석과 잘 어울리

하는 자*histores*"(DK 22B35)가 "기대되지 않는 것*anelpiston*을 기대하지*elpētai* 않으면 그것을 찾아낼 수 없을 것이다. 그것은 [흔적을 따라] 탐색되지 않고*anexereunēton* [찾아갈] 길도 없는 것 *aporon*이어서."(DK 22B18) 나중에 다시 언급하겠지만, 파르메니데스 진리편의 핵심 아이디어 가운데 하나가 진상에 관한 탐구*dezēsis*의 아이디어이고 그것이 길*hodos* 이미지와 긴밀히 연결되어 있다. 그의 이 탐구 아이디어는 헤라클레이토스에서 이미 두드러지게 부각된 바 있다. 헤라클레이토스에서 탐구는 위에 인용한 DK 22B18만이 아니라 금 탐색 단편(DK 22B22)에서도 극명하게 드러나듯이 기대, 예상, 목표 의식이 뚜렷이 있는 상태다. "금을 찾는 자*dizēme-noi*는 많은 땅을 파헤치지만 적게만 찾아낸다*heuriskousin*." 금을 찾는 자는 자신이 찾는 대상인 금이 과연 (세상에) 존재하느냐 하는 질문을 묻지 않는다. 금이 과연 '여기에' 존재하느냐에 관심이 있을지는 몰라도. 위 『오뒤세이아』의 귀향 예에서도 그랬듯이 이 예에서도 탐구 대상의 존재 여부는 탐구자의 주 관심사가 아니다. 이미 탐구에 들어선 자가 탐구 대상을 향해 가고 있다는 것은 그 대상에 대한 관심과 욕구가 발휘되고 있다는 것이며, 이 경우 탐구 대상의 존재 여부는 이미 별 의문의 여지없이 해결된 상태다. 오로지 그의 관심사는 어떤 길로 가야, 혹은 어디를 파야 찾는 것을 얻을 것인가다.

11 파르메니데스 연구의 대표적인 문제 가운데 하나가 이 '에스티'의 의미 문제다. '존재한다'로 읽을지(존재적 해석), '…이다'로 읽을지(서술적 해석 혹은 계사적 해석), 이런 의미들이 섞여 있는 것으로 읽을지(융합적 해석) 등이 대표적인 해석 갈래다. '참이다'로 읽는 선택지(진리 언표적 해석)가 따로 제시되어 있긴 하지만 그것의 독립성 자체도 의문시되거나 대체로 위 세 선택지의 고찰에 포섭하여 다룰 수 있다. 아무튼 '에스티'의 주어 문제와 더불어 파르메니데스 연구를 대표하지만, 이런 것들에 주목하는 것 자체가 파르메니데스를 균형 있게 바라볼 수 있는 시야의 확보를 방해할 수 있으므로 이 책에서는 따로 다루지 않는다. 상세한 내용은 강철웅(2003, 52~57)을 참고할 것.

지 않는 방식으로 탐구가 모델링되어 있다. 계사적 혹은 서술적 의미로만 좁혀 보려는 무렐라토스 등의 해석에도 물론 문제가 없지 않지만, 서시의 탐구 여행 묘사에 비추어볼 때 존재적 의미만 읽어 내려는 해석에도 역시 문제가 있다.

둘째, 앞에서도 다루었듯이 이 구절에서 '여신의 길'은 아마도 여신에게로 가는 길과 여신이 설파할 길을 중의적으로 지시하는 듯하다. '이야기 풍성한'(B1.2)이라는 형용어는 후자를[12], 그리고 '아는 사람을 모든 도시들에 두루 데려다주는'(B1.3b)은 전자를 지시한다.[13] 교설의 첫머리에서부터 파르메니데스는 길 이야기를 화두로 삼을 뿐만 아니라 '길' 자체를 이중적 의미로 사용하고 있다. 파르메니데스 담론 전체에서 길이 핵심 화두를 이루며 또 그 길과 관련해 여러 이중적 언명 혹은 개념 장치들이 사용된다는 점을 감안할 때, 이 구절은 그런 사정을 논의의 벽두에서부터 청자에게 시사하려는 의도를 담고 있다고 볼 수 있다.

셋째, 이 구절은 의견편의 위상 문제에도 시사하는 바가 있다. 일상적 감각 세계로부터의 '초월'만이 중요하다면 굳이 여신의 길이 파르메니데스를 '모든' 도시들에 두루 데려다주는 길[14]일 필요까지는 없다. 그저 어느 한 지점에서 일

---

12 나는 B8 첫머리에 나오는 "이 길에 아주 많은 표지들이sēmat' ⋯ polla mal' 있다."(B8.2b~3a)가 여기 '많은 이야기를 담은'과 상응하는 언급이라고 이해한다.

13 사실 B1.3의 관계대명사 'hē'의 지시 대상을 바로 앞의 '여신'daimonos으로 보는 견해와 2행의 '길'hodon로 보는 견해가 엇갈린다. 주요 논자들 가운데서는 Mourelatos(2008, 22), Mansfeld (1964, 228) 등이 전자를, Tarán(1965), Furley(1973), Gallop(1984), Coxon(2009) 등이 후자를 지지하고 있다. 나는 다수 논자들이 말하는 어투 문제를 보아도 그렇지만, 지금 말하고 있는 이유 때문에도 다수 견해인 후자 독해를 선호한다.

14 이 구절을 다룬 앞 3장 1절에서 언급하지 않은 논점 하나를 여기 추가하자. 'kata pant' astē'를 '모든 도시들에 두루'로 옮기면 예컨대 다음과 같은 호메로스 구절과도 잘 어울린다. "[아테나가] 텔레마코스의 모습을 하고 도시 구석구석을kata ptolin 돌아다녔다."(『오뒤세이아』 2권 383행)

탈하기만 하면 될 것이다. 그런데도 일상성으로부터의 초월이 일상성이 지배하는 전 영역을 두루 거친 후에야 이루어진다는 것은 이 감각 세계에 대한 전면적 경험이 마치 초월 이전에 선결되어야 할 조건인 것처럼 설정되어 있음을 함축한다.[15] 파르메니데스가 감각을 통째로 거부했는가 하는 질문을 물론 물을 수 있고 또 그럴 필요도 있는데, 지금 이 구절에서 미리 얻을 수 있는 시사는 파르메니데스가 이 세상, 즉 감각의 대상인 의견 세계에 대한 경험과 앎을 무시하고 있지 않다는 점이다. 국가와 관계된 그의 삶에 관한 전승 또한 파르메니데스의 이런 태도와 잘 어울린다.[16] 의견편에 대한 '주류' 해석자들의 입장은 대개 아주 부정적인 것이었는데, 이 구절은 그런 입장에 대해 간접적으로 재고를 촉구하는 대목이라 할 만하다.

마지막으로, 그리고 무엇보다도 중요한 것으로, 이 구절은 진리편의 핵심 사안 가운데 하나인 '노에인'(사유, 앎)-'레게인'(언명, 담론) 쌍[17]에 관한 해석의 방향을 시사하면서 동시에 파르메니데스가 왜 서사시를 택했는가 라는 질문에

---

15 헤라클레이토스가 했다는 '철학자' 언급도 아마 이런 정신에서 이해할 수 있을 것이다. "지혜를 사랑하는 사람들*philosophoi andres*은 정말로 많은 것들을 잘 탐구하는 사람들*histores*이어야 한다."(DK 22B35) 그 언급에서 박물*historia*적·박학*polymathiē*적 탐구가 지혜, 지성*nous*의 충분조건은 아닐지 모르지만(DK 22B40이 이것을 강조한 바 있다), 필요조건으로 인정되고 있다.

16 이 전승들(예컨대 A12의 스트라본 6.1.1와 플루타르코스 『콜로테스에 대한 반박』 1126a 등)을 토대로 보면 페르시아의 압박을 피해 이오니아의 해변 도시 포카이아로부터 온 이주민 2세 파르메니데스는 자기 도시 엘레아를 위해 입법자 노릇을 했고, 시민들은 공직자들에게 이 '파르메니데스의 법'을 준수하도록 (그것을 취임 선서 시 맹세하도록) 촉구했다.

17 여기서 자세히 다룰 수는 없지만, 진리편 담론 이해의 관건 가운데 하나가 바로 이 개념쌍이다. 고래로 기존 논자들은 너무 자주 그리고 많이 '에이나이'(있음, …임, 존재)에만 주목해 왔다. 파르메니데스에게는 존재만이 아니라 그것에 대한 사유/앎과 그 사유/앎의 전달/공유의 문제가 동시에 총체적으로 문제가 되었다. 이 개념쌍의 의미와 역할에 관한 상세한 논의는 강철웅(2002)을 참고할 것.

도 또 다른 대답 하나를 제공한다. 파르메니데스는 서사시적 형식을 채택함으로써 단지 형식만이 아니라 그 형식에 담긴 호메로스적 모티브들을 수용하고자 했던 것으로 보인다. 호메로스는 이미 파르메니데스의 선배들인 크세노파네스와 헤라클레이토스에게서 통렬하게 비난받은 바 있다. 특히 신인동형론적 성격이나 신의 부도덕성 등의 측면에서 매우 불만족스럽게 평가되었다. 그러나 파르메니데스는 여러 측면에서 호메로스적 통찰들을 적극 이용하고 있다. 특히 앎의 모델링에 있어서 『오뒤세이아』가 보여 주는 시험적 앎이나 로고스에 의한 설득, 누스의 탐구 등의 모티브가 파르메니데스에게는 선배들의 비판에도 불구하고 호메로스에서 적극 받아들일 만한 통찰로 비쳤던 것으로 보인다.[18] 지적 노력, 로고스에 의한 설득 등의 모티브를 잘 드러내는 서사의 호메로스 인유가 본편 메시지에 대해 갖는 함축 가운데 특히 주목할 만한 것 하나는 노에인의 의미(직관적이냐 추론적이냐)와 관련해서다. 본편(특히 진리편)에는 노에인의 추론적 의미가 상당히 부각되어 있고 이것이 또한 언명을 통한 타인과의 공유, 즉 레게인과 긴밀히 연결되어 있다. 서사의 호메로스 모티브는 이런 의미의 노에인-레게인과 잘 어울린다.

진리편에서 그가 강조하고자 하는 앎의 전달과 공유라는 모티브를 구현할 수 있는 매체로서 구술성orality의 대표 격인 서사시가 그에게는 다시 되돌아갈 만한 매력을 가진 것으로 비쳤을지도 모른다. 그의 시대에 여전히 서사시라는

---

18 이 구절은 『오뒤세이아』 첫머리와 아주 유사하다. 평행성의 증거는 다음과 같다.

『오뒤세이아』 서두	파르메니데스 시 서두
- 뮤즈Mousa	- 여신daimonos
- 많은 사람들의 도시astea와	- 모든 도시들astē에
- 누스를 본iden 오뒤세우스	- 아는eidota 사람을 데려다주는 길
- 자기 튀모스에서 겪은 고통	- 튀모스가 미치는 한

매체는 단지 암기에 용이하다는 점에서 유용할 뿐만 아니라 쓰고 읽기가 아닌 말하고 듣기에 가장 어울리는 것이었으리라 짐작된다. 그가 진리편에서 강조하는 디알로고스*dialogos*로서의 로고스는 문자성literacy보다는 구술성을 선호하는 것으로 보인다. 그가 애써 강조하는 검토되고 테스트되는 로고스는 되묻고 그에 대해 다시 답을 듣는 것이 불가능한 써진 텍스트만을 가지고는 충족되기 어려웠을 것이다. 한 세기 후 플라톤이 행한 '문자 비판'[19] 역시 디알로고스 혹은 (탐구자 간의 혹은 가르치는 자와 배우는 자 간의) 대면적 접촉의 중요성을 강조하는 것이었다. 파르메니데스 이후 만연한 소피스트들의 시범 연설*epideixis*[20]이나 수사가 혹은 연설문 쓰는 자들*logographoi*의 로고스가 공유하는 바, 즉 되물을 수 없다는 점이 플라톤에서도 여전히 문제시되고 있는 것이다.

파르메니데스가 서사시라는 매체를 적극 이용하기로 한 것은 이렇게 시인들의 담론을 그저 비판과 극복의 대상으로만 삼는 데서 머물지 않고 적극적으로 수용하고 발전시키려는 노력의 일환이었다. 그런데 이미 크세노파네스가 시를 매체로 삼아 철학을 했고 헤라클레이토스도 산문이지만 파르메니데스 못지않게 시적인 담론을 제출한 바 있었기 때문에 어쩌면 시 전통과 관련한 파르

---

19 『파이드로스』 말미, 『일곱째 편지』, 그리고 초기의 『에우튀데모스』 등에서 다루어진다.
20 아리스토텔레스의 구분(『수사학』 1358a36~1359a6)에 따르면 수사학의 세 장르는 다음과 같다. 심의 연설/수사학이 이로움-해로움에 관한 권고와 만류를 다루는 정치적 담론이고, 법정 연설/수사학이 정의-부정의에 관한 고발과 변명을 다루는 사법적 담론이라면, 시범 연설/수사학은 미-추에 관한 칭찬과 비난을 다루는 보다 비공식적인 공간에서의 담론이다. 아래 6장 2절에서 고르기아스를 다룰 때 시범 수사학 특히 찬양 연설이 주제가 될 것이다. 찬양 연설을 여러 갈래(장례 연설, 축제 연설, 동시대 개인에 대한 칭송 연설, 계기와 무관한 순수 찬양 연설 즉 역설적 찬양 연설 등)로 나누어 기능과 의미를 정교하게 고찰하는 Nightingale(1995, 94~102)을 참고할 것.

메니데스의 선택과 대응이 대단히 독창적이거나 특별한 것이 못 된다고 평가될 수도 있을 것이다.

앞선 논의에서 확인한 것처럼 기존 논자들의 일반적인 평가와 달리 매체에 대한 반성, 담론에 대한 반성의 면모가 크세노파네스와 헤라클레이토스의 담론에도 들어 있다. 파르메니데스는 허공에서 나온 천재가 아닌 것이다. 그러나 그들이 보여 주는 그런 혁신적 면모가 아직 자기 담론에 되먹임되어 속속들이 스며들 만큼 전면적이고 총체적이지는 않았다. 자기들을 향해 누가 공격이라도 해대는 양 그들의 자세는 바깥을 향한 수성守城의 모양새다. 내가 말하는 제2기 철학 시대는 그만큼 철학이라는 지적 기획, 문화적 권위가 아직은 취약한 형성기였던 것이다. 파르메니데스가 시선을 바깥에 준 만큼이나 오롯이 안쪽으로 돌릴 수 있던 것도 실은 그들의 그런 수성적인 형성이 다져 놓은 자신감 덕택이라 할 수 있겠다.

이제 파르메니데스는 적극적으로 시를 수용하고 활용한다. 그는 지난한 탐색의 여정을 거친 끝에 경험 세계를 넘어선 시야를 확보했다. 그런데 그런 시야를 통해 포착되는 것들은 경험 세계의 언어, 과학의 언어로 온전히 접근되거나 완벽하게 소통되지 않는다.[21] 자연계의 규제자인 동시에 초자연계(논리계)의 규제자인 디케의 이중적 역할은 그저 자연계의 언어로만 포착되지 않고 신화적·시적 언어가 필요했다. 그의 초월 여행은 그렇게 서사시적 스케일이 필요했다.[22]

이 초월은 넘어서고 거기 머무는 초월이 아니라 되돌아옴을 의식하는 초월이다. 서사시적 스케일로 포장된 신적 조감의 시야라 해서 규제가 불필요한 것

---

21 이것이 앞에서도 언급한 바 있는 부정 신학의 통찰이다. 부정 신학은 본질상 시적이다.
22 일상적 언어로는 일상적이지 않은 사건을 표현할 수 없기 때문에 이것을 비유와 상징을 통해 서술한다(프랭켈 2011, 655).

은 아니다. 거기에도 유사한 방식의 규준이 필요하다. 저작 전체에서 신성이 강조되는 것은 이 세계와 초월 세계를 규제하는 동일한 신성의 존재를 의식하겠다는 것이고, 이렇게 동일한 신성의 존재를 의식한다는 것은 초월하면서도 그 초월을 자각하고 있다는 것을 가리킨다.

파르메니데스가 부딪친 상황은 경험 세계를 넘어서면서도 그것에 대한 서술은 경험 세계의 언어를 통해서 할 수밖에 없는 다소 어정쩡한 상황이다. 그때 최선은 언어의 포기가 아니라 그 언어의 한계를 의식하면서 최대한을 성취하려 시도하는 일이다. 언어의 한계를 알면서 언어를 이용하는 일이다. 그걸 의식하고 있음을 잘 보여 주는 길은 경험 세계에 대한 일상의 언어가 아닌 언어(이 경우에는 시적 언어)를 사용하면서 그것으로 경험 세계에 대한 이야기를 꾸미는 일이다. 의견편 이야기는 바로 이 점을 잘 드러낸다. 과학의 언어를 쓰지 않고 시로 우주론 이야기를 제출한다.

결국 그의 시 선택은 언어가 가진 한계를 이야기하고, 또 그 한계를 의식하고 있음을 보여 주고, 그러면서도 언어를 이용한 담론을 펼칠 수밖에 없음을 보여 주기 위한 것이다. 그가 언어를 사용하면서도 자주 그 본연의 기능으로 간주되는 것(즉 명쾌하게 지시함으로써 소통을 가능하게 하는 것)과 다른 방향을 취하는 것도 바로 그런 연유가 있어서다. 적지 않은 대목에서 그는 명쾌한 지시를 하지 않고 오히려 흐릿하고 애매하게 처리하는 모습을 보인다. 엄밀한 논변(즉 로고스와 노에마)에 신화적 등장자를 배치하는가 하면, 과학 이야기(즉 퓌시스 이야기)를 하는 곳에 상상 속에나 나올 법한 신화적 사건을 배치하기도 한다. 그리고 이런 신화적 배치를 처음부터 예비하기 위해 서시가 배치된다. 이렇게 그의 시 선택은 그저 형식과 매체의 선택에 머무는 것이 아니라 내용과 사유 얼개에 깊숙이 영향을 미친, 전면적이고 의식적인 시와 철학의 만남이었다.

2. 설득과 진리
적절함과 필연

파르메니데스가 의식적으로 시를 택하고 이용한 까닭은 다른 말로 하면 힘을 표현하기 위한 것이었다. 있는 것, 즉 존재를 규제하는 힘을 드러내기엔 자연 언어, 일상 언어로 역부족이었던 것이다. 그런데 디케의 이중성 고찰에서 이미 밝혀진 대로 존재를 규제하는 그 힘은 동시에 이야기도 규제한다. 결국 존재는 이야기의 설득력에 의해 규제된다. 파르메니데스는 서시에서 존재의 구속력과 이야기의 설득력을 아우르는 디케의 이중성을 상징적으로 제시한 후 그 설득력을 두 본편 담론에서 보여 주는데, 첫째 이야기는 진짜 설득력이고 둘째 이야기는 기만적인 설득력이다. 전자는 진리편에서 후자는 의견편에서 펼쳐진다. 전체 논의 프로그램이 개진되는 서시 말미 길 안내가 바로 이것을 천명한다. 방금 거론한 '설득력'이 등장하는 대목이다.

> 자, 그대는 모든 것들을 배워야 한다*chreō se panta pythesthai*.
> 설득력 있는 진리의 흔들리지 않는 심장*Alētheiēs eupeitheos atremes ētor*과
> 가사자들의 의견들을. 그 속에는 참된 확신*pistis alēthēs*이 없다.
>
> B1.28b~30

여신의 이 프로그램에 따르면 파르메니데스는 앞으로 설득력 있는 진리의 흔들리지 않는 심장과 가사자들의 (참된 확신 없는) 의견을 배우게 된다. 앞에서 (3장 4절) 신성 지시어 등장 구절들을 다룰 때 나는 '진리'*Alētheiē / alētheiē*가 등장하는 이 대목 논의를 유보했었다. 이제 그 논의를 진행해 보자.

29행의 '설득력 있는 진리의 흔들리지 않는 심장'은 이제까지 대개 존재적

의미를 갖는 것으로 해석되어 왔다. 플라톤이 자주 '진리'를 객관적 실재와 연결해서 사용하는 것이 그런 해석에 무게를 실어 주는 것 같다.[23]

그러나 다수 해석자들의 존재적 독해는 문헌적 증거로 뒷받침되지 않는다.[24] 단순히 문헌상 용례를 비교하는 것만으로는 이 말의 존재적 의미가 확립되기 어렵다.[25] 게다가 '설득력 있는' 역시 존재적 해석에 어울리지 않는다. 설득의 힘은 일차적으로 사유나 언어에 갖다 붙여지는 속성으로 보는 것이 자연스럽다.[26] 이런 증거들은 파르메니데스가 여기서 말하는 '진리'가 일차적으로 생각한다, 말한다와 연결되는 호메로스적 용법의 진리, 진실에 가까우리라는 추측을 그럴듯하게 만든다. 따라서 일단 여기 '진리'에 관한 안전한 독해는 그것이 사유나 언어의 속성을 가리키기 위해 사용되었다고 보는 것이다.

'심장'*ētor*의 용법[27] 또한 이런 해석에 부정적이다. 현존 고대 희랍 문헌에서

---

23 예컨대 콕슨은 파르메니데스 단편에 세 번 나오는 '진리'*alētheiē*가 사유나 언어의 속성으로서의 진리가 아니라, 플라톤에서 자주 그렇듯 객관적 실재를 가리킨다고 해석한다(Coxon 2009, 282~283). 갤럽도 이런 존재적 독해를 지지하고 있다(Gallop 1984, 41).

24 Lesher(1994, 32)와 같은 쪽의 주66. 귀향한 오뒤세우스를 주변 사람들이 알아보게 되는 이야기를 담은 『오뒤세이아』 구절들에 나오는 '심장'*ētor*에 대한 그의 분석은 조명해 주는 바가 많으며, 나의 분석도 상당 부분 그의 작업에 기대고 있다(Lesher 1994, 28~32). 다만 파르메니데스의 구절에 대한 그의 해석은 호메로스 분석에서 자연스럽게 존재적 독해가 불필요하고 증거 불충분이라는 점이 도출될 것이라는 말로만 결론을 대신하고 있어서 이 구절을 제대로 해명하고 있다고 보기 어렵다.

25 이런 의미의 '진리'는 적어도 호메로스에는 나오지 않는다. LSJ에 따르면 이 말이 호메로스에서는 '거짓말'*lie*과 반대되는 의미로만 쓰였고 용례들은 대개 말하다 동사와 연결되어 있다. 또 호메로스 이후에 '실재'*reality*라는 의미로 쓰인 용례들로 열거되고 있는 것들은 모두 5세기 이후의 것들(바퀼리데스, 안티폰, 투키디데스, 데모스테네스 등)이다.

26 갤럽, 콕슨 등 나중의 존재적 해석자들은 차라리 타란 등 선배들을 따라 섹스투스의 '*eupeitheos*'(설득력 있는) 대신 심플리키오스의 '*eukykleos*'(잘 둥글려진)를 받아들였어야 한다.

27 이 용법에 관해서는 콕슨 자신도 인정한 바 있다.

이 말은 인간이나 신의 것에만 한정되어 사용되는데,[28] 이런 용법은 '진리의 심장'을 이를테면 '실재의 핵심'으로 읽는 해석과 잘 어울리지 않는다. 물론 이런 근거들을 바탕으로 존재적 해석을 받아들이지 않고 '진리'를 사유나 언어의 속성으로 본다고 해도 '진리의 심장'을 읽는 어려움은 여전히 남는다. 방금 말한 '심장'의 당시 용례(인간이나 신의 것으로 한정)는 이런 독해에도 개입하기 때문이다. 이런 점까지 감안하면 '진리의 심장'에 일종의 인격화가 개재되어 있다고 간주하는 것이 적절해 보인다.[29] '심장'은 호메로스와 핀다로스에서 망설임의 주체로, 그래서 설득의 대상으로, 결국 굴복되기도 하는 것으로 사용된 바 있다.[30]

이런 의미 체계들로 미루어 볼 때 진리의 심장이 흔들리지 않는다는 것은 마치 페넬로페가 난데없이 나타난 거지에 대한 경계심을 풀지 않다가 확실한 징표를 통한 설득으로 거지가 남편이었음을 확신하게 된 후, 그러니까 거지로 분扮한 남편의 정체에 대한 이전의 믿음을 새 믿음으로 바꾸게 되면서 심장ētor이 풀렸던 것(『오뒤세이아』 23권 205행)과 같은 사태가 일어나지 않는다는 것을 의미한다. 다시 말해 진리가, 혹은 그 인격화로서의 알레테이아가 페넬로페처럼 다른 설득 시도에 굴복하지 않는다, 그렇게 확고하다는 의미다. 따라서 이

---

28 LSJ는 이 말이 '심장'heart을 의미하며, 문헌들에서 '생명의 자리', '감정, 열정, 욕구의 자리', '추론 능력reasoning powers의 자리' 등을 가리키는 데 사용되었다고 보고한다.

29 LSJ는 여기 'alētheiē'를 의인화의 예로 보고 대문자로 표기한다. 이미 말한 대로 레셔가 이 구절에 대한 결론만 말하면서 유일하게 행한 적극적인 언명을 인용하면 이러하다. "여신이 젊은이가 얻게 될 앎을, 그의 심장이 완벽하게 설득력 있는 진리를 동요하지 않고 수용하는 것his heart's unwavering acceptance of a fully persuasive truth이라는 말로 성격 짓는 것은 전적으로 자연스러울 것이다."(Lesher 1994, 32) 레셔는 진리의 심장이 어떻게 젊은이, 즉 파르메니데스의 심장으로 해석해도 좋은지 해명하지 않았다.

30 『오뒤세이아』 후반부의 알아봄 관련 구절들(16권 172~219행, 17권 291~301행, 19권 467~475행, 21권 205~225행, 23권 1~230행, 24권 315~346행 등)과 핀다로스 『올림피아 승자 축가』 2.79~80 등이 대표적이다.

구절의 메시지는 그런 진리의 심장을 배우는, 그리하여 결국 그런 진리의 심장을 갖게 되는 파르메니데스도 그렇듯 확고한 상태가 되어 다른 믿음들의 도전에 쉽게 흔들리지 않게 된다는 것이다. 여기서 그런 확고한 상태를 가능하게 하는 것은 다름 아닌 그것이 가진 설득력이다.

파르메니데스 전 저작의 핵심을 잘 담은 시행을 딱 하나만 꼽으라고 한다면 나는 주저 없이 B1.29를 들겠다.

> 한편으로는 설득력 있는 진리의 흔들리지 않는 심장과
>
> *ēmen Alētheiēs eupeitheos atremes ētor*

B1.29

어느 단어 하나 가볍게 지나칠 수 없는 복합적이고 암시적인 메시지들이 이 한 줄에 응축되어 있다. 첫 단어 '*ēmen*'(한편으로는)은 '*ēde*'(다른 한편으로는)를 기대하게 하는 말이다.[31] 과연 의견편이 진리편과 더불어 배울거리로 제시됨을 알리는 메시지가 바로 다음 줄에 언급된다.

> 다른 한편으로는 가사자들의 의견들을. 그 속에는 참된 확신이 없다.
>
> *ēde brotōn doxas, tais ouk eni pistis alēthēs.*

B1.30

29행의 나머지 부분, 즉 '설득력 있는 진리의 흔들리지 않는 심장'*Alētheiēs*

---

31 이 책 서두에서 강조한 '멘*men*-데*de*'의 중요성이 여기 이 구절에도 잘 드러나 있다.

*eupeitheos atremes ētor*에 담긴 함축에 대해서는 위에서 상당히 다루었으므로 이제 신성 지시어 등장 구절에 관한 앞 절 논의에 보다 직접적으로 연관되는 논점, 즉 '진리' 혹은 '알레테이아'의 인격화 여부를 중심으로 이야기를 진전시켜 보자.

'설득력 있는 진리의 흔들리지 않는 심장'(이하 '진리의 심장'으로 줄임)에 나오는 '진리'는 서로 다른 두 버전의 텍스트 전승[32]을 유발할 정도로 충분히 애매하게 표현되었다. 그런데 그 애매성, 중의성은 매우 의도적인 것이며 그런 의도를 잘 살리기 위해서 저자는 시인이 될 수밖에 없었다. 무슨 말인가 하면 여기 언급된 '진리'는 이야기(혹은 사유)를 가리키면서 이야기의 대상(즉 존재)을 가리키기 위해 중의적으로 사용된다. '설득력 있는 진리'는 위에서 고찰한 대로 일차적으로 이야기를 가리킨다. 그러나 그렇다고 해서 '진리'를 존재적으로 읽을 여지가 완전히 봉쇄된 것은 아니다. 그 가능성의 실마리는 평행 구절인 B8.50~51a에서 찾을 수 있다. B1.29~30과 나란한 B8.50~52를 비교해 보자.

> 여기서 나는 그대를 위한 확신할 만한 논변*pistos logos*과 사유*noēma*를 멈춘다,
> 진리에 관한*amphis alētheiēs*. 그리고 이제부터는 가사적인 의견들*doxai broteiai*을
> 배우라, 내 이야기들*epē*의 기만적인 질서*kosmos apatēlos*를 들으면서.
>
> B8.50~52

확신과 설득이 긴밀히 연관되어 있다는 점은 이미 확인한 사항이므로, 두 평행 구절을 비교할 때 당장 분명해 보이는 것은 진리편은 설득의 담론인 반면 의견편은 설득이 이루어지지 않는 담론이라고 설정되어 있다는 점이다. 그런

---

32 위에서도 언급된 바 있는 두 독법, 즉 섹스투스의 '*eupeitheos*'(설득력 있는)와 심플리키오스의 '*eukykleos*'(잘 둥글려진)를 가리킨다.

데 B8에 나오는 '진리'는 로고스와 노에마(즉 언명이나 사유)의 대상으로 표현되어 있는 반면, B1에 나오는 '진리'는 앞에서 말한 대로 언명이나 사유 자체를 지칭한다고 보는 것이 일단은 안전한 방식으로 사용되었다. 달리 말해, 설득의 힘을 가진 것이 B1에서는 '진리'인 반면 B8에서는 '진리'가 아니라 그것에 관한 '로고스(와 노에마)'다. 설득을 진리와 연결시키면서 또한 직접 연결시키지 않은 이 두 구절을 어떻게 이해할 것인가?

두 구절을 조화롭게 읽어 내는 한 방법은 B8의 '진리'가 B1의 '진리'를 포괄하면서 중의적으로 사용되었다고 간주하는 것이다. 우선 B8에 대한 자연스러운 독해는 다수 해석자들이 B1에서 읽어 내고 싶어 한 진상 혹은 실재라는 의미의 진리다. 비록 위에서 논한 대로 그런 의미의 '진리'*alētheia* 용례를 파르메니데스 이전 시대에 관해 확정하기 어렵기 때문에 안전한 독해는 아니지만, 호메로스적 의미에서 플라톤적 의미로 가는 전환이 여기서 시도되었다고 볼 여지는 얼마든지 있다. 진리편에서 줄곧 레게인(언명)과 노에인(사유)[33]의 대상은 있는 것이었고 이제 진리편 논의를 마감하면서 로고스와 노에마의 대상으로 진리를 언급하고 있으므로 텍스트 내에서 이런 독해는 자연스럽게 얻어질 수 있다. 한편 B1에 대한 안전한 독해를 따라 B8의 진리도 로고스 차원의 것으로 보는 독해 역시 가능하다.[34] 이런 독해들이 가능하다면 다수 해석자들이 B1에서 읽고 싶어 한 존재적 의미의 진리도 비록 안전한 독해는 아니나 완전

---

33 '로고스'의 동사형이 '레게인'*legein*이고, '누스'나 '노에마'의 동사형이 '노에인'*noein*이다.

34 이 독해는 동근어 '*alēthēs*'의 용례에서도 간접적으로 시사된다. '참된 확신'(B1.30, B8.28), '참된 길'(B8.17~18), '참되다고 가사자들이 확신하고 놓은 (이름들)'(B8.38~39), 이 네 용례에서 '참되다'*alēthēs*는 말은 '확신'*pistis*, '길', '이름'에 붙어 있는데, 모두 진상이나 실재 자체를 가리키기보다는 그것에 '대해' 혹은 그것을 '향해' 인간이 취하는 인지적 행위와 관련되어 사용되고 있다.

히 불가능한 것은 아니라는 정도로는 용인할 수 있겠다.

이런 정신을 받아들이면 진리편 담론은 진상 혹은 실재(파르메니데스가 '있는 것', 즉 'to eon'이라고 부른 것)에 관한 로고스, 즉 존재론ontology이 되고, 안전한 독해를 따르면 진리편 담론은 로고스 차원의 진리(즉 참된 로고스)에 관한 로고스, 즉 담론론logology 내지 메타 담론metalogy이 된다. 나는 이 이중성이 파르메니데스 자신에 의해 의도된 것이라고 생각하며 파르메니데스 철학 체계 전반을 이해하는 데 핵심적인 사항이라고 본다.

흔히 '진리편'이라고 지칭되는 파르메니데스 저작의 1부를 가리켜, 혹은 거기에 열거된 길들 가운데 첫째 것을 가리켜 '진리의 길'the way of truth이라 부른다. 진리의 이중성을 염두에 두고 이해하면 진리의 길이란 진리를 향해 가는 길the way towards truth이면서 그 자체가 또한 진리인 길the way as truth이다.[35]

'진리'는 힘을 가지고 있다. 설득의 힘이다. 그 힘은 이야기에서 나오는 힘인데 그 이야기의 대상이 어떻게 설정되느냐에 따라 좌우되는 힘이기도 하다. 이런 중의성을 세심하게 보존하면서 청자의 주의를 집중시키기 위해 시라는 매체가 선택되었고, 시로써 형상화되는 것이 자연스러운 '알레테이아'의 인격화된 신 이미지가 이용된 것으로 보인다.

현존 파르메니데스 단편에 '진리'가 언급되는 나머지 한 곳인 B2.4도 이런 이중성과 인격화가 자연스럽게 표현된 자리라 할 수 있다.

---

35 나는 이 명칭에 대한 무렐라토스의 저항감에 동의하지 않는다. Mourelatos(2008, 63~67). 무렐라토스는 '진리를 향해 가는 길'만 정당한 것으로 인정한다. 그의 이런 입장은 주지하다시피 '진리'에 관한 그의 존재적 독해에 기인한 것이다. 위에서 언급한 '참된 길'alēthēs hodos은 이런 존재적 독해와 잘 어울리지 않는다.

그중 하나는 있다*esti* 라는, 그리고 있지 않을 수 없다 라는 길로서,

페이토(설득)의 길이며(왜냐하면 알레테이아(진리)를*alētheiēi*[36] 따르기*opēdei* 때문에)

B2.3~4

탐구의 첫째 길을 성격 짓는 이곳에서 알레테이아(진리)는 페이토(설득)의 시중을 받는*opēdei*[37] 것으로, 즉 페이토가 알레테이아의 수행자 내지 보조자 노릇을 하는 것으로 설정된다.[38] 앞서 서시에서 진리는 자신이 가진 설득력 때문에 다른 설득의 도전에 대해 흔들리지 않는 것으로 묘사되었는데, 여기서는 설득의 보조를 받는 것으로 묘사되고 있다. 나는 이 은유가 서시 말미에서 말한 설득과 진리의 관계(인격화해 말하면 페이토와 알레테이아의 관계)와 잘 어울린다고 생각한다.[39]

파르메니데스는 존재론과 로고스론을 병행하면서 로고스를 아주 추상화,

---

36 사본의 '*alētheiē*'를 '*alētheiēi*'로 고쳐 읽는 다수 독해를 따랐다. 내가 아는 한 이 수정을 거부한 해석자는 이제까지 없었다.

37 이 동사의 기본적인 서사시적 의미가 이러하다. 예컨대 『일리아스』 2권 184행이나 『신통기』 80행 등.

38 '*opēdei*'의 주어에 관해서는 '*keleuthos*'(길)로 보는 다수 견해 대신 '*Peithō*'로 보는 독해 방식이 이제까지의 우리 논의와 잘 어울린다. 이런 소수 견해의 대표자는 무렐라토스다. Mourelatos (2008, 158~160)를 참고할 것. 최근에 모건도 파르메니데스 언어의 생생함의 예로 이것의 인격화를 들었다(Morgan 2000, 70).

39 아무도 시도한 바 없지만 나는 '진리'를 주어로 본 텍스트를 고치지 않고 '진리가 설득을 따르니까'라고 읽는 것도 실은 불가능하지 않다고 생각한다. 이렇게 읽으면 '설득이 진리를 따르는 것 아닌가?', '누가 누구의 시중을 드는 것인가?' 등의 질문을 유발하는 텍스트가 된다. 진리조차 아곤의 맥락에 넣는 이런 독해가 매우 흥미로운 논점들을 우리에게 제공해 줄 수 있을 것이다. 그러나 이 자리에서 다룰 만한 계제는 아니다. 다만 파르메니데스에서 설득과 확신이 매우 강조되며, 심지어 존재, 진리보다 더 우선인 것처럼 읽을 만한 대목도 있을 정도라는 것만큼은 유념할 필요가 있다.

형식화해 다루는 데서 진리편 담론을 시작한다. B2의 두 길에 관한 복잡한 논란에 다시 들어가지 않고도 두 길이 제시되는 방식이 이러하다는 점은 무리 없이 말할 수 있다. 그는 로고스를 잘 분석하고 그것이 제대로 성립할 수 있게 만들어 주면 있는 것의 모습도 자연히 드러나리라고 기대하는 것으로 보인다. 진리에 봉사하는 설득의 아이디어는 이런 로고스에 대한 기대와 신뢰에 기반해 있다.[40] 플라톤으로 하여금 설득의 위상을 낮춰 보게 할 만큼 5세기 중후반 소피스트들에 의해 로고스와 설득이 진리와 무관하게 그 자체가 목적인 양 다루어진 데는 로고스에 대한 파르메니데스의 이 무한한 신뢰가 적지 않은 영향을 주었을 것이다.

앞 3장에서부터 지금까지 우리는 무명의 다이몬과 디케에서 시작해 테미스, 모이라, 아낭케, 그리고 알레테이아와 페이토에 이르기까지 신성 이미지들이 인상적으로 등장하는 구절들을 좇아가며 고찰했다. 진리편 첫 부분에서 인상적인 것이 알레테이아와 페이토라면, B8의 한가운데서 가장 두드러지게 등장하는 것은 아낭케다. 이 신성들이 강조하는 이미지는 묶음이나 허용이다. 이것들은 존재를 혹은 진리를 어떤 방식으로 이끈다. 아낭케, 디케는 무엇보다도 묶는다. 모이라도 그렇다. 무엇을 묶는가? 존재를 묶는다. 페이토는 이끈다. 무엇을? 진리를. 그런가 하면 확신은 밀치거나 허용한다. 무엇을? 생성 소멸을 밀쳐 내고 존재라는 하나의 길은 허용한다.

이런 신성들의 이미지는 저작의 핵심적 논란 부분들에 나오는 '*chrē*', '*chreō*', '*chreōn*', '*chrēn*' 등 이른바 '필연' 양상어들과 긴밀히 연관되어 있다. 그리고 그

---

40 방식과 방향은 다르지만 헤라클레이토스도 로고스에 대한 이런 낙관론을 공유한다.

것들은 아낙시만드로스와 크세노파네스에서 발전된 일련의 양상 개념들과 연속선상에 놓인다.

우선 기억할 만한 것은 '디케'와 '필연'이 연관되어 등장하는, 유일하게 아낙시만드로스의 직접 인용이라고 전해지는 단편이다. 앞에서도(2장 3절) 이미 다룬 바 있는 아낙시만드로스의 이 단편은 사실 내용만이 아니라 직접 인용의 범위조차 논란거리인데, 적어도 다음 구절만큼은 직접 인용이라고 추측할 수 있으며 이 추측에 관한 한 연구자들 사이에 큰 이견이 없다.

> 도의에 따라*kata to chreōn* [⋯] 왜냐하면 그것들[즉 원소들]은 시간의 질서에 따라*kata tēn tou chronou taxin* 서로에게 [자신의] 불의*adikia*에 대한 대가*dikē*와 보상*tisis*을 치르기 때문이다.
>
> (DK 12B1)

여기서 관심을 끄는 것은 아낙시만드로스 우주 생성론의 세부 내용이 아니라 디케와 도의가 어떻게 관련되는 것으로 묘사되어 있는가다. 우주 내 사물의 생성 소멸 과정이 '도의에 따라'*kata to chreōn* 진행된다는 것은 원소들 상호간의 부당한 침해와 그에 대한 보상이 순차적으로 진행된다는 것으로 설명된다. 여기서 주목할 만한 것은 '필연'으로 흔히 번역되는 '크레온'*chreōn*이 정의 혹은 의무의 의미로 사용된다는 점이다. 크레온에 따른다는 것은, 각 원소들이 누릴 만한 어떤 몫(시간적 측면의 것)이 있는데 그 몫을 넘어설 경우 상응하는 보상을 지불한다는 것이다. 자연적 과정의 진행은 이런 크레온에 따라, 즉 자기에게 합당한 시간만 향유한다는 질서에 따라 일어난다. 이렇듯 아낙시만드로스에서는 크레온이 지켜야 할 어떤 것, 따라야 할 어떤 것, 넘어서면 안 되는 어떤 것이었다.[41]

이런 생각은 앞(3장 1절)에서 인용했던 헤시오도스 『신통기』의 하부 세계 묘사(720~819행)에 이미 잘 표현되어 있었다. 헤메라와 뉙스는 상대방이 바깥 세상에 나가 제 일을 하는 동안 집에서 자기 여행의 때를 기다려야 했다(754행). 문과 관련된 호메로스 평행 구절에서 문은 시간을 관장하는 호라이가 지키고 있었다. 그 호라이를 디케로 대치한 파르메니데스에서는 결국 헤메라와 뉙스의 활동을 제어하는 역할이 디케에게 주어지게 된다. 디케로 대변되는 정의(올바름)란 한 쪽이 활동할 때 다른 쪽은 조용히 제 시간을 기다리는 것이다.

파르메니데스 의견편에 언급되는 빛과 밤의 동등성(B9), 남녀의 균형이나 혼합의 적정성(B12, B18) 등도 결국 이런 아낙시만드로스의 아이디어에 대한 성찰과 대응의 일환인 것으로 보인다. 파르메니데스는 이렇게 규범적 필연성의 아이디어를 개념적으로 발전시키면서 동시에 그런 아이디어를 우주론에 적용하려는 시도를 했다고 볼 수 있다.

이제 이런 생각들의 연장선상에 있는 크세노파네스의 구절에 대한 앞서의 검토를 떠올려 보자.

> 그런데 그는 언제나 같은 곳에 전혀 움직이지 않은 채 머물러 있다.
> 또한 그가 이때는 여기 저때는 저기로 옮겨 다니는 것은 알맞지*epiprepei* 않다.
>
> (DK 21B26)

이미 살펴보았듯이 '알맞다'*epiprepei*에 대한 이해 방식으로 미학적 독해와 논리적 독해를 상정하는 반스는 후자를 택한다. 미학적 독해가 논변의 근거를

---

41 이미 언급한 바 있듯 헤라클레이토스에 등장하는 디케도 이런 성격을 지닌 규제자였다(DK 22B94).

주관적 기준, 즉 입맛의 문제로 돌리는 것이기에 크세노파네스 작업의 성격과 어울리지 않지만, 그렇다고 해서 곧바로 논리적 불가능성의 문제로 치부할 수는 없다. 반스에게 불리한 증거들이 여럿임을 감안해 나는 두 독해 사이에서 알맞은 해석을 찾은 바 있다. 즉 '알맞다'를 규범적으로 읽으면서, 신이 갖추어야 할, 즉 이걸 갖추지 않으면 신이라 할 수 없는 어떤 규준, 기준, 표준이 있고 그것에 따라 어떤 신 이야기가 '적절하다' 혹은 '부적절하다'고 간주되는 것으로 이해했다.

파르메니데스가 여러 곳에서 사용하는 '*chrē*' 혹은 '*chreōn esti*'도 이런 의미에 가까운 것으로 보인다. 아낙시만드로스 B1의 '*kata to chreōn*'(도의에 따라)과 연관 지으면서 무렐라토스는 이 말들이 불가피성, 강제, 필요라는 의미의 필연성이라기보다 올바름, 마땅함, 적절함이라는 규범적 의미의 필연성에 가깝다고 주장한다.[42] 이 말들이 출현하는 구절들 모두 논쟁이 걸려 있어서 한두 마디 언급으로 끝낼 수 있는 문제는 아니지만, 적어도 다음 구절들에서는 이 독해가 강점을 갖는다고 말할 수 있다. 우선 B2.5b[43]의 '*chreōn esti*'를 엄밀한 논리적 양상어로 읽으면 B2.3b[44]와 상호 모순적 선택지를 이루는 것으로 구성하기 어렵게 되는데, 규범적 필연성으로 읽으면 이런 어려움이 경감될 수 있다. 그리고 이런 독해는 B6.1[45]에서 어떻게 가능성에서 필연성으로 옮겨갈 수 있느냐는 식의 논란을 해소할 수 있다. 또 B8.54a[46]를 필연성 혹은 필요의 부

---

42 Mourelatos(2008, 84, 277~278).

43 "있지 않아야 한다/있지 않을 수밖에 없다/있지 않다는 것이 옳다"*chreōn esti mē einai* (B2. 5b).

44 "있지 않을 수 없다"*ouk esti mē einai*(B2.3b).

45 "이야기되고 사유되기 위한 것은 있어야만 한다. 왜냐하면 그것은 있을 수 있지만…"(B6.1)

46 "그것들 가운데 어느 하나도 그래서는 안 된다"*tōn mian ou chreōn estin*(B8.54a). 타란은 '그것들 가운데 어느 하나도' 대신 '그것들(즉 두 형태)의 단일성이', 즉 '두 형태를 하나로 이름

재로 읽어야 하지 않겠느냐는 불필요한 논란도 피할 수 있다.

여러 논란의 소지가 있는 구절들이긴 하지만 B6.1과 B8.34~37a[47]에서 부인되기 어려운 메시지는 노에인이 '있는 것'과 필연적으로 연관된다는 점이다. 그런데 이 양자간 연관의 필연성은 무렐라토스가 잘 밝히고 있듯이 '보편적' 필연성이 아니라 '규범적' 필연성이다. 누스가 '있는 것'에 관계맺음이 필연적이라는 말은 누스가 언제나 누구에게 있어서나 '있는 것'과 관계한다는 뜻이 아니다. 만일 양자가 이런 식으로 필연적 관계하에 있다면 '젊은이'*kouros*는 굳이 여신을 만나러 길을 떠날 필요가, 즉 탐구*dizēsis*를 위한 열정*thymos*을 발동시킬 필요가 없었을 것이고, 여신도 굳이 "누스로 확고하게 보라"고 파르메니데스를 다독일 필요가 없었을 것이다.

이제까지 추적해 본 대로 규범적 필연성은 파르메니데스가 선배 아낙시만드로스나 크세노파네스에게서 이어받아 발전시킨 것이라 할 수 있다. 그런데 파르메니데스는 거기서 머물지 않았다. 규범 지시어들에서 잘 드러나는 그의 규범적 필연성 개념 외에 그것들과 긴밀히 연결되어 있지만 뭔가 더 강력한 것이 그의 사유 속에 형성되고 있었다. 논리적 필연성 개념의 발전을 보여 주는 것으로 읽을 수 있는 그 지점들은 이제까지 우리가 계속 주목해 왔던 신성 지시어들의 등장 대목에서 비교적 분명히 드러난다.

이와 관련해 B8에서 아낭케가 어떻게 등장하게 되었는지 다시 떠올려보

붙임이'로 읽는다. 첼러의 독법 '두 형태 중 하나는'을 반대하면서 내놓은 대안이었다. 이 반론의 과정에서 그는 여기 나오는 부정 양상어를 '그래서는 안 된다'가 아니라 '그럴 필요가 없다'로 읽어야 한다고 주장했다. 여기서 상론할 수는 없지만, 나는 두 해석 모두 문제가 있다고 생각한다.

47 앞 3장 2절에 인용되어 있다.

자. 첫 등장은 생멸 부인 논변에서다. B2의 판가름이 이미 나 있고 그것이 아 낭케라고 덧붙여진다. B2의 탐구의 두 길에 대한 기본 판가름이 생성 소멸 여 부를 가리는 지금의 판가름에 있어 그러냐 아니냐 가운데 어느 한 쪽을 받아들 이도록 강제하는 힘을 갖고 있다는 것이 아낭케라는 이미지를 통해 표상되고 강조된다. 아직은 그러나 인격화의 강렬함은 갖지 않은 채 소문자적으로, 추상 명사로 등장한다.

그다음 등장은 앞서의 등장을 떠올리게 하면서도 매우 강렬한 이미지를 청 자에게 각인시키며 이루어진다. 부동성 표지 논변에서다. 앞서의 등장을 떠올 리게 한다고 말할 수 있는 이유는 부동성 논변이 시작과 끝이 없는 것임을 이 야기하고서, 그 근거로 이미 확립된 생멸 불가능성을 들고 있기 때문이며, 강 렬한 이미지라 할 수 있는 까닭은 이제 명실상부하게 대문자적으로 인격화되 어 나오기 때문이다. 그 대목을 음미해 보자.

> 그러나 [그것은] 커다란 속박들의 한계들 안에서 부동不動이며
>
> 시작이 없으며 그침이 없는 것으로 있다. 왜냐하면 생성과 소멸이
>
> 아주 멀리 쫓겨나 떠돌아다니게 되었는데, 참된 확신이 그것들을 밀쳐 냈
> 기 때문이다.
>
> 같은 것 안에*en tautōi* 같은 것으로 머물러 있음으로써 그 자체만으로*kath'*
> *heauto* 놓여 있고
>
> 또 그렇게 확고하게*empedon* 그 자리에 머물러 있다. 왜냐하면 강한 아낭케
> (필연)가
>
> 그것을 빙 둘러 에워싸고 있는 한계의 속박들 안에 [그것을] 꽉 붙들고 있
> 기 때문이다.

B8.26~31

이미 앞 장의 2절에서 살펴보았듯이 첫 문장의 '속박들의 한계'는 생성 소멸을 못하게 디케가 채워 놓은 족쇄를 가리킨다. 전반부 세 행의 논변은 생멸 부인에서 시작과 끝이 없음이 따라나오고 그것으로부터 불변이 귀결되는 방식으로 되어 있으며 시공간 함축이 모두 들어 있다. 첫 행의 '부동'*akinēton*은 넓은 의미의 변화 일반을 가리킨다. 후반부 세 행에도 속박 관련 이미지가 등장한다. 강한 아낭케가 맨 바깥의 속박 안에 있는 것을 꽉 붙들고 있어서 '있는 것'은 장소 이동과 성질 변화를 겪지 않고, 그럼으로써 독립적으로 자기 동일성을 유지하면서 확고하게 머물러 있다고 이야기된다. 이 후반부는, 의견편 B10.6~7 평행 구절과 비교할 때, 공간성 아이디어를 강하게 담고 있다. 요컨대 전반부에서는 시공간성 아이디어를 근거로 변화 일반이 부인되며, 후반부에서는 공간성, 즉 장소 이동의 측면이 더 부각된다.

그런데 전반부 논의에서 후반부 논의로 옮겨가면서 파르메니데스는 크세노파네스의 평행 구절을 강하게 의식하고 있었던 것으로 보인다.

> 그는 언제나 같은 곳에*en tautōi* 전혀 움직이지 않은 채*kinoumenos ouden* 머물러 있다.
> 또한 그가 이때는 여기 저때는 저기로 옮겨 다니는 것은 알맞지*epiprepei* 않다.

(DK 21B26)

크세노파네스는 '또한'*oude*이라고 말하면서 둘째 문장을 도입하지만, 내용을 따져 보면 이 문장은 앞 문장에 대해 일종의 근거 역할을 한다고 볼 수 있다. 이제 파르메니데스는 비슷한 논의를 확립하면서 그 근거 문장을 '알맞다' 대신 '강한 아낭케'의 이야기로 바꾸어 놓는다. 이 차이는 우리가 이제까지 주목해 온 양상어의 의미에 일정한 시사점을 제공함과 동시에, 두 사람의 논의가 비슷한 어구로 되어 있긴 하지만 전혀 다른 방향으로 전개되고 있음을 드러낸다.

'알맞다'는 것은 앞서 살펴본 대로 일종의 규범적 필연성을 가리킨다. 그런데 호메로스에서 '아낭케'는 힘의 아이디어와 연결되어 있고 자발성, 자유와 대조된다. 즉 내키지는 않지만 할 수밖에 없게 강제하는 힘이나 명령을 가리킨다.[48] 그런데 파르메니데스는 생멸 불가능 논변 도중에 이미 디케의 족쇄를 이야기했고, 그곳에서도 인격화된 채로는 아니나 아낭케가 등장했다. 그리고 이둘은 B2의 판가름을 지시하기 위해 도입되었다. 이제 있는 것이 움직이냐 여부를 따지는 대목에서 파르메니데스는 있는 것이 그 판가름에 철저히 종속됨을 강한 어조로 이야기하고 있고, 그러면서 크세노파네스가 신에 대해 했던 언명들에 비판적 주석을 붙인다. 크세노파네스에서 "하나다, 신은. 신들과 인간들 가운데서 가장 위대하며, 형체도 생각도 가사자들과 전혀 비슷하지 않다[/조금도 닮지 않았다]outi homoiios."(DK 21B23) 가사적인 것들과 조금도 닮지 않은

---

[48] 마지못해 하는 종살이를 뜻하는 다음 구절이 대표적이다. 트로이의 몰락을 예감하면서 헥토르가 아내에게 그녀가 겪게 될 일을 이야기하는 대목이다. "청동 갑옷을 입은 아카이아인들 가운데 누군가가 / 당신에게서 자유의 날eleutheron ēmar을 빼앗고서, 우는 당신을 데려갈 때 말이오. / 당신은 아르고스에서 다른 여인의 명에 따라 베틀을 돌리며 베를 짤 수도 있고, / 메세이스나 휘페레이아로부터 물을 긷게 될 수도 있을 것이오. / 아주 내켜 하지 않는 채aekazomenē 말이오. 강한 아낭케(필연)kraterē … anankē가 그대 위에 자리 잡을 것이오."(『일리아스』 6권 454~458행) 자유와의 이 대조는 16권 평행 구절에서 잘 드러난다. 역시 헥토르가 하는 말이고, 이번에는 적장 파트로클로스에게 역시 트로이의 몰락에 관해 언급하고 있다. "파트로클로스여, 그대는 우리 도시를 함락시키고 / 트로이의 여인들에게서 자유의 날eleutheron ēmar을 빼앗고서, / 그들을 배에 태워 그대의 고향 땅으로 데려 가겠다고 말했을지도 모르겠군. / 어리석은 자! 그들 앞에는 헥토르의 날랜 말들이 / 전쟁을 치를 태세로 내닫고 있네. 또 나 자신은 / 전쟁을 좋아하는 트로이 사람들 사이에서 창술이 누구보다도 / 뛰어나네. 그런 내가 그들을 지켜 줄 것이네. / 아낭케(속박)의 날ēmar anankaion로부터 말이네."(『일리아스』 16권 830~836a행) 자유의 날에 대비되어 나온 '아낭케의 날'은 '속박의 날'이라고 옮기는 것이 적당한 말이다. 역시 마지못해 하는 종살이를 가리키고, 물리적 강제의 아이디어가 두드러진다.

크세노파네스의 신에서 파르메니데스는 자신이 사유하는 '있는 것'과 닮아 있는 측면들을 발견했을 것이다.[49] 이제 그가 크세노파네스의 신에서 떼어 내고 싶은 측면이 무엇인가 하는 것은 아마 위 크세노파네스 B26에 연이어 나왔을 법한 B25와 B24에 들어 있다.[50]

오히려 그는 노력 없이 누스의 생각으로*noou phreni* 모든 것들을 흔든다 *kradainei.*

(DK 21B25)

말하자면 그의 신은

전체가 보고 전체가 노에인하며 전체가 듣는다.

(DK 21B24)

가사적인 것을 넘어 불생불멸로 있는 것은 크세노파네스의 신처럼 자유롭게 누스로 생각을 하면서 만물을 움직이는 것이 아니다. 그것은 오히려 아낭케의 속박에 묶여 완전히 정지해 있다. '*empedon*'(확고하게)이라는 말에서도 드러나듯이 '있는 것'은 말하자면 발이 묶여 있다. 아낭케가 발목을 꽉 붙들어 맸기

---

49 그리고 아마 가사적인 것들의 세계로부터 멀리 떨어져 사유 여정을 펼치고 있는 그의 작업은 가사적인 것들에 덧씌워진 방황하는 측면들을 하나하나 떼어 내면서 확고한 앎의 대상이 되도록 만드는 일종의 '추상' 작업이었다고도 볼 수 있다. 특히 지금 우리가 숙고하고 있는 구절에 나오는 "생성과 소멸이 아주 멀리 쫓겨나 떠돌아다니게 되었는데, 참된 확신이 그것들을 밀쳐낸 것이다."(B8.27b~28)와 같은 구절이 그런 밀어내기를 잘 시사하고 있다. 그것은 있다거나 있다가 아니거나 둘 가운데 하나다 라는 판가름 원칙에 의해 수행되고 있다.

50 KRS가 두 단편을 바로 그런 방식으로 붙여 이해하고 있다(KRS 1983, 169~170).

제4장 전통과의 만남과 새로운 모색 271

때문이다. 크세노파네스의 신은 움직이는 것이 그의 위상에 걸맞지 않아 가만히 있으면서 생각으로 세상을 움직이는 것이었다. 그러나 파르메니데스에서 이런, 세상을 움직이는 자로서의 신은 진리편 논의에 빠져 있고 오히려 의견편에 등장한다. 그런가 하면 '알맞다'와 맥이 통하면서도 그것보다 훨씬 강한 의미, 즉 그 부정 사태의 가능성이 철저히 배제된 '강한 아낭케'에 의해 묶여 있는, 파르메니데스의 있는 것은 사유조차 할 수 없다.

서시의 디케가 B8의 치밀한 논변 도중에 강한 아낭케로 동일시 혹은 대체되는 과정은 속박/한계, 힘, 설득/확신, 이 세 아이디어를 매개로 한 것이었다. 디케와 아낭케가 '있는 것'을 족쇄와 한계로 속박한다는 것은 B2 판가름의 필연적 귀결이 어떠한지를 보여 주기 위한 은유다. 있지 않은 것이 배제됨은 필연적으로 생성 소멸의 부인을 귀결한다. B2 판가름을 받아들이면 어쩔 수 없이 생성 소멸의 부인도 받아들여야 하며, 이것은 논리적 필연이다. B8 논변의 핵심부에서 신성들을 다시 끌어들이면서 파르메니데스가 말하고자 했던 것은 바로 논변의 각 단계를 이어주는 이 논리적인 힘의 신비스러움이며, 이 힘에 의해 귀결되는 것이라면 비록 상식과 어긋나는 것에 이르더라도 받아들일 수밖에 없다는 생각이다.[51] 이 지점에서 우리는 규범적 필연성이 논리적 필연성으로 개념화하는 발전이 파르메니데스에서 시작되고 있음을 발견하게 된다.

---

51 "파르메니데스가 확신할 가치가 없는 논변들anaxiopistois … logois을 따랐고 당시로서는 아직 명료하지 않았던 것들에 의해 기만당했다는 것은 놀랄 일이 아니다. […] 그런데 그것들은 논변들과 반대 논변들로부터 얻어졌다. […] 필연적anankaion이라고 보이지 않는 한 동의되지 않았기 때문이다. 그러나 이전 사람들은 비논증적인 방식으로anapodeiktōs 의견을 개진했다."(DK 28A28: 심플리키오스 『아리스토텔레스의 「자연학」 주석』 115.11)

3. 의견과 그럴듯함
'자연에 관한' 이야기들과 인식론적 비판

파르메니데스 담론의 매력과 영향력은 그의 독창성과 고답성을 잘 보여 주는 진리편에서 비롯한다고들 흔히 생각해 왔다. 그러나 만약 파르메니데스가 진리편만 썼다면, 혹은 나중 사람들의 선호 때문에 진리편만 우리 손에 전해졌다면 어땠을까? 마치 동굴 밖으로 나간 철학자가 동굴 일은 까마득히 잊은 채 진리 관조 놀음에 도낏자루 썩는 줄 몰랐다는 듯 그렇게 천상의 고상한 메시지만 남겨 놓았다면 어땠을까? 이런 상상이 전혀 터무니없는 건 아니다. 섹스투스가 일부러 길게 적어 남겨 주지 않았다면 우리에게 서시란 존재하지 않았을 것이다.[52] 이런 점들을 감안해 볼 때 파르메니데스의 힘과 위대함은 초월의 자리에 머물러 고답준론을 신적 계시마냥 읊어 대는 데 있는 것이 아니라 나머지 인간들의 눈높이로 다시 내려와 초월의 자리에서 얻은 깨달음을 새롭게 적용하고 쉬운 이야기로 풀어 가는 시도를 한 데 있는 것은 아닐까? 그렇다고 한다면 의견편은 그저 사족이거나 별책 부록이 아니라 파르메니데스적 여정의 최종 결과물이라 해야 할지도 모른다. 여신이 줄곧 배울거리가 하나가 아니라 둘임을 강조하는 것도 그런 이유 때문일 것이다. 이는 의견편을 파르메니데스 저작권 목록에서 제외하려는 현대적 시도에는 뭔가 근본적인 한계가 있음을 말해 준다.

파르메니데스 저작에는 이전 자연철학자들의 저작들과 마찬가지로 '자연에 관하여'*peri physeōs*라는 부제가 붙어 있었다고 전해진다.[53] 그를 다른 초기 희

---

52 핵심적이고 긴 B8을 작정하고 남겨 우리 손에까지 이르게 해준 숨은 유공자 심플리키우스도 서시는 겨우 다섯 줄만 (그것도 사실상 진리편과 연결되는 말미 부분만) 남겼을 뿐이니 말이다.

53 섹스투스 엠피리쿠스(『학자들에 대한 반박』 7.111), 카일리우스 아우렐리아누스(『만성병

랍 철학자들과 함께 '퓌시스 탐구자'로 여기는 전승 또한 적지 않다.[54] 그러나 이 전승에는 늘 그것을 부인하거나 무시하는 대립된 전승이 따라다녔다. 아리스토텔레스와 그 문하 학자들은 파르메니데스 및 멜리소스 주변 사람들을 '퓌시스 탐구자'의 범위에서 제외했을 뿐만 아니라[55] 심지어는 '퓌시스 부정론자'aphysikoi라 불렀다고 한다.[56] 여럿과 운동을 인정하지 않는 것은 퓌시스를 인정하지 않는 일이요, 이런 파르메니데스의 입장은 퓌시스 탐구라는 선배 철학자들의 지적 기획에서 한참 빗겨 나 있다고 보는 것이다.

파르메니데스는 퓌시스 부정론자인가, 퓌시스 탐구자인가? 의견편 프로그램에 해당하는 B10이 이 물음을 푸는 데 적절하므로 이제 그 단편을 다시 음미해 보자.

> 그리고 그대는 알게eisēi 될 것이다. 에테르의 퓌시스와 에테르에 있는 모든
>
> 표지들sēmata과 빛나는 태양의 순수한
>
> 횃불의 파괴적인 일들erga과 그것들이 어디서부터 생겨났는지를.
>
> 또 그대는 배우게peusēi 될 것이다. 얼굴이 둥근 달의 왔다갔다 헤매는 일들과
>
> 퓌시스를. 그리고 그대는 또한 알게eidēseis 될 것이다. 에워싸고 있는 하늘

들에 관하여』 4.9), 심플리키오스(A14) 등.

54 이암블리코스(A4), 에우세비오스(A11), 무명의 비잔틴 사람(A40) 등. 그리고 DK에 들어 있지 않은 것으로, Kingsley(1999)가 주목한 바 있는 새김글 "퓌레스의 아들이며 울리스의 후손인 자연(철)학자 파르메네이데스"Parmeneidēs Pyrētos Ouliadēs physikos를 들 수 있다.

55 예컨대 『자연학』 184b 15~18. "아르케는 하나이거나 하나보다 많거나 할 수밖에 없다. 하나라면 파르메니데스와 멜리소스가 주장하듯이 부동이거나, 퓌시스 탐구자들physikoi이 주장하듯이 움직이거나 할 수밖에 없다."

56 섹스투스 엠피리쿠스 『학자들에 대한 반박』 10.46 (DK 28A26).

에 대해서도

그것이 어디서부터 태어났는지*ephy*와 어떻게 아낭케(필연)가 그것을 이끌어

별들의 한계들을 잡고 있도록 묶었는지를.

B10

의견편이 다루게 될 내용, 즉 파르메니데스가 알거나 배우게 될 내용이 우주 내 여러 사물의 기원*physis*과 작용*erga*이라는 것이 이 단편의 주요 메시지다. B10에 관한 본격적인 고찰에 들어가기 전에 우선 초기 희랍 철학에서 사용된 '퓌시스'의 의미에 대한 현대 학자들의 연구를 정리해 보자.

어떤 연구자들[57]은 초기 희랍 철학자들이 주로 사물의 '기원', '시작', '생겨남', '되어감', '성장' 등을 가리키기 위해 이 말을 사용했다고 본다(편의상 '퓌시스1'로 칭하자).[58] 한편 다른 연구자들[59]에 의하면 초기 희랍 철학자들은 주로 사물의 '지속적이고 근본적인 일차적 성격'(혹은 '안정적 성격', '본질적 성격'), '실재적 본성', '일반적 구조' 등을 가리키기 위해 이 말을 사용했다(편의상 '퓌시스2'로 칭하자).[60] 퓌시스1은 동사 '*phyō*' 혹은 '*phyomai*'의 기본 의미, 즉 '생겨난다', '태어난다', '자란다' 등과 연결되어 있고, 퓌시스2는 이 동사의 파생 의미, 즉

---

57 Woodbridge(1901), Heidel(1910) 등.

58 이 의미가 쓰인 대표적인 사례로 학자들이 많이 인용했던 구절은 엠페도클레스 DK 31B8.1 이다. 물론 퓌시스1 의미로의 해석에 대해 찬반 논쟁이 있었다.

59 Burnet(1897; 1930), Lovejoy(1909), Curd(1998b) 등.

60 대표적인 사례로 헤라클레이토스 DK 22B1과 B112에 나오는 '퓌시스에 따라'*kata physin*를 들 수 있을 것 같다. 한편 헤라클레이토스의 DK 22B123("퓌시스는 스스로 감추기를 좋아한다")도 흔히 사례로 제시되곤 했는데[예컨대 Lesher(1998, 8), Curd(1998b, 43)], 이 구절에 대한 퓌시스2 해석은 논란으로부터 자유롭지 않다. 강력한 반론으로는 Beardslee(1918, 10~11)를 참고할 수 있다.

'애초에 그러그러하게 생겨먹었다'와 연결되어 있다.

B10이 갖는 중요성은 퓌시스가 언급된다는 것 자체보다 오히려 그것에 대해 '안다'*eisēi, eidēseis* 혹은 '배운다'*peusēi*는 말이 사용된다는 데 있다.[61] 이 '퓌시스를 안다'는 말을 우리는 어떻게 이해해야 할까? B10의 기본 구도로 볼 때 앎의 대상으로 이야기되는 '퓌시스'는 우선 동사 '*phyomai*'의 기본 의미와 밀접히 연관되는 기원적 퓌시스(퓌시스₁)로 자연스럽게 읽힌다. 여기서 '알게' 될 퓌시스의 내용은 에테르, 태양, 달, 하늘 등 네 사물 각각의 기원(퓌시스)과 작용이다. 그런데 기원과 작용이 긴밀히 연관되어 있으며, 적어도 태양의 경우에는 분명히 퓌시스(즉 기원)가 단지 자연 사물(여기선 태양)의 기원으로서만이 아니라 그 작용의 기원으로 언급되고 있다. 즉 자연 사물이 어디서 생겼느냐만이 아니라 그 사물의 작용이 무엇에서 비롯되었느냐가 문제되고 있는 것이다. 달리 말하면 그 사물이 어떤 성격을 갖기에 그런 작용을 하게 되었느냐가 문제되고 있는 것으로 볼 수 있다. 그렇다고 한다면 여기서 언급되는 '퓌시스'에는 퓌시스₂가 이미 그 적용 범위 안에 들어와 있는 것으로 이해할 수 있다.

이렇게 의견편의 '퓌시스'는 퓌시스₁과 퓌시스₂를 포괄하는 개념으로 사용되고 있으며,[62] 여러 사물의 '퓌시스를 안다'는 것은 그 사물의 기원을 아는 것

---

[61] 의견편의 허위성을 주장하는 오웬-반스 해석은 이런 언급들에 주목하지 않았다. 한편 그런 해석에 반대해 의견편을 파르메니데스 자신의 설명 모델로 보는 커드 또한 이 언급들을 정당하게 해석하지 못하고 곧장 퓌시스₂ 해석으로 나아갔다. 변화·진행의 상像을 갖는 퓌시스₁을 '안다'고 말하는 것보다 지속·정지의 상을 갖는 퓌시스₂를 '안다'고 말하는 것이 '전통적인' 파르메니데스의 모습에 더 어울린다는 생각이 밑바닥에 깔려 있을지도 모른다. 하지만 이 생각은 진리편에서 이해된 파르메니데스의 모습을 별 반성 없이 그대로 의견편에 끌어대고 있는 것이 아닌가 라는 의문을 지울 수 없다.

[62] 여기 언급된 것보다 더 많은 논거들이 제시될 수 있다. 여기서 다 논의할 수 없으며 자세한 내용은 강철웅(2001)을 참고할 것.

인 동시에 본성을 아는 것이기도 하다고 말할 수 있다.[63] '퓌시스'가 의견편에서만 사용된다는 것, 호메로스에서 유일하게 등장한 '퓌시스'가 비가시적인 요소(검은 뿌리)와 가시적인 요소(젖과 닮은 꽃)를 함께 가진, 신적 통찰의 대상이었다(『오뒤세이아』 10권 303~306행)는 것이 파르메니데스가 의견편에서 밝히고자 한 퓌시스의 성격을 이해하는 데 중요한 열쇠가 된다.[64]

순전히 지성의 힘에만 의지해 진상을 밝히려는 진리편에서 '퓌시스' 언급이 배제된다는 것은 감각 대상인 사물의 퓌시스에 대한 파악이 엄밀한 의미의 앎이 될 수 없다는 것을 시사하는 것으로 보인다. 진리편의 이런 엄격한 정신을 의견편에까지 확대 적용한 것이 '퓌시스 부정론' 전승이다.

그러나 확실한 앎의 대상인 있는 것의 여러 성격들을 논증한 후 여신은(즉 파르메니데스) 가사자들의 의견을 배우라고 말하면서 B10에서 분명히 감각 대상인 사물들의 퓌시스(기원과 본성)에 관해 알게 될 것을 약속하고 있다. 진리편에서 배제했던 퓌시스를 앎의 대상으로 적극 끌어안은 의견편에서 하고자 하는 이야기 가운데 하나는, 비록 엄밀한 앎은 되지 못하지만 우리가 무시하기 어려운 감각 경험에 의거한 세계 파악에도 실천적 유용성이 있음을 인정해 주어야 하지 않는가 하는 것이다. 의견편의 이런 유연한 정신을 진리편에까지 확

---

63 기원의 물음이 곧 본성의 물음과 연결된다는 생각이 전형적인 희랍적 사고의 한 모습이라는 것은 한 세기 후 플라톤 대화편들 도처에 나오는 단순한 예들에서도 잘 드러난다. 예컨대 『카르미데스』 서두에서 소크라테스는 영혼을 '벗겨 볼' 대상으로 소개받은 젊은이 카르미데스가 어떤 사람인지를 이렇게 묻는다. "그가 누구이고 또 누구의 아들인가?"(154a7)

64 『오뒤세이아』에 나오는 몰뤼moly의 퓌시스에 대한 이 해석은 클레이의 고찰에 의존하고 있다(Clay 1983, 157~170) 참조. 이 '퓌시스'가 일차적으로 식물의 외적인 모습이나 특징을 가리키면서 동시에 '몰뤼'라고 지칭되는 식물의 종 일반의 확인 가능한 특성을 가리킨다는 점에서 '본성'의 의미와 맞닿아 있다는 김남두(2002, 462~463)의 논의도 참고할 것.

대 적용하려 한 것이 '퓌시스 탐구자' 전승이다.

두 전승 모두 저작의 중요한 일면을 포착하고 있으므로 다른 쪽 일면을 무시하는 방향으로 확대 해석되면 안 될 것이다. 다만 의견편의 함축을 음미하면서 파르메니데스와 전후 철학자들 간의 관계를 고찰하려는 계제이므로, 퓌시스 탐구자 전승의 정신을 따라 논의를 진전시켜 볼 필요가 있겠다.

파르메니데스가 의견편에서 말하는 퓌시스에 대한 앎이 진리편에서 말하는 있는 것에 대한 앎과 어떤 관계가 있는지는 별도로 이야기되어야 하지만, 적어도 그가 감각 대상의 파악에 어떤 정도의 긍정적 지위를 부여했다는 점은 의심하기 어렵다. 진리에서 의견으로의 이행 부분 말미(B8.60~61)에서 그는 의견편이 '그럴듯한' 설명이며 실천적 유용성을 지니는 것으로 묘사하고 있기 때문이다. 사실 이런 이야기는 의견편을 파르메니데스 자신의 것으로 보는 여러 퓌시스 탐구자 전승들과 잘 부합한다.

그런데 이행 부분은 '그럴듯함'과 더불어 '기만성'을 함께 이야기하고 있어 우리를 혼란스럽게 한다. "진리에 관한 확신할 만한 로고스와 노에마는 여기까지고 앞으로는 내 이야기(에포스)들의 기만적인 질서를 들으며 가사적인 의견들을 배워라."(B8.50~52)라고 말하는 대목이다. 의견편에서 청자가 가사자들의 어떤 견해도 따라올 수 없을 정도로 그럴듯한 설명을 배우게 되리라고 예고하면서, 동시에 거기엔 또한 기만적 질서가 있으니 조심하라고 여신은 경고한다. 그렇다면 의견편 논의에 들어 있는 무엇이 '그럴듯함'이고 무엇이 '기만적'인가?[65]

---

[65] 요강 부분(B8.34~41)이 지금 우리가 살펴본 이 대목 뒤, 즉 B8의 52행과 53행 사이로 옮겨져야 한다는 제안이 오래 전에 있었다. Ebert(1989)와 Palmer(2010, 352~354)를 참고할 것. 논자들의 주목을 받지 못한 것에 안타까움을 표명하면서 팔머는 이 위치 수정 제안이 "최근 수년 사이에 파르메니데스 텍스트 비평에서 이루어진 가장 중요한 진전"(352)이라고 평가한다. 내가 보기에 기만성의 설명이 흐트러지기 때문에 이들의 제안은 수용하기 어렵다. 그리

간단히 말해 의견편의 논의가 진리편의 논의를 '닮았다'는 점이 그것의 '그 럴듯함'과 '기만성'을 동시에 보여 준다.[66] 우선 진리편에서 활용된 개념 도구들 이 의견편에서 그대로 활용되고, 의견편에서도 진리편에서처럼 일종의 판가름 *krisis*이 이루어지며(B8.55) 이름과 표지*sēmata*가 구분된다(B8.53~59).[67] 그러나 거기서 이루어지는 판가름은 있다*esti*와 있지 않다*ouk esti* 간의, 즉 모순적 대립 자들 간의 철저한 논리적 판가름이 아니라 빛과 밤이라는 반대적 대립자들 간 의 물리적 판가름이며,[68] 이 두 원리 혹은 요소는 상대방 없이 그 자체로*kath' hauto* 온전히 파악될 수 있는 것이 아니다. 이런 기본 사물을 원리로 삼고 그것에 의해 실재가 온전히 설명된다고 본 것이 가사자들의 '실수'*peplanēmenoi*(B8.54)이 며, 애초부터 이런 약점을 안고 있는 원리들을 가지고 아무리 그럴듯한 이론을 구성한다 해도 진리편에서 개진된 확실한 앎에 필적할 수는 없다. 이 점을 미리 감안하지 않고 진리와 '닮은' 측면에만 주목하면 결국 의견 교설에서 개진될 퓌 시스에 대한 앎의 지위에 관해 '속기' 쉽다는 것이 이행 부분에서 여신이 청자 에게 주는 경계의 메시지다.

고 파르메니데스 사유 속에는 기만적임과 그럴듯함의 연결이 있는데, 위치 수정은 그것을 지 나치게 멀리 떼어놓는 결과를 가져온다. 지금도 중간에 두 형태 설명이 길어져 자칫 청자(독 자)가 그 연결을 놓칠 우려가 있는데 말이다.

66 "이것들이 진실과 유사한 것들*eoikota tois etymoisi*이라 받아들이자*dedoxasthō*"(DK 21B35)는 크세노파네스의 언명이 (DK 21B34와 더불어) 파르메니데스에서 진리-의견 관계를 이해하 는 데 중요한 단서를 제공한다. "아무도 더 나은 이론(즉 진상에 더 가깝게 닮은 이론)을 산출 하거나 혹은 그 성공에 흠집을 낼 수 없을 만큼 진상과 닮은 것은 분명히, 비록 기초가 잘못된 것이라 하더라도, 관찰되는 우주에 대한 적절한 이론으로서 온갖 실천적인 목적에 소용된 다."(Hussey 1990, 30)

67 의견의 길에는 '구별되는 표지를 가진*episēmon* 이름*onoma*'(B19.3)이 있는 데 반해, 둘째 길 은 '이름이 없다'(*anōnymon*; B8.17).

68 Mansfeld(1964, 87).

논리적 필연성으로 대표되는 로고스의 설득력이 파르메니데스가 세운 혁신적 사유의 결정체인 진리편이 제시하는 진정한 설득력이라면, 그것의 진정성과 강력함만큼이나 일상인과의 거리감은 멀기만 하다. 근본적인 한계를 포함하기에 시도 자체가, 그리고 가르치고 설파하는 일 자체가 기만적이라 할 의견편의 경우, 그것이 제시하는 설득력은 전통적인 자연철학자들의 작업을 계승하면서도 한 차원 높은 대안을 제공하는 경쟁력을 갖춘 그럴듯함이며, 그만큼 대중적 설득력이 높다.[69] 그렇기에 기만적인 설득력인 것이다. 기만당하지 않는 길은 거기에 기만이 들어 있다는 점을 잘 의식하고 반성하는 것이다. 진리와 닮았지만 기본적인 한계가 있다는 것에 대한 의식과 반성 말이다.

이제 의견편의 기만적이며 그럴듯한 논의가 이전 철학자들의 논의 전통과 어떻게 변증적 관계를 맺는지 고찰해 보자. 이오니아 철학자들이 시작한 자연철학 전통에 대한 파르메니데스의 문제 제기는 크게 두 방향으로 전개된 것으로 보인다. 하나는 이론의 시작점에서부터 반성을 요구하는 보다 근본적인 문제 제기(진리편)요, 다른 하나는 이론 내적 수준에서의 문제 제기(의견편)다.

우선 전자의 문제 제기는, 이론은 현상을 현상으로 설명하는 수준에 머물러서는 안 된다는 비판이다. 이전 자연철학자들이 물은 물음은 (아리스토텔레스가 재구성하는 바로는) 세상에 대해 'ex hou'(무엇으로부터 나왔느냐/무엇으로 되어 있느냐), 즉 아르케를 물은 것이었다. 우리가 파르메니데스 텍스트에서 확인한 퓌시스는 이것에 상당히 가까워 보인다. 이오니아적 철학자들은 세상의 기원과 구성(원리)에 관해 물었다. 파르메니데스가 '퓌시스'를 진리편에서 의도적으로

---

69 아리스토텔레스적인 개념을 차용해 다시 표현하면 방금 언급한 두 설득력은 이를테면 '원리상'(그 자체로) 설득력 있는 것과 '우리에게' 설득력 있는 것으로 나눌 수 있겠다.

배제하고 엄밀한 있다-있지 않다의 판가름과 그것에 대한 노에인을 강조한 것은 그들이 파악하려는 이 퓌시스, 즉 x로부터 됨이나 x로 되어 있음이라는 의미에서의 가짜 …임/…로 있음에 대해 불만을 표명하는 것이다. 그들은 사실상 있는 것, 진짜 … 인 것은 찾지 않고 오히려 …가 아니었다가 …이게 되는 것에 주의를 기울이며, 결국 이 세상 사물들을 가장 잘 포괄할 수 있는 아르케를 여전히 그 변전하는 세계 속에서 찾기 때문에 근본적으로 문제가 있다는 것이다. 파르메니데스가 보기에 엄밀한 앎의 대상이 될 수 있는 것은 이런 생성, 변화를 겪지 않는 '있다/…이다'만 긍정될 수 있는 것이므로 이오니아 철학자들의 탐구 방향은 근본적으로 수정되어야 한다. 예컨대 '세상은 물이다'가 '세상은 물이었던 것이 물 아닌 것으로 된 것이다' 등으로 될 수 있는 그런 '…이다/있다'는 진짜 '있는 것'을 드러내지 못한다는 것이다.

후자, 즉 이론 내적 문제 제기는 질료로서의 하나만 가지고는 세상의 생성과 변화를 제대로 설명할 수 없다는 의견편의 문제 제기다. 현상 세계를 제대로 설명하려면 적어도 둘은 놓아야 한다는 것이다. 탈레스는 물에서 물 아닌 것이 나왔다고 하고, 그 설명에서 한계를 느낀 아낙시만드로스는 아페이론에서 온과 냉이 나오고(혹은 어떤 버전에 의하면 온과 냉을 산출할 수 있는 것gonimon이 나오고, 이로부터 나온) 이 온과 냉으로부터 다른 사물들이 분리되어apokrithenai 나왔다고 설명한다.[70] 과연 물에서 그것과 반대되는 것이, 아페이론에서 그것에 안 들어 있는 것이 어떻게 나왔겠느냐는 문제가 이들에게 제기될 수 있다. 이 문

---

70 아페이론으로부터 모든 사물로의 분리 과정과 모든 사물의 아페이론으로의 혹은 온과 냉으로의 회귀 과정에 대해서는 여러 해석 가능성이 있으므로 여기서의 기술이 완전한 것은 아니며 별도의 설명을 요한다. 그러나 여기서는, 적어도 아페이론으로부터 온과 냉 및 다른 사물들이 분리되어 나왔다는 점만큼은 아낙시만드로스에서 분명히 읽을 수 있다는 확인만으로 충분하다.

제를 자각한 아낙시메네스는 공기로, 즉 그것의 농밀화와 희박화로 이 생성(혹은 생성 설명)을 구제하고자 하지만, 그의 설명에서도 역시 공기이면서 공기 아닌 것이 여전히 공존한다. 즉 어떻게 나왔느냐의 설명으로는 가능할지 모르나 …에서 …아닌 것이 나왔다는 이전 사람들의 가정은 그대로 끌고 들어간다. 게다가 농밀화와 희박화만으로 현상 세계의 다양성을 모두 설명해 낼 수 있을지에 대해서도 의문이 제기될 수 있다. 사실 네 원소 가운데 가장 가변적이라 할 공기를 택해 공기가 이것도 되고 저것도 되고 하는 식의 설명을 함으로써 물을 아르케로 택한 것보다 좀 더 나은 위치를 확보했다고 말할 수도 있지만, 공기 역시 어느 한 쪽으로 기우는, 즉 가볍고 희박한 (따라서 뜨거운?) 쪽에 가까운 것으로 볼 수 있고, 그렇다면 이런 공기가 어떻게 돌처럼 무겁고 딱딱한 것이 되는지, 희박했을 때의 원래 공기와 단단해진 돌을 같은 공기라 할 수 있을지 등의 의문이 여전히 제기될 수 있는 것이다.

결국 현상 세계의 생성 변화를, 하나가 갈라지거나 달리 됨을 가지고서 온전히 설명할 수는 없으며, 적어도 대립되는 둘을 놓고 그것의 섞임*meixis*으로 사물들의 운동 변화를 설명하는 도리밖에 없다고 파르메니데스는 생각했던 것 같다. 가능한 한 불변 부동의 것으로 설정되는 설명의 기본 사물은 생성 소멸 과정에서도 자기 동일성을 유지하는 것이어야 하며, 결국 그 불변성을 유지하면서 여럿의 생멸이 설명되려면 그 자기 동일성을 유지하는 기본 사물이 여러 가지 방식으로 결합하고 분리되는 것으로 설명할 도리밖에 없다고 본 것이다.

이제까지 언급한 두 수준에서의 문제 제기는 이전 철학의 논의에 일정한 선을 긋고 새로운 전환을 시도한 파르메니데스의 담론이 갖는 단절성의 측면과 연속성의 측면을 동시에 드러낸다. 표준적 해석자들이 그랬듯 근본적 수준의 첫째 문제 제기에만 주목하면 연속성이 드러나지 않고, 커드 등 대안적 해석자들처럼 둘째 수준의 문제 제기에만 지나치게 주목하다 보면 연속성은 잘 드러나되 파르메니데스의 혁신성이 빛을 잃을 우려가 있다.

추측컨대, 파르메니데스가 이오니아적 일원론, 즉 일종의 질료 일원론material monism을 거부하고 빛-밤 이원론을 더 적실한 우주론적 설명으로 받아들인 것은 우주 생성론의 어떤 지점에 온-냉의 대립자가 어떤 식으로든 상정되어야 한다는 아낙시만드로스의 통찰에 일단 주목했기 때문이다. 그것이 아페이론으로부터 '나왔다'는 데서 여러 한계들에 노출된다고 보았지만 이오니아 철학자들 가운데 아낙시만드로스의 통찰이 가장 수준급이라고 생각했을 법하다.[71] 아낙시만드로스가 상정의 필요를 느꼈던 대립자는 이후의 파르메니데스 이전 철학자들에게서 이미 이론화 과정을 겪었던 것으로 보인다. 파르메니데스 이전 시대의 피타고라스학파 이론이 어떠했는지는 자료의 신빙성 문제 때문에 내용 있는 이야기를 하기가 어렵지만, 필롤라오스가 앞선 자기 학파 사람들의 교설을 유지, 발전시킨 것이 분명하다면, 그들이 상정한 한정과 비한정의 대립이 불과 공기의 관계하에서 이루어지는 우주 생성론의 측면을 포함했을 수도 있고, 만일 그랬다면 피타고라스학파와 교류[72]가 있었음이 분명한 파르메니데스에게 어떤 식으로든 영향을 줄 수 있었을 것이다.

더 직접적이고 분명한 영향 관계는 크세노파네스에서 발견된다.[73] 그가 이

---

[71] 아페이론을 '스토이케이온'(원소)으로 명명한 테오프라스토스의 간접 전승을 비판적으로 고찰하면서, 스토이케이온 개념이 확립되기 이전 일원론의 완결판으로서 아페이론의 지위와 성격을 논하고 있는 국내 연구로 김인곤(2002)을 참고할 수 있다.

[72] 디오게네스 라에르티오스는 아주 분명한 어조로 아메이니아스와의 친교를 비교적 구체적으로 전하고 있다(DK 28A1: DL 9.21).

[73] 신론과의 관계는 앞에서도 언급했으므로 여기서는 자연학적 영향만 언급하기로 한다. 커크나 스코필드도 그의 자연 설명이 아주 합당한reasonable 이론이므로 크세노파네스를 단순히 신론을 펼친 사람으로만 분류해서는 안 된다고 역설하면서, 그의 자연학적 면모에 주목할 것을 주장한 바 있다(KR 1957; KRS 1983, 173~175).

오니아학파의 일원론, 그리고 그것의 귀결로서 하나가 달리 됨*alloiōsis*을 통한 우주 생성/변화 설명에 한계를 느끼고 파르메니데스 이원론의 방향으로 전환을 시도했다는 증거가 남아 있다.[74] 우선 적어도 "우리는 모두 흙과 물로부터 생겨났다*ekgenomestha*."(DK 21B33)와 그보다 더 포괄적인 언급인 "생겨나고*ginont'* 자라는*phyontai* 것들은 모두 흙과 물이다."(DK 21B29)는 그가 이오니아학파와 달리 두 아르케를 설정하고 있음을 암시한다. 물론 "모든 것들이 흙으로부터 나왔고[혹은 흙으로 되어 있고]*ek gaiēs* 모든 것들이 흙으로 끝난다*teleutāi*."(DK 21B27)는 언급과 바다를 구름과 바람과 강물을 낳는 자*genetōr*로 언급하는 단편(DK 21B30)이 어떤 이론적 단계를 밟아 히폴뤼토스가 말하는 '땅과 바다의 섞임'*mixin tēs gēs pros tēn thalassan*(DK 21A33)으로 이어지는지는 논란의 여지가 있지만,[75] 그가 땅(흙)과 바다(물)가 만나 진흙이 되고 또 그것이 다시 마르는 과정의 반복에서 세상의 생성/변화 설명의 모델을 찾았다는 것만큼은 분명하다. 이런 증거들로 볼 때, 이전 이오니아 철학자들이 아르케의 후보로 떠올릴 수 없었던 흙이 논의 선상에 나온 점, 그리고 모종의 섞임이 변화 설명의 주된 인자 factor로 상정된 점이 자연학 논의에 대한 크세노파네스의 기여인 동시에 파르메니데스의 불-흙 이원론과 섞임 모델에 중요한 영향을 주었으리라고 짐작할 수 있다.

헤라클레이토스와 파르메니데스의 관계는 지금까지 언급한 사람들과의 관계보다 훨씬 더 복잡 미묘하고 논란의 여지가 많다. 헤라클레이토스가 세계가

---

74 이 점은 핑클버그가 잘 밝혀 주고 있다(Finkelberg 1997, 특히 9~17).

75 이 점에서는 흙의 표면만 잠시 진흙으로 변할 뿐 땅과 바다 모두 완전히 제거되는 것은 아니라는 '밀물'flood 해석(KR 1957, 177~179; KRS 1983, 177~178)과 하나의 진흙 형태로 융합된다는 '균일 혼합'uniform mixture 해석(Finkelberg 1997, 10~12)이 대립하고 있다.

실제로 모순적이라고 생각했다는, '전면적인 유전'total flux만을 상정했다는 여러 해석자들의 생각은 수정될 필요가 있고[76] 파르메니데스도 (만일 그가 헤라클레이토스를 비판의 주된 표적 가운데 하나로 삼고 있다면) 그렇게까지 생각하지는 않았을 것 같다. 세상은 하나(즉 하나의 원리로 설명된다)라는 직관과 그럼에도 불구하고 세상은 또한 대립자들로 되어 있다는 직관 사이에서 그 둘을 어떻게 설명할 것인가를 두고 헤라클레이토스는 고민한 것으로 보인다. 사물의 본성을 대립자의 통일 내지 상호 연관으로 파악하는 것, 즉 여럿이 대립, 공존하면서도 하나를 이루고 하나는 또 그것 속에 대립자들의 보이지 않는 결합/연관harmoniē aphanēs (DK 22B54)을 감추고 있다는 점을 함께 보아야 세상의 진상이 드러난다는 것이다. 그리고 불은 아마도 그런 대립자의 통일을 잘 보여 주는 설명 원리로 도입된 듯하다.

파르메니데스의 입장에서 보면 헤라클레이토스의 생각은 대립자가 실재라고 본다는 데서 일단 문제였을 것이다. 변화하면서도 불변하는 세계를 이해하기 위해 헤라클레이토스는 대립자의 실재성과 그 대립에도 불구하고(아니, 오히려 그 대립에 의거해) 실현되는 하나(로고스로 이야기되든, 불로 이야기되든 간에)의 실재성을 동시에 끌어들였는데, 이 설명에서는 여전히 이오니아학파가 벗어나지 못한 달리 됨alloiōsis의 문제가 위에서 말한 두 수준 모두에서 제기될 수 있다고 파르메니데스는 보았을지 모른다. 하나가 진정한 하나라면 대립자들로부터 환원될 수 없고, 대립자가 진정한 대립자라면 하나로 모일 수 없다. 하나를 보는 것과 대립자를 보는 것은 서로 다른 차원에서 성립하며 후자는 진정한 하나일

---

76 이른바 '만물 유전설'이 그의 표준적 교설로 받아들여진 데는 크라튈로스의 해석이 중간에 끼어든 탓이 크다고 생각한다. 마치 파르메니데스의 교설이 B8만으로 충분히 이해될 수 있다는 통념에 멜리소스 철학이 중간 다리 역할을 했던 것처럼 말이다.

수 없다는 것이 파르메니데스의 진리편과 의견편이 헤라클레이토스에게 던지는 물음이라고 볼 수 있다. 이렇듯 파르메니데스는 헤라클레이토스의 사유에 대해 문제 제기가 필요하다고 보았던 것 같다. 하지만 의견편 교설에서 대립자를 설명의 원리로 도입하면서, 크세노파네스가 새로 끌어들였던 흙과 함께 불을 두 기본 사물 가운데 하나로 채택한 데는 불을 온갖 변형 과정에서도 자기 동일성을 유지하는 일종의 '실체'로 본 헤라클레이토스의 사유가 반영되어 있다고 추측할 수 있다.

헤라클레이토스의 메시지 가운데 파르메니데스와 긴밀하게 연결되는 중요한 통찰은 "나에게가 아니라 로고스에 귀를 기울여서 모든 것들이 하나라고 호몰로게인*homologein*(동의)하는 것이 지혜로운 것"(DK 22B50)이라는 단편에 들어 있다. 시적 전통을 창조적으로 개편하면서 새로운 로고스 전통을 세우는 파르메니데스의 작업은 서시에서 잘 드러나듯이 기존의 신적 권위를 약화시키고 로고스의 권위를 새로 부각시키려는 것으로 특징지을 수 있다. 이런 그의 기획은 자기 의식적으로 시적 신화 전통에 저항하면서 로고스의 권위를 확립하고자 한 헤라클레이토스의 노력을 잘 이어받고 있다.

'퓌시스에 대한 탐구'로 요약되는 이전 철학자들 작업의 주 관심사 가운데 하나는 요즘 식으로 말하면 현상과 실재의 관계였다. 어떻게든 변화하는 이 세계를 변하지 않는 하나의 아르케로 환원해 설명하는 것이 그들의 숙제였다. 파르메니데스 사유가 갖는 근본성radicality은 이 퓌시스가 기본적으로 있지 않은 것과 있는 것 사이의 과정process을 포착하려 하기 때문에 확고한 앎의 대상이 될 수 없다는 통찰에 있다. 진정한 실재의 파악과 현상 세계의 파악은 다른 차원에서 이야기되어야 하며 전자를 후자에 의해 이루겠다는 시도는 근본에서부터 잘못되어 있다는 것이다. 파르메니데스가 이런 식으로 진정한 실재와 현상 세계 간의 인식론적 분리disjunction를 사유한 것은 분명한 것 같다.[77] 이것이 결국 두 세계 간의 존재론적 분리separation의 사유로 이어지기까지는 플라톤을 기다려야 할 테지만, 그런 방향으로 발전하게 될 단초는 파르메니데스가 충분히 제공하고 있는 것으로 보인다. 앎의 문제가 희랍 철학의 의제agenda가 된 것이 파르메니데스에서 처음 이루어진 일은 아니지만, 두 선배 크세노파네스와 헤라클레이토스가 제기한 인식론적 물음을 노에인과 의견의 철저한 구분(그리고 아마도 참된 의견과 거짓된 의견의 구분)으로 확립한 것, 그리고 그런 인식론적 테제를 담론론[78]과 더불어 반성적으로 제시한 것은 파르메니데스의 중요한 기여라 할 수 있을 것이다.

4. 에포스-뮈토스/로고스
메타 담론적 반성과 설득

이제까지 우리는 파르메니데스가 작품의 세 부분을 그런 모양으로 세팅하면서 이전 시인들 및 철학자들의 담론에 대한 자신의 비판적 평가나 대안을 모색하고 개진하는 모습을 추적해 왔다. 이런 작업들을 수행하는 과정에서 그는 상이한 담론의 특징이나 가능성, 한계들을 민감하게 받아들이게 되는데, 이 절에서는 그런 사유가 그 자신의 담론에 어떻게 적용되고 반영되어 있는지 음미해 보

---

77 파르메니데스는 이 분리를 진리편의 논리대로 택일의 문제로 보지는 않았던 것으로 보인다. 양자의 분리를 의식하고 있다면 현상 세계에 대한 이해를 시도하는 일은 여전히 그 나름대로 의미 있는 작업이라고 생각하고 있었던 것 같고, 그가 의견편에서 하고 있는 일이 바로 그런 작업이다.

78 담론론에 관해서는 이어지는 다음 절에서 논의될 것이다.

고자 한다.

앞 장에서 나는 파르메니데스 저작에서 신성들이 등장하는 구절들을 특히 신들이 인격화된 방식으로 나오는가 아니면 추상명사적인 용법과 혼재되어 등장하는가 하는 측면에서 검토한 바 있다. 그 결과 서시 여행 묘사와 의견편 이야기가 한 편에, 서시 후반부를 포함한 진리편이 다른 한 편에 묶이는 방식으로 이야기 그룹이 구분된다는 것을 확인했다. 이제 그런 구분이 어떤 함축을 가지는지를 살펴보기 위해 파르메니데스가 담론들을 가리키는 용어를 어떻게 사용하는지 검토해 보자. 담론 지시어가 담긴 이행 부분의 안내 구절이다.[79]

> 여기서 나는 그대를 위한 확신할 만한 논변*pistos logos*과 사유*noēma*를 멈춘다, 진리에 관한*amphis alētheiēs*. 그리고 이제부터는 가사적인 의견들*doxai broteiai*을 배우라, 내 이야기들*epē*의 기만적인 질서*kosmos apatēlos*를 들으면서.
>
> B8.50~52

쉽게 눈에 띄는 것은 그가 진리편과 의견편 담론을 각각 '로고스와 노에마', 그리고 '에포스'로 지칭하고 있다는 점이다. 그런데 진리편을 가리키는 말로 B2 서두와 B8 서두에 또 하나의 담론 지시어가 나온다. '뮈토스'*mythos*라는 말인데 현존 단편에 방금 말한 곳에 딱 두 번 나온다. 그런가 하면 '에포스'도 두 번 나온다. 여신의 말이 시작되기 전에 여신의 이야기 전체를 가리키기 위해 시인이 한 번 사용하고(B1.23), 여신이 진리편 담론을 끝내고 의견편으로 넘어가면서 두 담론의 대비를 보여 주는 방금 인용한 대목에서 한 번 사용한다.

---

[79] 지금 이 절이 제시하는 파르메니데스 담론 지시어 분석은 상당 부분 강철웅(2005a)에 기초해 있다.

그의 이 두 용어 사용은 마틴R. P. Martin이 분석한 『일리아스』에서의 용례와 잘 어울린다.[80] '에포스'는 B1에서 여신의 이야기 전체를 가리키는 넓은 의미 (편의상 에포스1로 칭하자)로 쓰였고, B8에서도 그런 넓은 의미를 가지고 있으면 서 로고스/노에마의 측면을 담지 않은 것이라는 좁은 의미로도 읽힐 수 있는 말(편의상 에포스2로 칭하자)로 쓰였다. 즉 여신의 담론 전체가 에포스(에포스1)이 면서 동시에 그 가운데서도 특별한 것인 진리편을 뺀 나머지, 즉 의견편이 에 포스(에포스2)이기도 하다. 반면에 '뮈토스'는 여신의 주의와 권위가 실린 특별 한 담론인 진리편만을 가리키는 것으로 설정되며, 그것은 그 담론이 끝난 후에 로고스 및 노에마와 동일시된다. 다음과 같은 도식으로 정리될 수 있다.

에포스 1 ⎡ 뮈토스 = 로고스, 노에마 : 진리편
         │   ↕
         ⎣ 에포스 2   : 의견편

진리편은 에포스(에포스1의 의미에서)라고 칭할 수 있지만 (에포스2인) 의견편 은 뮈토스라고 (그리고 파르메니데스가 새로 도입한 용어로 로고스나 노에마라고) 칭할

---

80 Martin(1989) 1장, 특히 14~42를 참고할 것. 그가 정의하는 바에 따르면 『일리아스』에서 뮈토스는 권위를 표시하는, 길게 수행된, 대개 공공연하게 행해지며 각 세부 사항에 온전히 주 의를 기울이는 데 초점이 맞추어진 발언-행위speech-act다. 반면 에포스는 이상적으로는 짧은, 물리적 행위를 동반하는, 그리고 화자가 하는 수행에 초점을 맞추는 것이 아니라 청자가 지각 하는 메시지에 초점을 맞춘 발화utterance다. 그는 프라하학파의 용어를 도입해 뮈토스-에포 스 개념쌍에서 전자는 유표적marked 구성원이고 후자는 무표적unmarked 구성원이라고 본다. 즉 '뮈토스'는 언제나 '에포스'로 풀어쓸 수 있지만, 평범한 용어인 '에포스'는 의미론적으로 제한된 용어인 '뮈토스'로 단순 치환할 수 없다는 것이다.

수 없다. 이런 용어 사용이 함의하는 바는, 우리가 일단 내용을 논외로 하고도 두 담론의 위상이나 성격을 파르메니데스 자신이 어떻게 위치 짓고 있는지 비교적 객관적으로 말할 수 있게 된다는 것이다. 진리편 담론은 (에포스이면서) 뮈토스로, 즉 여신의 주의와 권위가 실린 특별한 것으로 설정되고, 의견편 담론은 (뮈토스가 아닌) 에포스로, 즉 여느 사람의 말과 위상이 다를 바 없는 발언으로 설정되어 있다. 그리고 진리편에서는 청자 파르메니데스와 구별되는 여신의 권위가 상정되지만, 의견편에서 여신은 파르메니데스와 같은 수준의 위상을 가진 담론을 펼치는 것으로 상정되고 있다. 진리편에서는 화자인 여신과 여신의 의도가 강조되고 있지만, 의견편은 청자가 듣는 것에 혹은 메시지 자체에 강조가 주어져 있다.

이런 담론 지시어로서의 함축 말고도 우리는 여기서 로고스와 노에마가 뮈토스와 동일 위상에 놓인 것으로 설정되어 있다는 점에 착안해, 앞서 주목한 바 있는 레게인과 노에인의 진리 언표적 의미[81] 상정이 파르메니데스의 용어 사용에서 잘 드러남을 확인할 수 있다.[82] 아울러 우리는 파르메니데스가 이렇게 자신의 두 담론의 성격을 스스로 규정하는 데서 길 안내자로서 파르메니데스가 갖는 특징적인 모습을 다시 한 번 만나게 된다. 파르메니데스의 메타 담

---

81 노에인이 '머릿속에 떠올림' 혹은 틀릴 수도 있는 '생각'이 아니라 '앎' 혹은 '진상의 파악'이라 말할 수 있는 수준의 인지 상태를 가리키며, 레게인은 그것을 객관화하는 일을 가리킨다는 것이다. 레게인-노에인 개념쌍과 그것의 진리 언표성veridicality에 관해서는 강철웅(2002), 특히 53~62쪽을 참고할 것.

82 이와 비슷한 담론상 혹은 언어상의 구분을 상정했던 연구로 Calvo(1977)가 있다. 그는 로고스와 에포스의 구분을 진리편과 의견편의 중요한 구분이라고 보았다. 그의 논의는 지금 우리가 시도하는 폭넓은 안목의 개념 구분을 하지 못하기 때문에 로고스/레게인이 노에마/노에인과 구별되는 점에 주로 착목했고, 양자가 파르메니데스에서 계속 쌍으로 연관되어 있다는 점에는 주목하지 못했다.

론이 인식론적 반성 혹은 평가와 긴밀히 연결되어 있고, 그의 담론 지시어와 인식 관련 용어는 잘 숙고된 상태에서 일관성 있게 사용되고 있음을 또한 엿볼 수 있다. 우선 진리편 담론이 드러내는(혹은 도달하려는) 인식 상태가 방금 언급했던 (강한 의미의) '노에인'이라는 점은 별 무리 없이 이야기될 수 있다.[83] 그리고 노에인의 대상은 진리편 내내 강조되는 '있는 것'이다. 그런데 의견편 담론에 귀속되는 인식 상태가 무엇인가 하는 문제는 논란의 여지가 있다. 이 지점에서 우리는 의견편 B10이 갖는 중요성을 간과할 수 없다.

의견편의 허위성(혹은 좀 더 긍정적으로는 가설성)에 주목하는 '전통적' 해석자들, 즉 오웬G. E. L. Owen식 해석이든 롱A. A. Long식 해석이든 첼러E. Zeller 라인[84]에 선 해석자들이 간과한 것이 바로 그 단편에 사용된 인식 용어 '안다'*eidenai*,

---

83 이 동사는 여섯 번 등장하는데 모두 진리편에 나온다. B2.2, B3, B6.1, B8.8, B8.34, B8.36.

84 의견편에 대한 '주류' 해석, 즉 '전통적' 해석의 모체는 의견편이 잘못으로 진리를 대조, 분별하기 위한 문학적 장치라는 첼러의 해석이다. 첼러 자신은 이 해석 라인을 연장해 의견이 파르메니데스가 아닌 타인들의 견해이므로 가설적 가치를 지닐 뿐이라는 해석으로 발전시킨다. 이것을 롱이 이어받으므로 '첼러-롱 해석'(혹은 그냥 '롱 식 해석') 혹은 내용을 따라 '가설적 해석'이라고 부른다. 이것이 이른바 '표준' 해석 내지 '주류' 해석이다. 그런가 하면 원래의 첼러 견해에서 문학적 장치, 타인의 것이라는 점은 받아들이되 가설로서의 가치는 인정하지 않고 그저 쟁론적 목적으로 타인의 의견을 기록한 것일 뿐이라는 보다 냉정한 해석을 딜스가 내놓고 오웬이 비슷한 의미에서 변증적이라는 주장으로 이어받는다. 둘 다 의견을 기본적으로 허위로 보는 셈이다. 이것을 '딜스-오웬 해석'(혹은 그냥 '오웬 식 해석') 혹은 내용을 따라 '의견 기록 해석'이라고 부른다. 첼러 라인에 반대하는 소수 입장은 라인하르트가 길을 열었고 한참 후 베르데니우스의 해석이 나왔다. 의견편이 유용성을 지니며 파르메니데스 자신의 교설로 적극 편입되어 있다는 해석이다. 나는 이 제3의 해석을 '라인하르트-베르데니우스 해석'이라고 부른다. 보다 상세한 내용은 강철웅(2003, 137~140)을 참고할 것. 이제까지 논의에서도 어느 정도 드러나 있지만, 내가 이 책에서 취하는 입장은 라인하르트-베르데니우스 라인의 수정주의 해석에 속한다. 진리편에 편향된 첼러 식 관점에서는 서시-진리-의견의 세 서사로 이루어진 파르메니데스 길 이야기의 주요 논점이나 의도들이 온전히 다 설명되기 어렵기 때문인데, 왜 그런지는 계속 논의해 왔거니와 아래에서도 계속 논의될 것이다.

'배운다'*pynthanesthai*이다. 파르메니데스는 의견편 담론을 통해 자연 사물의 퓌시스(본성/기원)와 에르곤(기능/작용)에 대해 '알게'(혹은 '배우게') 될 것이라고 말하고 있다. 이렇게 사용된 인식 용어는 이미 두 안내 구절에 사용된 '배운다'*manthanein*와 같은 수준의 것이다.[85] '만타네인'의 용례는 이 두 곳이 전부지만 '퓐타네스타이'*pynthanesthai*와 '에이데나이'*eidenai*의 용례는 더 있다. 우선 전자는 서시의 논의 예고 대목에서 의견 담론과 진리 담론을 포괄하는 넓은 의미로 사용되는데, 의견 담론이 배움*pynthanesthai*의 대상으로 설정되어 있다(B1.28). 이 말의 동근어가 첫째 길을 둘째 길과 대비시키는 맥락에서 두 번 등장하는데, 그중 중요한 것은 둘째 길이 '전혀 배움이 없는*panapeuthea* 길'(B2.6)이라는 언급이다.[86] 이 언급들에서 우리가 직간접적으로 얻게 되는 메시지는 '배움'이 둘째 길엔 없는데 셋째 길엔 있다는 것이다. 둘째 길과 다른 셋째 길을 인정하지 않는 타란-커드의 두 길 해석은 이런 명백한 텍스트상의 난점에 직면하는데, 길을 둘로 보면 의견편에 줄 수 있는 긍정적 위상의 여지가 아주 좁아질 수밖에 없고 결국엔 첼러 식 해석의 시야 안에 갇힐 수밖에 없다.

한편 '안다'*eidenai*는 B10의 두 곳 외에 두 번 더 나온다.

아는 사람*eidōs phōs*을 모든 도시들에 두루 데려다주는 길

B1.3

---

[85] 앞에서 언급한 이행 구절에서 파르메니데스는 "가사적인 의견들을 배우라*manthane*"(B8.51~52)고 했고, 서시 말미의 전체 논의 예고 대목에서 역시 의견들도 '배우게 될'*mathēseai* (B1.31) 것이라고 말한 바 있다.

[86] 다른 한 용례는 B8.21에 나온다.

가사자들은 아무것도 알지 못하면서*eidotes ouden* 그 길을

헤매어 다닌다.

B6.4b~5a

첫째 구절의 길이 첫째 길을 가리킨다는 것은 비교적 분명하며, '아는 사람'은 가사자이면서도 여신과의 만남을 통해 다른 가사자들과 구별되는 인식적 지위를 얻은 파르메니데스 자신을 가리키는 것으로 보인다. 둘째 구절의 아무것도 알지 못하는 가사자들이 헤매는 길이란 첫째 길과 둘째 길을 선명하게 판가름하지 못하는[87] 셋째 길이다. 파르메니데스는 아는데 가사자들은 모른다고 이야기되는 것이 무엇일까? 여신이 서시 말미에서 '배우라'고 말했던 것들일 것이다. 이런 견지에서 보면 위 두 곳에서 쓰인 '안다'*eidenai*는 말은 진리, 의견 담론 모두를 가리키는 것이라고 읽을 수 있다.

위 구절들은 파르메니데스가 의견 담론을 일종의 앎*eidenai* 혹은 배움*pynthanesthai, manthanein*의 대상으로 인정하고 있음을 보여 준다. 담론 지시어 에포스-뮈토스(로고스)가 그랬듯이 인식 용어 앎*eidenai*-노에인도 일종의 무표-유표 관계를 갖는다. 앎은 노에인을 포괄하는 넓은 개념(편의상 앎1이라 하자)이어서 노에인은 일종의 앎이라 할 수 있지만 앎을 모두 노에인이라 말할 수는 없다. 의견 담론에 해당하는 좁은 의미의 앎(편의상 앎2라 하자), 즉 퓌시스에 대한 앎은 노에인이라 할 수 없다.

앎 1 ┌ 노에인 (있는 것에 대한) : 진리편의 인식 (및 대상)
　　 │　　↕
　　 └ 앎 2 (퓌시스에 대한) : 의견편의 인식 (및 대상)

---

87 '판가름 못하는 무리들'*akrita phyla*(B6.7)

이제까지 파르메니데스가 담론 지시어와 인식 용어를 어떻게 일관되게 나누어 사용하고 있는지 살펴보았다. 이런 관찰을 통해 우리는 파르메니데스 철학의 어려운 부분들을 이해하는 데 유용한 언어적 도구를 얻었고, 그것이 갖는 의미는 물론 작지 않을 것이다.[88] 그러나 그런 쓰임새보다 더 중요한 것은 그것이 그의 철학과 담론 전체에서 갖는 의미일 것이다. 세 가지 정도로 나누어 이야기해 보자.

우선 그가 공을 들여 앎과 담론에 관한 용어를 나눠 쓰고 그것을 주요 대목(안내 구절)에서 의식적으로 구사하는 것은 그런 인식론적·메타 담론적 통찰을 명시적 반성하에서 수행하고 있음을 가리킨다. 이는 제2기 철학자들의 인식론적 전회와 메타 담론적 방향의 사유가 파르메니데스에 와서 의식적이고 명시적인 방식으로 천명되고 공식화됨을 의미하는 것으로 볼 수 있다. 물론 명실상부한 인식론과 메타 담론이라고 할 수 있으려면 그런 반성의 결과물이 내용과 체계를 갖추어 제시되어야 할 것이다.[89] 그러나 이 시기 철학자들에게 그런 요구까지 한다는 것은 지나친 시대착오일 수 있다. 파르메니데스는 '있는 것'이라는 새로운 발견물을 정교히 하고, 정확하고 효과적으로 전달하는 데 집중할 수밖에 없었다. 그런 의미에서 나는 '다음 사람'의 일이 아주 중요하다고 생각한다. 누군가가 처음 하는 일의 의미와 의의는 그 사람 자신에게서보다는 오히

---

88 예컨대 폰 프리츠(1945~1946)를 괴롭혔던 누스/노에인의 직관성 혹은 진리 언표성 문제도 이런 관찰의 연장선상에서 해결할 수 있다. 해결의 실마리는 누스와 노에인을 나누어 보는 데 있다. '노에인'은 진리 언표적이고 진리 담론에만 해당된다. 잘못 생각하는 것도 생각하는 것이지만, 잘못 노에인하는 것은 노에인하는 것이 아니다. 그러나 진리편과 의견편에 공히 등장하는 '누스'는 진리 언표적이 아니다. 있는 것을 확고하게 바라보는 누스(leusse … noōi … bebaiōs: B4.1) 외에 잘못 생각하고 '헤매는 누스'(plakton noon: B6.6)도 누스라고 이야기된다.

89 그런 내용과 체계가 드러나 있지 않다는 것은 물론 그저 저작이 단편적으로 전한다는 자료상의 문제 때문만은 아닐 것이다. 그런 것들이 있었다면 현존 단편에 포함되었을 가능성이 높다.

려 그다음 사람에 의해 제대로 드러나고 부각될 가능성이 높다. 이 경우 다음 사람에게서 우리는 이전 사람의 위대성을 발견하게 된다.

하지만 그렇다고 해서 파르메니데스를 따라가는 우리가 그저 그가 집중하는 것에만 골몰한다면, 즉 그것이 어떤 역사적 맥락 속에서 추구되고 어떤 과정을 거쳐 도달된 것인지를 놓친다면 문제가 아닐 수 없다. B8이 파르메니데스 이야기의 정점이지만, 그는 거기에 도달하는 길 이야기를 B2에서 B7까지 배치했고, 다시 B8 후반부 이행 구절부터 B19까지 내려오는 이야기를 배치했다. 그리고 그 이야기 전체를 감싸는, 여신에게 가는 길 이야기를 서사시적 웅장함과 함께 B1에 배치했다. 존재에 관한 이야기가 그것에 도달하는 인식에 관한 이야기, 또 그것을 전달하고 소통하는 담론에 관한 이야기와 긴밀히 연결된다는 것을 파르메니데스는 자기 담론 전체를 통해 직접 보여 주고 있는 것이다. 그가 말하는 '있는 것'은 노에인되는 한에서의 있는 것이고, 또 그것은 레게인되는 한에서의 있는 것이다. 있는 것은 그렇게 인식(론)적 기준과 담론(론)적 기준하에서 사유되고 얻어진 것이다.

이런 통찰은 전통적인 진리-의견 관계 문제에도 시사점을 제공한다. 노에인되고 레게인되는 '있는 것'의 이야기 곁에다 '내려오는' 이야기로 덧붙인 의견편 이야기는 전혀 엉뚱하고 거짓인 이야기를 그저 반면교사쯤으로 삼으라고 붙여 놓은 것일까? 전통적인 해석자들은 그렇다고 여길지 모르지만, 파르메니데스의 인식 용어, 담론 지시어 사용으로 미루어 볼 때 의견편도 일정한 앎을, 노에인처럼 엄밀한 것은 아니나 실천적으로 유용한 우주론적인 앎, 그러니까 앎₂에 해당하는 앎을 포함하고 있다. 그러기에 여신은 적극적으로 '배우라'고 권하고 있는 것이다.

둘째, 인식과 담론에 대한 그런 명시적 반성을 파르메니데스가 몸소 자신의 담론에 적용하고 있다는 것은 그의 인식론적·메타 담론적 시도가 앞선 두 2

기 철학자의 것에서 진일보했음을 보여 준다. 물론 그가 반성의 내용을 다시 자기 이야기로 분명히 풀어냈던 것은 아니다. 인식론을 한다, 메타 담론을 한다는 것이 그런 엄격한 의미로 말하는 것이라면 그는 그런 일들을 하지 않았다. 그러나 대신 그는 반성의 내용을 자기 이야기에 적용해 직접 실천으로 보여 주었다. 그리고 그것이 자칫 청자의 주목에서 벗어날까 저어해 안내 구절들을 동원해 논의의 주요 길목들에서 상기시켰다.

파르메니데스는 존재의 철학자다. 이 말이 아주 틀린 것은 아니지만 완벽하지는 못하다. 파르메니데스는 존재의 길을 이야기한 철학자라고 해야 완벽하다. 존재보다 길이 그에겐 어쩌면 더 중요했다고 할 수 있을 정도로 그는 길의 철학자. 그의 인식론과 메타 담론에 주목한다는 것은 바로 그 길에 주목하는 일이다. 그는 길을 이야기하면서 빛과 밤이 교차하는 이 세상을 초월하는 여행을 이야기하고(서시), 그 여행에서 얻은 내용(가르침)을 다시 길로 이야기하고(B2~B7의 길 선택 이야기, B8의 있다라는 길의 내용 이야기), 다시 이 세상으로 내려와서 그 여행의 교훈을 적용하는 이야기(의견편)를 들려 준다. 그 여행은 내내 자기 의식적으로, 자기반성적으로 수행된다. 초월하면서도 돌아옴을 의식하고, 돌아와서도 초월을 의식하면서 이야기가 진행된다.

끝으로, 그러나 우리 논의와 관련해서는 가장 중요한 점으로, 파르메니데스의 이 인식론적·담론론적 반성이 갖는 의미는 이로써 설득과 비판 전통이 명실상부하게 확립되며 또 그것이 천명되고 있다는 점이다. 여신의 이야기가 뮈토스이지만 에포스로도 지칭된다는 것, 의견편의 이야기와 동급의 것으로 지칭된다는 것은 이제 이 담론이 여신의 입을 빌리긴 했지만 더 이상 권위의 선포가 아니라 아곤의 맥락 속에 들어간다는 것을 가리킨다. B7의 '많은 싸움을 담은 내 논박을 로고스로 판가름하라'는 말이 이것을 분명하게 드러내는 캐치프레이즈다.

더 이상 '여신'이라는 권위는 이야기의 핵심 가치나 사안이 아니다. '뮈토스'라는 말을 쓰면서 다시 그것이 '에포스'로 치환 가능하다는 것을 보여 주는 일 자체가 이미 그런 말이, 그런 아이디어가 통용되던 시대는 갔다는 것을 선언하고 있다. 그 권위 대신 들어오는 것은 바로 설득력이다.

설득, 확신 계열 단어가 앞 장에서부터 지금까지 검토한 모든 주요 신성 이미지 출현 맥락에 어김없이 등장한다는 사실은 파르메니데스가 강조하고자 한 것이 그저 존재와 진리에 머물지 않음을 짐작케 하는 매우 의미심장한 단서다. 이제 작품 전체(특히 서시와 진리편)의 신성 지시어들이 나오는 대목들에 설득, 확신 계열 단어가 어떻게 함께 등장하는지 조감하는 것으로 파르메니데스 담론을 살핀 제2부 전체 논의를 마감하기로 하자.

서시 여행 묘사: * 다이몬 (이야기 풍성한 길)

① 디케 (부드러운 로고스로 설득)

* 여신 (에포스)

서시 여신 발언: ② 모이라-테미스-디케 (설득력 있는 진리, 참된 확신)

진리편(B2): ③ 알레테이아 (페이토)

진리편(B8): ④ 디케-아낭케 (확신의 힘)

⑤ 아낭케-테미스 (참된 확신)

⑥ 모이라 (참되다는 확신)

⑦ 알레테이아 (확신할 만한 로고스와 노에마)

서시에서 시인이 무명의 다이몬과 디케를 굳이 나누고 로고스로 디케를 설득하는 장면을 보여 준 것은, 그리고 바로 그 다이몬이 자기 이야기가 로고스에 의한 판가름의 대상이라고 말한 데서 머물지 않고 자신이 펼치는, 설득과 확신을 담지한 로고스가 논리적 필연성에 의존한다는 것을 여러 신성(속박과 한계를 가리키는) 이미지로 드러낸 것은 이제 바야흐로 설득이 중요한 시대가 되었음을 선언하는 것이다. 더 이상 말 자체보다 말하는 자의 위상을 통해 진리임을 과시하는 뮈토스의 시대가 아니라, 설득과 확신을 보장할 만한 로고스를 내놓고 판가름, 즉 비판에 의해 시시비비를 가리는 시대가 되었다. 자신의 이야기는 바로 그 기준에 관한 이야기이자 그 기준을 통과할 만한 이야기라는 것, 그것이 파르메니데스가 인식론적·메타 담론적 통찰을 통해 우리에게 들려주고 있는 이야기라 할 수 있다.

제3부

파르메니데스의
유산

제5장

비판적 계승

파르메니데스 이후 자연철학 담론

이오니아 철학자들이 매달렸던 숙제는 파르메니데스를 거치면서 새로운 내용과 형식으로 한 단계 격상된 퍼즐 수준으로 바뀌었고, 다음 세대 철학자들이 다시 파르메니데스가 제시한 고난도 숙제를 푸는 여러 방면의 노력들을 경주하면서 철학의 논의들은 복잡다단해졌다. 그 영향사 혹은 수용사를 검토하는 일은 그것 자체로 의미 있을 뿐만 아니라, 이제까지의 파르메니데스 해석을 당대인들의 파르메니데스 이해를 통해 검증하는 장을 마련하는 일이기도 하다.

'파르메니데스 콤플렉스'라는 말이 자주 동원될 정도로 다음 세대 철학자들은 파르메니데스가 내놓은 퍼즐에 주의와 노력을 집중했다. 알 듯 모를 듯한 텍스트와 그 속에 내장된 퍼즐 풀이에 아주 밀착해 있었기 때문에 그들은 아직 자기들이 수행하고 있는 일의 맥락과 의미에 대해 반성적으로 사유하는 작업을 시도하지는 못했다. 매달려 있는 당장의 숙제로부터 충분히 거리를 취함으로써 자기들이 속한 일련의 담론 전통에 대한 전체적 조망과 안정적 시야를 확보하는 일은 아마도 다음 장에서 다룰 철학자들에게 가서나 이루어지게 될 것이다.

이 장의 1절과 2절은 파르메니데스 담론이 2세대 엘레아주의자들과 다원론자들[1]에게서 어떻게 수용되면서 비판적으로 발전, 계승되는지를 다룬다. 상대적으로 보면 전자는 진리편에, 후자는 의견편에 주의를 더 기울이면서 파르메니데스 이야기를 이어 갔는데, 두 그룹이 파르메니데스 담론과 벌이는 대화 내지 상호작용이 1절과 2절의 주 관심사다. 3절에서는 원자론이 이 두 그룹보다 더 진전을 보이는 지점이 어디인가를 조명하면서 원자론자가 파르메니데스를 어떻게 받아들이고 어떻게 넘어서려 시도하는지를 탐색한다. 원자론이 천명하는 '없는 것이 있다'는 이야기는 앞선 두 그룹보다 더 두드러지게 파르메니데스로부터 거리를 확보했기에 나올 수 있는 이야기였으며, 그 거리는 진리 편과 의견편 모두를 포괄하는 시야를 원자론자에게 제공했을 것이다. 4절은 이 세 절의 논의를 아우르면서 파르메니데스의 후계자들이 파르메니데스의 이야기를 수용하고 이어 가는 모습을 어떻게 바라볼 것인가 하는 문제를, 그럼 우리는 그의 이야기를 어떻게 바라볼 것인가 하는 문제로 연결해 다룬다.

본격적이고 전면적으로 영향사 혹은 수용사를 추적하는 일은 이 책의 범위를 넘어선다. 그러므로 여기서는 2세대 엘레아학파와 다원론 진영(즉 다원론자들과 원자론자들)에 대한 파르메니데스 철학의 영향사 혹은 이 그룹들의 파르메니데스 수용사를 다루되, 해당 철학자들이 펼친 논의들의 세부에까지 일일이 들어가지는 않을 것이다. 다만 현대 연구자들의 접근 방식을 염두에 두면서,[2] 파

---

1 '다원론자'라는 말은 기본적으로 2절에서 다루는 엠페도클레스와 아낙사고라스를 가리키지만, 3절의 '원자론자'도 어떤 의미에서 보면 다원론자 그룹에 속한다고 말할 수 있다. 이 책에서 '다원론자'는 기본적으로 2절의 두 사람을 가리킨다. 물론 맥락에 따라 원자론자를 넣고 읽어도 좋은 때가 없지는 않을 것이다. 원자론자를 분명히 아우르고자 할 때는 '다원론 진영'이라고 부를 것이다.

2 주로 파르메니데스 이후의 초기 희랍 철학에 대한 영향사를 다룬 커드 외에도 Palmer(1999)가 그 이후의 영향사인 플라톤의 파르메니데스 수용이라는 주제를 상당히 치밀하게 다루고 있다. 그의 연구는 파르메니데스 해석이나 영향사의 측면이 아니라 플라톤이 해석하고 자기 철학에 이용한 파르메니데스 철학을 주제적으로 다루고 있어 주목할 만하지만, 바로 그런 이유 때문에 여기서는 고찰의 대상에서 제외했다. 이와 관련해서는 팔머의 기본 입장을 수용하면서 플라톤의 파르메니데스 수용을, 소피스트적 오독과 오용으로부터 파르메니데스의 존재론을 분리,

르메니데스 이후 자연철학자들이 파르메니데스가 제시한 기준과 과제를 어떻게 받아들이고 어떻게 대응하는지, 파르메니데스의 담론과 메타 담론을 어떻게 발전시키고 혁신해 가는지에 초점을 맞추어 고찰하고자 한다.

다른 역사를 대할 때도 그렇지만 특히나 파르메니데스 계승의 역사를 접할 때 우리는 상식처럼 당연시되어 온 관행적인 자리매김이나 평가들을 별다른 의문 없이 받아들이기 쉽다. 예를 들어, 파르메니데스와 동향 출신인 제논이 충실한 제자니까 그를 가장 잘 이해하고 계승했을 것이며, 그러니 그에게 '엘레아학파'나 '엘레아주의자'라는 이름을 부여하는 것은 당연하고 정당하다고 쉽게 생각할 수 있다. 그 학파에 속하는 또 다른 제자 멜리소스는 으레 엘레아에 거주했거나 파르메니데스 혹은 도시 엘레아와 긴밀히 접촉했을 거라고 짐작할 법도 하다. 다원론 진영은 파르메니데스가 사유한 '하나의 있는 것'을 거부하고 우리에게 나타나는 여럿의 세계를 설명하겠다는 애초의 이오니아적 숙제 풀이로 되돌아갔으니 파르메니데스의 제대로 된 계승이라고 보기 어렵다는 평가를 내릴 수도 있다. 방금 든 세 가지 예 가운데 제논에 관한 이야기는 아주 틀리지는 않으나 정교히 다듬어야 할 부분이 많고, 멜리소스에 관한 짐작은 증거가 없으며, 다원론 진영에 관한 평가는 부당하다.

철학사도 철학적으로 탐색하고 추구해야 한다. 정말 그럴듯해 보이는 정보나 믿음, 권위 있는 사람이 한 말이라 해도, 데카르트가 그랬듯 합리적 의심의 여지가 없는지 따져 보고 납득할 만한 근거를 스스로 갖게 되기 전에 덮어 놓고 믿거나 받아들이는 일은 금물이다. 이런 회의주의자의 태도로 철학사를 보아야 철학이 제대로 보인다. 파르메니데스적 전통의 계승을 정당하고 온전하

수용하면서 동시에 그 한계를 비판적으로 극복하려는 시도로 보는 국내 연구 김주일(2002)을 참고할 수 있다.

게 이해하려면 선입견이나 추측을 접어 두고 최대한 객관적 증거들에 입각해서 평가해야 한다. 물론 증거들을 모으고 선택하고 해석하는 일이 완벽한 무전제 상태에서 백 퍼센트 '객관적'으로 출발할 수는 없는 노릇이지만, 가능한 한 선입견을 배제하고 합리적 의심과 엄정한 비평의 잣대를 적용할 만반의 준비를 갖추어야 한다.

1. 하나의 있는 것
2세대 엘레아주의

파르메니데스의 직계 제자로 알려진 제논과 멜리소스를 흔히 2세대 '엘레아주의자'로 부르고 파르메니데스 사상의 적통 계승자로 간주하는 것은 플라톤이 시작하고 아리스토텔레스가 확고히 정립한 관행이다. 우리에게 남아 있는 증거는 얼마든지 그것과 다른 방향의 이야기로 진행될 수 있다는 점을 염두에 두고 제논과 멜리소스의 파르메니데스 수용에 대해 살펴보기로 하자.

우선 '엘레아주의자'라는 이름에 걸맞게 제논은 엘레아 출신이며 선생 파르메니데스의 지근거리에 늘 있었다. '제자' 외에도 '소년 애인'*paidika*, '양자' 등 둘 사이의 친밀한 관계를 묘사하는 용어가 여럿 전해진다. 흥미로운 것은 그가 당대 엘레아의 현실 정치에 아주 깊이 연루되어 있었다는 점이다. 파르메니데스 역시 당대 시민들의 정치적 삶에 밀착한 삶을 살았지만, 두 사람의 정치 참여 경험은 극과 극을 달린다. 파르메니데스는 입법가로서 존경받는 유명 인사였던 반면, 제논은 참주 축출 운동을 벌이다가 체포되어 고문을 당한 후 처참하게 살해된다.[3]

일반 독자에게는 보통 파르메니데스보다 제논이 더 잘 알려져 있는데, 그의 이름과 함께 전해지는 '역설', 즉 '패러독스'paradox 때문이다. '패러독스'란 통념doxa에 반한다para는 뜻의 '파라독사'paradoxa를 영어식으로 표기한 말이다. 참으로 보이는 가정들로부터 건전하게 추론한 것으로 보이지만 실제로는 모순 내지 거짓인 결론에 도달한 것을 가리킨다. 잘 알려진 '제논의 역설'들은 아리스토텔레스가 전달해 주는 운동에 관한 네 개의 역설이다. 아리스토텔레스의 소개를 들어 보자.

> 운동kinēsis에 관한 제논의 논변logoi은 네 가지인데, 그것들을 해결하고자 하는 사람들에게 어려움dyskoliai을 안겨 준다. 첫째 논변은 움직이는 것은 그 목적지에 도달하기에 앞서 먼저 그 절반to hēmisy에 도달해야만 하기 때문에 운동하지 않는다고 하는 것에 관한 논변이다.

아리스토텔레스『자연학』239b9~13 (DK 29A25)[4]

장소 이동이란 무한한 절반을 계속 통과해 가야 하기에 불가능하다는 취지의 이른바 '이분법 역설'이다.

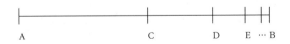

---

3 그의 고문과 죽음에 관해서는 다양한 버전의 전승들이 남아 있다.

4 『단편 선집』 318~319쪽. '중간' 대신 '절반'으로 옮겼다.

임의의 한 지점(A)에서 다른 한 지점(B)으로 이동하려면 그 길의 절반(C)을 통과해야 하고, 설사 거기까지 갔다 쳐도 다시 그 절반 지점에서 목적 지점까지 길의 절반(D)을 통과해야 하고, 거기까지 갔다 해도 또 그 다음 절반(E)을 통과해야 하고, 등등 무한한 절반을 통과해야 하므로 결국 장소 이동은 불가능하다는 것이다.[5]

둘째 논변은 이른바 아킬레우스 논변이다. 그것은 이렇다. 즉 달리기 할 때에 가장 느린 자는 가장 빠른 자에 의해서 결코 따라잡히지 않을 것이다. 왜냐하면 그(따라잡기) 전에 쫓는 자는 달아나는 자가 출발했던 곳에 도착해야 하고, 그래서 더 느린 자가 항상 약간이라도 앞서 있을 수밖에 없기 때문이다. 이 논변도 이분법*dichotomein* 논변과 같은 논변이지만, 덧붙는*proslambanomen* 크기를 둘로 나누지 않는다는 점에서는 다르다.

아리스토텔레스 『자연학』 239b14~18 (DK 29A26)[6]

제아무리 발이 빠른 아킬레우스라도 거북이를 절대 따라잡을 수 없다는 내용의 이른바 '아킬레우스의 역설'이다.

---

5 처음 절반(C) 이후 D, E ··· 등 뒤쪽 절반들을 목적지 쪽으로 이분해 가는 대신, 아래 그림처럼 D', E' ··· 등 앞쪽 절반들을 출발점 쪽으로 이분해 가는 방식으로 이해할 수도 있다. 이렇게 보면, 어떤 목적지에도 도달할 수 없을 뿐만 아니라 아예 출발조차 할 수 없게 된다.

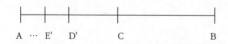

6 『단편 선집』 321~322쪽. '[역설]' 대신 '논변'으로 옮겼다.

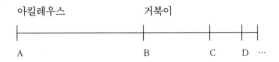

아무리 빨리 달리는 사람이라고 해도 나중에(A) 출발하면 상대의 출발 지점(B)까지 가야 하는데 그 사이에 상대는 또 얼마를 더 가 있고(C), 다시 그 지점까지 가면 상대는 또 얼마를 더 가 있고(D), 등등 상대의 출발 지점까지 매번 도달해야 하는 일을 무수히 해내야 하므로 결국 상대를 따라잡지 못하게 된다는 것이다.

> 셋째 논변은 방금 언급한 논변으로, 움직이는 화살이 정지해 있다는 것이다. 이것은 시간이 '지금들'*ta nyn*로 이루어져 있다고 가정하는 데서 나온다. 왜냐하면 이것이 전제되지 않는다면 그 추론*syllogismos*은 성립하지 않을 것이기 때문이다. […]
>
> 제논은 잘못 추론하고 있다. 왜냐하면 그는 다음과 같이 말하고 있기 때문이다. "만일 모든 것은, [자신과] 똑같은 공간을 차지하고 있을 때 언제나 정지해 있는 것이라면, 그리고 움직이는 것은 언제나 '지금 안에'*en tōi nyn* 있다면, 움직이는 화살은 운동하지 않는다." 그런데 이것은 거짓이다. 왜냐하면 다른 어떤 크기도 나눌 수 없는 것으로 이루어져 있지 않듯이, 시간도 나눌 수 없는 '지금'들로 이루어진 것이 아니기 때문이다.
>
> 아리스토텔레스『자연학』239b30~33, 5~9 (DK 29A27)[7]

7『단편 선집』322~323쪽. '[역설]' 대신 '논변'으로 옮겼다.

날아가는 화살은 매 순간 정지해 있다는 '날아가는 화살의 역설'이 다. 아리스토텔레스의 보고를 정리하면, 날아가는 화살은 특정 순간(아리스토텔레스가 '지금'이라고 표현한 것)에 자신과 동등한 공간을 점유하고 있기 때문에 그 순간순간에 화살은 움직이지 않고 정지해 있다는 것이다.

넷째 논변은 경기장*stadion*에서 크기가 같은 물체들*onkoi* 옆으로, 서로 반대편에서 열 지어 지나가는 크기가 같은 물체들에 관한 논변이다. 후자들 중 한 쪽은 경기장 끝에서부터, 다른 쪽은 중간에서부터 같은 속도로 움직이는데, 그 경우에 시간상으로 절반이 그것의 두 배와 같게 된다고 그[제논]는 생각한다. 오류는 같은 크기를 가진 물체가 같은 속도로 가는 경우, 움직이는 물체 옆으로 지나갈 때와 정지해 있는 물체 옆으로 지나갈 때 당연히 같은 시간이 걸린다고 생각한 점에 있다. 이것은 거짓이다. 예를 들어 크기가 같은 물체들이 서 있는 경우를 $A\,A$라 하고, A들의 중간에서부터 시작하는 것들은 $B\,B$라고 하자. 그리고 이것들은 수와 크기가 전자와 동일하다고 하자. 그리고 끝에서 시작하는 것은 $\varGamma\varGamma$라고 하자. 이것들은 수와 크기가 전자들과 같고 속도는 B들과 같다고 하자. 그러면 서로의 옆으로 지나가면서 첫 번째 B와 첫 번째 $\varGamma$가 (서로의) 끝에 동시에 있는 경우가 생긴다. 그때 $\varGamma$는 모든 B를 지나간 상태고 B는 ⟨A들⟩의 절반을 지나간 상태가 된다. 그러므로 시간상 절반이다. 왜냐하면 각각이 각각의 옆으로 지나가는 시간은 같기 때문이다. 그런데 그와 동시에 첫 번째 B가 모든 $\varGamma$를 지나간 상태가 된다. 왜냐하면 동시에 첫 번째 $\varGamma$와 첫 번째 B는 정반대의 끝에 있을 것이고 양자[B와 $\varGamma$]가 같은 시간에 A들을 지나기 때문이다. 이것이 그의 논변이고 이것은 앞서 언급된 오류에 의해서 도출된다.

아리스토텔레스 『자연학』 239b33~240a18 (DK 29A28)[8]

서로 반대 방향으로 움직이는 행렬들끼리 비교해 보면 서로 겹쳐 지나가는 물체의 수가 어긋난다는 내용의 '경기장 역설'(혹은 '움직이는 행렬의 역설')이다. 이 역설에 관해 아리스토텔레스 주석가인 아프로디시아스의 알렉산드로스가 다음과 같은 그림을 전해 준다.[9]

<table>
<tr><td rowspan="3">Δ</td><td>$A\,A\,A\,A$</td><td rowspan="3">E</td></tr>
<tr><td>$B\,B\,B\,B \rightarrow$</td></tr>
<tr><td>$\leftarrow \Gamma\,\Gamma\,\Gamma\,\Gamma$</td></tr>
</table>

A = 서 있는 물체들
B = Δ에서 E로 운동하는 물체
Γ = E에서 Δ로 운동하는 물체들
Δ = 경기장의 시작
E = 경기장의 끝

보기 편하게 좀 더 단순화한 버전을 만들어 보면 다음과 같다.

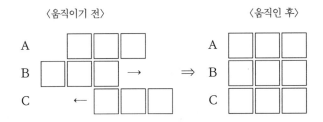

〈움직이기 전〉 〈움직인 후〉

---

8 『단편 선집』 324~325쪽. '경주로' 대신 '경기장'으로, '곁을' 대신 '옆으로'로, '그것들' 대신 '후자들'로, '행렬' 대신 '쪽'으로, '[역설]' 대신 '논변'으로 옮겼고, 기타 사소한 변경들이 더 있다.

9 심플리키오스 『아리스토텔레스의 「자연학」 주석』 1016,14에 인용되어 있다. 『단편 선집』 326쪽. '출발점' 대신 '시작', '도착점' 대신 '끝'으로 옮겼다.

그림에서 행렬이 움직이기 전과 움직인 후를 비교하면, 오른쪽으로 움직인 행렬 B는 가만히 있던 A를 기준으로 하면 한 단위 시간에 한 칸만큼 움직였다. 그런데 반대 방향으로 움직인 C와 마주친 것으로 계산하면 한 단위 시간에 두 칸을 움직였다. 그러니까 이 움직임에 따르면 한 칸이 두 칸이라고 해야 하는 건가? 이런 어려움이 있으므로 이런 식의 움직임이란 불가능하다는 것이 결론이다.

제논의 이 운동 역설과 관련된 현대 논의들은 대개 온갖 난해하고 복잡한 수학적인 개념어들로 가득 차 있다. 그러나 제논이 막상 이야기한 원래 버전의 역설은 (아리스토텔레스의 간접 전승 외의 증거가 없어서 확정적으로 단언하기는 어렵지만) 그런 수학적 개념이 아닌 일상 언어로 이루어진 이야기였을 가능성이 아주 높다. 그의 역설과 관련해서 온갖 흥미로운, 때로는 현학적일 수도 있을 수학적 상상력을 발휘하고 복잡한 퍼즐을 만들어 보는 즐거움은 각자 여유가 허락하는 대로 자유롭게 누려 볼 일이다. 다만 지금 우리의 관심사는 제논이 스승 파르메니데스의 담론에 그리고 당대 청자 혹은 독자들에게 무슨 의도로 어떻게 말을 걸며 어떤 이야기를 펼쳐 내는가 하는 문제다.

제논의 모든 역설들에서 결론은 우리 상식과 통념에 반한다. 현실에서는 아킬레우스가 거북이를 따라잡을 수 있고, 그러면서 절반의 절반들을 통과해서 거북이가 있는 다른 장소로 이동할 수 있으며, 화살은 가만히 머물지 않고 부여받은 힘이 작용하는 만큼 날아가며, 기차는 서로 반대 방향으로 얼마든지 마주치며 지나간다. 그런 현실의 사건들이 모두 불가능하다는 결론을 이끌어 내는 제논의 전제들은 상당히 그럴듯해 보이는 것들이어서 우리는 당혹스러운 상황 (아포리아)에 처하게 된다. 그럴듯한 전제들로부터 타당하게 추론된 결론들인데 현실과 어긋나니 문제인 것이다. 추론을 인정할 것인가, 현실을 존중할 것인가? 제논은 현실보다 추론을, 경험보다 논리를 존중해야 한다고 우리를 부추긴다.

로고스의 요구냐 경험의 요구냐 사이에서 선택하는 문제는 제논에서 처음 등장하는 사안이 아니다. 아낙시만드로스가 땅이 가만히 있는 이유를 밝히려 했을 때도, 피타고라스학파가 천체의 수를 세려 했을 때도 로고스의 요구와 관찰 경험의 요구는 서로 대립되는 방향으로 작용했었다. 아낙시만드로스는 적정선에서의 타협을 택했던 반면, 피타고라스학파는 로고스의 손을 들어 주는 선택을 했었다. 엘레아의 제논은 피타고라스학파 쪽의 선택을 지지한다. 그런데 피타고라스학파와 달리 그에겐 이제 파르메니데스로부터 배운 논리적 필연성의 아이디어가 갖춰져 있다. 전제를 받아들이면 그것으로부터 타당하게 도출된 결론은 받아들일 '수밖에 없다'는 아이디어는 파르메니데스가 '아낭케'라는 신성을 등장시켜 가며 인상적으로 강조하고 주목했던 바다. 연역적 추론의 결과가 아무리 우리 기대나 상식에 어긋나는 것이라고 해도 전제를 받아들인다면 그 결과로 나온 결론 역시 '반드시' 받아들여야만 한다는 것이 로고스의 요구다. 역설을 통해 제논은 이 로고스의 요구에 귀 기울일 것을 촉구한다.

지금까지 살펴본 운동의 역설들은 아리스토텔레스의 간접 전승을 통해 알려진 것들이다. 제논의 원래 목소리가 아니라 아리스토텔레스의 목소리를 통해 걸러진 내용인 셈이다. 제논의 의도나 그가 청중에게 제시한 담론의 성격을 좀 더 분명히 살펴보려면 아무래도 그의 육성에 가까운 이야기를 바탕으로 삼는 것이 좋겠다. 제논의 직접 인용으로 인정되는 단편은 운동이 아니라 여럿에 관한 논변을 담고 있다.

여럿이 있다면 반드시 그것들이 있는 바로 그만큼이 있어야지 그것들보다 더 많지도 적지도 않아야 한다. 그런데 그것들이 있는 바로 그만큼이 있다면 그것들은 한계 지어져 있게 될 것이다. 여럿이 있다면 있는 것들은 무한하다. 왜냐하면 있는 것들 사이에 늘 다른 것들이 있고 저것들[즉 다른 것들] 사이에 다시 다른 것들이 있으니까. 그리고 있는 것들은 그런 식으로 무한하다.

심플리키오스 『아리스토텔레스의 「자연학」 주석』 140.29~34 (DK 29B3)

여럿이 있다고 가정하면 있는 그 여럿은 한정된 것이기도 하고 무한한 것
이기도 하다는 양립 불가능한 두 결론이 함께 도출된다는 점을 보여 주는 논변
이라 할 수 있다. 전달자 심플리키오스의 판단도 별로 다르지 않다. 비슷한 다
른 논변을 인용하면서 그는 이렇게 말한다.

여러 변증*epicheirēma*을 담고 있는 자신의 저작*syngramma*에서 그[즉 제논]는
각 변증을 통해 여럿이 있다고 말하는 자는 반대되는 것들을 말하게*ta enantia
legein* 된다는 점을 보인다*deiknysin*. 그는 그중의 한 변증에서 "여럿이 있다면
그것들은 크기도 하고 작기도 하다. 그것들은 그 크기가 무한할 만큼 크고, 전혀 크기
가 없을 만큼 작다."(DK 29B1)는 것을 보인다. 이 변증에서 그는 크기도 두께
도 부피도 없는 것은 있지도 못할 것임을 보인다.

그는 말하기를 "왜냐하면 다른 있는 것에 그것이 보태지더라도, 그것은 다른 것
을 전혀 더 크게 만들지 못할 것이기 때문이다. 그 까닭은, 어떤 크기도 없을 경우 그것
이 보태진다고 하더라도 [보태어 갖는 쪽이] 크기에 있어 전혀 증가할 수 없기 때문이
다. 그리고 그렇다면 보태지는 것은 이미 아무것도 아닌 것일 것이다. 그것이 떼어 내어
질 때 다른 것이 조금도 더 작아지지 않는 한편 보태져도 [다른 것이] 전혀 커지지 않는
다면, 보태진 것도 떼어 내어진 것도 아무것도 아닌 것이었음이 분명하다."(DK 29B2)

제논이 이런 말을 한 것은 하나를 제거하려고*anairōn* 해서가 아니라, 무
한한 나눔으로 인해서 [잘라서] 취해진 것 앞에는 언제나 어떤 것이 있고, 그
점에서 무한히 많은 것들 각각은 크기를 갖는다는 뜻에서다. 그는 이 점을
밝히기에 앞서, 여럿의 각각이 자신과 같고 하나라는 근거에서 어떤 것도

전혀 크기를 갖지 않음을 보였다.

심플리키오스 『아리스토텔레스의 「자연학」 주석』 139.5~19 (DK 29B2, DK 29B1 일부)[10]

이렇게 심플리키오스는 여럿이 있음을 주장하는 자가 자기 모순적인 결론에 도달함을 보이는 것이 제논 논변의 요지라고 정리하면서 논변 가운데 하나를 예시한다. 여럿이 있다면 그것들은 무한히 크기도 무한히 작기도 하다는 논변으로서, B1의 일부에 해당한다. 그 다음에 인용한 B2는 앞 논변 결론의 후반부, 즉 무한히 작다는 것을 보이는 하위 논변에 해당하는 것으로 보인다. 마지막에 덧붙인 말은 제논이 논변을 제시하는 목적이 하나의 있음을 파괴하는 데 있지 않다는 것을 강조한다.

이쯤 되면 심플리키오스가 보는 제논 논변의 대의가 어느 정도 드러난다. 여럿이 있음(편의상 '다원론'이라 하자)을 가정하면 모순에 빠진다는 논변들을 그 여럿이 갖게 되는 모순적 속성들(비슷함과 안 비슷함, 큼과 작음 등)을 사례로 들어 다양하게 개진했는데, 그런 논변들의 목표는 다원론을 반대하는 데 있지 일원론까지 제거하는 데 있지 않다는 것이다. 이런 해석의 원조는 사실 이 주석가가 존경해 마지않는 선생 플라톤이다. 우리에게 남겨진 제논에 대한 전승 가운

---

10 『단편 선집』 314~316쪽. '논증' 대신 '변증'으로, '책' 대신 '저작'으로, '부정' 대신 '제거'로, '입증한다' 대신 '보인다'로 옮겼다. 엄밀하게 말하면 '변증'*epicheirēma*은 '변증적 논변/추론'이라고 새기면 좋을 말인데, 편의상 줄여 표현한 것이다. 아리스토텔레스 논리학 저작에서 '변증적 논변/추론'이라는 것은 엄밀한 '논증'*apodeixis*, demonstration 혹은 '논증적 추론'*philosophēma*에 대립되는 개념이다. 양자의 차이는 논리적 구조가 아니라 전제의 성격과 논변의 의도에 있다. 둘 다 타당한 논변 형식이지만, 참인 전제에서 출발하는 논증과 달리 변증적 논변은 통념*endoxa*을 전제로 놓고 출발한다. 아래 4절의 주 80을 참고할 것. 앞으로도 '변증'은 '변증적 논변'의 줄임말로 사용된다. 그러나 차차 드러나겠지만 그 의미가 반드시 아리스토텔레스적 의미로 한정되는 것은 아니다.

데 가장 이른 것에 속하는 『파르메니데스』편에 상세한 이야기가 들어 있다.[11]

소크라테스가 다 듣고서 첫째 논변의 첫째 가정을 다시 읽어 달라고 청했고 읽어 주자 말했다고 하네. "제논 선생님, 무슨 뜻으로 이 말을 하신 겁니까? 있는 것들이 여럿이라면 그것들은 비슷한 것들homoia이면서 안 비슷한 것들anomoia이어야 한다dei. 그런데 그건 실로 불가능하다. 왜냐하면 안 비슷한 것들이 비슷한 것들일 수도, 비슷한 것들이 안 비슷한 것들일 수도 없기 때문이다. 이런 뜻으로 하신 말 아닙니까?"

"그렇죠."라고 제논이 말했다네.

"그러니까 안 비슷한 것들이 비슷한 것들이라는 것도 비슷한 것들이 안 비슷한 것들이라는 것도 불가능하다면, 실로 여럿이 있다는 것 또한 불가능하다는 거죠? 여럿이 있다면, (그런) 불가능한 것들을 겪을 테니까 말입니다. 그렇다면 당신의 논변들이 하고자 하는 바는 다름 아니라 모든 언명들에 대항하여para panta ta legomena 여럿이 있는 게 아니라고 역설하는diamachesthai 일인 거죠? 또 당신의 논변들 각각이 바로 이것의 증거tekmērion라고 생각하니까 여럿이 있는 게 아니라고 당신이 쓴 논변들의 수만큼의 증거들을 제시한다고 여기기도 하는 거고요? 이런 말을 하시는 건가요? 아니면 제가 제대로 이해 못 한 건가요?"

---

11 여기에 인용하지는 않지만 이 인용문 직전, 즉 그 작품의 맨 앞부분에 파르메니데스와 제논의 생몰 연대나 관계 등을 추측할 만한 중요한 이야기가 소개되어 있고, 대부분 신빙할 만한 것으로 간주된다. 그 이야기에 따르면 파르메니데스는 대략 65세경, 제논은 대략 40세경에 아테네를 방문해서 '아주 젊은' 소크라테스를 만난다. 이런 만남 자체는 허구일 수 있지만 연대는 대체로 받아들여진다. 소크라테스의 나이와 비교, 역산해 두 사람의 출생 연대를 515년, 490년으로 산정한다.

"아니요." 하고 제논이 말했다네. "저작이 말하려는 바 전체를 멋지게 이해했군요."

플라톤 『파르메니데스』 127d~128a (DK 29A12)

심플리키오스가 정리해 주는 내용과 대동소이한 것들이 제논 본인의 입을 통해 그 자신이 개진한 담론의 내용이라고 확인되는 방식으로 개진되고 있다. 사례로 제시되는 속성이 비슷함과 안 비슷함으로 다를 뿐, 논변의 형식과 시도에 대한 파악이 같다. 물론 논변에 대한 좀 더 자세한 분석이 있고, 강조점으로 표시한 부분은 특별히 주목할 만하다. 이 부분은 아래에서 다시 거론하기로 하고, 제논 담론의 성격에 관해 심플리키오스의 보고보다 확실히 더 진전된 정보 내용을 담은 그 다음 대목을 살펴보기로 하자. 이제 젊은 소크라테스는 노회한 파르메니데스에게 말을 건다.

"알겠네요." 하고 소크라테스가 말했다네. "파르메니데스 선생님, 여기 제논 선생님이 다른 필리아에 있어서만이 아니라 저작*syngramma*에 있어서도 당신과 가까운 분이 되기*ōikeiōsthai*를 바란다는 걸 알겠네요. 당신이 쓴 것과 똑같은 걸 써놓고*gegraphe*도, 바꿔 놓아서*metaballōn* 마치 뭔가 다른 말을 하고 있는 것처럼 우리를 기만하려*exapatan* 하시니까요. 당신은 시에서 전체*to pan*가 하나라고 주장하고 이것들의 증거들*tekmēria*을 멋지고도 훌륭하게 제시하시는 반면, 여기 이 분의 경우에는 여럿이 있는 게[/그게 여럿이] 아니라고 주장하고 그분 역시도 아주 많은 대단히 큰 증거들을 제시하시니 말입니다. 그러니까 한 분은 하나라고[/하나를] 주장하고 다른 분은 여럿이 아니라고[/여럿 아닌 것을] 주장하는 것, 그래서 거의 똑같은 것들을 말하면서도 똑같은 것들이라곤 하나도 말하지 않은 것으로 보일 정도로 두 분 각자가 말을 하시는 것을 보면, 당신들은 우리 나머지 사람들의 능력을 넘어서는 말을 하신 것 같습니다."

플라톤 『파르메니데스』 128a~b (DK 29A12)

'바꿔 놓아서'*metaballōn*, 즉 있는 것이 하나(혹은 하나가 있다)라는 걸 있는 것
이 여럿이(혹은 여럿이 있는 것이) 아니라는 말로 바꿔 놓아서, 완전히 딴 말을 하
고 있는 것처럼 보이지만, 그런 기만을 꿰뚫는 시각을 갖고 보면 실제로는 둘
이 완전히 똑같은 말을 하고 있는 거라는 얘기다. 그게 두 사람이 '쓴'*gegraphe*
'저작'*syngramma*에 관해 하는 얘기라는 점까지 언급하면서 젊은 소크라테스가
백발의 파르메니데스에게 확인을 청하고 있다.

그런데 다시 여기 묘한 반전이 일어난다. 제논이 대신 답하도록 설정함으
로써 전형적인 플라톤의 '치고 빠지기'가 구사되면서 플라톤이 파르메니데스
를 어떻게 해석하고 있는가 하는 문제는 애매하게 열어 둔 상태가 되고 만다.
이어지는 내용은 '감춰진 진실' 이야기다.

"그래요, 소크라테스." 하고 제논이 말했다네. "하지만 당신은 그 저작의 진
실을*tēn alēteian* 완전히 알아채진 못했군요. 그러면서도 꼭 라코니아 암캐들
처럼 이야기된 것들을 잘 추적할 뿐만 아니라 흔적도 잘 찾고 있네요. 하지만
우선, 당신은 그 저작이 당신이 말하고 있는 바로 그것들을 염두에 두고, 즉
마치 뭔가 대단한 걸 해내고 있는 양 사람들의 눈을 가리려는*epikryptomenon*
목적으로, 써졌을 정도로 그렇게 힘이 들어가 있는*semnynetai* 게 전혀 아니
라는 걸 간과하고 있어요. 하지만 당신은 그저 우연히 마주치게 된 것 하나
를 말했을 뿐이고, 적어도 진실인 걸 말하자면, 이 글들*grammata*은 파르메
니데스의 논변*logos*에 모종의 도움*boētheia tis*이 될까 해서 써진 거예요. 하나
가 있다면[/그것이 하나라면] 많은 우스운 것들과 자기 모순적인 결과가 그

논변에 뒤따른다고 그분을 희화화하려고*kōmōdein* 시도하는 사람들에게 맞서서 말이에요. 그러니까 이 글은 여럿을 말하는 사람들에게 반론하고 *antilegei*, 같은 걸 이차까지 쳐서*kai pleiō* 되갚아 주는*antapodidōsi* 겁니다. 충분히 꼼꼼하게 하나하나 짚어 간다면*epexioi* 그들의 가정*hypothesis*, 즉 여럿이 있다면[/그것이 여럿이라면]이라는 가정이 하나가 있다는 것보다 훨씬 더 우스운 것들을 겪게 되리라는 걸 보여 주면서 말이에요. 내가 젊었을 때 바로 이런 호승심好勝心, *philonikia* 때문에 썼던 건데, 쓰고 난 후 누군가가 그걸 훔쳐 가는 바람에 그걸 공개적으로 발표해야 할지 말지 숙고해 볼 기회조차 없었지요. 그러니까, 소크라테스, 이렇게 당신은 간과하고 있는 겁니다. 젊은이가 호승심에서 그걸 썼다고 생각하지 않고 나이 먹은 사람이 공명심 *philotimia*에서 쓴 거라고 생각하니까요. 물론, 내가 말한 그대로, 당신의 추측*apēikasas*은 나쁘지 않았지만 말이에요.˝

플라톤 『파르메니데스』 128b~e (DK 29A12)

감춰진 진실에도 불구하고, 앞서 개진된 소크라테스의 추측이 여전히 훌륭하다고 보는 마지막 발언과 이야기 서두의 스파르타(라코니아) 암캐 비유로 보아 여기서 플라톤은 일단 제논 저작의 문면에 대한 앞서의 해석, 즉 그가 파르메니데스와 같은 것을 바꿔 말할 뿐이라는 해석(편의상 '표면적 해석'이라 하자)을 여전히 견지한다. 다만 저작의 의도와 배경이 고려되어야 한다고 유보를 달 뿐이다.

그런가 하면 반전 이후에 제시된 최종적 해석, 즉 의도와 맥락을 고려한 해석(편의상 '맥락적 해석'이라 하자)에 따르면 제논은 뭔가 진중한 목적으로 적극적인 메시지를 내놓으려 한 게 아니라 파르메니데스 논변의 반대자에게도 파르메니데스 못지않은 어려움이 있다는 걸 보여 줌으로써 파르메니데스의 입장을 도우려는 일종의 '변증적'dialectical 논변을 제시한다는 것이다.[12] 이 맥락적 해석은 앞서 살펴본 심플리키오스의 해석, 즉 '하나를 제거하려는 목적이 아니었다'는 해석과 일맥상통한다.

그런데 '하나를 제거하려는 게 아니었다'는 심플리키오스의 언급이 잘 드러내듯 플라톤의 맥락적 해석은 제논을 철저한 파르메니데스 옹호자로 묶어 두려 한다. 제논의 '반론'이 여럿을 향해서만 제기된 것이라고 미리부터 굳이 선을 긋는다. 물론 남아 있는 증거들로 보아 그의 논변들이 주로 다원론자를 향해 있었던 것은 분명해 보인다. 문제는 다원론자를 향한 그 이야기의 결론 혹은 최종 지점이 무엇인가, 그리고 같은 방식의 이야기가 파르메니데스에게는 적용되지 않는가, 혹은 적용되지 않는 것이 그의 의도에 속하는가 하는 점이다.

지금 살펴본 플라톤의 『파르메니데스』 구절과 앞에서 검토한 아리스토텔레스의 운동의 역설 설명에 따르면, 제논은 일종의 귀류법reductio ad absurdum을 구사한다. 어떤 문제 있는 가정(여럿의 있음이나 운동이 일어남 등)을 받아들이면 모순되는 두 명제가 동시에 성립하는 이율배반antinomy이 나오거나(플라톤), 상식에 반하는 결론에 도달하는 패러독스가 되거나(아리스토텔레스) 간에 받아들일 수 없는 결과에 이르게 되므로, 이런 결과를 가져온 애초의 가정을 버려야 한다는 결론이 나온다는 것이다. 그런데 정작 텍스트를 직접 보면서 원본에 보다 가까운 목소리를 비교적 가감 없이 전해 주는 것으로 보이는 실증적 전달자 심플리키오스에는 이 마지막 결론, 즉 애초의 가정을 버려야 한다는 결론이 표면

---

12 여기서 '변증적'이란 진중하고 힘이 들어간 적극적 논변이 아니라 상대와의 경쟁과 주고받음(대화)을 고려하는, 힘을 뺀, 대인ad hominem적 성격의 소극적인 논변이라는 점을 드러내기 위해 내가 끌어들인 말이다. 앞에서 이미 살펴보았듯이, '변증' 혹은 '변증적 논변'이라는 말은 이미 플라톤-아리스토텔레스적 철학사 전통을 받아들이는 심플리키오스가 여러 차례 제논 논변을 자리매김하기 위해 사용한 소요학파적 용어다.

화되어 있지 않고, 대개는 그저 안티노미가 도출된다는 것을 보여 주는 데서 끝난다. 다시 말해, 제논에 대해 같은 계열의 해석을 제시하면서도 플라톤, 아리스토텔레스와 심플리키오스는 미묘한 차이를 보이며 숙고의 여지를 남긴다. 플라톤과 아리스토텔레스식 버전(편의상 맥락적 해석의 강한 버전이라 부르자)이 제논을 특정 방향의 결론을 향하도록 변증을 사용하는 귀류법적 논변가로 본다면, 심플리키오스 버전(편의상 맥락적 해석의 약한 버전으로 부르자)은 그를 결론의 방향은 열어 둔 채 어떤 주장이 안티노미로 귀결됨을 드러내기 위해 변증을 사용하는 '반론가'로 보는 이해 방식과 상대적으로 잘 어울린다.[13] 그렇다면 어느 쪽이 제논 담론이 취했던 방향일까?

플라톤이 무심코 꺼낸 '호승심'*philonikia*이라는 말에서 단서를 찾아보자. 나이든 점잖은 사람의 '공명심'*philotimia*이 '명예'*time*를 추구한다는 건 논변의 장기적 승부에 관심을 갖고 그 논변을 자신의 입장으로서 승인하는 태도를 반영한다. 반면에 젊은이의 '호승심'이 '승리'를 추구한다는 건 논변의 단기적 승부에 관심을 갖고 자신의 입장과 상관없이 상대를 무너트리는 데 초점을 두는 태도를 반영한다. 호승심이 발동하면 예컨대 설사 자기 발언이 속기록에 남아 두고두고 악명을 떨치게 된다 해도 당장 상대를 이기기 위해 얼른 정체가 드러나지 않을 증거나 오류 논법을 얼마든지 구사할 수 있다. 속기록이 무서운 사람은 그런 식의 승부를 추구하지 않는다. 맥락적 해석에 따르면, 제논은 호승심 때문에 여럿 가정이 다양한 안티노미들을 귀결할 수 있다는 걸 보여서 다원론

---

13 강한 버전이 플라톤과 아리스토텔레스의 해석인 건 맞지만, 약한 버전이 심플리키오스의 최종 해석이라고 말하긴 어렵다. 왜냐하면 그는 '하나를 제거할 목적이 아님'을 분명히 함으로써 강한 버전의 해석에 동조하기 때문이다. 아무튼 약한 버전은 원리상 파르메니데스를 향해서도 이런 식의 변증이 사용될 가능성 내지 여지를 열어 놓는 것으로 보인다.

자들을 우습게 만들려 했다. 그리고 그 해석을 약한 버전으로만 적용하면, 호승심이 마침 다원론자를 상대로 발동했기 망정이지, 그럴 의향을 갖고 그런 상황을 만나게 된다면 선생을 향해 발동되지 못할 이유가 없다. 적어도 제논이 구사하는 기술(아마도 '반론술'이라 불러야 할지도 모른다)[14]이 대립하는 두 입장 중 어느 하나에만 적용될 수 있고 또 그래야만 한다고 볼 이유는 없다. 제논의 경우가 그랬을 것처럼, 그건 의도나 인간관계 때문에 어느 한 쪽으로 기운 것이지, 원리상 반론 기술이 일원론이 아닌 다원론에만 적용되어야 할 필연성은 애초에 없어 보인다. 나중에 고르기아스가 기회 있을 때마다 강조하듯, 말하는 기술 자체는 중립적이어서 그것의 활용이 약이 될지 독이 될지는 쓰는 자가 활용하기에 달렸다. 건강한 지성은 달리 특별한 이유를 부여하며 뒷받침하지 않는 한 균형을 유지하려는 본성을 갖는다.

이와 관련해서 심플리키오스의 보고들 가운데 제논의 균형 감각을 엿볼 수 있는 대목들이 없지 않다.

> 하나인 무언가*ti hen*가 있는가? 이것이 곤혹스런 문제였다. 제논도 말한다고들 한다. 누군가가 그에게 그 하나*to hen*가 도대체 무엇인지를 밝혀 준다면 있는 것들을 말할 수 있을 거라고 말이다.
>
> 심플리키오스 『아리스토텔레스의 「자연학」 주석』 97.12~13 (DK 29A16)

여럿(혹은 여럿이 있음)을 말하는 사람들을 향한 문제 제기지만, 그렇다고 해서 하나(혹은 하나가 있음)가 해결된 문제일 거라는 전제는 보이지 않는다. 그런

---

14 위 『파르메니데스』 인용문의 '반론한다'는 동사는 주의 깊게 관찰해야 할 말이다. 제논이 변증술의 창시자로 지목되는 것과 무관하지 않아 보이기 때문이다.

전제 없이 그저 여럿을 주장하는 사람에게 여럿을 의미 있게 이야기하려면 우선 그 여럿을 구성할 수 있는 하나를 의미 있게 이야기할 수 있어야 한다고 변증할 뿐이다.[15] 비슷한 질문을 일원론자에게도 할 수 있을 것이다.

하나와 여럿의 문제는 서로 긴밀히 연동되어 있다는 이야기를 하는 또 다른 대목이 있다.

> 그런데 에우데모스가 말하는 대로 여기서 그[즉 제논]는 하나*to hen*를 제거했고(그는 점을 하나로 말하니까.) 여럿이 있다는 것을 인정한다. 하지만 알렉산드로스는 여기서도 에우데모스가 제논이 여럿을 제거한다는 언급을 하고 있다고 생각한다. 그는 말하기를, "에우데모스가 보고하는 것처럼, 파르메니데스의 지인 제논은 있는 것들 속에 그 어떤 하나도 없고 여럿은 단위들 *henades*의 무리*plēthos*라는 점에서 있는 것들이 여럿일 수 없다는 점을 보이려*deiknynai* 시도했기 때문이다." 하지만 에우데모스가 지금 제논이 여럿을 제거한다는 언급을 하고 있는 게 아니라는 건 그의 말투에서 분명하다. 제논의 책에서 그 어떤 것도 알렉산드로스가 주장하는 것과 같은 그런 변증 *epicheirēma*을 담고 있지 않다고 나는 생각한다.
>
> 심플리키오스 『아리스토텔레스의 「자연학」 주석』 97.12~13 (DK 29A16)

물론 알렉산드로스가 강조하는 대로 에우데모스 보고의 초점이 하나의 제거가 아니라 여전히 여럿의 제거라고 볼 여지가 봉쇄되어 있지는 않다. 결론이 초점이라면 말이다. 그러나 그 보고의 초점은 여럿과 하나가 다르지 않은 처지

---

15 이런 제논의 생각은 멜리소스에게도 이어지며(혹은 나오며)(DK 30B8) 결국 원자론자의 아이디어가 나오는 데 일정한 역할을 하게 된다.

에 있다는 게 제논 논변의 핵심이라는 이야기일 수 있다. 즉 여럿을 제거하고 하나를 남기려는 게 아니라 여럿이 있으려면 하나가 분명해져야 하니까 결국 여럿도 그에 연동되는 하나와 같은 운명에 처한다는 것이 제논 논변의 핵심일 수 있다.

물론 여기서 문제되는 하나가 파르메니데스의 하나가 아닐 수 있고, 그게 아마도 제논의 궁극적인 요점일지 모른다. 여럿과 연동되는 하나가 아닌 진정한 하나 말이다. 그러나 제논 작업의 중요한 의의는 그가 의도했든 아니든 간에 그가 시도하는 변증이 추구하는 것으로 간주할 수 있는 균형성balance이다. 일찍이 밀레토스 철학자들(특히 보상적 정의의 아이디어에 주목한 아낙시만드로스)에게서, 아니 그보다 앞서 디케를 이야기한 시인들(특히 헤시오도스)에게서도 정의와 균형의 아이디어가 사유의 중심에 있었고, 헤라클레이토스에서 다시 긴장과 투쟁을 통한 균형의 아이디어가 새로 등장했다. 그 후 파르메니데스에 와서 엄정한 심사, 논리적 필연성 등의 아이디어와 긴밀히 연결되며 정의와 균형에 관한 사유가 가히 희랍 지성사의 핵심으로 자리 잡은 바 있다. 제논의 반론적 변증 담론은 그런 균형성 추구 전통의 연장선상에 있다고 볼 수 있다.

위에 강조점만 표시하고 지나온 또 다른 대목들이 이런 측면에서 흥미롭다. 철학 담론에 사회·경제적 정의를 끌어들이는 아낙시만드로스 이래의 관행을 이어받는 구절이다.

> 그러니까 이 글은 여럿을 말하는 사람들에게 반론하고antilegei, 같은 걸 이자까지 쳐서kai pleiō 되갚아 주는antapodidōsi 겁니다.
>
> 플라톤 『파르메니데스』 128d

그런데 이 균형성 추구 혹은 균형 요구(자신과 상대방 모두에게 적용되는)는 상대를 가려 할 이유를 원천적으로 배제하는 것 같다. 제논이 내놓은 여럿에 대한 여러 반대 논변들이 그 모양 그대로 파르메니데스에게 적용될 수야 물론 없을 테지만, 그와 맞먹을 반론을 파르메니데스적 하나에 대항해서도 내세울 가능성 혹은 의무를 자기 안에 포함하고 있는 것으로 보인다. 강조점으로 표시한 또 다른 구절도 다시 눈여겨보자.

> 그렇다면 당신의 논변들이 하고자 하는 바는 다름 아니라 모든 언명들에 대항하여*para panta ta legomena* 여럿이 있는 게 아니라고 역설하는*diamachesthai* 일인 거죠?
>
> 플라톤 『파르메니데스』 127e

텍스트의 구문과 어순만 보면 '모든' 앞에 한정을 덧붙여 '여럿이 있다고 말하는 모든 언명들에 대항하여'로 '물 타기'해서 읽는 게 아예 불가능하지는 않다. 그러나 위 인용문처럼 읽는 것이 구문상 보다 자연스러운 독해일 뿐만 아니라 우리에게 긴장미를 제공한다. 아무튼 제논 반론의 칼날이 여럿만이 아니라 하나를 향해서도 겨눠지고 있었을 거라는 추측성 전승들이 전해지는 문헌들에 포함되어 있어 이런 유의 독해 가능성을 높여 주며 우리 '구경꾼'들에게 보는 재미를 제공한다.

> 이중의 혀를 가진 자*amphoteroglōssos*요 모든 것의 비난자*epilēptōr*
> 제논의 큰 힘은 쉽게 소진되지 않으며
>
> DL 9.25 (DK 29A1)

회의주의자 티몬(퓌론의 제자)이 제논에게서 본 '이중의 혀'는 사물의 양면을 다 보면서 균형을 취하겠다는 태도를 가리키는 것일 수 있으며,[16] '모든 것의 비난자'에 나오는 '모든 것'에 파르메니데스나 그의 담론이 배제된다고 볼 이유는 없다. 파르메니데스를 거명하는 보다 직접적인 전승도 있다.

> 파르메니데스는 보이는*videntur* 것들을 놓고*ex* 〈하나, 즉〉 우주*universum* 〈말고〉
> 아무것도 없다*nihil esse*고 말한다. 엘레아의 제논은 그 일*negotium*에서 일체의
> 일들을 제거해 버렸다. 아무것도 없다고 말한다. [...] 파르메니데스를 [내가
> 신뢰한다면] 하나 말고 아무것도 없다. 제논을 [신뢰한다면] 하나조차 없다.
>
> 세네카 『편지들』 88.44~45 (DK 29A21)

선생이 골몰하던 일*negotium*을 더 이상 '일 없게' 만들었다는 세네카의 수사 속에 번뜩이는 균형의 칼날이 엿보인다. 플라톤-아리스토텔레스-심플리키오스로 이어지는 막강한 '전통적' 이해에 가려져 있어 잘 보이지 않았던 이런 균형성을 찾아내어 제논을 균형 있게 읽으려는 노력이 필요해 보이는 대목이다.[17]

또 다른 엘레아주의자 멜리소스는 피타고라스의 고향이기도 한 사모스 출

---

16 기원후 6세기 알렉산드리아의 아리스토텔레스 주석가 엘리아스가 제논의 정치적 활동과 연관 짓는 아주 다른 해석(생각 따로 말 따로 라는 해석)을 제시하지만(『아리스토텔레스의 『범주론』 주석』 109.10~22), 그다지 설득력도 재미도 없다.

17 나는 제논이 다원론만이 아니라 선생의 일원론도 똑같이 공격하려는 의도를 가지고 있었음을 논증demonstrate하려는 게 아니다. 다만 제논 논변을 그런 방향으로 읽고 이해하는 것이 가능하고 또 엘레아학파 내 담론 경쟁을 역동적으로 이해할 수 있는 흥미로운 대안일 수 있다는 얘기를 할 뿐이다. 요컨대 제논의 논증에 대해 '힘주어' 논증하려는 게 아니라 그저 이제까지의 철학사 담론에 대해 '힘빼기'를 시도하며 제논의 변증에 대해 변증argue dialectically하려는 것뿐이다. 제논이 추구하던 지성의 균형성을 좇아서 말이다.

신이다. 파르메니데스나 제논 못지않게, 아니 그들보다 더 현실 정치에 연루된 삶을 살았다. 그가 이력서를 썼다면 직업란에 아마 '철학자'보다 '장군'이라 적었을 가능성이 높다. 기원전 440년 전후, 자신들의 '지배 전략'대로 움직이지 않는 사모스를 응징하러 델로스 동맹의 맹주 아테네의 해군이 페리클레스 지휘로 왔고, 이들을 상대할 사모스 해군의 지휘관으로 멜리소스가 뽑혔다. 여기서 페리클레스와 승패를 주고받지만 마지막에 결국 졌고 사모스는 유린당하는데, 사모스 함락 이후 그의 행적은 알려져 있지 않다. 제논처럼 처형당했을 수도, 아테네에 볼모로 잡혀 갔을 수도 있으며, 그냥 평범한 삶으로 돌아갔을 수도 있지만 관련 기록이 없다.[18] 엘레아라는 이름으로 묶인 세 사람 모두 아주 현실에 밀착한 삶을 살았다는 건 그들의 이야기가 그저 뜬 구름 잡는 한담에 불과한 것이 아니었을 가능성을 아주 높여 준다. 자기 공동체에 속한 동료 시민들의 행불행에 민감한 삶을 진지하게 살아 낸 사람들이 소중한 시간을 할애해 공들여 만들어 낸 담론이라면, 그 속엔 당대인들에게만이 아니라 오늘날 우리에게도 뭔가 큰 울림을 만들어 낼 이야기가 담겨 있지 않을까?

그런데 평가단의 맨 앞자리에 서 있는 아리스토텔레스부터가 멜리소스에게 호의적이지 않았다. 앞서 제논에 대해 플라톤이 『파르메니데스』에서 수행한 자리매김도 그렇거니와, 두 엘레아주의자에 대한 플라톤과 아리스토텔레스의 이해나 평가는 기본적으로 '선생과 같은 이야기를 한다'는 데 초점이 맞춰져 있다.

파르메니데스는 로고스에 따른 하나를, 멜리소스는 질료*hylē*에 따른 하나를

---

18 Graham(2010, 480).

다루는*haptesthai* 것 같다. 그렇기 때문에 전자는 그것이 한정된 것이라고, 후자는 무한한 것이라고 말한다.

아리스토텔레스 『형이상학』 986b18~22

기본적으로 같은 이야기인데 전자는 로고스적인 하나를 다루기 때문에 '있는 것'이 한계가 있다고 했고, 후자는 물질적인 하나를 다루기 때문에 '있는 것'이 무한하다고 했다는 것이다.[19] 이런 식의 대동소이한 이야기를 내놓은 멜리소스는 아리스토텔레스 작품 도처에서 논리적으로 문제가 많고 문제의식 없이 따분하기만 한 논변을 늘어놓는[20] '다소 조야한'*mikron agroikoteroi*[21] 인물로 평가된다. 현대의 평가 역시 그다지 긍정적이지 않고, 높이 평가하는 경우에도 대개는 그의 독창성이 아니라 명료함에 점수를 준다.[22] 이런 평가들을 염두에 두고 그의 담론이 과연 무슨 일을 해내고 있는지 살펴보자.

멜리소스의 저작은 우리가 기댈 만한 두 전승이 있어서 비교적 단편의 순서를 쉽게 정리할 수 있고 이야기의 흐름도 어느 정도 분명히 파악할 수 있다. 고대 텍스트 전수에 있어서 최대 공헌자인 심플리키오스가 여기서도 제일 중요한 일을 해주었다. DK의 직접 단편들 10개 모두 그가 전해 준 것이다. 게다가 그는 논변들의 흐름을 따로 정리까지 해주었다.[23] 심플리키오스와 다른 내용들을 포함하고는 있지만 큰 그림에서는 별로 다르지 않은 아리스토텔레스 위작 『멜

---

19 이는 멜리소스의 이야기를 한마디로 간명하게 요약하는 언급이어서 시사하는 바가 많다. 이 요약에 대해서는 아래에서 다시 논의할 것이다.

20 『자연학』 185a~12 (DK 30A7) 등.

21 『형이상학』 986b25~27 (DK 30A7).

22 명료함, 특히 논리적 분석의 명료함을 아주 반기는 반스가 대표적이다.

23 심플리키오스 『아리스토텔레스의 「자연학」 주석』 103.13~104.15

리소스, 크세노파네스, 고르기아스에 관하여』(이하 *MXG*)의 정리도 있다.[24]

전해지는 직접 단편들을 토대로 할 때, 멜리소스의 논변은 대략 다음과 같이 구성된다. 그는 '있는 것'이 가진 성격들(파르메니데스가 B8에서 언급한 '표지들'에 해당하는)을 차례로 연역해 내는 방식으로 논변한다. 처음 연역은 다음과 같다.

> 있었던 것은 무엇이든 늘 있었고 늘 있을 것이다. 이유는 이렇다. 그것이 생겨났다면, 생겨나기 전에는 아무것도 아닌 것*mēden*이었을 수밖에 없다. 그런데 아무것도 아닌 것이었다면, 어떤 식으로든 그 어떤 것도 아무것도 아닌 것으로부터 생겨날 수 없었을 것이다.
>
> 심플리키오스 『아리스토텔레스의 「자연학」 주석』 162.24~26 (DK 30B1)

희랍인들이 공유하는 '아무것도 아닌 것으로부터는 아무것도 나오지 않는다'*ex nihilo nihil fit*는 원칙이 기본 공리가 되고 그것에 기초해 연역이 이루어진다. 첫 문장은 독자의 편의를 위해 자연스럽게 번역했지만, 원문의 순서와 정신을 살려 옮기면 이렇다. "늘 있었다, 그게 뭐든 있었던 것은. 또한 늘 있을 것이다"*aei ēn hoti ēn kai aei estai*. 아리스토텔레스는 대동소이하다 했지만, 멜리소스는 서두부터 한 방 크게 치고 나온다. "늘 있었다." 파르메니데스 B8은 이렇게 읽어야 한다는 멜리소스의 선언이다. 파르메니데스 B8이 어땠는지 되돌아가 보자. 네 개의 표지를 내세운 후 표지들 각각을 논증하기 시작하는 대목이다.

그것은 언젠가 있었던 것도 있을 것도 아니다. 지금 전부 함께

---

24 *MXG* 974a2~b8 (DK 30A5).

하나로, 연속적인 것으로 있으니까.

(DK 28B8.5~6a)

온전한 하나로 있는 것은 있었던 것도 있을 것도 아니며, 그저 지금 있다라고만 해야 한다고 파르메니데스는 말했다. 과거와 현재를 나눌 수 없고 굳이 시제를 말한다면 현재뿐이라고 말이다. 있는 것에 대해서는 시간을 말할 게 아니라 영원한 현재 혹은 무시간성을 말해야 한다는 게 파르메니데스의 메시지였던 것 같다. 그런데 멜리소스는 자기 이야기 서두에서 파르메니데스 표지 이야기를 서두부터 바꿔야 한다고 선언한다. '그건 늘 있었다. 뿐만 아니라 앞으로도 늘 있을 것이다.' 이렇게 무시간성 대신 영속성을 말해야 한다는 것이다.

B1의 이야기는 '있는 것'의 영속성을 인정해야 하는 이유를 제시한다. 이유는 이렇다. 그렇지 않으면 그게 생겨났다고 해야 하는데, 생겨났다면 생겨나기 전에는 아무것도 아닌 것일 수밖에 없고, 그렇다면 무로부터의 생성을 인정하는 셈이므로 생겨났다고는 할 수 없다, 그러니 영속적이라 해야 한다는 것이다. '생겨났다면'이라는 문제 있는 가정을 받아들여 그것이 받아들일 수 없는 결론을 귀결함을 보이는 제논적인 혹은 귀류법적인 방식을 이용하고 있다.

그리고 이 논변 배후에는 생겨난 것이거나 영속적이거나 라는 이분적 선택지가 이미 설정되어 있음을 짐작할 수 있다.

> (1) 있는 것은 생겨난 것이거나 영속적이다.
>
> 그런데 생겨난 것은 아니다.
>
> 따라서 영속적이다.

이런 식의 선언 삼단논법이 바탕에 있다. 선생 파르메니데스가 '판가름'

*krisis*라 부른 과제도 논리적으로 말하면 사실 이런 삼단논법적 작업을 나름의 착실한 근거들로 뒷받침하며 수행하라는 것이었으리라 짐작되며, 멜리소스는 그걸 충실히 이행하고 있다. 다만 판가름의 내용은 선생과 몇몇 지점에서 어긋난다.

그가 논의 벽두부터 이렇게 선생과 다른 판가름을 하는 이유를 짐작하기 위해, 현존 단편들에 덜 드러나 있는 논의 배후의 선언 삼단논법적 판가름과 그것들의 연쇄를 떠올려 보는 것이 좋겠다. 위에서 말한 삼단논법 전의 삼단논법은 이랬을 것이다.[25]

> (0) 아무것도 없거나 (뭔가가) 있다.
>
> 그런데 아무것도 없는 것은 아니다.
>
> 따라서 (뭔가가) 있다.

선생이 자신의 진리편 서두(B2)에서 선언한 판가름을 다시 떠올려 본 것이다. 있거나 있지 않거나 라는 두 길 사이에서의 선택 말이다. 선생에게서 있지 않음은 앎에 이를 수 없다는 이유로 기각되었었다. 멜리소스는 어떤가? 이제 심플리키오스를 인용해 보자.

> 자연철학자들의 공리들*axiōmata*을 이용하면서 멜리소스는 생성과 소멸에 관해 이렇게 자기 저작을 시작한다. 아무것도 없다면, 이것에 관해 마치 뭔

---

25 그냥 추측만은 아니다. 멜리소스 텍스트 사본을 옆에 두고 보면서 주석을 썼던 것으로 보이는 심플리키오스의 전승에 기반한 것이다. 그 전승은 B1 이전에 이런 식의 판가름이 진행되었으리라 짐작될 만한 보고를 담고 있다.

가가 있는 양 무슨 말을 할 수가 있겠는가? 그런데 뭔가가 있다면, 생겨난 것이거나 늘 있는 것이거나다.

심플리키오스 『아리스토텔레스의 「자연학」 주석』 103.14~17

(0)번 삼단논법이 배후에 있고, 다시 이 삼단논법의 결론이 (1)번 삼단논법 시작 부분으로 이어진다는 걸 분명히 보여 준다. 번역에 다 드러내진 못했지만, 원문에는 '멘'과 '데'로 이분법적 구조가 분명히 표현되어 있다. 이제 빠진 부분들까지 보충해 정리하면 멜리소스 논변 배후의 판가름들 가운데 맨 앞의 것들은 다음과 같다.

(0)　아무것도 없거나 (뭔가가) 있다.

그런데 아무것도 없는 것은 아니다.

따라서 (뭔가가) 있다.

(1)

(1-1) (있는 것은)[26] 생겨났거나 늘 있었다.

그런데 생겨난 것은 아니다.

따라서 늘 있었다.

(1-2) 소멸하거나 늘 있을 것이다.

그런데 소멸하지 않을 것이다.

---

26 이하 주어 '있는 것'을 생략한다.

따라서 늘 있을 것이다.

　(1-1)과 (1-2)의 결론을 합한 것 '늘 있었고 늘 있을 것이다'가 바로 B1
에 등장한 것이며 내가 영속성으로 줄여 말한 것이다. 거기에 소멸의 이야기는
없지만, 위 재구성의 구도를 따랐을 것으로 보인다. 이제 다음은 어떻게 이어
지는지 살펴보자.

> 그런데 그것이 생겨나지 않았는데 있으니, 늘 있었고 늘 있을 것이며, 시작
> *archē*도 끝*teleutē*도 갖지 않고 무한*apeiron*하다. 이유는 이렇다. 그것이 생겨
> 났다면, 시작을 가졌을 것이며(어느 땐가 생겨나기*ginomenon* 시작했을 테니까)
> 끝을 가졌을 거니까(어느 땐가 생겨나기를 끝냈을 테니까). 그런데 그것이 시작
> 하지도 끝나지도 않았으니, 늘 있었을 뿐만 아니라 늘 있을 것〈이며〉, 시작
> 도 끝도 갖지 않는다. 아예 있지 않은 것은 무엇이든 늘 있다는 것이 실현
> 불가능*ou … anyston*하니까.
>
> 심플리키오스 『아리스토텔레스의 「자연학」 주석』 109.20~24 (DK 30B2)

　첫 문장의 앞부분은 위 (1)의 이야기를 확인하는 것이고, 여기서 새로 이루
어지는 논변은 뒷부분 '시작도 끝도 갖지 않고 무한하다'에 대한 것이다. 여기
이야기를 문면 밖의 것까지 포함해 정리하면, 생겨났다는 것은 시작이 있다는
것이고, 소멸하리라는 것은 끝이 있다는 것이다. 그런데 생성, 소멸은 (1)의 소
전제들에서 이미 부인되었다. 따라서 시작도 끝도 없는 것이라는 결론이 도출
된다. 생성 부인에서 시작 없음을 도출하는 것이 전건 부정의 오류라는 아리스
토텔레스의 딴지[27]는 표면적 형식상으로는 그럴듯하지만, 이면을 미루어 보면
'있는 것'이 생겨났다는 것과 시작이 있다는 것을 동일시하기 때문에 쌍조건문

으로 얼마든지 이해할 수 있다(소멸에 관한 논의에 대해서도 같은 이야기가 성립한다). 시작과 끝이 없다(즉 양 방향으로 끝이 없다)는 것에서 무한하다는 것을 도출하는 일은 문면에 드러나 있지는 않지만 자연스럽게 함축되어 있는 내용으로 볼 수 있다. 그것이 시간적 측면의 무한을 말하는 것 같지만, 공간 차원의 것을 배제하지도 않는 것 같다. 아무튼 공간적인 무한은 그다음 단편에서 다시 확인된다.

> 그러나 그것이 늘 있는 것처럼 그렇게 크기*to megethos*에 있어서도 늘 무한해야 한다*chrē*.
>
> 심플리키오스 『아리스토텔레스의 「자연학」 주석』 109.31~32 (DK 30B3)

그리고 그다음 단편은 방금 B2에서 시작한 이야기들을 아우르며 정리한다.

> 시작도 끝도 갖는 것이라면 그 어떤 것도 영속적*aidion*이지도 무한하지도 않다.
>
> 심플리키오스 『아리스토텔레스의 「자연학」 주석』 110.3~4 (DK 30B4)

이렇게 B1에서 B4까지의 논변은 '있는 것'의 영속성과 무한성을 확립하는 논변이며, 그다음은 하나임을 연역해 내는 대목이다.

> 그것이 하나가 아니면 다른 어떤 것에 대해 한계에 이르게*peranei pros allo* 된다.
>
> 심플리키오스 『아리스토텔레스의 「자연학」 주석』 110.6~7 (DK 30B5)

---

27 『자연학』 186a10 이하.

그것이 〈무한〉하면 하나일 거니까 그렇다. 둘이 있다면,[28] 그것들은 무한할 수 없을 것이고 서로에 대해*pros allēla* 한계들*peirata*을 가질 테니까.

심플리키오스 『아리스토텔레스의 「천체에 관하여」 주석』 557.16~17 (DK 30B6)

여기까지가 멜리소스다움이 여지없이 드러나는 부분이다. 다음으로 B7과 B8에서 하나*hen*임에서 전체가 같음*homoion pan/pantēi*(즉 동질성)을, 그리고 다시 운동*kineisthai* 및 기타 변화*metaballein*, 즉 증가*meizon ginesthai*와 재배열*metakosmeisthai*, 고통*algein*과 슬픔*aniasthai*, 달라짐*heteroiousthai*(즉 질적 변화) 등이 없음을 논변한 후,[29] B9에서 비물체성*sōma mē echein*을, B10에서 불가분성을 논변하는 것으로 현존 단편은 끝난다.

다시 B5, B6 인용문으로 돌아오자. 있는 것이 하나라는 것은 그것이 무한하다는 것에서 연역된다. 역시 논변의 방식은 귀류법적이다. B5에서 하나가 아니라고 가정하면 다른 어떤 것과의 관계에서 한계를 갖게 되는데, 이건 앞서 확립한 무한하다는 결론에 배치되니까 애초의 가정을 받아들일 수 없다, 그러니 하나다 라고 논변한다. B6도 비슷하지만, 둘 혹은 그 이상의 것이 있는 그림을 일반화해 서로를 한계 짓는 세상 그림을 그려 보도록 유도하는 좀 더 생생한 논변이라 할 수 있다.

제논도 그렇고 멜리소스도 이렇게 귀류법적인, 더 정확히 말해 변증적인 사유를 전개하고 있다는 데 주목하는 것이 중요하다. 자신이 배제하는 혹은 인

---

28 '둘이 있다면' 대신 '(그것이) 둘이라면'으로 옮길 수도 있다.

29 '변화'*metaballein*만 심플리키오스의 설명에서 가져왔고, 나머지 단어들은 모두 멜리소스 단편에 나오는 용어다. B7과 B8은 분량이 길뿐만 아니라 다른 의미의 멜리소스다움이 잘 들어 있는 단편들이다. 편의상 상세한 논의는 생략하되, 원자론과 연결되는 부분은 아래에서 별도로 다루기로 한다.

정하지 않는 그림을, 반론하기 위해 상정하고 긍정해 본다는 것, 사실 그것이 제논과 멜리소스의 변증이 갖는 중요한 특징이다. 그 이야기를 자기 이야기처럼 하기 시작하는 순간부터 그 이야기가 전제하는 모든 것을 송두리째 부인할 수는 없다는 데 이런 변증의 묘미와 한계가 있다.[30]

영속과 무한을 말하는 부분만이 아니라 무한에서 하나를 연역하는 부분도 멜리소스의 멜리소스다운 태도와 정신을 잘 보여 준다. 그런데 B1에서 B6까지의 멜리소스의 이야기는 파르메니데스 논의에 대한 그의 반응을 보여 주는 것이기도 하다. 그는 파르메니데스에 대해 무슨 이야기를 하려던 걸까? 그가 자신의 논의를 할 때 가장 염두에 두었을 법한 파르메니데스 구절을 우선 살펴보자. 많이 논란되고 있는 B8의 공 비유 대목이다. 파르메니데스는 표지 논변을 끝내고 요강 부분으로 정리까지 마친 후에도 곧바로 의견편으로 이행하지 않았다. 대신 그때까지 전개된 논의의 텔로스*telos*(끝, 완결), 즉 화룡점정이 될 만한, '있는 것'의 그림을 구상적으로 그려 제시한다.

(A) 그러나 맨 바깥에 한계가 있기에 그것은 완결된 것,

(B) 모든 방면으로부터 잘 둥글려진 공*sphaira*의 덩어리*onkos*와 흡사하며 *enalinkion*,

(C) 중앙으로부터 모든 곳으로 똑같이 뻗어 나와 있는*isopales* 것이다. (D)

---

30 그는 둘 이상의 존재자가 있어서 서로 경계에서 만나면서 서로를 한계 짓는 다원론자의 세상 이야기를 부인하지만, 자신의 입장을 입증하기 위해서는 상대방의 그 이야기를 참으로 받아들여 불합리한 귀결에 이름을 보여야 한다. 반론을 위해 일단 참으로 받아들여 본다는 변증의 첫 단계에서부터 그는 자신이 반대하는 여럿이 존재하고 서로를 한계 짓는 세상 이야기를 자기 입으로 풀어낼 수밖에 없다. 그러면서 자연스럽게 그 이야기를 하는 데 필요한 최소한의 주변적 가정이나 조건들을 받아들이지 않을 수 없게 된다.

왜냐하면 그것이

저기보다 여기에서 조금이라도 더 크다든가 조금이라도 더 작다든가 해서
　　는 안 되기 때문이다.

(D)′ 왜냐하면 그것이 같은 것*homon*에 도달하는 것을 막을 만한 있지 않은
　　것이란

있지 않고, 또한 있는 것은 있는 것 가운데 더 많은 것이 여기에, 그리고 더
　　적은 것이

저기에 있게 될 길이 없기 때문에. (C)′ 왜냐하면 그것은 전체가 불가침이
　　기에.

(B)′ 왜냐하면 모든 방면으로부터 자신과 동등한 것으로서, (A)′ 한계들
　　안에 균일하게 있기에.

B8.42~49

　　(B)에서 공 비유를 끌어들여 (C), (D)까지가(즉 인용문 상으로는 둘째 줄에서부터 넷째 줄까지가) 공 비유를 직접 가리키면서 말하는 대목이고, (D)′에서부터는 다시 '있는 것'의 이야기로 돌아와 공과 비교되는 점들을 되새기는, 일종의 원환 구성을 보여 준다.

　　우선 (A)와 (A)′은 맨 바깥에 한계가 둘러져 있어서 '있는 것'이 그 안에 균일하게 있다는 것을 완전성의 근거로 삼을 수 있다는 말이다. 여기서 말하는 한계는 이전 논변들에서 이야기된 아낭케의 '한계의 속박'을 가리킨다. 이미 거기서 그 속박은 '있는 것'을 부동이도록, 그리고 결핍이 없도록 강제했다. 그리고 공으로 말하면, 속을 채워 넣은 후 그것을 가죽 따위로 잘 둘러서 마무리하는 것을 가리킨다. (B)와 (B)′은 바깥에서 공을 바라볼 때 어느 관점으로부터 보아도 똑같은 모양이라는 점을 이용한 비유다. 즉 있는 것의 관점 중립적

동일성을 가리킨다. (C)는 모든 방면에 골고루 미치는 원심력을 가리키며, 그래서 그 덩어리는 어느 곳 하나 비집고 들어갈 틈이 없다. 그것은 (C)′의 '있는 것'의 불가침성과 잘 대응한다. (D)는 공의 어디에도 더 크게 불거져 나오거나 더 작게 움푹 들어간 곳이 없다는 것으로 (C)를 설명하며, (D)′도 '있는 것'의 불가침성, 즉 있지 않은 것이 끼어들 수 없다는 점을 많고 적음의 차이가 없다는 점으로 설명한다.

여기서 (B)와 (C)는 이를테면 완벽한 공(잘 둥글려진 공)을 만드는 자가 작품을 완성한 후에 잘 마무리되었는지를 평가하는 기준으로 사용할 만한 것이다.[31] 우선 어느 방향에서 보거나 완벽한 원이어야 한다. 그다음으로 그것은 어디를 눌러 보아도 움푹 들어가지 않도록 똑같이 단단하고 충실한 것이어야 한다. 완벽하게 둥글어 보이더라도 어느 한 군데가 무르다고 한다면 쉽게 이지러지게 되어 완벽한 공이라고 말하기 어렵게 될 것이다. 모양의 측면 못지않게 이 충실성도 중요했기 때문에 아마도 파르메니데스가 그냥 공이라고 하지 않고 공의 덩어리라고 했을 것이다. 이제까지의 고찰이 맞다면, 공 비유에서 완벽한 공과 '있는 것'을 닮게 만드는 측면은 자기 동일성, 즉 관점 중립적 동일성과 충실성 내지 불가침성[32]이다.

이쯤에서 다시 멜리소스의 이야기로 돌아와 보자. 우선, 왜 그는 있는 것에 대해 말할 때 무시간성을 영속성으로 바꾸고, 한계를 가진 것 대신 무한한 것으로 놓아야 한다고 했을까? 다원론자들과의 연대 문제와 연동되어 있어서 확정적으로 단언하기는 어렵지만,[33] 멜리소스의 논의가 두 다원론자의 논의 이후

---

31 무렐라토스의 견해를 받아들였다(Mourelatos 2008, 128).
32 이것은 B2 판가름의 엄정함을 가리킨다.
33 나는 해전을 이끌던 440년 전후가 멜리소스의 전성기였다고 보고, 제논이 450년경에 40

에 나온 이야기라면, 그 논의에 대한 엘레아주의 측의 대응이라는 점, 그리고 멜리소스의 담론에 대한 대응(혹은 상호작용) 과정에서 원자론이 발전했다는 점이 고려될 필요가 있다. 그러니까 멜리소스의 수정은 그저 파르메니데스주의자(좁은 의미, 즉 엘레아학파)의 순전히 이론 내적인 동기에서, 즉 선생의 이야기를 살피다 보니 이런 건 좀 바꾸는 게 좋지 않을까 하는 생각이 들었다는 유의 동기에서 나온 것만이 아닐 수 있다. 오히려 다원론자들과의 변증 과정에서 나온 수정이라고 생각해 볼 수 있지 않을까 싶다. 아직 다원론자들의 담론을 다루지 않은 단계이기에, 여기서는 이에 관한 개략적인 논의만 진행하기로 하자.

파르메니데스 담론이 2세대 엘레아주의자들의 손으로 넘어오기 전에 이미 다원론자들은 파르메니데스 담론에 적극 대응하고 있었던 것으로 보인다. 엘레아주의자들의 입장에서 보기에 다원론자들의 반응은 자신들이 동조하는 스승 파르메니데스의 가이드라인을 넘어선 것이었고 적극 대응이 필요했다. 그렇게 해서 그들과의 변증적 대화가 시작되었고 엘레아주의는 대화 상대방의 비판과 요구에 대응하기 위해 담론의 세련화와 수정이 불가피했다. 다원론자들이 이오니아적 과제를 계속 진행하기 위해 파르메니데스의 의견편에 주목하는 것이 마땅찮았던 엘레아주의자들로서는 진리편 수호가 당장의 혼란을 타개하는 지름길이었다. 그래서 불필요한 오해의 소지가 있는 의견편은 과감히 떼

세웠다는 플라톤의 보고를 받아들일 수 있다고 본다. 아래에서 다시 다루겠지만, 엠페도클레스의 논의가 더 연장자인 아낙사고라스 논의보다 먼저 알려졌을 가능성이 높다. 이런 점들을 염두에 두고 그들 담론의 내용들을 고려하면, 파르메니데스 → 엠페도클레스 → 제논 → 아낙사고라스 → 멜리소스 → 데모크리토스(그리고 레우키포스가 실존한다면 멜리소스 이전) 순서로 파르메니데스 이후 엘레아주의 진영과 다원론 진영의 공방이 진행되었다고 추측해 볼 수 있다. 물론 편의상 화살표를 이렇게 표시했지만, 일방적인 영향 관계라기보다 상호작용이 있었을 수 있다. 지금 이곳의 논의도 그렇거니와 이 책의 논의가 이런 연대 설정에 크게 의존하거나 영향을 받는 것은 아니다.

어 내고 진리편 이야기를 좀 더 정교히 다듬고자 했다. 의견편 이야기를 발전시키는 몫은 다원론자들에게 넘기고, 대신 그 우주론적 논의에 일정한 기준이나 방향을 제시하는 의무는 진리편을 계승하는 일에 속하는 것으로 받아들였다. 그들의 논의는 진리편에 기초한 것이지만, 특히 멜리소스의 경우에는 더더욱 다원론자들에게 일정한 경계선을 정해 주려는 목표 의식을 갖고 있었다. 그리하여 운동에 관해서, 하나와 여럿에 관해서 제논보다 더 적극적인 내용과 방식으로 발언하게 된 것이다.

바로 그렇게 진리편을 토대로 기준을 제시했기 때문에, 진리편을 의식하면서 이오니아적 과제를 해결하던 다원론자들이 자기들 이야기를 지속적으로 발전시킬 수 있었다. 다음 두 절에서 확인하게 되겠지만, 다원론 철학이 엠페도클레스 이후 아낙사고라스로 진전하게 되는 데는 제논의 변증이, 그리고 다시 원자론으로 진전하게 되는 데는 제논과 더불어 멜리소스의 변증이 가히 독보적인 기여를 하게 된다.

멜리소스는 (그리고 제논은) 그가 보인 진리편 편향성만으로 보면 그저 교조주의자요 꽉 막힌 논리주의자(현상 무시자)에 불과하다. 그러나 멜리소스가 명료하게 일원론을 정리하려 애썼던 것, 그리고 계속 질료상 하나 이야기로 평가할 만한 담론을 펼쳤던 것은 다원론자들이 현상 설명에 적용할 수 있는 원리로 추상 수준을 좀 더 낮출 이론적 필요가 있었기 때문이다. 파르메니데스의 담론은 너무 추상 수준이 높고 다원론자들이 이야기를 이어 가기에 버거운 기준이었고, 너무 애매해서 어쩌라는 말인지 갈피를 잡기 어려웠으며, 과학 이야기에 써먹기에는 지나치게 형이상학적이요 문학적이었다. 한마디로 말해, 좀 더 자연학적인 색깔이 필요했다. 이런 점을 의식해서 나온 멜리소스의 허공과 꽉 참의 이야기와 운동 이야기, 한계와 무한 이야기 같은 것은 그저 논리적이기만한 게 아니라 아주 구체적이고 뭔가 손에 잡히는 설명(확정적으로 유물론적이라 하긴 어렵지만)이었다.

그가 파르메니데스의 무시간성을 영속성으로 바꾼 것, 즉 있는 것이 시간을 초월해 있다기보다 시간 속에서 늘 똑같은 상태로 있다고 본 것은 바로 이런 이론상 필요 때문이었다고 할 수 있다. 그렇게 보면 그가 파르메니데스의 한계를 무한으로 바꾼 것도 그런 이야기 수준 낮춤의 일환일 가능성이 있다. 공 이야기는 파르메니데스로서는 그저 형이상학 이야기의 연장선상에서, 그러나 너무 고답적인 논의 수준에서 생겨날 수 있는 독자의 피로감을 고려해 구상적 비유를 써서 의견편으로 내려가기 전의 마지막 진리편 이야기로 기획한 것이었다. 멜리소스는 진리편을 우리가 사는 우주의 이야기로 바꾸려는 파르메니데스 이후 자연철학의 과제를 다원론자들과 공유하고 있었기 때문에, 그에 걸맞게 그 공 이야기를 완전히 비유의 수준에서만이 아니라 실제 우주 이야기로 돌려놓고 이야기를 진전시키려 한 것이다. 이렇게 놓고 보면, 당장 걸리는 게 우주의 끝 이야기다. 우주에 끝이 있다고 하면, 그 바깥은 뭘까? 세상에 이렇게 한계를 설정하면, 세상은 뭔가 다른 것과 한계로써 만난다는 걸 의미하고, 이건 어쩔 수 없이 여럿의 인정으로 가게 되지 않을까? 이것이 결국 한계를 이 세상 이야기에 적용하면 폐기할 수밖에 없게 된다는 멜리소스의 문제의식이었을 것이다. B9에서 그가 '비물체성'을 강조하는 것도 이런 문제의식과 연관이 있을 것으로 보인다.

> 그런데[/그러니까] 있다면 그것은 하나여야 한다*dei*. 그런데 하나라면[/하나이므로] 그것은 몸[즉 물체성]*sōma*을 가지지 않아야 한다*dei*. 그런데 단단함[/두께]*pachos*을 가지면 부분들을 가지게 될 것이고 더 이상 하나가 아니게 될 것이다.
>
> 심플리키오스 『아리스토텔레스의 「자연학」 주석』 109.34~110.2 및 87.6~7 (DK 30B9)

다소 이해가 쉽지 않은 부분인데, 그가 애써 '비물체성'을 강조하는 건 어찌 보면 그의 논의가 비물체성을 부각시키는 논의여서가 아니다. 그랬다면 굳이 비물체성을 역설할 이유가 적다. 이는 마치 파르메니데스가 공 비유 등 물체성이 매우 많이 담긴 이야기를 강조하는 게 그의 논의가 물체성을 대단히 부각시키는 논의여서가 아닌 것과 마찬가지다. 그들의 강조는 그들 논의의 특성과 반대 방향을 향해 있다고 보아야 할 것이다. 아주 추상적이고 형이상학적인 논의를 하고 있는 파르메니데스(그런데 그가 그럴 수 있던 건 의견편을 따로 기획하고 있었기 때문이다)는 자신이 그렇게 공허하고 뜬구름 잡는 형이상학 이야기만 하고 있는 게 아님을 강조하고 싶었기에 구상적인 공 비유나 우주론 그림, 신화 등을 동원한 것이고, 반대로 멜리소스는 자신이 그렇게 물리적이고 유물론적인 이야기만 하고 있는 게 아님을 드러내고 싶었기에 오히려 비물체성을 부연해 강조하고자 했을 것이다. 그만큼 그의 논의는 자연학이라는 이름에 걸맞게 자연 세계로 내려와 있었다. '질료상 하나'와 '로고스상 하나'라는 아리스토텔레스의 평가는 두 사람의 논의가 보여 주는 차이를 아주 적확하게 관찰한 결과라 할 만하다.

멜리소스가 아주 유물론적으로 들릴 만한 이야기를 하고 있었던 것은 분명하다. 그러나 동시에 그가 그것에 대한 경계를 계속 하려 했던 것 또한 유념해볼 만한 일이다. 운동과 허공에 관한 그의 논의도 우리의 상식적인 선입견과달리 허공이 없어서, 꽉 차 있어서, 움직여 갈 공간이 없어서 운동이 불가능하다는 수준의 논의에 머문 것이 아니다. 그건 딱 엠페도클레스 논의의 수준이었다. 멜리소스는 그것보다 더 진전된 차원의 운동 불가능성 논의를 하고 있었다. DK에 미처 들어가지 못한 심플리키오스의 보고가 이를 잘 보여 준다. 원자론에 중요한 영향을 주었으리라 짐작되는 내용이 들어 있는 논의다.

그런데 허공*to kenon*은 있지 않다. 있는 것이 꽉 차 있는지*plēres* 아닌지를 우리는 그것이 다른 뭔가를 받아들이는지*eisdechesthai* 아닌지를 가지고 판가름을 해야 한다. 무슨 말인가 하면, 받아들이지 않으면 꽉 찬 것이지만, 뭔가를 받아들이면 꽉 찬 게 아니다. 그러니까 그것이 빈*kenon* 게 아니면 꽉 찬 것일 수밖에 없다. 그런데 그렇다고 하면 그것은 움직이지 않을 수밖에 없다. 물체들*sōmata*에 대해 우리가 말하듯, 꽉 찬 것을 뚫고 움직이는 게 불가능하기 때문이 아니다. 오히려 있는 것 전체*pan to on*가 있는 것 속으로 움직일 수도 없고 (그것 외에[/곁에] 뭔가가 있지 않기에) 있지 않은 것 속으로 움직일 수도 없기 (있지 않은 것은 있지 않기에) 때문이다.

심플리키오스『아리스토텔레스의 「자연학」 주석』104.9~16

멜리소스가 허공이 있어서 그리 비집고 들어갈 수 있어야 운동이 가능하다는 유의 논의를 하고 있지 않다는 해석에 바탕을 둔 보고다. 그런데 또 다른 유력한 참고 전거인 *MXG*의 저자는 심플리키오스 버전과 달리, 들어갈 빈틈이 없어서 움직이지 못한다는 우리에게 친숙한 설명을 전해 주고 있는 것처럼 보인다.

그 하나는 영속적*aidion*이고 잴 척도가 없을*ametron* 뿐만 아니라 모든 곳에서 똑같기*homoion pantē*에 부동*akinēton*이다. 이유는 이렇다. 어떤 것 속으로 물러나지*hypochōrēsan* 않는 한은 움직일 수가 없을 것이다. 그런데 물러난다는 것은 꽉 찬 것 속으로 들어가거나 빈 것[/허공] 속으로 들어가거나일 수밖에 없다. 이것들 중 전자는 받아들일*dexasthai* 수가 없을 것이고 후자는 전혀 있지 않다.

MXG 974b14~18 (DK 30A5)

이런 간접 전승들의 모태 노릇을 했을 직접 단편의 모습은 이렇다.

> 또 허공*keneon*도 전혀 있지 않다. 허공은 아무것도 아닌 것인데, 아무것도 아닌
> 것은 있을 수 없을 거니까. 또 그것은 움직이지도 않는다. 물러날*hypochōrēsai*
> 데가 어디에도 없고 꽉 차*pleōn* 있으니까. 허공이 있다면 허공 속으로 물러날
> 수가 있을 테지만, 허공이 있지 않으니 물러날 데가 없는 것이다.
>
> 심플리키오스『아리스토텔레스의「자연학」주석』112.7~10 (DK 30B7)

이 단편을 설명하는 심플리키오스의 요지는 이 직접 단편이나 *MXG* 해설과 충돌한다기보다 그것들의 진의를 해명하는 데 있다. '꽉 차 있기만 하고 허공은 없어 물러날 데가 없으니 운동은 안 된다'는 말은 문면으로만 보면, 꽉 찬 것을 뚫고 들어가는 물러남이 불가능하다는 유물론적 해석이 가능하다. 그러나 그것이 멜리소스의 궁극적 의도는 아니다. 물러남이 꽉 찬 것으로 가거나 허공으로 가거나인데, 허공은 없는 것이어서 후자는 불가능하고, 꽉 찬 것은 전체로서의 자신밖에 없어서 꽉 찬 것으로 간다는 건 결국 자기가 자기 속으로 간다는 것이므로 그걸 움직임이라고 말할 수 없다는 얘기다. 심플리키오스 해설에서 중요한 말은 '있는 것 전체'*pan to on*라는 말이다.

비물체성을 애써 강조하는 B9와 연결해 생각하면 심플리키오스의 보고가 멜리소스의 의도를 더 오해의 여지없이 전해 주는 것 같다. 그러니까 멜리소스는 다원론 진영에서 얼마든지 그렇게 유물론적인 운동 이야기로 받아들일 만한 말을 하고 있었던 것이다. 물론 의도는 그런 물체적 이야기를 하려는 것이 아니라, 하나이기 때문에 운동이 안 된다는 이야기를 하려는 것이었지만 말이다.

이렇게 다원론자들과의 변증 과정에서 나온 논의들이라는 점을 포착하지 못하면, 멜리소스는 이급 철학자로 보일 수밖에 없다. 그저 교조적·교과서적으

로 선생의 논의를 일목요연하게 정리해 준 사람으로 말이다. 그가 하려던 일이 그런 것이었다면 그는 아마도 그다지 성공적이었다는 평가를 받기 어려울 것이다. 마치 크라튈로스가 헤라클레이토스 이야기를 잘 재현하지 못했듯이 말이다. 그러나 그의 고민, 즉 어떻게 하면 자연학적 설명에 적실하고 손에 잡히는 이론적 기준을, 혹은 이론적 설명이 어기지 말아야 할 공리 수준의 것을 잘 제공할 수 있을까 하는 고민을 생각한다면,[34] 이야기의 화두를 제공한 선생 파르메니데스 입장에서 보아도 그가 의견편을 제거한 것, 핵심 아이디어 몇 개를 개정하고 보충한 것 들은 모두 용서가 될 만하다. 아니, 오히려 높이 평가해 줄 만하다 할 것이다.

2. 여럿과 섞임
다원론

앞 절에서 살펴본 두 철학자를 2세대 '엘레아주의자들'이라 부르는 데서 이미 확연히 드러나는 건 고래로 그들이 명실상부한 파르메니데스 직계 제자로 자리매김되어 있다는 점이다. 그러나 이름을 그렇게 부른다고 해서 그들이 파르메니데스의 이야기를 온전히 잘 계승, 발전시킨 유일한 적통 제자들인지, 아니 그건 차치하고라도 파르메니데스를 온전히 이해한 제자들인지조차 섣불리 단정할 수는 없다. 이름에 대한 관행을 승인한다는 것과 그 이름으로 불리는 사태의

---

34 그 고민이 선생 이야기를 정리하는 문제보다 훨씬 중요했을 것이다. 물론 선생 이야기 정리가 그 고민에 제일 중요한 도움이 되긴 했을 테지만 말이다.

진실성 여부가 별개라는 건 이제부터 살펴보게 될 다원론자들 자신이 마침 힘주어 하고 있는 이야기이기도 하다.[35] 제논과 멜리소스를 '엘레아학파'로 부르고 이제 이야기할 다원론자들을 이를테면 '신이오니아학파'Neo-Ionians[36] 등으로 부르는 것은 유용한 일면이 있는 게 사실이지만, 엘레아학파의 문제의식과 이오니아학파의 문제의식이 마치 (전통적 해석자들에게 이해된) 파르메니데스의 진리와 의견처럼 선명하게 나뉜다는 것을 전제로 한다. 과연 그런 식의 이해가 백퍼센트 정당한 것인지는 재고의 여지가 있다.

다소 도식적으로 말하면 이오니아학파에서부터 내내 자연철학자들의 과제는 다양한 현상 세계를 어떤 하나의 원리로 환원해 설명하려는 것이었다. 이것을 철저히 그 한계까지 밀어붙인 것이 파르메니데스의 진리 담론이었다. 이는 '무우주론'으로까지 해석될 만큼 철저한 것이었다. 파르메니데스 이후 철학자들에게 남겨진 과제는 파르메니데스의 성취(즉 있는 것과 있지 않은 것의 분리)를 받아들이면서 탈레스 이래 지속된 학문의 이상(즉 여럿을 설명하는 것)을 살리는 것이었다. 이 과제에 집중하는 것이 (전통적 해석자들의 생각처럼) 명시적으로든 암묵적으로든 파르메니데스에 대한 선명한 반대 노선을 취하는 일이었는지에 관해서는 그저 앞선 논자들이 내린 결론을 덮어놓고 받아들이기보다 하나하나 차근히 따져 볼 필요가 있다.

그런가 하면 다원론자 간의 선후 문제도 늘 논란거리다.[37] 누구를 먼저 놓느냐에 따라 이야기의 구도와 흐름이 아주 많이 달라진다. 나는 출생 연대로는

---

35 이 논의가 이루어지는 단편들은 아래에서 더 상세히 검토될 것이다.

36 반스의 용어다(Barnes 1982, 63, 235, 312 등).

37 논자마다 제각각이다. 예컨대 KRS(1983)는 엠페도클레스를, Graham(2010)은 아낙사고라스를 앞에 놓는다. 헤라클레이토스-파르메니데스의 선후 관계 논란은 지난 세기에 이미 정리되었지만 엠페도클레스-아낙사고라스는 그렇지 않다.

아낙사고라스가 앞서지만 활동 연대로는 엠페도클레스가 앞선다는 아리스토 텔레스의 보고[38]를 중시해 엠페도클레스를 앞에 놓고 논의하고자 한다. 아낙사 고라스가 엠페도클레스 논의를 알 뿐만 아니라 그것에 의식적으로 대응하는 것으로 보이는 언급들을 하고 있다는 점도 그렇거니와, 이제부터 우리가 고찰 할 사항들로 보아도 그를 먼저 이야기하는 것이 적절할 것이다.[39]

시칠리아 출신인 엠페도클레스는 무엇보다도 파르메니데스처럼 시로 철학 했다. 그의 시를 「자연에 관하여」[40]와 「정화」[41]Katharmoi로 나누고 별도의 저작 처럼 소개하는 디오게네스적 전승[42]이 있는데, 이와 관련해 전자를 논변적·합 리적·과학적 정신, 후자를 주술적·신비적·종교적 정신으로 대비하는 아주 익 숙한 오랜 관행이 있다.[43] 하지만 이런 전승을 얼마나 문자 그대로 받아들일지 에 대해 연구자들 간에 여전히 논란이 많다.

'두 시'는 각각 다음과 같은 시작 부분을 갖고 있는 것으로 간주된다.

---

38 『형이상학』 A3, 984a11 (DK 31A6).

39 한 가지만 미리 언급한다면, 아낙사고라스에게서는 무한 분할 가능성이 문제 되고 있다는 점이 가장 중요한 고려 사항 가운데 하나다. 제논의 역설들이 제기하는 무한 분할 가능성에 대한 대응에 있어서 아낙사고라스와 원자론은 극명한 대조를 보여 준다. 이 점에 관한 한 엠 페도클레스보다 아낙사고라스를 뒤에 놓고 흐름을 보는 것이 아주 자연스럽다.

40 이 제목은 아낙시만드로스 이래 거의 모든 철학자들에게, 심지어 파르메니데스의 저작에 도 붙어 있다.

41 '정화 의례들'이라 부르는 것이 더 정확할 수도 있지만 편의상 이렇게 줄여 부르기로 한다.

42 DL 8.77 (DK 31A1).

43 『단편 선집』 엠페도클레스 장(주은영)의 입장도 여기에서 크게 벗어나 있지 않다(763~ 772쪽).

파우사니아스, 들어 보게, 현명한 앙키테스의 아들.

DL 8.60 (DK 31B1)

어이, 친구들! 국가의 가장 높은 곳 황금색 아크라가스[44] 아래

위대한 도시에 사는, 훌륭한 일들에 마음을 쏟는,

이방인들의 존경하는 항구들이자, 악에 경험이 없는 친구들!

안녕하신가! 나는 불멸하는 신이요, 더 이상 가사자가 아닌 자로 그대들

[5]　사이에서 모두의 존경을 받으며 돌아다니네. 어울리는 일인 바대로.

머리띠와 화려한 화관을 두른 채.

내가 번성하는 도시들에 갈 때면 그들에게서,

즉 남자들에게서, 또 여자들에게서 추앙되네. 그들은 함께 따르네,

수만의 사람들이 이로운 길이 어디인지를 탐문하면서.

[10]　어떤 이들은 신탁을 들으려고, 또 어떤 이들은 온갖 병들을

치유해 줄 말을 들으려고 묻네.

오랫동안 심한 〈고통으로〉 고초를 겪고서 말이네.

DL 8.61 (DK 31B112)

합리적 논변이라는 『자연에 관하여』의 시작인 전자가 일대일의 은밀한 대화로 되어 있고, 신비적 담론이라는 『정화』의 시작인 후자는 시민들 상대의 공개 담론으로 되어 있다는 것부터가 일단은 이분설의 당초 구도와 덜 어울린다. 게다가 이 분야 연구 자료에 있어서 20세기의 가장 인상적이고 독보적인 발견

---

44 라틴어로는 '아그리겐툼'.

성과라 할 수 있는 스트라스부르 파피루스[45]도 『자연에 관하여』에 종교적 주제의 이야기들이 많이 포함되어 있음을 보여 주고 있다. 두 시로 나뉘어 있다는 전승 내용 자체가 의심스럽고, 설사 같은 시의 두 부분으로 나뉜 것이라 해도 그 두 부분이 주제적으로나 태도상으로 정말 그렇게 선명히 구분된다고 보아야 하는지조차 말하기가 쉽지 않다. 그러니 합리적 논변 대 신비적 담론 같은 구도로 그 둘을 나누고 대비하려는 시도는 엠페도클레스에 대한 정당한 접근이 아닐 수 있다.

이렇게 볼 때 『자연에 관하여』로 명명된 그의 자연학적 성찰과 『정화』로 명명된 그의 종교적 성찰이 그의 담론 내에서 긴장과 균형을 이루며 통합되어 있었다고 보고, 그런 통합이 어떤 것이었는지를 염두에 두고 엠페도클레스에 접근하는 것이 적절하지 않을까 싶다. 서로 통합되기 어려워 보이는 피타고라스학파의 두 부류, 즉 학구파學究派, mathēmatikoi와 청종파聽從派, akoustikoi가 어떻게 피타고라스라는 이름 아래 묶일 수 있었는지의 문제, 그리고 화해되기 어려워 보이는 파르메니데스의 두 탐색, 즉 진리편의 탐구와 의견편의 우주론이 어떻게 한 철학자의 시에 결합되어 있었지의 문제와 긴밀히 연결되는 문제라 할 수 있다.[46]

여기서 문제는 다시 엠페도클레스가 왜 시로 철학을 했는가 하는 질문으로

---

45 이집트에서 진작(1904년)에 발견되어 스트라스부르 대학 도서관에 보관되어 있던 파피루스에서 엠페도클레스의 단편이 1992년에 마틴에 의해 재발견되어 Martin and Primavesi(1999)로 출간되었다. 특히 가장 긴 단편에 속하는 B17과 연결된 내용들을 담고 있어 주목을 끈다. 이 역사적인 발견 과정을 이 분야 작업의 특징과 더불어 인상적으로 소개하는 Osborne(2004, 1~8)을 참고할 것. B17의 내용과 단편에 관한 짧은 안내를 담은 Graham(2010, 326~327, 350~355)도 참고할 것.
46 Kingsley(1995; 1999)가 이런 문제에 대한 흥미로운 '비주류적' 시도다.

귀착하게 된다. 호메로스의 운율을 갖고 있긴 하지만 그것 외엔 아무 공통점도 없으니 그냥 자연학자라 부르는 게 맞다는 아리스토텔레스의 언급[47]은 내용만 고려할 뿐 매체는 고려하지 않는다. 과연 엠페도클레스는 '무늬만' 시인가? 여기에 혹시 우리가 긍정적인 대답을 하게 된다면 파르메니데스는 더더욱 시라 하기 어려울 수도 있다. 아리스토텔레스가 가진 영역 구분demarcation적 태도는 초기 희랍 철학을 제대로 조명하는 데 방해가 되기 쉽다. 일부러 영역 넘기를 시도하는 경계선상의 인물들을 어느 한쪽으로 몰아세우려 하는 것은 부당하기까지 하다. 자, 엠페도클레스는 왜 시로 썼을까?

위에 인용한 B112가 몇 가지 시사점을 준다. 거기서 엠페도클레스는 자신을 신으로 위치 지으며 동료 시민들에게 말을 건다. 신이 하는 언명은 희랍적 정신에 따르면 시라는 매체를 통해야 제격이다. 파르메니데스가 시를 택했던 이유 중의 하나도 그것이 여신(다이몬)이 하는 언명이기 때문이었다. 이 단편의 단어 선택은 파르메니데스를 많이 연상시킨다. 이제 시를 택하면서 엠페도클레스는 파르메니데스의 선택을 이어받는다. 그런데 이어받으면서 바꾼다. 그가 바꾼 것은 무엇인가? 파르메니데스는 가사자로서 여신의 말을 들으러 가는 여행길 이야기로 시작해 여신을 만나 이야기를 듣는 것으로 설정해 자신의 본 메시지를 구성한다. 반면에 엠페도클레스는 거기서 더 나아가 아예 자신을 신으로 선언한다. 파르메니데스에게는 그래서 여신의 높이까지 도달하기 위해 지난한 몸짓의 상승이 필요했지만, 이미 스스로 신의 높이에 도달한 엠페도클레스에게 그런 서사는 불필요하다. 높은 곳에서 신의 이야기를 들은 파르메니

---

47 "호메로스와 엠페도클레스 간에 공통점은 운율밖에 없다. 그러니까 전자는 시인으로, 후자는 시인보다는 오히려 자연학자*physiologos*로 불려야 마땅하다."(DK 31A22: 아리스토텔레스 『시학』 1447b17)

데스는 되돌아오기 위해 의견 이야기로 내려와야 하지만, 엠페도클레스는 애초에 상승해 있던 신이 도시로 내려와 있는 것이기 때문에, 즉 이미 되돌아와 있기 때문에 그런 하강 이야기를 부가할 필요가 없다.

물론 엠페도클레스의 이야기는 파우사니아스에게 하는 이야기와 시민들에게 하는 이야기로 나뉜다. 그렇게 의식적으로 구분된 두 층위의 이야기는 그러나, 파르메니데스의 진리-의견 구분도 그렇듯이, 완벽하게 독립된 별도의 두 이야기가 아니라 거울처럼 서로 비추면서 겹쳐 있는 하나의 이야기다. 다만 누구를 상대로 하느냐가 다를 뿐이다.

아리스토텔레스가 뭐라고 하건 엠페도클레스의 이야기는 아주 시적이다. 단적인 예 하나만 들자면 화가 비유가 들어 있는 B23이 제격이다.

> 화가들이 봉헌물들을 치장할 때는 무슨 일이 벌어지느냐 하면
>
> 기술*technē*을 둘러싸고 재주로 잘 훈련된 사내들이
>
> 여러 색깔의 물감들을 손에 쥐고
>
> 어떤 건 더 많이 어떤 건 더 조금 조합해*harmoniē* 섞어서
>
> [5]　이것들로부터 모든 것들과 닮은 형상들*eidē*을 만들어 낸다네.
>
> 나무들과 사내들과 여인들을,
>
> 짐승들과 새들과 물에서 자라는 고기들을,
>
> 또 지고의 명예를 지닌 오래 사는 신들을 만들어 내지.
>
> 그렇듯, 분명히 눈에 보이는 수없이 많은 가사적인 것들의 샘이 딴 데
>
> [10]　있다는 식으로 기만*apatē*이 자네 마음을 압도하지 못하게 하게.
>
> 오히려 이것들을 분명히 알게. 신에게서 이야기*mythos*를 들었으니.

　　　　　　　심플리키오스 『아리스토텔레스의 「자연학」 주석』 160.1~11 (DK 31B23)

뿌리들*rhizōmata*, 즉 원소들이 섞여 온갖 가사적 세상 사물이 만들어지는 이야기는 여기서 기술을 갖춘 화가가 물감을 섞어 그려 내는 그림 이야기로 바뀌어 있다.[48] 어려운 우주 생성 이야기를 구체적인 그림 이야기로 바꾸어 놓는 기술도 그렇거니와, 그런 그림 기술을 말로 직접 보여 주기도 하는 재주는 호메로스 못지않다. 여기 이야기되는 '기술'*technē*이 우선은 그림 그리는 화가의 기술이겠지만, 그 기술은 또한 화가의 기술을 그리고*graphein*[49] 있는 시인 자신의 기술이기도 하다. 화가가 그림을 그리듯 시인도 그렇게 세상이 생겨나는 이야기를 (화가가 그린다는 이야기를 하면서 동시에 그렇게) 그리고 있는 것이다. 이런 '기술'의 이중성이야말로 시인이 뽐낼 수 있는 재주다.[50]

그러면서도 엠페도클레스의 시 속에는 시인들이 주지 못하는 것을 줄 수 있다는 철학 측의 자신감이 과시되어 있다. 크세노파네스 향연시 단편 B2에서 보았던, '우리의 지혜'가 국가에 주는 유익이나 즐거움에 대한 자신감이 엠페도클레스 이 B112에서도 그대로 드러나 있다. 이로움을 물으러 오는 수많은 사람들에게 권위가 실린 제대로 된 답변을 제공할 수 있다는 자신감 말이다. 그 이로움이 우주적·과학적·합리적 탐색의 결과들과는 무관하며 그저 종교적·의학적·신비적인 데만 머무는 것이라고 보아야 할 이유는 없을 것 같다. 오히려 그 이로움은 전자와 후자를 다 포괄하는 전방위적이고 종합적인 지혜를 가리킨다고 볼 수 있다. 우주론적 화가 엠페도클레스는 마치 헤라클레이토스가

---

48 뿌리 이야기는 아래에서 상세히 논의될 것이다.

49 희랍어에서는 흥미롭게도 '그린다'는 말과 '쓴다'는 말이 같다. '그라페인'*graphein*은 둘 다를 가리키는 말이다.

50 상고 시대 희랍 회화의 역사를 잘 드러내는 희랍 도기 그림들을 보면 초기 화가들(예컨대 엑세키아스)이 얼마나 시인이 말로 그린 이야기를 붓으로 잘 그려 내려 애썼는지를 엿볼 수 있다. 시인 그룹과 화가 그룹은 그렇게 서로 경쟁하고 모방했던*aemulari*, emulate 것이다.

그랬듯 자기 저작을 통해 우주의 모습과 우주 생성의 역사를 직접 그려 보여 주고 있는 것이다.[51]

파르메니데스의 시적인 측면에 대한 조명과 통찰은 엠페도클레스만이 아니라 또 다른 다원론자 아낙사고라스에서도 발견된다. 아낙사고라스에 관한 다음과 같은 전승이 흥미롭다.

> 파보리누스가 『박물지』에서 하는 말에 따르면 아낙사고라스는 호메로스의 시가 덕과 정의에 관한 것이라고 밝힌 최초의 사람인 것 같다. 이 말을 그의 지인知人인 람프사코스 사람 메트로도로스가 더 강력하게 옹호해 주는데, 그는 그 시인의 자연학적 탐색physikēn pragmateian에 최초로 몰두했던spoudasai 사람이기도 하다.
>
> DL 2.11

이 전승은 아낙사고라스가 시에 관한 파르메니데스적 태도의 한 부분을 조명하고 이어 가는 시도를 했다고 말하는 것일 수도 있고, 크세노파네스의 호메로스 비판과 유사한 맥락에서 호메로스를 조명 내지 평가하는 일을 시도했다고 말하는 것일 수도 있으며, 혹은 또 다른 어떤 방식으로 아무튼 시인에 대한 모종의 작업을 행했다 말해 주는 것일 수도 있다. 물론 이런 전승이 잘 알려진 그의 자연학적 메시지들과 어떻게 연결될 수 있는지는 분명치 않으며, 좀 더 주의 깊게 고찰해야 할 문제로 남아 있지만 말이다.

---

51 예컨대 모스트는 엠페도클레스 시가 이용하는 여러 시적 장치들(예컨대 시행의 잦은 반복, 서사시적 직유 등) 자체가 그가 보이고자 하는 우주론의 내용(예컨대 세상의 주기적 반복, 우주 내 유사한 구조들의 평행성 등)을 드러낸다고 해석한다(Most 1999, 356~357).

이제 앞에서 미뤄 둔 엠페도클레스의 뿌리 이야기와 아낙사고라스의 자연학적 메시지로 이야기를 옮겨가 보자. 엠페도클레스는 있지 않은 것을 배제하라는 파르메니데스의 원칙을 유지하면서 세상의 생성 소멸과 운동 변화를 설명하겠다는 탈레스 이래의 자연학적 정신을 이어 가려 애쓴다. 그런데 파르메니데스를 거친 후의 자연학은 그 전과 판연히 다른 방향으로 나아갈 수밖에 없다. 있지/…이지 않은 것을 배제하라는 정언명령을 따르면 생성 소멸도 배제된다. 운동 변화 역시 파르메니데스식의 엄정한 논법대로라면 세상에서 혹은 세상에 대한 논의에서 추방할 밖에 별 도리가 없다. 이런 파르메니데스적 제약하에서 엠페도클레스는 그럼에도 불구하고 생멸과 운동을 해명하겠다는 애초의 자연철학적 과제를 이어 가겠다고 하는 것이므로, 생멸과 운동을 부인하면서도 설명해야 하는 복합적인 문제 상황에 처하게 된 셈이다.

이 문제 상황을 헤쳐 가는 엠페도클레스의 전략은 우선 앞선 선배들이 다져 놓은 퓌시스-노모스 구분을 활용하는 것이다.

> 자네에게 다른 걸 말해 주겠네. 모든 가사적인 것들 가운데 어느 것에도
> 태어남[/생성]*physis*이란 없고 파괴적인 죽음이라는 끝[52]도 없네.
> 오히려 섞임*mixis*과 섞인 것들의 분리*diallaxis*가 있을 뿐인데,
> 태어남[/생성]이 이것들에 이름으로 붙는*onomazetai* 거라네, 인간들 사이에
> 서 말이네.
>
> 플루타르코스 『콜로테스에 대한 반박』 1111 이하 (DK 31B8)

---

52 '죽음의 끝'으로 읽을 수도 있지만 받아들이지 않았다. 이 논점에 관한 상세한 논의는 이 구절과 파르메니데스 B10의 평행성을 음미하는 강철웅(2001, 34~36)을 참고할 것.

‘가사적인 것들’*thnēta*이라는 말을 입에 올리면서 인간들은 세상 사물들이 태어나고 죽는다는 말을 흔히 하는데, 실은 그런 태어남이나 죽음이란 인간들이 보고 듣는 것에다 붙인 이름일 뿐 본질적인 사태, 즉 실재는 섞임과 분리라는 것이다. 실제로는 그저 섞이고 나뉠 뿐인데, 그걸 나고 죽는 것 혹은 생성 소멸이라는 이름으로 부를 뿐이라는 말이다. 그런데 뭐가 섞이고 뭐가 나뉘는 것인가?

> 그것들이 섞여 사람으로, 에테르로 〈나올〉 때,
>
> 혹은 야생 짐승들의 종족으로, 혹은 나무들의 종족으로, 혹은 새들의
>
> 종족으로 〈나올〉 때는 사람들이 그걸 생겨남*genesthai*이라 〈부르고*legousi*〉,
>
> 그것들이 분리될 때는 그걸 이젠 불운한 죽음*dysdaimona potmon*이라 〈부르네〉.
>
> 그들이 그렇게 부르는*kaleousi* 것이 온당하지*themis*는 〈않지만〉 나 자신도 관
>
> 행에*nomōi* 따르네.

플루타르코스 『콜로테스에 대한 반박』 1113a~b (DK 31B9)

첫 행에 나오는 ‘그것들’은 B71을 비롯한 여러 단편들에서 이야기되는 대로 불, 물, 흙, 공기, 즉 이른바 네 원소*stoicheia*라 부르는 것들이다. 그 네 원소가 서로 섞이고 나뉜다. 섞이고 분리되면서 이 네 원소는 온갖 사물을 구성하기도 하고 다시 해체되기도 하는 근본 실재다. 말하자면 사물을 생겨나게 하는 ‘뿌리들’*rhizomata*이다. ‘원소’는 나중 시대, 아마도 소요학파의 용어일 테고, 엠페도클레스 자신은 과연 시인답게 그걸 ‘뿌리’라 불렀다(B6 등). 조합되기도 해체되기도 하는 ‘가사적인 것들’과 달리 이 네 뿌리는 생성 소멸을 겪지 않고 자기 동일성을 유지하는 그야말로 ‘근본’ 실재다. 서로 구별되는 넷으로 나뉜 것 빼고는 파르메니데스가 논의한 ‘있는 것’이 지닌 풍모를 빼다 박았다.

엠페도클레스는 이렇게 양면 전략을 구사한다. 한편으로 파르메니데스의 요청은 실재 혹은 온당함(테미스)으로 적극 수용해 네 뿌리 이론(즉 4원소설)을 확립한다. 다른 한편으로 우주론적 설명에 대한 세상의 요청은 이름 붙이는 관행(노모스)을 승인하는 방식으로 그 필요성을 수용해, 뿌리(원소)들의 섞임과 분리로 생성 소멸, 운동 변화를 해명한다. 자연 세계의 생성 변화를 설명하려면 하나로는 안 된다는 통찰은 이미 파르메니데스도 의견편에서 제시한 바 있다. 그리하여 엠페도클레스는 둘 이상을 기본 실재로 놓되,[53] 온과 냉, 건과 습을 순서쌍으로 조합해 얻어지는 네 개의 원소(즉 온-건, 온-습, 냉-건, 냉-습을 각각 속성으로 가진 존재자 네 개)를 최소한의 설명항으로 설정했던 것이다.

세상 사물의 생성 변화의 다양성은 이 기본 실재 네 개가 어떻게 조합하느냐에 따라 펼쳐진다. 앞에서 인용한 화가 비유(B23)에서 어떤 물감은 더 많이, 어떤 물감은 더 적게 쓰여 온갖 사물을 만들어 낸다고 한 데서 충분히 알 수 있듯이, 네 원소가 섞일 때 그 양적 비율이 달라짐으로써 서로 다른 사물이 생겨나는 것으로 설명된다. 예를 들어 뼈는 이렇게 만들어진다.

> 흙은 흔쾌히 품이 넓은 도가니 속에
> 자기의 여덟 부분 가운데 두 개는 빛나는 네스티스로부터,
> 네 개는 헤파이스토스로부터 받았네. 그리고 흰 뼈들이 생겨났네.
> 하르모니아의 아교들로 신성하게 접합된 흰 뼈들이 말이네.
>
> 심플리키오스 『아리스토텔레스의 「자연학」 주석』 300.21~24 (DK 31B96)

---

53 엠페도클레스가 자신이 파르메니데스와 어긋난 길을 가고 있다고 여겼다는 증거나 징후는 발견되지 않는다. 파르메니데스에 대한 엠페도클레스의 적극적 반대를 상정하는 이른바 전통적 해석은 이런 관점에서 보면 픽션에 기초해 있다. 이것이 커드 등의 수정주의 해석이 힘 있게 등장하게 되는 주된 빌미와 장을 제공했다.

흙 2: 물 2: 불 4의 비율로 섞이면 뼈가 된다는 설명이다. 그리고 B98에 따르면 네 원소가 거의 같은 비율로, 즉 흙 2: 불 2: 물 2: 공기 2의 비율로 섞일 때 피와 살이 생긴다. 요컨대 사물들이 드러내는 질적인 차이가 양적인 차이(즉 수적 비율)로 환원되어 설명되고 있다.

그런데 자연 세계의 다양성은 이런 식으로 설명될 수 있다 치더라도 여전히 문제는 남는다. 다양성을 낳으려면 섞임이 일어나야 하는데, 섞이려면 네 원소 각각이 움직여야 하는 것이다. 다양성의 기초인 기본 원소들을 확립하고 그것들의 섞임으로 다양한 사물들과 그것들의 상호 변전을 설명하겠다는 야심 찬 기획이 수립되었지만, 정작 그런 섞임과 분리의 메커니즘을 작동시킬 '움직임'을 어떻게 확보할지가 막연해진 셈이다. 엠페도클레스는 기본적으로 파르메니데스적 세계를 전제하고 있는데, 파르메니데스는 움직임이 일어나지 않는 세계를 상정했었다. 움직임이 일어나려면 그것을 발생시키기에 충분한(즉 충분히 유의미한) 차이가(그것이 시간적인 것이든 공간적인 것이든 간에) 있어야 하고, 또 무엇보다도 움직임이 일어나는 데는 움직여서 갈 만한 빈자리가 확보되어야 하는데,[54] 정작 파르메니데스의 세계는 너무나 균질적이고 또 너무나 빈틈없이 꽉 들어차 있는 것이다.

요컨대 차이와 다양성을 뿌리의 복수성에 의해 확보했다고 할 때, 이제 엠페도클레스에게 문제되는 건 빈틈일 것이다. 파르메니데스를 따라 빈자리kenon가 없는 세계를 상정하는(B13, B14 등) 엠페도클레스는 빈틈이 없어도 얼마든지 움직임이 일어날 수 있다는 아이디어를 가지고 있었던 것 같다. '섞인

---

54 빈자리가 필요하다는 것은 엠페도클레스 입장에서 하는 이야기다. 멜리소스를 다루면서 검토했듯이 비집고 들어갈 허공이 있어야 운동이 가능하다는 생각을 파르메니데스는 고사하고 다원론자와 변증을 주고받던 멜리소스의 사유 속에 포함시킬 수 있는지는 의문의 여지가 있다.

다'*migenta*(B9 등)는 표현 외에 뿌리들의 운동에 관해 그가 즐겨 사용하는 말들을 보면 그렇다. 뿌리들이 '자란다'*ēuxēthē*(B17), '서로 나란히 놓이고*parakeimenon*, *synkeimenon* 서로 닿는다'(A43), '서로를 헤집고 달려간다'*di' allēlōn theonta*(B17, B21, B26), '서로 자리를 바꾼다*allassonta, diallassonta*'(B17, B26), '짜맞춰진다' *synarmosthenta*(B71, B87), '접합된다'*arērota*(B96) 등과 같은 표현들로 미루어 볼 때 그가 생각하는 원소들의 섞임은 상호 침투보다는 아마도 병치에 가깝다. 아무튼 이런 표현들에서 우리는 그가 빈틈이 없는 상태에서도 얼마든지 원소들이 서로 자리를 맞바꾸는 방식으로 움직이고 섞이는 일이 가능하다고 생각했음을 짐작해 볼 수 있다. 이런 섞임*meixis*이 과연 제대로 된 섞임이라고 할 수 있는가 하는 물음은 가까이는 아낙사고라스에게서 제기되어 새로운 아이디어를 자극하는 비판과 수정으로 이어졌고, 멀리는 헬레니즘 시대의 스토아학파(이들은 포도주 한 방울만 떨어트려도 바닷물 전체와 속속들이 섞인다고 주장한다)에게까지 숙고와 비판의 파장을 불러일으키게 된다.

하지만 빈틈의 문제를 이렇게 해결한다고 해도 여전히 다른 문제가 남는다. 자리바꿈이든 헤집고 달려가는 일이든 재배열이든 아무튼 원소들의 그런 움직임이 일어나려면 원소들을 움직여 주는 무언가가 있어야 한다. 이오니아 학파의 아르케는(예컨대 탈레스의 물은) 스스로 움직이는 것이었다. 그런데 파르메니데스적 원칙을 따르는 엠페도클레스의 원소들은 스스로 움직이지 않는 것이었다. 그렇다면 그것들을 움직이게 하는 동인動因은 무엇인가?

그는 원소들에 움직임을 일으키는 동인으로 '사랑'*Philotēs*과 '불화'*Neikos*를 제시한다. 원소들이 서로 다른 원소들을 잡아당기는 힘, 즉 인력과, 서로 다른 원소들을 밀어내는 힘, 즉 척력을 두 동인으로 삼은 것이라고 볼 수 있다. 그런데 이런 물리학적인(그 당시 용어로는 자연학적인)[55] 용어를 구사하는 대신 신화적 용어로 표현하는 것이 매우 흥미롭다. 마치 선생 파르메니데스가 '필연'이나

'정의' 같은 학문적 용어 대신 '아낭케'나 '디케' 같은 신화적 인격을 동원한 것과 같은 선상에서 이해될 만한 일이다. 지금까지 살펴본 이야기가 실제로 그의 저작에서 어떻게 구현, 개진되는지를 확인하기 위해 그의 시 가운데 가장 핵심적인 단편이라 할 수 있는 B17을 살펴보면서 주요 메시지를 정리하는 것으로 엠페도클레스에 대한 논의를 마무리하기로 하자. 다소 길지만 엠페도클레스 이야기의 핵심 가닥들이 요약, 집성되어 있는 단편이므로 차근히 살펴볼 필요가 있다.

> 이중적인*dipl'* 이야기를 해주겠네. (그것들이) 한때는 여럿으로부터 자라*ēuxēthē* 단 하나*hen monon*가
>
> 되는가 하면, 다른 때는 갈라져*diephy* 하나로부터 여럿이 되니까.
>
> 가사적인 것들에게 생성*genesis*이 이중적*doiē*이고 죽음*apoleipsis*이 이중적이라네.
>
> 모든 것들의 함께 모임*synodos*이 [생성되는] 한 쪽 것을 낳기도 죽이기도 하는가 하면,
>
> [5] 다시 (그것들이) 갈라질 때는 [생성되는] 다른 쪽 것이 길러져서 사라져 버리니까.
>
> 그리고 이것들은 계속해서 서로 자리 바꾸기*allassonta*를 전혀 멈추지 않는다네.
>
> 한때는 사랑*Philotēs*에 의해 모든 것들이 하나 안으로 함께 모이는가 하면,
>
> 다른 때는 각각이 불화*Neikos*의 증오에 의해 떨어져 나가게 되지.
>
> 〈이렇게 여럿으로부터 하나로 자라나는*phyesthai* 법을 알고〉
>
> [10] 다시 하나가 갈라지면서 그것으로부터 여럿이 튀어나오는 한
>
> 그것들은 생겨날 뿐만 아니라 그들의 삶이 고정되어 있지도 않다네.

---

55 영어로는 둘 다 physical이다.

그런가 하면 계속해서 서로 자리 바꾸기*diallassonta*를 전혀 멈추지 않는 한

그것들은 늘 순환 속에 부동으로 있다네.

자, 이야기들*mythoi*을 듣게. 배움이 자네 마음*phrenes*을 자라게*auxei* 할 테니 말이네.

[15] 앞서도 이야기들의 목적*peirata*을 천명하면서 말한 대로

이중적인 이야기를 해주겠네. 한때는 여럿으로부터 자라 단 하나가

되는가 하면, 다른 때는 갈라져 하나로부터 여럿이 되니까.

불과 물과 흙과 끝없이 높이 펼쳐져 있는 공기가.

파괴적인 불화가 그것들로부터 떨어져서 모든 방면으로 균형 잡힌 채로 있을

　　뿐만 아니라

[20] 사랑은 그것들 안에 크기도 넓이도 동등한*isē* 상태로 있다네.

그녀를 자네가 직접 지성*nous*으로 바라보게. 멍한 눈으로 앉아 있지 말고.

그녀는 가사적인 사지들에도 본래부터 들어가 있다고 간주되고

그녀에 의해 그것들은 친근한 생각을 하고 우호적인 관계를 맺기도 한다네.

그녀를 게토쉬네(기쁨) 혹은 아프로디테라는 이름으로 부르면서 말이네.

[25] 어느 누구 하나 그녀가 그것들 사이에서 빙빙 돌고 있는 걸 알아채지 못하네.

가사적인 사내 누구도 말이네. 하지만 자네는 내 논의*logos*의 기만적이지 않

　　은 여정*stolos*을 듣게.

이것들은 모두 동등하고 태어나길 같은 나이로 태어났으며

서로 다른 것이 서로 다른 권역을 관할하고 각자에게 해당하는 성격이 있으며

시간이 돌아감에 따라 번갈아 지배하네*krateousi*.

[30] 그리고 그것들에 어떤 것도 덧붙여 생겨나지도 그만 없어지지도 않네.

만일 그것들이 계속해서 소멸된다면 더 이상 있지 않게 될 테니까.

그리고 이것 전체를 더 자라게 할 수 있는 게 무엇일까? 또 그게 어디서 올

　　수 있을까?

그리고 이것들을 갖고 있지 않은 게 아무것도 없는 터에 그게 어떻게[/어디로] 소멸할 수 있을까?

오히려 이것들이 바로 그것들이네. 서로를 헤집고 달려가

[35]　서로 다른 때 서로 다른 것들이 되면서도 늘 계속 비슷한 것들인 그것들 말이네.

심플리키오스『아리스토텔레스의「자연학」주석』158.1~159.4 (DK 31B17)

우선 단편의 서두 다섯 행에서 이 우주론적 시인은 자기 이야기*mythoi*가 이중성을 갖는다는 걸 먼저 이야기한다. 이야기를 시작하면서 이야기에 대한 이야기, 즉 메타 이야기, 메타 담론으로 서두를 잡는 것은 헤라클레이토스나 파르메니데스의 특징적인 이야기 방식이며, 엠페도클레스를 그들과 동렬에 위치시킬 수 있게 하는 근거가 된다.

그가 말하는 이중적 이야기라는 건 (원소들이 결합하여) 가사적인 사물이 생겨나는 이야기와 가사적인 사물(편의상 '가사물'로 줄이자)이 (원소들로 분리되어) 죽는 이야기로 된 두 이야기를 가리킨다. 그리고 그 두 이야기 대상 각각이 다시 이중적이라는 것은 가사물의 생성과 죽음(다르게 말하면 원소의 결합과 분리) 각각이 다시 생성과 죽음 모두를 유발한다는 것을 가리킨다. 그러니까 매우 논란이 많이 되는 4~5행은 이렇게 정리할 수도 있다. 한편으로, 원소의 결합은 가사물의 어떤 모습을 생성하게 하지만, 결합이 극단적으로 계속되면 결국 가사물의 모습이 소멸한다. 다른 한편으로, 원소의 분리는 가사물의 어떤 모습을 갖추게 하지만, 분리가 극단적으로 계속되면 결국 가사물의 모습은 사라진다.

이 다섯 행으로 시인은 자기 이야기의 기본 골격을 다 드러냈다. 특히 4~5행이 밝힌 내용은 이후에 개진되는 이야기들을 차근히 따라가다 보면 무슨 뜻인지가 더 분명해진다. 이어지는 6~13행에서 시인은 원소들이 끊임없이 자리를 바꿔 가면서 순환하지만, 그것은 다른 한편 순환 속에서 부동 불변이기도

하다고 설명한다. 원소들이 자리를 바꾸고 배열을 바꾸며 결합, 분리된다는 점에서 끊임없이 움직이지만, 다른 한편 원소들의 본성은 늘 파르메니데스적 원칙을 따라 불변적이라는 말이다.

사랑은 원소들을 결합하는 힘으로서, 모든 것을 모아 결국 하나로 뭉치게 하는 데까지 도달한다. 그는 이 단계를 구球로 표상한다.[56] 4행이 말하는 내용은 이 결합 과정이 가사자들의 세상에 가지는 효과가 둘로 구분될 수 있다는 것이다. 즉 원소들이 결합을 시작해 어느 정도 결합이 진행되다 보면 지금 우리가 보는 현상계 사물들(즉 가사물들)의 모습이, 그러니까 우리가 사는 세상과 같은 우주가 생겨나는 지점을 거치게 된다.[57] 그리고 이 지점을 지나 결합이 계속되면 가사물들의 모습은 다시 볼 수 없게 되는(즉 가사물들이 죽는) 지점을 거치게 된다. 결합은 결국 모든 원소들이 하나의 균질적인 구 안에 들어가는 지점에까지 이어진다. 이렇게 원소의 결합은 가사물의 특정 세대의 생성을 가져오기도 하고 더 진행되어 그 소멸을 가져오기도 한다. 이런 결합의 진행, 즉 사

---

56 공 비유는 많은 간접 전승들만이 아니라 직접 단편들(B27, B28 등)에서도 분명하다. "거기서는[/그때는] 태양의 빠른 사지들도 분간되지 않는다. / [⋯] / 이렇게 하르모니아의 촘촘한 모호함으로*pykinōi kryphōi* 죄어져 있네, / 둥글려진 스파이로스(공)가, 둘러싼 고독을 즐기며."(DK 31B27) "모든 방면으로부터 〈자신과〉 동등하며 완전히 무한하다, / 둥글려진 스파이로스(공)가, 둘러싼 고독을 즐기며."(DK 31B28) 파르메니데스 공 비유(B.8.43~49)를 많이 연상시킨다. 특히 원환의 맨 바깥인 처음과 마지막 행을 그대로 닮았다. "모든 방면으로부터 잘 둥글려진 공*sphaira*의 덩어리*onkos*와 흡사하며*enalinkion*,"(43행) "모든 방면으로부터 자신과 동등한 것으로서, 한계들 안에 균일하게 있기에,"(49행)

57 원소들의 결합이 꼭 우리가 보는 우주가 담고 있는 가사물들의 통상의 모습과 같은 것들만 생성하리라고 상정할 수는 물론 없다. 사랑이 그런 수준의 섬세한 지적 계획까지 포괄하지는 않는다. 오히려 결합들은 무작위로 우연히 이루어진다(B59 등). 그러나 여기서 엠페도클레스는 주변 환경을 딛고 생존에 적합한 결합을 가진 가사물이 경쟁에서 이겨 살아남음으로써 기형적인 복합물들(B57, B58, B60, B61, A72 등)은 '자연도태'된다는 유사 진화론적인 착상을 갖고 있던 것으로 보인다.

랑의 승리 과정은 동시에 불화를 극복하는 과정이기도 하다. 사랑의 강화는 불화의 약화를 의미한다.

사랑이 완전히 승리한 구의 단계에 이르면 그다음은 불화가 점점 득세하고 사랑이 힘을 잃어 가는 단계로 넘어간다. 원소들의 분화, 분리가 진행되는 일정 시점이 되면 가사물들의 모습이 나타나는 지점까지 분리의 '돌봄' 내지 '기름'(5행)이 이루어지다가 이후 분리가 더 진행되면 다시 가사물들의 모습이 사라져 버리는 단계로 넘어간다. 분리는 결국 모든 원소들이 제각각 모여 있는 층층의 세상이 되는 지점에까지 이어진다. 이렇게 원소의 분리 역시 가사물의 특정 세대의 생성을 길러 내기도 하고 더 진행되어 사라지게 하기도 한다.

이런 세상의 운동과 변화는 흔히 네 단계로 정리되어 이해된다. (1) 서로 다른 원소들을 결합하는 사랑이 증가하는 단계, (2) 사랑이 완벽하게 지배하여 원소들의 모든 차이가 드러나지 않게 되는 구의 단계, (3) 구를 갈라놓아 서로 다른 원소들을 분리하는 불화가 증가하는 단계, (4) 네 원소가 서로 섞이지 않아 어떤 가사물(즉 합성물)도 없이 완전히 층층으로 나뉜 혹은 파편화된 단계. 이렇게 나눠 놓고 보면 우주 생성cosmogony이나 생물 생성zoogony도 (1)과 (3)에서 두 번 이루어지는 것으로 생각된다. 그러나 이 네 단계를 모두 별도로 설정할 필요 없이 단순화하자는 수정적 해석이 제시되기도 한다. 한 번의 주기 내에 우주 생성이나 생물 생성도 위 전통적 해석의 (1)에 해당되는 때에 한 번만 이루어지는 것으로 보아야 한다는 것이다.

전통적 해석은 아리스토텔레스의 지지를 받는다는 점, 텍스트들을 비교적 잘 반영하는 자연스러운 해석이라는 점, 대칭성이 잘 살아 있는 질서 있는 이론을 제시한다는 점 등 강력한 장점들이 있어 대다수의 지지를 받는다.[58] 그러나 그 질서 있는 대칭의 이면에 도사린 난점이 작지 않다. 예컨대 섞는 힘인 사랑에 의해 적정 비율로 결합하면 동물이 생긴다는 자연스러운 설명에 대칭되는 설명이 회오리*dinē*(B35.3)로 사물을 분리시키는 힘인 불화를 가지고도 가능할지, 예컨대 적정 비율로 분리되면서 동물이 생기는 이야기를 어떻게 구성할지 부담스럽다. 한마디로 말해, 단선적인 혼합, 분리를 상정하는 것만으로 온갖 다양한 결합들이 설명될지 의문이다. 또 불화의 극단이 완전한 네 원소의 분리라고 해야 할 텐데, 그걸 어떻게 텍스트의 뒷받침을 받으며 설명할지 의문이다.

반면에 수정주의 해석은 그저 사유의 경제성 원칙만이 아니라 다른 초기 철학자들의 이야기들과도 더 잘 어울리는 측면을 가진데다가 위에 언급한 전통적 해석의 난점들을 보완해 준다는 점 때문에 적지 않은 사람들의 지지를 받아 왔다.[59] 수정적 해석에 따르면, 불화의 극단은 네 원소의 완전 분리가 아니라 적당히 네 원소가 각각 제 자리를 찾는 식의 우주 생성이 일어나는 때다. 넷으로 나뉜 각 원소 자리에 여전히 원소들의 결합이 어느 정도 남아 있다. 그런 상태에서 사랑이 다시 힘을 발휘하면서 일정한 혼합을 통해 동물이 생겨나는데, 이때 계속 사랑과 불화의 '밀당'이 벌어진다. 그러다가 사랑이 완전히 승하는 구의 단계에까지 이른다. 전통적 해석처럼 사랑과 불화의 투쟁이 단선적인 밀물-썰물 식이 아니라 밀당을 인정하면 다양하고 정교한 혼합을 이야기할 여지가 많아지고, 혼합을 통해서만 생물 생성을 설명하는 데서 오는 장점도 갖는다. 그러나 그런 미세한 해석들을 자연스러운 텍스트 독해로 뒷받침해야 한다는 작지 않은 부담을 진다.

서로 해결해야 할 숙제들이 아직 있어서 논란은 계속 진행 중이지만, 새로 발견된 스트라스부르 파피루스가 전통적 해석을 지지하는 증거를 담고 있다는 주장까지 나와 있는 것을 보면,[60] 균형추는 여전히 전통적 해석 쪽에 기울어 있

---

58 예컨대 O'Brien(1969; 1995), Wright(1981), Graham(1988; 2010) 등.
59 예컨대 Bollack(1965~1969), Long(1974), Osborne(1987) 등.

는 것으로 보인다. 세계 주기의 단계를 몇 개로 설정하느냐 자체도 중요하겠지만, 이런 뿌리(원소)들의 결합과 분리 이야기, 거기에 사랑과 불화가 작용하는 이야기, 그런 세상 이야기들을 담아내는 그릇으로서의 시, 이런 것들이 파르메니데스 담론을 어떻게 이어 가는 것인지에 오히려 더 주목해야 할 것이다.

이제 엠페도클레스와 동시대의 아낙사고라스가 지금까지 살펴본 엠페도클레스의 이야기에 어떻게 대응하면서 자신의 이야기를 발전시켜 나아가는지 살펴보자. 아낙사고라스가 지닌 문제의식의 일단을 잘 담고 있는 전승 하나를 먼저 들여다보면 이렇다.

> 아낙사고라스는 어떤 식으로도 있지[/…이지] 않은 것to mēdamēi으로부터는 아무것도 생겨나지 않는다는 오래된 교설dogma을 찾아내서는euron 생성genesis을 제거하고 생성 대신 분리diakrisis를 도입했다. 모든 것들이 서로서로와 더불어 섞여 있지만 커져 가면서 분리된다는 멍청한 말을 했으니elerei 말이다. 똑같은 씨gonē 안에 머리카락도 손톱도 정맥도 동맥도 힘줄도 뼈도 들어 있는데, 작은 부분으로 되어 있기mikromereia 때문에 보이지 않지만 커져 가면서 조금씩 분리된다는 것이다. 그는 말한다. "이유는 이렇다. 어떻게 머리카락 아닌 것에서 머리카락이, 또 살 아닌 것에서 살이 생겨날 수 있겠는가?"(DK 59B10) 그런데 그는 신체만이 아니라 색깔에 대해서도 이런 서술들을 했다katēgorei. 흼 안에 검음이, 또 흼이 검음 안에 들어 있다고 말이다. 그리고 그는 같은 것을 무게에도 갖다 붙인다. 무거움에 가벼움이 섞여 있고 후자는 다시 전자에 섞

---

60 스트라스부르 파피루스에 사랑의 작용에 의한 동물 생성 외에 불화의 작용에 의한 동물 생성을 언급한 증거가 담겨 있다는 Trépanier(2003)의 주장이다.

여 있다고 생각하면서 말이다.

나지안조스의 그레고리오스 『설교집』 36.911에 대한 외곽 주석

여기서도 역시 '섞임'이 문제다. 아낙사고라스가 보기에 엠페도클레스가 말하는 대로 네 원소가 '섞여서' 어떤 사물이 나온다는 것은, 그러니까 예컨대 흙 2: 불 2: 물 2: 공기 2의 비율로 원소들이 서로 섞여서 살이 생긴다고 하는 것은 단적으로 말해 살 아닌 것에서 살이 나온다고 말하는 것이다. 즉 위 전승 속에 등장한 B10의 물음은 '뿌리의 섞임'에 관한 엠페도클레스의 이야기가 파르메니데스적 기준에 어긋나는 게 아니냐는 문제 제기로 읽을 수 있다. 게다가 엠페도클레스는 네 원소가 '섞였다'고 말하는데 엠페도클레스가 설명하는 방식으로는 그게 진짜 '섞인' 것이라 할 수 없다. 계속 쪼개고 또 쪼개도 불, 물, 흙, 공기가 모두 그 속에 계속 남아 있어야만 제대로 '섞인' 것이라 말할 수 있다. 결국 엠페도클레스와 그의 논의를 발전시켜야 할 자연철학 전통은 파르메니데스적 기준과 섞임 개념에 보다 충실한 설명을 제시해야 하는 과제에 직면한다.

이런 과제에 대한 아낙사고라스의 대답은 우선 '모든 것들all things이 모든 것everything 속에 들어 있다'는 것이다.

아낙사고라스가 하나의 섞인 것으로부터 양적으로plēthos 무한한, 같은 부분으로 된 것들homoiomerē이 갈라져 나오는데apokrinesthai 그럴 때 모든 것들이 모든 것 속에 들어 있지만 각각의 것들은 우세한 것에 따라 성격 지어진다고 말한다는 것은 그가 『자연에 관하여』 첫째 권 서두에서 다음과 같이 말하고 있는 것으로 보아 분명하다. "모든 사물들chrēmata이 함께homou 있었다. 양적으로만이 아니라 작음에서도 무한한 것들이. 작은 것 역시 한정이 없었으니 하는 말이다. 그리고 모든 것들이 함께 있었을 때 작음 때문에 그 어떤 것도 분명히 드러나

지*endēlon* 않았다. 공기와 에테르 둘 다가 무한했는데 그것들이 모든 것들을 장악하고 있었기 때문이다. 이것들이 그 모든 것들 속에서 양적으로든 크기로든 최대로 들어 있으니까."(DK 59B1)

심플리키오스 『아리스토텔레스의 「자연학」 주석』 155.23~30

아낙사고라스에 따르면, 모든 사물들*chrēmata*이 애초에 다 함께 들어 있었다. 하나 속에 다 섞여 있었다. 그러다가 여럿으로 갈라져 나왔다. 그 갈라져 나온 각각의 것 안에는 모든 것들이 다 들어 있다. 즉 모든 것들All things이 모든 것everything 속에 다 들어 있다. 여기 전승에서도 확인되듯 그 모든 것들을 포함하는 각각의 것들을 소요학파는 '같은 부분으로 된 것들'*homoiomerē*이라고 불렀다. 갈라지기 전의 것이나 갈라진 후 그 부분들이나 모두 같은 구성 부분들로 이루어져 있다. 그런데 세상과 사물을 이루는 그 모든 것들이 양적으로 무한대이고 크기로 무한소여서 우리 눈에 식별되지 않았던 것이다. 비슷한 설명을 제시하면서 약간 더 진전을 보이는 단편을 살펴보자.

이것들이 갈라져 나오기*apokrithēnai* 전 모든 것들이 함께 있을 때 그 어떤 색깔도 분명히 드러나지*endēlon* 않았다. 모든 사물들의 (즉 축축한 것과 마른 것, 뜨거운 것과 차가운 것, 밝은 것과 어두운 것의) 함께 섞임*symmeixis*이 막았기 때문이다. 그때 그 안에 흙이 많이 들어 있었을 뿐만 아니라 양적으로 무한한 씨앗들*spermata*이 서로를 조금도 닮지 않았던 것이다. 다른 것들 가운데 그 어떤 것도 하나가 다른 하나와 조금도 닮아 있지 않으니까 하는 말이다. 이것들이 이런 상태이므로 전체 속에 모든 사물들이 들어 있다고 생각해야 한다.

심플리키오스 『아리스토텔레스의 「자연학」 주석』 34.21~26; 156.4~9 (DK 59B4 후반부)

이것들이 이런 상태이므로 우리는 다음과 같이 생각해야 한다. 온갖 종류의 많은 것들이 합성되는synkrinomena 모든 것들 속에 들어 있는데, 모든 사물들의 씨앗들spermata이면서 온갖 종류의 형태들과 색깔들과 향미들을 가지고 있다. 그리고 인간들도 영혼을 가진 다른 동물들도 조합되었다. 그리고 바로 그 인간들이 함께 모여 살아온 도시들도 있고 그들이 마련해 놓은 밭들[/작품들]erga도 있다. 우리에게서와 마찬가지로. 또 그들에게는 해도 달도 다른 것들도 우리에게서와 마찬가지로 있다. 또 그들에게 땅이 온갖 종류의 많은 것들을 낳아 주는데, 저들은 그 가운데 가장 이로운 것들을 그러모아 집으로 가져가 소비한다. 자, 이제 나는 갈라져 나옴apokrisis에 관해 말했다. 이것들이 우리에게서만이 아니라 다른 데서도 갈라져 나올 수 있다고 말이다.

심플리키오스『아리스토텔레스의 「자연학」 주석』 34.29~35.9; 157.10~16 (DK 59B4 전반부)

소요학파의 '같은 부분으로 된 것들'에 해당하는 아낙사고라스의 용어는 '씨앗들'spermata이라는 게 이 두 단편[61]에 잘 드러나 있다. 엠페도클레스의 뿌리는 결국 자라서 뼈도 되고 살도 되고 피도 된다. 즉 뿌리는 뿌리로 남지 않고 다른 것이 된다. 뿌리들이 이리저리 얽히고설키면(물론 엠페도클레스는 '섞이면'이라 했지만 아낙사고라스가 보기엔 개념의 오용이다) 가사적 자연 사물이 생겨난다. 뿌리엔 예컨대 살이 들어 있지 않다. 이렇게 파르메니데스적 기준에 미흡한 뿌리 대신 아낙사고라스는 씨앗을 택한다. 씨앗엔 모든 게 다 들어 있다. 너무 미세해서 감각 가능하지 않지만 세상을 이루는 모든 사물들chrēmata이 거기에 들어 있다. 또 애초에 모든 씨앗이 하나에 다 들어 있었다.

---

61 물론 DK는 둘을 함께 묶어 B4로 놓았지만, 요즘 편집자들은 둘이 서로 연속되어 있다는 보장이 심플리키오스 텍스트에서 나오지 않는다고 보는 경향이 강하다.

이 대목에 대한 아리스토텔레스의 평은 '모든 것들이 함께' 있었다가 모든 게 생겨난 것이라고 말하기보다 '가능적으로' 있고 '현실적으로'는 있지 않았다가 현실적으로 있게 된 것이라고 해야 더 좋다는 것이지만,[62] 어차피 어휘가 문제는 아닐 것이다. 앞서 살펴본 아낙시만드로스 우주론에서는 모든 것들이 아페이론에서 갈라져 나오는데 아페이론은 그 모든 것들이 가진 특정한 성질들을 다 빼버린 '무색무취'한 것이어야 했다. 이 아페이론 이론은 '아무것도 아닌 것으로부터는 아무것도 나오지 않는다'는 원칙을 확고부동하게 천명하고 확립한 파르메니데스를 거친 후에는 더 이상 그대로 유지될 수 없었다. 머리카락 아닌 데서 머리카락이 생겨나고 살 아닌 것에서 살이 나올 수 있느냐는 B10의 질문은 그래서, 엠페도클레스가 파르메니데스주의자가 되고서도 여전히 아페이론적 사고에 머물 수 있느냐는 문제 제기에 다름 아니었던 것이다. 이제 씨앗으로 바꾸면, 생기기 전에나 생겨난 후에나 형태든 색깔이든 맛이든 모두 그대로 있었고 또 여전히 있는 것이라고 말할 수 있게 된다.

물론 위 둘째 인용 단편은 아낙사고라스를 괴롭혔을 만만치 않은 문젯거리를 보여 주기도 한다. 애초에 씨앗으로 있었고 또 여전히 있는 그 모든 것들, 즉 모든 '사물들'chrēmata의 적용 범위는 어느 수준까지 인정할 것인가? 앞의 B10을 전해 주는 그레고리오스의 인용문에는 머리카락이나 살 같은 신체 부분 외에 색깔이나 무게도 언급되어 있었다. 여기 둘째 인용문도 사람, 동물 같은 것만이 아니라 형태, 색깔, 향미 같은 것까지 언급한다. 이런 속성들이 사물들이라고 말하는 것은 지금 우리의 용어법과 다소 어긋나긴 하지만 그런 대로 인정할 만한 차이로 봐 줄 수 있다. 하지만 도시나 밭(혹은 작품)이, 그리고 해와

---

[62] 『형이상학』 1969b19 (DK 59A61).

달도 언급되는 걸 보면 모든 '사물들'로 우리가 꼽을 수 있는 것이 과연 어느 수준에서 멈출 수 있는지, 그야말로 '끝이 없는' 게 아닌지 하는 문제가 제기될 수 있다. 무한하다는 게 왜 문제냐고 반문할 수도 있겠지만, 끝이 정해지지 않으면 사물의 정체가 확인되고 규정될 수 없다. 이것은 파르메니데스주의자들에게 문제가 아닐 수 없었을 것이다.

이제 엠페도클레스와 생각이 엇갈렸던 섞임의 문제로 옮겨 가서 정체 확인의 문제에 관한 아낙사고라스의 견해를 검토해 보자. 이미 언급한 대로 그가 단순한 원소 네 개로 환원해 설명하는 엠페도클레스식의 접근을 받아들일 수 없었던 것은 살 아닌 것에서 살이 나온다고 하는 비-파르메니데스적 설명이라는 점과 더불어 섞임 개념에 대한 불만 때문이다. 근원으로 되돌아가 우주 생성론적인 고찰을 할 때만 문제가 아니라, 분할의 문제, 전체와 부분의 문제를 놓고 보아도 엠페도클레스 이론은 받아들이기 어렵다는 것이다. 그런데 분할을 아무리 계속 수행해도 불, 물, 흙, 공기가 계속 남아 있어야 제대로 '섞인' 거라고 한다면, 이는 그가 단순한 요소들로 환원해 설명하겠다는 태도를 포기하고 피설명항처럼 설명항도 계속 복잡한 채로 둔다는 의미다. 환원적 설명을 포기한다는 것은 양적 환원을 포기하고 질적 다양성을 그대로 두고 간다는 말일까? 다양성을 무한소에까지 계속 그대로 적용하면서 어떻게 질적 차이를 설명한다는 것일까? 똑같이 모든 씨앗을 갖고 있는 사물들이 왜 모두 똑같은 게 아니라 예컨대 하나는 뼈가 되고 하나는 살이 된다는 걸까?

B12 말미에서 그가 주는 대답은 이렇다. "각각의 한 사물은 가장 분명하게 그것들, 즉 그것 안에 가장 많이*pleista* 들어 있는 바로 그것들이고 또 그것들이었다."[63] 살은 무엇인가? B12에 따르면 살은 그 안에 살이 '가장 많이' 들어 있는 것이다(논의의 편의상 앞의 살을 살₁이라 하고 뒤의 살을 살₂라 하자). 이제 다시 묻게 된다. 살₁ 안에 가장 많이 들어 있다는 그 살₂는 그럼 무엇인가? 그 안에 살, 즉

살₃이 가장 많이 들어 있는 것이다. … 이 질문과 대답은 무한히 계속된다. 결국 살이 무엇인가를 물었던 애초의 질문에 대한 답변은 무한 소급에 빠지며 우리는 만족스러운 답변을 얻지 못하게 된다.

이 문제 제기에 대해 아마 아낙사고라스는 그게 왜 문제인가라고 반문할 수도 있을 것이다. 바로 그게 자신이 하려는 얘기였다고 말이다. 살을 설명하는 것은 그것과 다른 불, 물, 흙, 공기가 아니라 바로 살 자체라는 것, 그러니까 단순한 다른 것으로 환원해서 설명하려는 시도를 포기해야 한다는 것이 자신의 의도라고 밝힐지 모른다. 합성물을 자르고 잘라 순수한 원소를 얻어 원래의 합성 비율을 밝히면 설명 끝이라고 보는 엠페도클레스적 접근을 포기하고, 무한히 섞여 있는, 그러니까 순수한 것이 하나도 없는(단 하나 예외가 지성이다) 세계가 진상의 세계라고 보아야 한다는 것이다. 하지만 '가장 많이'*pleista* 들어 있다는 것은 어떻게 확인할 것인가 하는 문제가 여전히 남는다.

앞에 인용한 B1이나 여기서 다루지 않은 B3[64] 같은 단편들에 언급된 '무한

---

63 심플리키오스『아리스토텔레스의「자연학」주석』157.4 (DK 59B12의 일부). 위에서 이미 언급한 바 있는 모든 것, 모든 사물들*chrēmata*의 적용 범위의 문제는 아낙사고라스에게 곤혹스러운 문제였을 수도 있지만, 어찌 보면 그리 대단한 것이 아니었을 수도 있다. 그는 어떤 수준의 존재자를 의미 있는 것으로 간주할 것이냐의 문제를 열어 놓고 여러 수준의 존재론에 두루 적용될 수 있는 포괄적인 이론을 제시하려는 의도를 갖고 있었을지도 모른다. 그렇다면 아낙사고라스 쪽에서 볼 때 적용 범위의 문제는 문제를 제기하는 사람에게 논의의 부담을 넘기는 식으로 대응하는 것이 일단은 가능하다. 그러니 상식 수준에서 인정하기 어렵지 않은 세상 사물들이 기본적으로 포괄되는 상당히 유연한 입장이었으리라고 가정하고 그다음 논의를 해도 좋을 것이다.

64 "또한 작은 것에 대해 가장 작은 것*to ge elachiston*이란 없고, 더 작은 것이 늘 있으니까(있는 것이 있지 않을 수 없으니까 그렇다). 그런가 하면 큰 것에 대해서도 늘 더 큰 것이 있다. 그리고 그것[즉 큰 것]은 작은 것과 수*plēthos*가 같다. 그런데 각각은 자신에 대해 크기도 작기도 하다."(DK 59B3: 심플리키오스『아리스토텔레스의「자연학」주석』164.17~20)

소'*to elachiston*를 해석할 때 우리는 거의 자연스럽게 덩어리를 쪼개는 일을 떠올리며 고래로 많은 해석자들이 그래 왔다.[65] 각각의 것 속에 모든 것들이 들어 있다고 할 때 그 모든 것들을 일종의 입자particle로 상상하며 이해하는 것이 자연스러워 보이기 때문이다. 각각의 것 안에 모든 것들의 입자들이 들어가 있고 더 작은 입자로 쪼개지지 않을 만큼 작은 입자란 없다고 말이다.[66]

하지만 아낙사고라스의 이야기를 입자 이야기로 보면 '가장 많이'를 확인할 길이 막연하다. '가장 많이' 들어 있다는 것을 '가장 많은 입자들이' 들어 있다는 것으로 이해하는 순간 미처 입자들의 수적 우열을 가릴 만한 장치가 확보되기도 전에 무한 소급의 나락으로 빠져들게 된다. 대안으로 제시되는 것 가운데 하나는 입자 대신 농도나 밀집도로 '가장 많이'를 이해하는 것이다. 각각의 것 안에 들어 있는 모든 것들이 다른 것과 비교할 수 있는 어떤 '알갱이'로 있을 거라는 기대를 버리고 다른 것과 오직 촘촘한 정도만 차이가 있다고 상상해 보자는 말이다. 이 대목에서 우주 생성 이야기를, 물감을 가지고 어디는 더 적게, 어디는 더 많이 쓰는 화가의 이야기로 풀어낸 엠페도클레스의 통찰(B23)을 다시 떠올려 보아도 좋을 것이다. 엠페도클레스는 그 물감이 네 개라고 생각했던 게 분명한데, 물감의 수가 무한하다고 보고 또 물감의 내용물을 원소에서 모든 사물(그 적용 범위의 수준 문제는 각자의 용도나 관심에 맞게 적용하라고 미룬 채)로 바꾸면 쌈박한 아낙사고라스의 이야기로 거듭나게 될 것이다.

이제 순수한 것이 없는 아낙사고라스의 세계에서 단 하나의 예외인 누스 *nous*, 즉 지성(혹은 정신) 이야기를 살펴보는 것으로 그에 대한 논의를 마무리하

---

65 앞서 나의 설명도 쪼개는 이야기로 이루어져 있었다.

66 커드를 비롯, 이런 이해에 대해 문제 제기를 하는 적지 않은 논자들이 있다. 어떤 논자들이 있고 어떤 점이 문제되는지를 이해하는 데는 특히 Curd(1998b, 148~151)가 유용하다.

고자 한다. 누스 이야기가 들어 있는 대표적 단편인 B12 전체를 음미해 보자.

다른 것들은 모든 것의 몫*moira*을 나눠 가지고*metechei* 있지만, 지성*nous*은 무한정한 것*apeiron*이고 스스로 다스리는 것*autokrates*이며 어떤 사물*chrēma*과도 섞여 있지 않고 그것 자체만 독자적으로*ep'eōutou* 있다. 그것이 독자적으로 있지 않고 다른 무언가와 섞여 있다고 할 경우 무언가와 섞여 있다면 모든 사물들을 나눠 갖게 될 거니까 그렇다. 내가 앞에서 말한 대로 모든 것 속에 모든 것의 몫이 들어 있으니까 말이다. 또 그럴 경우 함께 섞인 것들이 그것을 막을 것이다. 그것만 독자적으로 있을 경우에 다스리는*kratein* 것처럼 어떤 사물이든 다스리지는 못하게 말이다. 이유는 이렇다. 그것은 모든 사물들 가운데서 가장 미세한 것*leptotaton*이자 가장 순수한 것이며 모든 것에 관해서 온전한 앎*gnōmē*을 가지고 있어서 가장 큰 힘을 발휘한다*ischyei*. 그리고 영혼을 가진 모든 것들을, 더 큰 것들이든 더 작은 것들이든, 지성이 다스린다. 또 애초에 회전이 일어날 수 있게 회전 전체를 지성이 다스렸다. 그리고 처음에는 작은 회전으로 시작했는데 이후 더 많이 회전해 왔으며 앞으로 더 많이 회전하게 될 것이다. 그리고 함께 섞이는 것들과 갈라져 나오는 것들*apokrinomena* 그리고 구별되는 것들*diakrinomena* 모두를 지성이 알았다*egnō*. 있게 되어 있던 것들, 즉 있었던, 지금은 있지 않은 것들과 지금 있는 것들과 있게 될 것들, 이것들 모두를 지성이 질서 지었으며*diakosmēse*, 이 회전도, 즉 별들과 해와 달과 공기와 에테르 등 갈라져 나오는 것들이 지금 하고 있는 이 회전도 질서 지었다. 그런데 바로 이 회전이 갈라져 나오게 만들었다. 그리고 성긴 것에서 촘촘한 것이, 차가운 것에서 뜨거운 것이, 어두운 것에서 밝은 것이 축축한 것에서 마른 것이 갈라져 나온다. 그런데 많은 몫들이 많은 것들에 속해 있다. 그런데 지성 말고는 어떤 것도 하나가 다른 하나로부터 완전히 갈라져 나오지도 구별되지도 않는다. 그런데 지성은 더 큰 것이든 더 작은 것이든 간에 전체가 같다*pas homoios*. 그런데 다른 어떤 것도 그 무엇과도 같지 않고, 오히려 각각의 하나는 가장 분명하게 그것들, 즉 그것 안에 가장 많이*pleista* 들어 있는 바로 그것들이고 또 그것들이었다.

심플리키오스『아리스토텔레스의「자연학」주석』164.24~25, 156.13~157.4; 176.34~177.6 (DK 59B12)

누스 이야기는, 움직임의 원인이 무엇인가 라는 엠페도클레스에서 제기된 문제와 관련이 있는 것으로 보인다. 이에 대한 아낙사고라스의 대답은 누스, 즉 지성이라는 것이다. 불순물들로만 되어 있는 아낙사고라스적 세계에서 유일한 예외가 지성이다. 모든 것들이 모든 것에 들어 있다는 원칙이 적용되지 않는 유일한 존재자라는 말이다. 모든 사물들의 몫을 나눠 갖지 않는 순수한 것인 지성은 그래서 독자적으로 존재하고 온전히 자기 동일적이며, 스스로를 다스리면서 모든 사물들을 다스린다. 아는 게 힘이라고, 지성의 다스리는 힘은 앎과 밀접하게 연관되는 것으로 상정되어 있다. 두툼한 근력으로 다스리는 게 아니라 지성은 오히려 가장 미세하다*leptotaton*.

플라톤의 『파이돈』에 따르면 소크라테스는 젊은 시절에 아낙사고라스의 이 지성에 상당히 기대를 걸었던 적이 있다고 한다. 지성이 세상의 운동과 변화를 설명하는 참된 원인이 될 수 있으리라는 기대는 지성에서 최선의 목적과 계획을 도출해낼 수 있으리라는 기대였는데, 정작 아낙사고라스는 기계론적인 설명에 그치고 말아 아주 아쉬워했다는 게 플라톤의 보고다.[67] 여기 B12에 나오는 지성은 다른 물질적인 것들과 섞이지 않은 순수한 것이긴 하나, 아닌 게

---

[67] 플라톤 『파이돈』 97b~99d.

아니라 소크라테스가 기대하는 만큼의 정신성을 온전히 갖춘 것인지는 의심스럽다. 앎을 가지고 있고 그것으로 온 세상을 다스리며 질서 짓는다고 말할 때의 지성은 소크라테스의 기대에 부합할지 모르나, 정작 지성의 지배가 지성이 자신의 '미세함'을 이용해서 빠른 회전을 일으켜 세상의 분리와 구별을 가져오는 일로 묘사되는 것을 보면 소크라테스의 눈에는 물질성을 완전히 탈각하지 못한 미진한 지성으로 비춰졌을 것이다.

그러나 소크라테스에게 호소력 있었을 법한 부분들만큼은 적어도 아낙사고라스의 이야기가 엠페도클레스의 동인 논의로부터 진전을 이룬 것이라고 말할 수 있겠다. 엠페도클레스 논의에 사랑과 불화가 있었지만 물리적 힘을 신화적 방식으로 인격화한 정도지, 영혼이나 정신과 연결될 만한 이야기가 없었다. 그것에 비하면 아낙사고라스의 누스 논의는 동인을 앎과 연결 짓는 이야기였고 비물리적인 동인을 논의 테이블에 올려놓으려는 시도였다. 마치 호메로스적 영혼관에 대항해 정신성을 부여한 새로운 영혼론을 논의 테이블에 올린 헤라클레이토스와 유사한 시도라 할 수 있다. 아직 충분히 정신적인 성격을 부여한 것은 아니었지만, 기존의 유물론적인 영혼론이나 누스론에 대한 대안을 제시했다는 점에서 말이다. 초기 철학자들의 담론은 이렇게 앞 사람이 소홀히 했던 것들을 치고 나가 대결 구도를 세워 줌으로써 새로운 균형점에 이르게 하는 대항 담론, 안티테제의 역할에 충실했던 것이다.

엠페도클레스 네 뿌리와 섞임, 그리고 사랑과 불화 이야기는 파르메니데스가 세운 '있는 것'의 기준을 어기지 않으면서 또한 이오니아학파 이래 세상의 변화와 다양성을 단순한 원리로 설명하겠다는 자연학적 과제에도 충실하려는 시도였다. 그런가 하면 그런 논의의 전통과 틀을 이어 가면서 아낙사고라스가 엠페도클레스에게 던진 기본적인 물음은 파르메니데스적 기준에 충실한가였다. 엠페도클레스가 적실한 자연학적 해결책을 내놓았는가 라는 물음을, 그가 자기 체계 안에서 (혹은 파르메니데스적 문제의식을 공유하는 지적 서클 내에서) 정합적인 이야기를 제출하고 있는가 라는 형태로 제기한 셈이다.

두 다원론자 모두 '있지 않은 것'을 받아들이지 않는다는, 따라서 생성 소멸을 제거한다는 파르메니데스적 기준을 전적으로 수용하는 데서 출발해 그 기준에 알맞은 논의를 찾아 나가는 방식으로 파르메니데스의 자연학적 탐색 (아마도 의견편에서 개진된)을 이어 가고 있다. 그들은 생성 소멸에 관한 대중적 관행(노모스)을 소통의 방편으로서 받아들이며, 근본적으로는 자신들이 확립하는 네 뿌리와 씨앗들, 즉 사물들에만 파르메니데스의 '있는 것'에 준하는 실재성을 인정한다. 그런데 그들의 저작 어디에도 파르메니데스 논의에 반대하면서 자신들의 자연학적 논의를 개진하고 있음을 드러내는 구절은 발견되지 않는다. 그렇다고 한다면 '전통적'이라는 꼬리표를 단 많은 현대 논의들이 '파르메니데스 콤플렉스'를 거론하면서 강조했던 다원론자들의 '발칙한 반란'이란 허구적 상상에 가까운 것 아닐까?

이제까지 수없이 거론된 이야기들과 달리, 이 다원론자들은 진리편의 엄정한 학적 기준을 의식하고 존중했다. 그러면서도 그들은 그것의 반대편에 자리한 대중적 관행이나 욕구를 무시하지 않았다. 탈레스 이래의 자연철학은 생성 소멸을 근본으로 거슬러 올라가 이해하고자 하는 지적 욕구의 한 문화적 표현이었다고 할 수 있다. 그 지적 욕구의 배후에는 자기 삶의 자리에서 자연 세계와 사회 세계의 작동 원인을 궁금해 하고 그런 원인을 밝혀 주는 지혜를 존중하는 대중의 관심과 태도가 자리 잡고 있었다. 호메로스를 들으며 박수를 보냈던 그 대중이 바로 철학자들의 이야기를 궁금해 할 잠재적 소비자였던 것이다. 그런 대중의 관심과 몰두를 소홀히 하지 않는 유연함과 지적인 균형감이 이 다원론자들에게 갖춰져 있었던 것으로 보인다. 그 지성적 자산은 파르메니데스의 진리 담론을 거슬러 획득한 것이 아니라, 진리 담론의 정신과 의견 담론의 정신을 비판적이고 종합적으로 잘 성찰하고 계승하고 수정하면서 얻어 낸 것이라 할 수 있다.

3. 없는 것이 있다
원자론

다원론자들이 파르메니데스 이야기의 부드러운 버전을 느긋하게 이어나갔다면, 그다음 주자인 원자론자(들)[68]는 파르메니데스 이야기의 강경한 버전에 근본적인 도전을 제기하는 식으로 논의의 포문을 연다. 다원론자들이 생각조차 못한 일을 원자론자는 어떻게 감행할 수 있었던 것일까? 그 참신한 발상과 추진력은 어디서 나왔을까? 향후 겪게 될 운명과 얻게 될 명성으로만 보면 가히 소크라테스 이전 철학자들이 내놓은 이야기들 가운데 가장 유명하고 각광을 받는 것이 원자론이기에 이런 질문은 아주 적실하고 흥미로워 보인다.

우선 비교적 분명해 보이는 것부터 이야기하자면, 원자론은 운동 변화에 대한 2세대 엘레아학파의 반론에 대한 대응 과정에서 나왔다. 원자론의 기본 사물을 가리키는 '원자'*atomon*라는 말 자체가 희랍어에서 잘라지지*tom* 않는*a-* 것을 의미한다는 사실부터가 그렇다. 제논이 운동에 대해 제기했던 여러 역설들

---

68 레우키포스와 데모크리토스의 관계에 관해서는 불분명한 점이 있지만 원자론을 이해하는 큰 틀에 영향을 주는 사안은 아니다. 편의상 데모크리토스로 한정해 논의할 것이며, 원자론자/원자론자들 구분에 크게 구애받지 않고 문맥에 따라 편한 대로 지칭할 것이다.

의 핵심 사항 가운데 하나는 크기를 가진 것을 인정하면 그것의 무한 분할 가능성도 인정할 수밖에 없다는 점이다. 무한히 쪼갤 수 있다는 것이 여러 아포리아를 유발한다는 게 제논 논변의 핵심 귀결이므로 크기를 가진 것들에 대한 논의를 포기하거나 새로운 대안을 찾아야 한다.

무한히 쪼개도 섞인 것들이 계속 똑같이 들어 있다는, '모든 것 속에 모든 것들이 들어 있다'는 아낙사고라스의 대안은 엠페도클레스 이야기의 불충분성(x 아닌 것으로부터의 생성을 인정한다는 것)에 대한 대안이 될 수는 있지만, 무한한 쪼개짐으로 여전히 열려 있기 때문에 각 사물의 정체성(즉 '가장 많이' 들어 있는 요소로 각 사물을 규정한다고 할 때 그 가장 많은 요소가 무엇인지)을 확정할 수 없게 된다. 결국 이런 무한 소급을 끝내거나 정체성을 양적으로 설명할 수 있는 다른 묘안이 나와야 한다.[69]

원자론자들에게 있어 그 묘안은 바로 더 이상 쪼개지지 않는 무언가가 있다고 보는 것이다. 크기를 가지면서도 분할되지 않는 사물이 있다는 발상, 그것이야말로 제논 식 반론에 대한 명쾌한 해결책이었다. 이 발상의 출발점은 엘레아학파가 제공했지만, 앞선 다원론자들의 대응 시도가 이미 있었기에 이런 새로운 발상이 나올 만한 여건이 성숙할 수 있었을 것이다.

그런가 하면 멜리소스 측에서 제시된 또 다른 유력한 파르메니데스 해석도 원자론자의 대응을 불러일으켰는데, 그것은 바로 '있지 않은 것'을 '빈 것'*to kenon*으로, 즉 허공으로 이해하는 발상이다. 있는 것이 꽉 차 있다는 것을 다분히 축

---

69 앞 절에서 우리는 이 무한소급이 크게 문제되지 않는 방향으로 아낙사고라스의 이론이 길을 잡았을 가능성을 검토한 바 있다. 지금 이 단락에서 언급한 입자적 해석이 아니라 밀도 해석을 가지면 무한소급을 그냥 두더라도 '가장 많이' 들어 있는 것의 정체 확인이 가능하다는 길 말이다. 현존 단편들만으로는 아낙사고라스가 그 길을 실제로 갔는지를 확인할 길은 없다. 적어도 원자론자는 아낙사고라스 이론을 입자적인 것으로 보고 비판하는 것 같다.

자적으로 이해하면 '있지 않은 것'은 비어 있다는 것이요, 있지 않은 것이 없다는 것은 빈 것이 없다는 것이다. 빈 것이 있어야 운동이 가능할 텐데[70] 빈 것이 없으므로 운동도 없게 된다.

이런 파르메니데스의 멜리소스식 버전을 인정하면 (제논이 제기한 역설과는 다른 방식으로) 운동을 말할 수 없는 상황이 된다. 이에 대한 원자론자의 대응은 매우 근본적이고 혁신적이다. 이런 버전의 잔가지 하나를 붙잡고 씨름하는 게 아니라 아예 그런 잔가지들을 낳은 근원을 찾아가서 파르메니데스가 말한 '있지 않은 것'의 비존재 테제 자체를 정면으로 문제 삼았던 것이다. 가히 '고르디오스의 매듭'Gordian knot을 잘라 버린 일에 비견될 만한 '쾌도난마'快刀亂麻식 해결책이다.[71]

파르메니데스에 대한 원자론자의 근본적인 도전은 이른바 '우 말론'(더 많지 않음)ou mallon 논변 혹은 '무차별성'indifference 논변에 입각해 있다. 우리 식으로 말하면 '서로 마찬가지', 즉 '피장파장' 내지 '피차일반'을 내세우는 변증적 논변이다.[72]

레우키포스와 그의 동료 데모크리토스는 꽉 찬 것to plēres과 허공to kenon을

---

70 앞에서 살펴보았듯이, 이건 엠페도클레스에게 별다른 논변 없이 상식 수준에서 전제된 것으로 보이고, 멜리소스에도 그런 엠페도클레스의 생각이 변증적 맥락에서 반영되어 있는 것으로 보인다.

71 "엘레아적 엘렝코스의 고르디오스적 매듭을 잘라버림으로써 이오니아 질료 일원론의 궁극목표를 성취했다."(KRS 1983, 433) '고르디오스의 매듭'은 '콜럼버스의 달걀'의 알렉산더 식 버전이며, '쾌도난마'는 그것의 동양식 버전으로 『북제서』北齊書 「문선제기」文宣帝紀에 나온다.

72 이것의 원조는 2장 1절에서 다룬, 땅이 가만히 있는 것에 대한 아낙시만드로스의 나귀 논변이지만 그건 재구성에 의한 암묵적인 것이었다. 명시적인 최초 출현 사례는 파르메니데스 B8.6b~21의 생멸 부인 논변에 들어 있다. 상세한 내용은 강철웅(2012c, 169~170)을 참고할 것.

원소들*stoicheia*이라 말하며, 전자를 있는 것*to on*, 후자를 있지 않은 것*to mē on* 이라 말한다. 이것들 중에서 꽉 차고 단단한 것*stereon*을 있는 것이라 하고 비어 있고 성긴 것*manon*을 있지 않은 것이라고 하여(허공도 물체*sōma* 못지않게 있는 것이기 때문에 그들은 있는 것이 있지 않은 것보다 조금이라도 더 있는 것이 아니라고*outhen mallon* 말한다), 이것들을 있는 것들의 질료적 원인*aitia* 이라고 말한다. 그리고 기체*hypokeimenē ousia*를 하나로 상정하는 사람들이 그것이 겪는 성질들*pathē*에 따라 다른 모든 것들을 만들어 낼 때 성김과 촘 촘함을 그런 성질들*pathēmata*의 근원들*archai*로 놓는 것과 마찬가지 방식으로 이들도 [원소들의] 차이가 다른 모든 것들의 원인이라고 말한다. 그러나 그들은 이것[즉 차이]들이 세 가지라고, 즉 형태*schēma*와 배열*taxis*과 위치*thesis* 라고 말한다.

아리스토텔레스 『형이상학』 985b5~15 (DK 67A6)[73]

어떤 것*to den*이 아무것도 아닌 것*to ouden*보다 더 있는 거라고 할 수가 없다 *mē mallon*.

플루타르코스 『콜로테스에 대한 반박』 1109a7~8 (DK 68B156)

이 두 구절에 들어 있는 논변을 정리하면, 있지 않은 것(즉 아무것도 아닌 것) 이 있는 것(즉 어떤 것)보다 덜 있는 거라고 할 수가 없다는 것이다. 그의 이 무차별성 논변의 일반적인 형식은 다음과 같이 정리된다.[74]

---

73 『단편 선집』 545~546쪽.
74 Makin(1993) 참고.

(1) p가 성립할 근거가 q가 성립할 근거보다 더 많지 않다.

(2) p가 성립할 좋은 근거가 있다.

따라서 (3) q가 성립할 좋은 근거가 있다.

이 논변 형식의 변수 p와 q에 각각 있는 것과 있지 않은 것의 실재성을 대입하면 위 원자론자의 논변이 성립한다.

(1a) 있는 것이 있다는 입장이 성립할 근거가, 있지 않은 것이 있다는 입장
이 성립할 근거보다 더 많지 않다.

(2a) 있는 것이 있다는 입장이 성립할 좋은 근거가 있다.

따라서 (3a) 있지 않은 것이 있다는 입장이 성립할 좋은 근거가 있다.

그런데 이 논변을 엘레아주의자를 향해 제시할 경우에 (2a)는 엘레아학파가 힘주어 주장하는 것이어서 받아들이게 하는 데 문제가 없지만, (1)이 '있는 것'과 '있지 않은 것'의 실재성에 적용된 명제인 (1a)는 어떻게 받아들이게 할 수 있는가가 문제다. 혹시 (1a)를 거부하는 게 애당초 엘레아학파의 핵심 주장에 속하는 것이라면, (1a)를 내세우면서 원자론자가 엘레아 쪽에 제시할 수 있는 근거는 무엇인가? 그저 선결문제를 요구하는 게 아니라면 말이다.

위 A6의 파르메니데스적 용어 '있는 것'*to on*, '있지 않은 것'*to mē on*을 데모크리토스 특유의 해석이 들어간 용어 '(어떤) 것'*to den*, '(어떤) 것이 아닌 것', 즉 '(아무) 것도 아닌 것'*to ouden*으로 바꾼 B156이 뭔가 단서를 제공할 만하다. 이렇게 무차별성 논변에 대입할 항을 파르메니데스적 용어 '있음'*on* 대신 데모크리토스적 용어 '것'으로 바꾼 것이 어떤 차이를 가져올까?

(1b) (어떤) 것이 있다는 입장이 성립할 근거가, (어떤) 것이 아닌 것이 있다
는 입장이 성립할 근거보다 더 많지 않다.

(2b) (어떤) 것이 있다는 입장이 성립할 좋은 근거가 있다.

따라서 (3b) (어떤) 것이 아닌 것이 있다는 입장이 성립할 좋은 근거가 있다.

당대 희랍인 청자들에게 파르메니데스식 버전 '있는 것이 있는 만큼 있지 않은 것도 있다'고 말하는 게 부담스럽다면, 데모크리토스식 버전 '것이 있는 만큼 것 아님도 있다' 내지 '어떤 것이 있는 만큼 어떤 것이 아닌 것도 있다'고 바꿔 말하는 게 아무래도 훨씬 덜 부담스러워 보인다. 여기 '(어떤) 것'에 '꽉 찬 것'을 대입하면 더더욱 부담이 적어진다. 전자가 더 부담스런 이유는 무모순율을 정면으로 어기면서 말을 이어 가야 하기 때문일 것이다. 데모크리토스의 전략은 무모순율을 정면으로 어기겠다는 데 있다기보다, 원자와 대립되는 '빈 것'의 실재성을 상정하는 자신의 입장이 엄밀히 말해 무모순율을 어기는 게 아니라는 걸 보여 주는 데 요점이 있는 것으로 보인다.

원자와 빈 것이 어떻게 똑같이 있다고 말할 수 있는가? 빈 것을 그저 빔, 빈 공간, 즉 허공과 동일시하는 전통적 해석 대신 "빈 공간을 차지하는 부정적 실체"로 이해하는 대안적 해석[75]의 실마리도 이 B156에서 주어지는 것 같다. 그런 해석을 이용해 데모크리토스의 논변을 재구성하면 이렇게 된다. 어떤 것은 꽉 찬 것*to naston, to plēres*으로 공간을 차지하고 있고 어떤 것이 아닌 것은 꽉 차 있지 않은 것, 즉 빈 것*to kenon*으로 공간을 차지하고 있다. 꽉 차 있는 것만큼이나 꽉 차 있는 것이 아닌 것도 공간을 차지한다고 하기에 전혀 부족함이

---

[75] Sedley(1982)의 해석이다.

없다. '빈 것'과 '공간'을 나누는 이런 발상의 설득력을 얼마나 기대할 수 있었을지는 모르지만, 원자론자의 테제 (1b)는 이 비슷한 사유 과정을 거쳐 형성된 것으로 볼 수 있지 않을까 싶다.

있지 않은 것이 어떻게 있을 수 있는가? 말의 쓰임새(이건 우리 사유를 규정하기도 하고 우리 사유로부터 규정되기도 한다)부터가 그 가능성을 막는다. 파르메니데스 진리 담론은 바로 그 점에서 설득의 힘을 선점하는 것이다. 원자론자는 아무도 반론하지 않는 그 파르메니데스적 정언명령에 대해 '감히' 도전장을 내민다. 있지 않은 것이 있다고, 있는 것만큼이나 있다고, 그렇지 않다면 있는 것도 있지 않은 거나 '마찬가지'라고 말이다. '있는 것', '있지 않은 것'이라는 개념에 얽매이지 말고 '찬 것', '빈 것'으로 바꿔 놓고 보면 한 쪽만 '있다'고 할 권리는 애초에 주어져 있는 게 아니라 주장해서 입증해야 하는 것이며, 그렇게 보면 처지는 어차피 '서로 마찬가지'라는 거다. 이렇게 그는 새로운 증명의 부담(즉 있는 것이 있지 않은 것보다 더 있다고 말할 수 있는 근거가 무엇인가를 입증해야 하는 부담)을 다시 엘레아학파에게 넘기면서 논의를 새로운 국면으로 이끈다.

흥미로운 것은 데모크리토스의 이 논변 방식이 실은 선생 파르메니데스가 꺼내 든 회심의 카드였다는 점이다. 파르메니데스는 생성이 불가능한 이유를 이야기하면서 있지 않은 것에서 있는 것으로 이행해야 할 특정 시점을 정할 수 없다는 방식으로 무차별성 논변을 사용한 바 있다. 이 논변의 힘은 증명의 부담을 상대에게 전적으로 떠넘기는 데 있다. 이제 데모크리토스는 선생이 쓰던 논변 도구로 선생의 입장에 정면으로 도전하는 셈이다. 그리고 이런 전략을 취할 수 있었던 데는 제논의 역할도 무시 못할 것 같다. '결국 당신도 나만큼, 아니 그 이상의 어려움을 해결해야 한다'고 논변의 공을, 즉 증명의 부담을 상대에게 넘기는 방식, 상대의 공격을, 받은 만큼이 아니라 '이자까지 쳐서' 되갚아 주는 '반론'을 효과적으로 구사하는 시범을 제논은 여러 차례 보여 주었기 때문이다.

파르메니데스가 주장하고 누릴 수 있었던 '있는 것'의 권리는 이제 근본적인 도전을 받게 되었다. 왜 '있는 것'만 있는가? 싸움의 장을 애초에 '있는 것'에 유리하게 있다-없다의 논리 싸움으로, '기울어진 운동장'으로 짜놓고 '있지 않은 것'을 축출한 파르메니데스의 입장은 공평하지 않은, 다분히 기만적인 개념 전쟁이라고 비판하는 셈이다. 앞선 다원론자들이 다소곳이 받아들였던 '있지 않은 것'의 축출이라는 정언명령에 어깃장을 놓으며 '없는 것(빈 것)의 있음'이라는 대항 담론을 세운 원자론자의 행보는 초기 철학 담론사의 유종의 미를 장식하는 기념비적 사건이라 할 만하다.

그런데 엘레아학파 전체를 뒤흔들 만한 이런 거대한 반론을 태동시킨 힘이 과연 엘레아학파와의 공방에서만 나왔던 것일까? '폼 나게' 뻗대는 원자론자와 다소곳이 머리를 조아리는 다원론자로, 그렇게 파르메니데스 이후 철학의 거리는 영웅과 소시민으로 나뉘는 것인가? 대항 담론의 추진력은 원자론자에 와서 '느닷없이' 생긴 것일까? 원자론자가 상식을 의심할 만큼 강한 패러독스의 논리성으로 무장한 엘레아주의자들을 무력화할 방안에 끝없이 부심하고 결국 마치 금기와도 같았던 고르디오스의 매듭을 과감히 자르는 방향으로 나아갈 수 있었던 것은, 운동과 변화를 주어진 것으로 받아들이고 어떻게든 그것을 해명해 보겠다는 다원론자의 태도를 일단 승인했기 때문이다. 그러니까 2세대 엘레아학파와의 치열한 공방 과정에서 보여 준 다원론자들의 노력과 그것이 드러낸 한계에서 대항 담론은 이미 동력을 발동하고 있었다고 볼 수 있다. 앞선 선배들의 그런 공방 과정에서 양자의 강점과 한계가 잘 드러났고, 동시에 그것들을 유발한 장본인인 파르메니데스 자신의 논변과 기준이 가진 의의나 함축은 물론 한계까지도 동시에 드러났던 것이다.

싸우는 양편은 한편으로 그 싸움에, 다른 한편으로 파르메니데스가 제시한 숙제 풀기에 골몰하느라 미처 그런 포괄적인 맥락과 의미를 살필 시야나 여유를 갖지 못했다. 한 시점 뒤에, 그리고 한 걸음 뒤로 물러나서 전체 담론 세상을 볼 수 있는 여유와 시야를 갖게 된 원자론자에게 와서야 비로소 쾌도난마로 매듭을 향해 칼을 휘두를 수 있었다. 그러나 그 칼은 이미 다원론자의 칼집에서 나와 다원론자의 손에 들린 채 상식과 타성을 향해 겨누어졌던 것이다. 게다가 우리의 검투사가 스승 쪽을 향해 그 칼을 능란하게 놀릴 수 있었던 건 다름 아닌 스승 자신에게서 익힌 '우 말론'이라는 검법 덕택이었던 것이다.[76]

원자론자의 과단성은 그의 다른 주제들에서도 여실히 드러난다. 우연을 인정한다는 것, 우연의 힘을 인정한다는 것은 사실상 학적 설명을 포기하는 일이 된다는 반론을 예상함에도 불구하고 우리의 원자론자는 덥석 그걸 받아들인다. 사랑과 불화를 말하면서, 지성을 말하면서 두 다원론자가 그토록 고심했던 것이 동인의 문제, 즉 운동이 어디서 왔을까 하는 것이었다. 데모크리토스는 일종의 회오리*dinē*처럼 원자들이 허공 속에서 이동하며 충돌하는 걸 '필연'이라 말하는데, 그게 어떻게 일어났는지는 더 이상 말하지 않기에 사람들은 그걸 '우연'이라 읽는다.[77] 앞선 다원론자들의 물음에 대한 데모크리토스의 대답은

---

76 여기서 분명히 해야 할 것은 이 검투 시합이 물론 진검 승부이긴 하나 상대를 넘어트리고 죽이기 위한 것이 아니라는 점이다. 이 아곤은 서로를 다잡아 주기 위해 상대의 약점과 타성을 공격하는, 재미를 곁들인 훈련이요, 그야말로 진지한 유희라 해야 할 것이다.

77 "[데모크리토스의 생각에 따르면, 원자들은] 닮지 않음과 그밖에 앞서 말한 다른 차이들 때문에 허공 속에서 서로 반발하고 움직이며, 그것들이 움직이는 동안 서로 부딪히며 뒤얽히는데…."(DK 68A37: 심플리키오스 『아리스토텔레스의 「천체에 관하여」 주석』 295.9. 『단편 선집』 552~553쪽) "어떤 것*chrēma*도 아무렇게나 생겨나지 않는다. 오히려 모든 것은 이치*logos*에 따라서, 그리고 필연*anankē*에 의해 생겨난다."(DK 67B2: 아에티오스 『학설 모음집』 1.25.4. 『단편 선집』 555쪽) "[데모크리토스의 견해에 따르면] 모든 것들은 필연*anankē*에 따라 생겨난다. 회오리*dinē*가 모든 것들의 생성의 원인*aitia*이기 때문인데, 그는 그것을 필연이라고 부른다."(DK 68A1: DL 9.45. 『단편 선집』 555쪽) "(필연의 본성에 관해서) 데모크리토스는 [필연

이런 것이다. 원자들이 움직이고 충돌하는 것, 그것은 그냥 늘 그랬다. 그게 세상을 어떻게 조직해 내느냐 하는 필연을 물어야지, 그게 무엇 때문인지는 더 이상 물을 필요 뭐 있는가? 마치 플라톤의 『고르기아스』에 나오는 칼리클레스가 그랬듯 과감하게 자신의 솔직한 속내를 노골적으로 드러낸다.

　　다원론자들과 2세대 엘레아주의자들에 대한 대응을 통해 파르메니데스적 유산을 다듬고 발전시키는 일에 동참하는 원자론자의 이런 작업들이 실험과 관찰 경험을 통해서가 아니라 사변과 사유 실험을 통해서 이루어진다는 점이 특기할 만하다. 엘레아주의와 근본적인 지점에서 결별하는 선택을 했지만, 관찰 경험에 대한 근본적 회의와 과감한 사변을 통해 상식을 초월하는 사유를 성취하는 성과는 엘레아주의와 싸우며 닮게 된 점이 아닐까 싶다. 원자론자는 그러니까 엘레아주의자와 싸운 또 다른 엘레아주의자(즉 파르메니데스주의자)다. 그런 치열함을 웅변적으로 드러내는, 솔직함만 칼리클레스를 닮은 데모크리토스의 언명이 역사에 남아 있다. "나는 페르시아 왕국을 갖기보다 오히려 하나의 원인 설명*mia aitiologia*을 찾아내길 원한다."[78]

이란] 질료의 저항*antitypia*과 이동*phora*과 충돌*plēgē*[을 뜻한다고 말한다]."(DK 68A66: 아에티오스 『학설 모음집』 1.26.2. 『단편 선집』 553쪽) "데모크리토스가 '온갖 형태[원자]로 이루어진 회오리가 전체로부터 떨어져 나왔다*apokrithenai*'(DK 68B167)고 말할 때(그러나 어떻게, 그리고 어떤 까닭으로 그런지는 말하지 않는다), 그는 저절로*tautomaton*와 우연*tychē*으로부터 그것을 산출해 내는 것 같다."(심플리키오스 『아리스토텔레스의 「자연학」 주석』 327.24~25. 『단편 선집』 559쪽)

78 알렉산드리아의 디오뉘시오스 『자연에 관하여』(에우세비오스 『복음의 준비』 14.27.4에서 인용됨)(DK 68B118). 『단편 선집』 539, 810쪽.

4. 파르메니데스 이후 담론의 향방
변증술과 수사학

이 장에서 우리는 파르메니데스의 후계자들이 파르메니데스의 담론을 어떻게 받아들이고 또 어떻게 이어 갔는지를 세 그룹으로 나누어 살펴보았다. 그에 앞서 3장과 4장에서 확인한 파르메니데스의 담론은 진리 담론의 존재 이야기에만 힘이 실려 있던 기존의 이해와 사뭇 다른 모습이었다. 파르메니데스 담론은 존재 이야기이지만, 그걸 사유, 인식의 대상으로서 바라보는 이야기였고, 다시 담론과 소통의 대상으로서 반성하고 자리매김하는 이야기였다. 논변 전통을 확립한 것이 그의 핵심적인 기여가 맞지만, 그것이 기존 우주론 담론을 폐기하는 구도로 이루어지지는 않았다. 진리-의견의 관계는 참인 담론 대 거짓인 담론이라는 이분법적 배제 구도가 아니다. 우주론 담론의 한계와 가능성을 동시에 보여 주면서, 한편으로는 우주론이 지켜야 할 기준을, 다른 한편으로는 실제 우주론의 가능한 모델을 제시하는 것이 그의 진리-의견 이야기 구도다. 기존 담론보다 수준이 높아지고 스케일이 커졌으면서도 기존 담론의 생산자들과 소비자들의 욕구와 관심을 저버리지 않겠다는 생각이 바탕에 깔려 있고, 그것은 다시 그가 서사시라는 매체를 이용함으로써 시 전통의 장점을 수용, 계승하는 모습으로 나타났다. 이 면모를 그의 서시가 잘 드러낸다.

파르메니데스의 후계자들은 파르메니데스의 담론 가운데 자기들이 중요하다고 생각하는 가닥들을, 파르메니데스처럼 일면 수용, 계승하고 일면 비판하는 방식으로 이야기를 계속 이어 갔다. 직계 제자들 가운데 파르메니데스 담론의 종합적인 면모를 자기 이야기에 가장 잘 반영한 것은 다원론자 엠페도클레스라 해야 할 것이다. 그가 스스로를 우주론 시인으로 자리매김한 것부터가 파르메니데스 담론의 애매성과 긴장을 계승하려는 의도를 잘 말해 준다. 담론 소비자들의 욕구를 의식해 이오니아적 우주론의 포맷을 유지하면서 이야기하려 했기 때문에 그가 의견편 담론의 이야기를 주로 이어 가고 있는 것은 맞다. 그러나 그의 이야기는 선생의 이야기가 그랬듯 진리편의 반성과 기준을 철저히 의식하고 따르면서 진행된다. 섞임과 사랑-불화가 작동되는 대상인 네 뿌리를 자기 우주론의 출발점인 기본 사물로 설정할 때 그는 파르메니데스적 기준을 최대한 준용한다. 한 마디로 진리편 성찰이 적용된 의견편 담론을 자기 식으로 계승, 발전시킨 것이 엠페도클레스의 담론이다.

의견 담론을 진리 담론과 접목시키려는 엠페도클레스의 시도는 한편으로 2세대 엘레아주의자들에게 근본적인 차원의 반향을 일으키고, 다른 한편으로 다원론 진영(원자론까지 포함한) 내에서 내적인 수정, 발전의 시도를 촉발한다. 엘레아주의자들은 진리편 자체의 함축이 파르메니데스 메시지의 근본이라는 주장을 관철하려 했던 반면, 다원론 진영의 한쪽(아낙사고라스)은 엠페도클레스의 시도가 파르메니데스적 기준에 철저하지 못했다는 반성을 통해 파르메니데스적 기준에 더 적합한 기본 사물을 설정하려 했다. 2세대 엘레아학파와 다원론자들 사이에 파르메니데스의 숙제를 둘러싸고 벌어진 이런 논쟁들을 통해 파르메니데스가 더 잘 이해되기도 하고 또 오해되기도 하면서 파르메니데스주의에 풍부한 철학적 함축들이 담겨지게 되어 이후 철학사를 풍미하게 된다.

다원론 진영의 나머지 한쪽에 해당하는 원자론자는 진리편 자체의 함축을 수호하려는 2세대 엘레아주의자들과 의견편에 녹아든 진리편의 함축을 부각시키려는 다원론자들 간의 각축을 충분히 거리를 두고 지켜볼 수 있었다. 그런 만큼 원자론자의 선택은 오히려 근본적이고 과감할 수 있었다. 선생이 제시한 경계선을 놓고 공방을 벌이던 파르메니데스주의자들(즉 2세대 엘레아주의자들과 다원론자들)의 논의의 폭을 뛰어넘어 근원적인 물음, 있지 않은 것도 있는 것만큼이나 있다고 하면 왜 안 되는가 하는 물음을 던졌던 것이다. 파르메니데스로부터 가장 멀리 나간 것처럼 보이지만, 다른 관점에서 보면 오히려 가장 파르메니데스주의자다운 면모를 보인다고 말할 수 있다. 다원론자들처럼 다양한 원리가 아니라 원자의 단순한 성질들만으로, 그것도 아주 기본적인 물리적 성질들만으로 복잡한 세상을 설명한다는 정신으로 보자면 말이다. 파르메니데스주의 담론은 그렇게 멀고 먼 길을 돌아 다시 본래의 정신으로 되돌아오게 된 것이다. 그리고 사실 그것은 파르메니데스로 되돌아온 것만이 아니라 일찍이 이 담론을 처음 시작한 탈레스로 되돌아온 것이기도 하다. 복잡한 세상을 단순한 원리로 설명하겠다는 그 일원적 정신으로 말이다. 철학 담론 전통의 발전은 이렇게 대항 담론들을 통해 다른 탐색들을 해보면서도 애초 출발점의 정신으로, 그러나 훨씬 높아지고 깊어진 안목을 가지고 되돌아오는 변증법적 과정이었다.

파르메니데스 담론을 비판적으로 계승한 이 시기 철학자들의 담론 전통을 2세대 엘레아주의와 다원론 진영 간의 경쟁으로 규정한다면, 각 진영을 대표하는 선두 주자는 제논과 엠페도클레스다. 이 두 사람이 각각 어떤 이야기들을 꺼내고 발전시켰는지는 이미 검토한 바 있다. 그런데 좀 더 거리를 두고 거시적 관점에서 그들의 담론을 바라보고 자리매김한 사람이 있다. 이런 이야기에 으레 등장하는 아리스토텔레스다. 다음은 우리에게 전해지지 않는 『소피스트』라는 책에서 그가 했다는 말이다.

> 아리스토텔레스는 『소피스트』에서 엠페도클레스가 맨 처음 수사학*rhētorikē*을 발견했고*heurein* 제논이 변증술*dialektikē*을 발견했다고 말한다.
>
> DL 8.57 (DK 31A1)[79]

파르메니데스 유산을 관리한 두 진영의 선두 주자가 각각 변증술과 수사학을 발견(창시)하고 발전시켰다는 이런 평가는 결국 파르메니데스적 담론 전통의 기본 줄기가 변증술과 수사학으로 나뉜다고 보는 거시적 관점을 우리에게 제공한다. 그리고 이들이 수행했던 '다음 사람'의 역할을 고려하면, 그런 발전의 싹과 잠재력은 이미 파르메니데스 철학에 들어 있었으리라고 자연스럽게 추측할 수 있다.

먼저 제논의 변증술에 대해 살펴보자. '변증술'dialektikē이라는 말은 '대화 기술'이라는 기본 의미를 가지며, 소크라테스, 플라톤, 아리스토텔레스를 비롯해서 전후 여러 철학자들의 활동을 가리키는 데 다양한 방식으로 사용되었다. 그것들을 얼추 아우를 만한 의미를 말한다면, 토론적 대화를 하면서 추론을 통해 진리를 향해 탐색해 나아가는 방법을 가리킨다.

자신이 변증술에 대한 최초의 학적 탐구를 시도한다는 자부심을 가졌던 아리스토텔레스의 『토피카』가 제시하는 구분에 따르면, 추론syllogismos에는 네 종류가 있다. 논증적apodeiktikē 추론, 변증적dialektikē 추론, 쟁론적eristikē 추론, 모순된 결론으로 이끄는 변증적 추론이 그것이다.[80] 이 용어들에 대한 아리스토텔레스 자신의 설명과 제논 논변들에 대한 그리 호의적이지 않은 평가들[81]을

---

79 디오게네스 라에르티오스의 엠페도클레스 장에 나오는 대목이다. 같은 내용의 보고를 그는 제논 장에서도 반복한다. "같은 사람[즉 플라톤]이 『소피스트』에서 〈그리고 『파이드로스』에서 그를 언급하며〉 또 그[즉 제논]를 엘레아의 팔라메데스라고 부른다. 아리스토텔레스는 그가 변증술dialektikē의 발견자heuretēs였다고 말한다. 엠페도클레스가 수사학rhētorikē의 발견자였던 것처럼 말이다."(DK 29A1: DL 9.25)

80 『토피카』 8.11에 따르면, 필로소페마philosophēma, 즉 논증적 추론은 타당한 추론이면서 참인 전제를 가진 것을 가리키고, 에피케이레마epicheirēma, 즉 변증적 추론은 타당한 추론이면서 받아들일 만한 전제(널리 받아들여지는 통념, 즉 엔독사)를 가진 것을 가리키며, 소피스마sophisma, 즉 쟁론적 추론은 겉보기에만 변증적 추론의 성격을 가진 것(즉 타당해 보이는 추론이면서 받아들일 만하게 보이는 전제를 가진 것)을 가리킨다. 나머지 하나가 아포레마aporēma, 즉 모순된 결론을 가진 변증적 추론이다.

고려해 보면, 제논이 변증술의 창시자라고 말할 때 그가 염두에 두었을 법한 추론은 변증적 추론과 쟁론적 추론 사이에서 아마도 후자 쪽에 더 가까운 것이었을 가능성이 높다. 그러니까 아리스토텔레스가 보기에 제논은 변증적이기보다는 쟁론적인 추론가에 가까웠던 것이다. 이는 앞서 제논에 대한 플라톤『파르메니데스』의 맥락적 이해 버전에도 잘 반영되어 있었다. 즉 플라톤-아리스토텔레스의 성격 규정에 따르면 제논은 변증술, 그것도 상당히 쟁론적인 성격을 띤 변증술의 개창자이고, 그것이 소피스트들에게 가서 쟁론술eristikē이 되었으며, 소크라테스, 플라톤, 아리스토텔레스에게로 가서 비로소 참다운 의미의 변증술이 된다고 말할 수 있겠다. 이때 소피스트 계열의 쟁론술은 논쟁에서 이기는 기술이고, 철학자 계열의 변증술은 진리 탐색 기술이다. 요컨대 파르메니데스 전통에서 나온 제논의 변증술(편의상 변증술1이라 하자)은 소피스트 계열의 쟁론술과 아테네 주류 철학자 계열의 제대로 된 변증술(편의상 변증술2라 하자)로 나뉘어 발전한다는 것이 플라톤, 아리스토텔레스의 기본 구도라 할 수 있다.

　　제논을 변증적(변증술2의 의미로) 추론가로 볼 것인가, 쟁론적 추론가로 볼 것인가 라는 플라톤적·아리스토텔레스적 구도는 냉정하게 말하면 특정 지적 집단이 경쟁 중인 다른 지적 집단(그것이 소피스트 그룹이든 혹은 이소크라테스 등 수사학 그룹이든 간에)과의 선명한 대비를 과시하고 지지받기 위해 내세운 프로퍼갠더에 속한다. 파르메니데스와 제논의 시대에 없었던(혹은 적어도 표면화되지 않았던) 경쟁이므로 그런 경쟁 맥락에서 산출된 정치적 구도를 시대착오적으로 제논에게 덧씌우는 일은 부당하다. 제논에 대해서는 쟁론술과의 대비(특히 평가적 대비)를 상정하지 않아도 되는 변증술1의 의미로 변증술을 거론하는 것이 적

---

81 예컨대 『자연학』 233a21~31 (DK 29A25), 239b30~33, 5~9(DK 29A27), 239b33~240a18(DK 29A28), 263a15~18, b3~9 등.

절하다.

이렇게 놓고 볼 때 제논이 구사하는 변증술의 핵심적 면모는 무엇일까? 그
것은 아마 나중 시대 소크라테스의 논박술*elenchos*과 소피스트들의 쟁론술에서
공통적으로 나타나는 어떤 면모일 것이고, 아마도 우리가 찾는 파르메니데스
담론 전통의 핵심 면모 가운데 하나가 될 것이다. 나는 앞서 제논에 대한 플라
톤 『파르메니데스』의 전승을 살필 때 이미 주목한 바 있는 반론(안틸로기아)이
제논이 일구어 낸 변증 담론의 핵심이 아닐까 생각한다. 담론 상대방이 제시하
는 논변에 대해 반론, 즉 대항 담론을 세워 주는 일 말이다.

물론 엄밀히 말하면 플라톤-아리스토텔레스적 규정에 의거한 제논의 변증
적 반론 전통이 지시하는 바는 반론 일반이 아니라 귀류법 등 반론의 특수 유
형이라 해야 할지도 모른다. 실제로 두 아테네 철학자가 제논에서 주목한 바는
제논에게 나타난 반론의 특수 형태가 보여 주는 기법이나 의도에 있을 가능성
이 높다. 그러나 내가 보기에 제논의 변증 담론이 담고 있는 파르메니데스 변
증 전통의 대표적 면모는 반론의 특수 유형에 있기보다는 반론 일반의 기능이
나 의미 쪽에 있다.[82]

물론 이런 기능이나 의미를 탐색할 때 여전히 반론의 유형은 중요한 교훈
을 제공할 것이다. 그러나 여전히 우리에게 의미 있는 핵심은 반론의 특수 유
형이 아니라 그 특수 유형들이 공유하고 있는 보다 일반적인 유형들이고 그것
들이 드러내는 지적 태도나 원리라 해야 할 것이다. 이를테면 파르메니데스와

---

82 플라톤-아리스토텔레스처럼 의도에 주목하면 변증술과 쟁론술을 나누고 후자를 소피스트
계열의 불순한 의도와 연결 짓는 식의 역사를 쓰게 될 것이다. 우리가 꼭 주류 철학자가 본 방
식 그대로 철학사를 보아야 할 이유는 없다. 우리에게는 우리에게 필요한 역사와 우리가 가꾸
어야 할 담론 전통이 따로 있기 때문이다.

제논, 그리고 마지막 주자인 데모크리토스의 담론에 공히 들어 있었던 '우 말론' 원리, 즉 무차별성 원리가 좋은 예가 될 수 있겠다. 이 원리는 담론에만이 아니라 담론을 펼치는 지성 세계 일반에도 적용될 수 있는 균형성 추구 정신에 기반해 있다. 희랍 지성인들은 대립되는 것들 중 어느 한쪽에 무게를 싣는 일보다 긴장을 통한 균형을 성취하는 일에 늘 주의를 집중했던 것으로 보인다. 그런 지적 태도가 담론 세상에 반영된 것이 바로 무차별성 원리요 변증적 정신이라 할 수 있다.

대항 담론을 세우는 일에 관해 플라톤적 전통에서는 반론의 의도가 뭐냐를 묻고, 그래서 문제를 종종 도덕적 차원으로 연결시키지만, 엄밀하게 말하면 그런 접근 역시 정치적 구도에서 나온 것이다. 의도가 호승심이든 진리 추구든 간에 특정 담론에 대해 대항 담론을 세우는 일 자체는 담론자의 의도로만 환원되지 않는 객관적이고 사회적인 의미와 문제의 차원을 갖는다. 냉정하게 말해 진리 추구를 자처하는 것 자체도 호승심을 포장하기 위한 고도의 전략일 수 있고, 게다가 호승심이 무조건 문제가 있는 것처럼 매도하는 것 역시 건강한 일인지 의심스럽다. 말로 하는 아곤 자체가 호승심을 기반으로 하지 않으면 어떻게 지속 가능할지 의문이다. 호승심이 다른 반사회적이거나 부도덕한 행위와 명백하게 연계되지 않는 한, 권장은 못할망정 매도할 일은 아닐 것이다. 건강한 담론 문화와 담론 세상을 가꾸는 일에 있어서 진지함, 즉 진리를 추구한다는 의도나 목적(더 정확히는, 그런 의도나 목적을 갖고 있음을 표방하는 일) 때문에, 말로 하는 아곤을 가능하게 하고 의미 있게 해 주는 건강한 유희 정신이나 호승심 내지 경쟁심을 무작정 폄훼하거나 지나치게 경계하는 일은 바람직하지 않은 것 같다. 제논의 경우, 그가 선생 이야기를 옹호할 목적으로 펼친 담론이라면 칭찬하고 그냥 재미를 위한 것이었다면 야단치는 식으로 접근해야 하는 걸까? 중요한 건 반론의 내용과 방식이고, 그것이 원래 담론을 어떻게 비판하고 어떤 식으로 보완하는가 하는 문제일 것이다.

의도가 어떤지를 떠나서 반론을 제시한다는 것 자체가 원래 담론에 대한 도움이요 기여다. 물론 (플라톤의 해석하에서 볼 때) 제논도 여럿을 말하는 사람들에게 반론을 제시하면서 선생과 자신을 희화화한 사람들을 도와줄 의도보다는 그들을 역으로 희화화하고 웃음거리로 만들려는 의도를 가졌을 것이다. 그러나 의도의 실현과 그 결과에 대한 판단은 의도 자체만이 아니라 의도와 독립적으로 작동하는 부분을 당연히 포함해서 이루어진다. 예컨대 상대 다원론자가 자신의 논의를 강화하는 데 제논의 반론을 이용한다면, 그리고 그것이 관찰자들에게 호응을 받는다면, 제논의 의도와는 달리 그의 반론이 다원론자의 담론에 일정한 기여를 한 셈이 된다. 그래서 그 다원론자가 다시 선생 파르메니데스를 더 유효적절한 논변으로 공격해 올 수도 있다. 그렇다고 이 경우 제논이 선생에게 해를 끼치는 것일까? 그것조차 아니라고 우리는 말할 수 있다. 논변이 반론을 통해 깨지는 것 혹은 반론에도 불구하고 견디고 살아남는 것은 말들의 아곤에서 다반사다. 반론적 변증이 중요한 이유는 논변자가 자신이 가진 논변이 정말 힘 있는 것인가를 검증해 볼 장치를 제공받기 때문이다. 반론을 통해 깨지면 다른 논변을 붙잡으면 그만이다. 혹은 더 좋은 논거를 찾아 나서면 된다. 말들의 아곤은 변증을 통해 건강해지고 반론을 통해 활력을 부여받는다. 이렇게 보면, 내가 이 책에서 내내 강조하며 주목해 온 '비판'의 전통은 파르메니데스적-제논적 변증술의 전통에서 무르익었다고 할 수 있다.

이제 엠페도클레스로 대변되는 수사학 전통을 살펴볼 차례다. 변증술과 수사학, 두 영역의 창시자에 대해 이야기하는 이 절 서두의 디오게네스 인용문 직후는 다음과 같이 이어진다.

그는 『시인들에 관하여』에서 엠페도클레스가 은유 사용을 잘하기도 하고 시학에 관한 다른 재능들을 구사하기도 함으로써 호메로스적이면서 어휘 선택phrasis에 능했다고 말한다.

DL 8.57 (DK 31A1)

시인으로서 엠페도클레스의 면모는 아리스토텔레스의 야박한 평가를 받을 만한 게 아니었음을 우리는 앞에서 확인한 바 있다. 이 점에 관한 한 아리스토텔레스 자신의 보고보다 오히려 이 디오게네스의 보고를 더 신뢰할 만하다. 엠페도클레스가 수사학의 창시자라는 언급은 섹스투스나 퀸틸리아누스의 문헌에도 나온다.[83] 그런데 두 사람의 보고에는 공히 수사학을 '일으켰다'*kekinēkenai*, *movisse*라는 표현이 사용되고 있어 특기할 만하다. 특히 퀸틸리아누스의 보고에는 흔히 수사학의 창시자로 간주되는 코락스, 테이시아스가 거론되며 그들의 '뒤를 따르는'*insecutus est* 고르기아스가 등장하는 대목에서 엠페도클레스가 고르기아스의 선생으로 지칭된다. 그러니까 먼 옛날의 시조 이후 명맥이 끊겼던 수사학계에 '중흥'을 일으킨 인물이 엠페도클레스와 제자 고르기아스라고 말하는 셈이다.[84]

---

83 "아리스토텔레스는 엠페도클레스가 처음으로 수사학을 일으켜 놓은*kekinēkenai* 사람이라고 말한다."(DK 31A19: 섹스투스 엠피리쿠스 『학자들에 대한 반박』 7.6) "그 시인들이 [기록으로] 전해 준 사람들 이후로 수사학에 관련해 어떤 움직임을 일으킨*movisse aliqua* 첫 사람이 엠페도클레스라고 이야기된다. 그런데 [수사학 관련] 저작을 쓴 가장 오래된 사람들이 시칠리아의 코락스와 티시아스이며, 같은 섬 출신 사람 레온티니의 고르기아스가 이들 뒤를 따랐는데, 전해지는 바로는 엠페도클레스의 제자다."(퀸틸리아누스 3.1.8)

84 시칠리아의 시라쿠사 출신 코락스와 그 제자 테이시아스는 동일 인물이라는 설('까마귀'를 뜻하는 '코락스'가 별명이라는 설) 등 그 정체성에 대한 이설이 분분하며, 흔히 전설적인 인물들로 간주되기도 한다. 코락스가 실존 인물이라면 시라쿠사 참주였던 트라쉬불로스(BCE

몇 안 되는 이런 보고들을 토대로 우리는 엠페도클레스가 수사학의 선구자 격이었다는 점, 그리고 그건 고르기아스로 이어지는 그의 학맥과 깊은 연관이 있다는 점, 여기서 그들이 중흥시키는 수사학이 그들의 담론에 내재한 시적 특성과 긴밀히 연관된다는 점 등을 확인할 수 있다. 이렇게 보면 그를 수사학 전통 속에 들어가게 해 준 중요한 요인은 선생 파르메니데스에게서 이어받은 시인으로서의 면모였다고 할 수 있다. 시인으로서 그가 가졌던 시 전통에 대한 유연한 대응 태도나 신화적 이야기를 철학 메시지에 활용하는 재주 등이 상당한 역할을 했을 것이라 짐작된다.

아리스토텔레스 시대에 거론되는 수사학이 말과 글로 설득 수단*pistis*을 제시하는 기술을 뜻하는 것이라 할 때, 거기에는 시가 설득에 중요한 역할을 한다는 생각이 암묵적으로 전제되는 듯하다. 그런데 파르메니데스 저작에 나오는 설득의 대표적인 유형은 진리편이 강조하는 로고스(논변)에 의한 설득이다. 의견편 담론에는 '참된 확신*pistis*이 없다'(DK 28B1.30)고 이야기된다. 하지만 이 말이 의견 담론에 설득력이 아예 없다는 뜻은 아니다. 그것은 '참된' 설득력이 없다는 말이며, '가사자들의 그 어떤 견해도 따라잡지 못할 그럴듯한 배열*eoikōs diakosmos*'(DK 28B8.60~61)에서 의견편의 설득력, 즉 그럴듯한 설득력을 읽을 수

466~465년 재임)가 몰락하고 민주정이 수립된 시절의 토지 소유권 소송과 연관되므로 엠페도클레스와 거의 동시대인에 가깝다. 이 이야기에서 중요한 건 '중흥'이냐 '창시'냐의 문제보다, 수사학의 출발이 단순한 지적 유희가 아니라 절박한 삶의 문제에 연원한다는 점이다. 물론 엠페도클레스의 수사학 전통이 코락스와 얼마나 연계되어 있는지는 아직 분명치 않다. 하지만 이 수사학 시작 이야기에 등장하는 모든 주요 인물이 5세기 초중반 시칠리아라는 시공간에 모여 있다는 점을 미루어 볼 때, 엠페도클레스의 전통에도 실천적 삶의 긴박함이 투영되어 있을 가능성이 높다. 지적 게임과 유희 깊숙한 곳에 담겨 있을 수도 있는 이름 없는 민초들의 역동적인 삶과 진지한 추구까지도 생생하게 오늘날 우리 삶의 이야깃거리로 되살리는 것이 우리에게 남겨진 과제다.

있다. 이렇게 파르메니데스 의견편에 일종의 개연적 설득력이 포함되어 있다고 본다면, 그것이 엠페도클레스가 추구했을 법한 설득력과 같은 계열의 것일 가능성이 높다.

의견의 설득력, 엠페도클레스의 시적 설득력이란 그럼 무엇일까? 적어도 진리편의 설득력이 드러내는 추상적 논리의 힘, 로고스의 힘 자체는 아닐 것이다. 오히려 진리편의 상승 이후 의견 담론으로 내려왔던 파르메니데스의 여행이 상징하는 담론 소비자에 대한 관심이나 배려와 상관이 있을 것 같다. 호메로스를 즐겨 듣고 호메로스에 익숙해 있던 대중은 추상적이고 논리적인 이야기보다 구상적이고 비유적인 이야기에 더 깊은 인상을 받을 테고, 말의 의미나 내용, 취지 못지않게 말의 표현 방식이나 어감, 분위기, 음악성 등으로 인해 담론에 마음을 더 주기도 할 것이다. 담론의 내용이 진실되고 정의로우니 어떤 형식, 어떤 말투에 담을지는 고려할 필요 없다는 반수사학적 태도[85]는 설득을 지향하는 담론자의 태도가 아니다. 내용만큼이나 형식을, …임만큼이나 …로 보임, …로 들림을 중시하겠다는 태도가 엠페도클레스적 수사학이 중요하게 여기는 담론 태도였을 것으로 보인다. 내가 이 책에서 내내 강조하며 주목해 온 '설득'의 전통은 진리와 필연의 힘을 강조하는 합리적 변증의 전통 외에 그런 변증을 담아내는 시적인 유희와 유연한 아름다움을 함께 강조하는 파르메니데스적-엠페도클레스적 수사학의 전통에서 비로소 온전한 제 모습을 갖추게 되었다고 할 수 있다.[86]

---

85 『소크라테스의 변명』 서두에 나오는 소크라테스가 바로 그랬다.

86 파르메니데스 담론 전통이 제논과 엠페도클레스에서 각각 변증술과 수사학이라는 전통으로 갈라져 발전하면서 비판과 설득은 제자리를 잡지만, 변증술과 수사학은 '창시'라는 말에서 드러나듯 새로운 모색의 단계라 할 수 있다. 이 둘이 통합을 이루고 전면적인 반성하에 명실상부하게 새로운 전통으로 거듭나며 확립되는 것은 다음 장에서 다룰 소피스트들에 가서의

제6장

소크라테스 이전과 이후?

자연철학의 경계와 파르메니데스적 유산

우리의 탐색은 이제 거의 경계선에 이르렀다. '소크라테스 이전 철학'이라 부르든 '자연철학'이라 부르든 아무튼 초기 희랍 철학의 전통이 과연 어디까지 이어졌느냐 하는 문제에 부딪치게 되었다. 물론 설득과 비판의 전통은 지금부터 논의하게 되는 역사적 분기점 내지 경계선을 지나서도 면면히 이어져 오늘날에까지 이른다. 하지만 초기 희랍 특유의 문제의식과 주제를 기반으로 한 활력과 동질성이 어느 지점까지 끈끈하게 유지되었는가 하는 질문은 던져 볼 필요가 있다. '경계'*peras* 자체가 일찌감치부터 초기 희랍인들의 주된 관심사이기도 했기에 이는 더더욱 의미 있는 물음이 될 것이다.

이 장의 첫 세 절은 경계선상에 있는 사람들로서 마지막 자연철학자들(소크라테스 이전 철학자들), 소피스트들, 소크라테스를 각각 다룬다. 1절에서 다룰 아폴로니아 출신 디오게네스는 마지막 공식 소크라테스 이전 철학자로 종종 거론되는 인물이지만 절충주의자라는 낙인과 함께 자주 철학사에서 제외되기도

일이다. 학통상, 실제 활동상으로 그 둘이 온전히 하나로 다시 모이게 되는 고르기아스가 파르메니데스 담론 전통의 수용사에서 특히 주목할 만하다.

한다. 과연 이런 전환의 시기에 마지막 정리를 하는 절충 철학의 가치와 의의는 무엇인지 살핀다. 1절이 다룰 또 다른 철학자 아르켈라오스는 통상 디오게네스보다 조금 더 낮은 등급으로 분류되어 다루어지는데,[1] 그의 철학이 가진 역할과 의의를 우리 논의에 필요한 정도만큼 살펴본다.

2절과 3절은 소피스트 전통과 소크라테스 철학이 지금까지 다룬 철학 전통과 어떻게 연속되거나 단절되어 경계를 만들게 되는지를 다룬다. 특히 소피스트 전통이 소크라테스 이전 철학과 이후 아테네 주류 철학 사이에서 어떤 역할을 수행하는지를 검토한다. '소크라테스 이전 철학'이라는 개념이 널리 채택되고 있는 데서도 선명히 드러나듯 소피스트 전통은 늘 소크라테스적 철학의 배경을 장식하는 역할로만 자리매김되었을 뿐 조명의 주된 타깃이 되어 본 적이 별로 없었다. 이 책에서 논의하는 설득과 비판은 사실 이들이 무대의 주인공이 될 수 있는 주제다. 소크라테스도 당대인들에게는 소피스트 전통의 테두리에 속한 지성인이었다. 오늘날 담론에 끌어올 만한 긍정적 자산들을 풍부히 지님에도 불구하고 소피스트 전통은 주류 철학의 빛에 가려져 그늘에서 늘 '마이너' 취급만 받아 왔다. 이런 반성하에 소크라테스와 소피스트 전통의 연속성에 특히 주목하면서 2절과 3절 논의를 전개할 것이다.

마지막으로 4절에서는 이런 경계선상의 철학 담론들이 어떻게 함께 파르메니데스 담론 전통을 이어 가면서 새로운 전통을 여는 질적 비약을 이루어 내는지를 추적한다. 특히 파르메니데스 담론 전통에 긴장과 발전의 계기를 되돌려 주려는 대항 담론으로 시작했다가, 기성 전통으로 되돌아오는 대신 담론의

---

1 서양의 대다수 주요 교과서류 저서들에서 디오게네스는 거의 자연철학의 마지막 장을 할애받지만[Graham(2010)은 예외적으로 멜리소스와 원자론 앞에 둔다], 아르켈라오스는 아예 언급되지 않거나 소략하게 다루어질 뿐이다.

새로운 지평을 개척하며 또 다른 전통의 기반을 닦는 길로 나아가게 된 소피스트적 반론(안틸로기아) 전통이 어떤 의의를 갖고 어떤 시사점을 우리에게 던지며 새로운 담론 시대의 이정표가 될 수 있을지를 탐색한다.

1. 자연철학의 끝
디오게네스와 아르켈라오스

'경계'를 가리키는 희랍어 단어 '페라스'*peras*는 어쩌면 당연하게도 끝, 한계, 극한을 가리키기도 한다. 어떤 것의 경계에 이른다는 것은 그것의 끝까지 혹은 바닥까지 간다는 것이다. 경계는 그러니까 그것의 최고점과 최저점을 드러낸다. 그렇게 해서 한계가 드러나야 그것 다음을, 다른 것을 모색할 수 있다. 그럴 정도로 여한이, 미련이 없어진다. '끝'은 사실 파르메니데스의 용어였다.[2] 끝을 보아야 비로소 그것이 완결된다.[3] '갈 때까지 가 본다'는 것이야말로 엘레아적 정신을 잘 드러내는 말이다.[4]

---

2 물론 파르메니데스만의 용어도 아니었고 파르메니데스가 처음 사용한 용어도 아니었다. 굳이 말하자면 처음부터 초기 철학자들의 핵심 용어였다. 시작은 아마도 '아페이론'을 끌어들인 아낙시만드로스에게까지 소급되어야 할 것이고, 파르메니데스 이전인지 이후인지 확정하기 어렵지만 피타고라스학파에게도 아주 중요한 용어였다. 아페이론이 아낙시만드로스의 아르케였다면, 필롤라오스는 아페이론들(즉 페라스가 없는 것들)과 함께 페라스들(정확히는 페라스를 주는 것들)을 아르케로 설정했다.

3 "맨 바깥에 끝[/한계]*peiras*이 있기에 그것은 완결된 것*tetelesmenon*."(DK 28B8.42)

4 파르메니데스의 서사시적 웅장함이 드러나는 서시의 여행은 그것이 묘사하는 여행의 스케일도, 여행을 묘사하는 언어 자체도 바로 그런 정신을 잘 반영하고 있다.

소크라테스 이전의 자연철학에서 아폴로니아[5]의 디오게네스가 수행한 역할도 바로 그런 '끝'을 보여 주는 것이었다.

> 이것들[즉 자연학 탐구]에 몰두하던 사람들 가운데 거의 가장 나중 사람인 아폴로니아의 디오게네스는 대체로 끌어모으는 방식으로 *sympephorēmenōs* 글을 썼는데, 어떤 데서는 아낙사고라스를 따랐고 다른 어떤 데서는 레우키포스를 따랐다. 그런데 이 사람도 전체[즉 우주]의 본성 *physis*이 무한하고 영원한 공기라고 말한다. 그것이 농밀해지고 희박해지고 겪는 상태가 바뀜에 따라 그것에서부터 다른 것들의 형상 *morphē*이 생겨난다고 말이다.
>
> 심플리키오스 『아리스토텔레스의 「자연학」 주석』 25.1~5 (DK 64A5)

아니나 다를까 그에겐 여지없이 '절충적'이라는 딱지가 붙었다. 여기저기서 필요한 만큼 '대강 끌어모았다'는 것이다. 이 보고에 따르면 디오게네스는 때로는 아낙사고라스를, 때로는 레우키포스를 가져 와서 합쳐 놓았고, 이름이 따로 거론되지는 않지만 이어지는 공기의 농밀-희박은 아낙시메네스에서 가져온 것이다. 독창적인 사고력은 바닥나고 이젠 여기저기서 끌어모아 적당히 짜깁기하는 일만 남았다는 게 '절충'이라는 끝을 이야기하는 사람의 의도일 것이다.

디오게네스가 얼마나 독창적인가의 문제는 차근차근 별도로 따져 볼 사안이지만, 논의의 편의를 위해 일단 항간의 평가를 받아들여 그의 비독창성이 확립된 사실이라 해 보자. 설사 그렇다고 해도 철학에서 독창성과 천재성만이 바람직한 것으로 추천되고 탐색될 만하다는 생각 자체가 실은 선결되어야 할 문

---

5 트라키아에 있는 밀레토스의 식민 도시다. 본토에서 식민지로 이주한 사람들의 재식민은 당시에 흔한 일이었다.

제다. 어떻게 보면 독창적인 철학만큼이나 이런 유의 이른바 절충적인 철학도 중요하고 유용할 수 있다. 아니, 역사적으로는 혹은 어떤 시대에는 오히려 그런 철학이 더 중요할 수 있다. '전환기의 철학'들은 사실 그런 성격을 띤 경우가 적지 않았다.

훗날 헬레니즘 시대의 끝에 위치한 기원전 1세기에 펼쳐지는 철학도 그런 성격의 것이 된다. 고전 철학의 유산을 이어받아 이러저러한 모색을 한 끝에 헬레니즘 시대 사람들의 사유는 어느 정도 그 한계에 이르렀다. 더 이상 음미하고 끄집어낼 요소들이 그닥 없을 정도로 앞선 시대의 자산을 향유하고 소비했다. 그 끝자락에는 이제 여러 유산들을 이리저리 모아 가며 '절충적인'eclectic 작업을 하거나 '융합적인'syncretic 작업을 하는 일만 남게 된다.[6]

플라톤주의 아카데미와 스토아 철학의 경계선상에서 이런 작업들을 훌륭히 해낸 안티오코스의 철학이 그 대표적인 사례다. 황혼기 아카데미의 지도자이자 사제 간이었던 안티오코스와 필론의 변증적 대화는 그저 독창적이지 않다고 치부하고 말 정도의 한담이 아니라 전환기의 시대적 요청에 부응하려는 철학자들의 역동적 노력이었다. 그 대화를 통해 지난 시대의 아카데미 회의주의를 재조명하고 반성하게 되었을 뿐만 아니라, 아리스토텔레스를 거쳐 멀리자기들의 지적 동력의 원천인 스승 소크라테스와 플라톤의 철학에까지 거슬러올라가 그 철학을 총체적으로 재점검하고 자기들 문제의 해결을 위해 소환하는 장을 마련하게 된다.[7]

---

6 절충과 융합의 차이나 비교의 문제에 관해서는 기원전 1세기 철학에서 이루어진 작업들에 관한 접근들, 예컨대 강철웅(2009, 277), 그리고 Dionini(1988), Dillon(1988) 등을 참고할 것.
7 안티오코스와 필론 간 공방의 내용과 철학적·철학사적 의의에 관해서는 강철웅(2009)을 참고할 것.

지금 우리가 더듬어 보고 있는 기원전 5세기 중후반이 바로 그런 전환의 시대였다. 독창적이냐 아니냐만 볼 것이 아니라 당시 사람들이 어떤 태도와 정신으로, 어떤 방식으로 한 시대의 끝을 마무리하며 그 자리에 새로운 전통을 열고 만들어 가는지 눈여겨 볼 일이다. 디오게네스 저작의 시작은 그런 의미에서 아주 의미심장하다.

> 어떤 담론*logos*이든 시작할 때는 시작점*archē*은 논란의 여지가 없도록, 그리고 설명*hermēneia*은 단순하고*haplē* 진중한*semnē* 것으로 제시해야 한다.
>
> DL 9.57 (DK 64B1)

무엇보다도 그는 '시작'*archē*에 대한 말로 시작하고 있다.[8] 담론의 시작점이 어떠해야 하는가를 시작점으로 삼아 자기 담론을 시작하고 있는 것이다. 담론이 논란의 여지가 없는 출발점과 단순, 진중한 설명(혹은 표현)을 담고 있어야 한다는 방법론적 반성은 무엇보다도 그 자신의 담론에 적용될 것을 의도하고 있음에 틀림없다.[9] 게다가 이전과 동시대 철학자들의 담론을 이런 잣대로 평가하고 비판하겠다는 선언이기도 하다. 여기 제시된 기준이 정확히 무엇을 의미하는지는 좀 더 따져 볼 여지가 있지만, 적어도 분명해 보이는 것은 담론이 논란의 여지가 없는 시작점을 가져야 하므로 논란의 여지가 있는 경우에는 해소 노력이 필요하다는 것이 전제된다는 점이다. 논변적 정당화가 담론 성패의 중요한 기준이라는 점을 간접적으로 드러내는 것이라 볼 수 있다.

---

8 소크라테스 이전 자연철학이 시작(밀레토스학파)도 아르케에 대한 물음으로, 끝(디오게네스)도 아르케에 대한 탐색으로 시작한다는 점이 아주 흥미롭다.

9 이것이 이제까지 우리가 주목해 온 메타 담론의 중요한 실천적 함축 가운데 하나다.

그렇다면 그 자신의 담론은 과연 어떤 식으로 진행되며 그 자신이 이야기한 기준을 얼마나 충실히 따르고 있는지 살펴보기로 하자. 대표적 단편인 B2는 이렇게 시작한다.

> 내가 생각하기에 통틀어 말하면*to xsympan eipein* 모든 있는 것들은 동일한 것으로부터*apo tou autou* 달리 되며*heteroiousthai* 동일한 것이다.
>
> 심플리키오스『아리스토텔레스의「자연학」주석』151.31~33 (DK 64B2)

자신이 직접 요약한 바에 따르면 디오게네스의 핵심 주장은 모든 있는 것들의 변화를 관통하는 동일한 하나가 있고 그 동일한 것 하나가 모든 있는 것들의 출발점이라는 것이다. 질료적 일원론이라고 지칭할 만한 생각이 잘 드러나 있다. 다원론과 원자론이 힘을 얻던 시대에 다시 일원론이라니, 시대착오적이라는 비난을 받을 만도 한데 그는 과감히 일원론을 주장하고 있다. 여기서 이야기되는 '하나'가 위 간접 전승에서 거론된 대로 공기라면 흡사 아낙시메네스가 다시 환생해서 이야기하고 있는 것과도 같은 형국이다. 왜 일원론이어야 하는가? 왜 아득히 먼 옛 시대의 담론으로 되돌아가야 하는가?[10]

---

10 이것이 옛 밀레토스 논의로 돌아가는 것이 아니라 새로운 일원론의 창안이라고 자리매김 하는 해석도 있다. 그레이엄은 밀레토스학파가 질료적 일원론을 확립했다고 보는 다수 해석(Barnes 1982; KRS 1983 등)에 반대하면서, 그 해석의 근거 역할을 하는 아리스토텔레스 구절들이 아리스토텔레스 철학의 역투사에 의해 시대착오적으로 질료 일원론 해석을 덧씌웠을 뿐 아직 밀레토스인들이 아리스토텔레스적 의미의 질료 일원론을 갖지 않았다고 주장한다(Graham 2010, 434). 그저 기원적 의미의 하나를 말했을 뿐이라는 생각이다. 그가 디오게네스를 자연철학자들을 다루는 14개 장 가운데 마지막 장이 아니라 10장에 배치한 것도 이런 혁신적 주장의 연속선상에 있다고 할 수 있다. 그레이엄처럼 보면 디오게네스의 독창성 내지 기여의 폭이 매우 넓어지지만, 그런 여지가 많아지는 만큼 밀레토스학파 논의의 적실성과 성과를 이야기할 여지는 줄

옛 밀레토스학파처럼 별다른 근거를 내세우지 않는다면 이 주장만이 아니라 서두에서 말한 기준까지도 함께 문제시될 만한 상황이다. 아닌 게 아니라 그는 곧바로 근거를 제시한다. 그것도 그저 이렇게 하면 단순명쾌한 설명이 될 테니까 하는 식의 순환적 근거 수준이 아니라 제대로 된 자연학적 근거를 내세운다. 이어지는 대목이다.

> 그리고 이것은 분명하다. 이 우주 안에 지금 있는 것들이, 즉 흙과 물과 공기와 불 그리고 이 우주 안에 있는 것들임이 분명한 다른 것들이, 이것들 가운데 어떤 것이 다른 것과 (그 고유의 본성에 있어서 다른 것이어서) 다르다*heteron*면, 그리고 동일한 것이 아닌 채로 여러 번 바뀌고 달리 되고 한다면 어떤 식으로든 그것들이 서로와 섞일 수도, 어느 하나에게 〈다른 것으로부터〉 유익이든 해로움이든 〈생길〉 수도 없을 것이며, 흙에서 식물이 자라날 수도, 동물이든 다른 어떤 것이든 생겨날 수도 없을 것이다. 동일한 것이게끔 구성되지*synistato* 않는다면 말이다. 그러나 이 모든 것들이 동일한 것에서 나와*ek tou autou* 달리 되기에,[11] 서로 다른 때에 서로 다른 종류의 것들이 되고 동일한 것으로 되돌아간다*anachōrei*.
>
> 심플리키오스 『아리스토텔레스의 「자연학」 주석』 151.34~152.7 (DK 64B2)

엠페도클레스와 아낙사고라스는 파르메니데스를 따라 생성과 소멸의 실재성을 부인했었다. 대신 파르메니데스적인 실재가 서로 다른 여럿이 될 수 있다고 상정함으로써 세상의 운동과 변화를 설명하려 했다. 디오게네스는 이제 이

어들 수밖에 없다.
11 혹은 '달리 되기에' 대신 '달리 되는 한'이나 '달리 되면서'로 옮길 수도 있다.

들의 '여럿'을 문제 삼는다. 근본적으로 다른 것들이 여럿 존재하는 것으로 세상이 되어 있다면 그것들이 어떻게 상호 영향을 주고받는지 이해하기 어렵다는 것이 문제 제기의 근본 방향이다.[12] 특히 그는 엠페도클레스의 네 원소를 콕 집어내어 문제 제기하고 있다. 그리고 바로 그 문제 제기가 '하나'로 돌아가자는 그의 주장을 뒷받침하는 강력한 근거로 의도되어 있다.

그렇다면 그가 돌아가자고 주장하는 그 하나는 무엇인가? 위 간접 전승이나 다른 관련 단편들의 증거로 보아 그 하나는 공기였을 것으로 추정된다. 물론 단편 전달자인 심플리키오스 자신도 그렇고 현대 연구자 반스도 위 네 원소 언급을 문제 삼는다. 네 원소 가운데 어느 하나를 근본적 실재로 삼을 수 있는가 하고 말이다. 반스는 디오게네스가 말하는 하나가 공기가 아니라 네 원소와 구별되는 물체라는 해석으로까지 나아간다.[13] 반면에 KRS는 바깥 공기가 아니라 지성과 연결되는 뜨거운 공기로 해석한다.[14] 텍스트의 증거(특히 B5[15])와 더

---

12 여기서 그가 우주 내 사물들의 상호작용을 그저 섞임을 통한 생성과 성장으로만 보는 것이 아니라 유익과 해로움을 주고받는 것까지 포함하는 것으로 보고 있다는 점이 주목할 만하다. 소크라테스가 아낙사고라스의 지성 논의에서 아쉬워 한 목적론이 들어올 여지를 열어 놓고 있는 언급이라 할 수 있겠다.

13 Barnes(1982, 272~274). 읽는 쪽이 가질 수 있는 자비를 텍스트의 과잉 해석으로 남용하는 것이 반스가 자주 취하는 해석 경향이다. 크세노파네스를 날카로운 논리적 추론으로 무장한 신학자로 추켜세우기 위해 '알맞지 않다'를 논리적 불가능성으로 읽은 것이 특히 그렇고, 파르메니데스의 분석적 연역 논변의 가치를 드높이기 위해 진리편(특히 B8)에 '실재적' 일원론이 없다고 하거나 의견편이 허위라는 오웬 해석에 동조하거나 서시에 철학적 알맹이가 별로 없다고 하는 것 등이 그렇다. 그의 머릿속에서 재구성되는 텍스트를 위해 전해지는 텍스트가 자주 희생되곤 한다.

14 KRS(1983, 439).

15 "그리고 내가 보기에 지성noēsis을 가지는 것은 사람들이 공기aēr라 부르는 것이며, 이것에 의해 모든 것들이 조종되고kybernasthai 이것이 모든 것들을 지배한다kratein. 내가 보기에 바로 이것이 신theos이고 모든 것에 뻗쳐 있으며aphichthai 모든 것들을 질서 짓고diatithenai 모든 것

잘 어울리는 것은 아무래도 공기 쪽이다. 그리고 위 간접 전승에서 언급된 것처럼 디오게네스는 농밀과 희박을 말하긴 하지만 그보다 뜨거움과 차가움에 더 중요한 비중을 두고 이야기한다.

방금 언급한 B5에도 등장하는 지성과 관련해 그는 아낙사고라스보다 한 걸음 더 나아간다.

> 지성noēsis 없이는 그것이 모든 것들의 (즉 겨울과 여름의, 밤과 낮의, 비와 바람과 맑은 날씨의) 척도들을 가질 수 있게 나뉠[/분배될]dedasthai 수가 없을 테니까. 그리고 다른 것들도 누군가가 생각해 보길 원한다면 실행 가능한 한 가장 아름답게 배치되어 있다는 것을 발견할 수 있을 것이다.
>
> 심플리키오스『아리스토텔레스의「자연학」주석』152.12~16 (DK 64B3)

과연 아낙사고라스에게서는 젊은 시절의 소크라테스를 실망시킬 만큼 기계론적인 데 머물러 있던 지성이 여기서는 꽤 일신해 있다. 거의 '디자인 논변'이라 해도 별 손색이 없을 정도로 디오게네스의 지성은 정신적 속성을 사뭇 지녔고 목적론적인 착상에 어울리게 그려져 있다. 다른 건 몰라도 목적론적인 지성의 역할 이야기만큼은 다원론자들로부터 꽤 많이 진전되어 있다고 할 수 있다.

요컨대 디오게네스의 논의는 다원론자들이 말한 여러 다른 실재들이 그 상이함 때문에 상호작용을 할 수 없으므로 동질적인 하나의 아르케를 설정하겠다는 것이고, 이는 엘레아적 기준을 인정하는 일일 뿐만 아니라 다원론자들보다

안에 있기eneinai 때문이다. 이것에 관여하지metechei 않는 것은 하나도 없다. 또한 그 어느 것도 다른 것과 똑같은 방식으로 관여하지 않고, 오히려 많은 방식들이 공기 자체에도 지성에도 속한다.[…]"(DK 64B5: 심플리키오스『아리스토텔레스의「자연학」주석』152.21(22)~153.13)

훨씬 더 엘레아적 기준에 충실하려는 시도다. 그 아르케를 뜨거운 공기나 지성과 연관 지으면서 그는 목적론적 고려와 유물론적 원리의 조화를 시도한 것으로 보인다. 아울러 다원론 대신 일원론으로 되돌아가려는 이런 시도를 하면서 그는 그저 큰 목소리로 주장하거나 단순 명쾌한 설명이어야 한다는 의식 내지 선언쯤에 기대는 것이 아니라, 논변에는 왜 하나여야 하고 하나일 수밖에 없는가 하는 필연성이 반드시 들어가야 한다는 의식을 분명히 드러내고 있다. 다원론자들에 비해 단순한 하나의 원리를 선호해 일원적 태도로 돌아간 데모크리토스가 디오게네스와 비슷한 정신을 가졌다고 할 만하다.[16] 그런데 데모크리토스에 왜 그래야 하는가에 대한 메타 담론적 언명이 있었는지는 분명치 않다. 그런 의미에서 디오게네스는 데모크리토스의 '다음 사람' 역할을 하고 있었다.

한편 디오게네스 라에르티오스에 따르면 자연철학이 막을 내린 게 디오게네스와 비슷한 시기의 아테네 출신 아르켈라오스에서였다고 하는데(DK 60A1: DL 2.16), 그 역시 지성에 관심을 가졌다.[17]

---

16 앞 5장 3절 말미에 인용한 '하나의 원인 설명'을 찾겠다는 선언에 잘 드러나 있다.
17 아르켈라오스가 그러니까 '최초의 아테네 출신 철학자'인 셈이다. '최초의 아테네 철학자'인 아낙사고라스의 제자라는 게 표준적 학설사 전통의 보고다. 이는 학설사 전통이 아폴로니아 출신 디오게네스의 논의가 아낙사고라스와 연관이 있다는 데 주목하면서도 아낙사고라스의 제자로 보지는 않는 것과 대조적이다. 아무튼 두 사람 모두 아낙사고라스의 지성을 수정하는 이론을 제시했다. 두 사람 중 누가 누구를 본떴는지, 연대상 선후가 어떻게 되는지는 알려져 있지 않다. 그리고 아르켈라오스가 소크라테스의 선생이었다고 전하는 DL은 그가 자연철학을 최초로 이오니아에서 아테네로 옮겨 왔다고 말한다(DK 60A1: DL 2.16). 그러나 그건 아무래도 그의 선생 아낙사고라스에 해당하는 일일 것이다(DK 59A7: 알렉산드리아의 클레멘스 『학설집』 1.63.2). '최초의 아테네 철학자'와 관련해서 이렇게 혼선이 있는 것은 그들의 학통이 얽혀 있어서다. 아르켈라오스의 단편은 전해지는 것이 없고, 여기 인용문처럼 히폴뤼토스나 DL, 심플리키오스, 위-플루타르코스 등의 간접 전승들을 통해 그 내용을 추측할 따름이다.

이 사람[즉 아르켈라오스]은 아낙사고라스와 똑같이 질료의 섞임*hē mixis tēs hylēs*을 이야기했고 근원들*archai*에 대해서도 똑같이 말했다. 그리고 이 사람은 애초부터*eutheōs* 지성에 어떤 섞임*migma*이 들어 있다*enhyparchein*고 주장했다. 또 뜨거운 것과 차가운 것이 서로로부터 갈라져 나오는*apokrinesthai* 것이 운동의 시작이며 뜨거운 것은 운동하고 차가운 것은 가만히 있다고 주장했다.

히폴뤼토스『모든 이교적 학설들에 대한 논박』1.9.1~2

그가 말하는 지성은 순수하지 않다는 점에서 아낙사고라스를 넘어서려 한다. 섞임에서 예외였던 지성에도 이제 하나같이 섞임이 작용된다고 본 것이다. 디오게네스가 아낙사고라스의 지성을 목적론적 방향으로 끌고 갔다면, 아르켈라오스는 거꾸로 기계론적·유물론적인 면모를 보다 철저히 관철시키는 방향으로 나아갔다고 할 수 있다.

또 그는 운동과 관련해 뜨거움과 차가움이 서로로부터 '자동적으로' 갈라져 나온다고 보는 것 같다. 지성의 회오리 작용이 운동을 일으킨다는 아낙사고라스의 설명에서 벗어나 지성이 운동의 원인으로 작용하는 대신 온과 냉이 자동 분리되는 그림을 그림으로써 데모크리토스가 그랬듯 철저한 유물론으로 돌아가려 시도하는 것으로 보인다. 게다가 위 인용문 뒤로 엠페도클레스의 4원소설에 무게를 두는 듯한 이야기가 이어지는 것으로 보아도 아낙사고라스 이전의 보다 유물론적인 설명을 선호하는 경향이 뚜렷하다.

결국 디오게네스와 아르켈라오스는 아낙사고라스를 출발점으로 삼아 지성과 운동을 설명하는데, 전자는 보다 목적론적이고 나중 시대의 정신에 가까운 방향으로 나아가려 한 반면 후자는 보다 유물론적이고 이전 시대의 정신에 가까운 방향으로 되돌아가려 했다. 대체로 말해 이들의 사유는 융합보다는 '절충'에 가까웠다고 할 수 있다. 아마도 작업의 대상이 지나치게 이질적이고 대립적이어서 그랬을 것이다. 비교해 보면, 기원전 1세기 철학의 경우에는 대상인 플라톤, 아리스토텔레스, 스토아 철학이 모두 공통의 스승 소크라테스를 그 뿌리로 삼고 있어서 적어도 윤리학 문제에 관한 한 '대동소이'했기 때문에 '융합'이 가능했다. 디오게네스와 아르켈라오스의 경우 하나로 '수렴'하는 지점을 찾기 어려울 정도로 그렇게 자연철학은 다양하고 대조적이고 역동적이었다.

디오게네스 라에르티오스에 따르면 아르켈라오스가 논의한 법률이나 아름다움, 정의 등의 주제가 제자 소크라테스에게 영향을 주었다고 하며, 정의로운 것과 수치스러운 것이 자연에 의한 게 아니라 관습에 의한 것*ou physei alla nomōi*이라 말했다고 한다(DK 60A1: DL 2.16). 이 보고로 미루어 보면, 이제까지 우리가 살펴본 자연철학자들의 담론과 상당히 거리가 있는 논의가 아르켈라오스 철학에 포함되어 있던 것 같다. 오히려 그즈음 아테네에서 활동하고 있었을 소피스트들과 상호작용이 이루어졌을 법한 주제와 내용들이다. 그런 것들이 앞에서 다룬 자연철학적 이야기들의 내적 동력에 의해 산출된 것이 아닌 한, 혹은 외부적 출처에서 도입한 것이라 해도 자연철학적 논의와 일정한 정합성을 확보하거나 최소한 기본적인 이론적·실천적 접점들을 발견함으로써 기존 논의를 의미 있게 이어갈 수 있는 것이 아닌 한, 이제 자연철학의 전통은 아르켈라오스에게 와서 한계와 단절을 만나게 된 셈이다.

사실 이것이야말로 다음 절에서 집중적으로 다루게 될 '안틸로기아'*antilogia*(반론)의 중요성 가운데 하나다. 어떤 로고스(논변/담론/논의)든 동료나 제자들에 의해 반대 로고스가 제시되어 그것과 견주어지고 철저하게 반성됨으로써 비로소 해당 로고스는 그 의의나 의미가 온전히 드러날 수 있다. 초기 철학사는 이렇게 어떤 로고스가 제시될 때 그것에 대한 대항 로고스를 맞세워 줌으로써 로고스가 변증적으로(즉 테제가 안티테제를 거쳐 되돌아오는 방식으로), 그러나 본래의 자리가 아니라 한 걸음 나아간 곳으로 되돌아오는 과정을 수없이 반복하며 진전을 이루어 왔다. 초기 자연철학의 역사에서 이런 안틸로기아는 디오게네스나 아르켈라오스에 의해 마지막으로 시도되었다. 그런데 그들의 안틸로기아는 되돌아올 동력을 제공할 만큼 긴장과 활력을 갖지 못했고, 이후로는 더 이상 돌아오기 위한 안틸로기아가 시도되지 못했다. 그것이 곧 기존 철학 전통의 끝이다. 바로 그 자리에서 그들의 배턴을 이어받아 새로운 에너지와 충동으로 장전한 채 소피스트들과 소크라테스가 활기차게 시도하는 새로운 안틸로기아는 새로운 전통의 시작으로 되돌아오게 된다. 자연을 향한 탐색의 역사로 점철된 철학 전통은 되돌아온 것이면서 되돌아오지 않은 것이다.

2. 새로운 담론 전통의 시작
소피스트들

엠페도클레스와 아낙사고라스가 공히 견지한 핵심 입장은 생성과 소멸을 부인하는 것이었다. 이는 이미 검토했듯이 파르메니데스 사유의 핵심을 잇는 것이라는 의의를 갖기도 하지만, 다른 한편으로는 그런 입장의 밑바탕에 노모스에 대한 문제 제기가 들어 있다는 점을 유념할 필요가 있다. 그리고 이런 퓌시스와 노모스의 대립에 대한 의식은 멀리 크세노파네스에서부터 줄곧 견지되어 온 것이다. 이 절에서 이야기할 소피스트들이 퓌시스-노모스 문제를 철학사에 전면화한 것은 사실이지만, 그 문제가 어느 날 갑자기 역사의 전면에 떠오른 것이 아니라 앞선 철학자들이 오랫동안 숙고하며 다져 온 사유에 기반을 둔 것이다.

고대 희랍 세계는 기원전 5세기에 들어와 중요한 역사적 사건들을 겪게 된다. 다름 아니라 그 세기 초의 페르시아 전쟁(BCE 499~479년)과 그 세기 말의 펠로폰네소스 전쟁(BCE 431~404년)이다. 이 두 전쟁이 희랍에, 특히 아테네에 미친 영향은 실로 심대했다. 전자는 희랍인들에게 민주주의 등 자신들의 삶의 체제에 대한 자의식과 자부심을 불러일으키며 '페리클레스 시대'라고도 불리는 희랍 문화의 전성기를 열어 주었다. 특히 승전의 주역 아테네는 이 전쟁을 통해 희랍 폴리스 연합('델로스 동맹')의 맹주로 위세를 떨치게 되었다. 그런가 하면 후자는 50년 전성기를 구가한 아테네의 영화가 실은 군사적 연대 내지 연합의 이름으로 여타 폴리스가 제공하는 군사적·경제적 조공 덕에 '아테네 제국'이 살찌는 일방적 착취에 기반한 것이라는 불만으로 인해 일어난 전쟁이며, 결국 아테네의 일방적 독주를 종식시키게 된다.

이 두 전쟁 사이에 낀 찬란했던 시대('황금기')에 정치, 문화의 중심지인 아테네로 새로운 시대의 수요에 부응하는 지식인 그룹이 모여 들면서 새로운 지성사가 펼쳐진다. '소피스트'는 원래 '지혜롭다', '똑똑하다'는 뜻의 '소포스'*sophos* 라는 말에서 왔다. 흔히 '궤변가' 등 폄훼적 의미로 사용되지만 주로 플라톤의 영향력 때문이고, 원래는 '지식인' 혹은 '선생'을 가리켰다. 이전의 소포스(현자)는 직업적인 그룹이 아니었는데, 이제 앎으로 밥 먹고 사는 사람들이 등장한 것이다. 이 시기에 가장 중요한 앎은 정치 생활을 영위하는 데 필요한 앎, 사람을 설득하는 기술, 즉 수사학이었다.

이들이 문제 삼은 것은 단순화해서 말하면 노모스다. 노모스란 관습, 법, 윤리, 종교 등을 아우르는 것으로서 '사람이 개입'해서 '인정'해 주어야 비로소 효력을 가지게 되는 어떤 것을 가리킨다. 이미 말했듯이, 노모스에 대한 문제 의식은 그 전에도 존재했다. 예컨대 크세노파네스의 신학적·자연학적 작업의 밑바탕에 노모스에 대한 반성이 있었고, 다원론자들과 원자론자의 자연학적 작업도 노모스에 대한 반성을 포함하고 있었다. 하지만 소피스트의 시대에 이르기까지 노모스는 특별히 철학적 반성의 주제로 부각되거나 그런 반성이 시대 전체를 관통할 만큼 전면적이지는 못했다. 그것이 전면적인 철학적 반성의 대상이 된 것은 희랍 사회가 역동적 변화를 경험하는 시기와 맞물렸다. 한 사회가 이렇게 역동적으로 변화하면서 전환을 이루는 시기에 노모스는 '여유'*scholē*를 가진 선도적 그룹에 의해 전면적인 반성의 대상이 된다.[18]

노모스에 대한 자연스러운 접근은 퓌시스의 토대 위에 노모스를 세우는 것이다. 그런데 이제 급격한 전변의 시대를 맞아 현존 노모스가 퓌시스를 잘 반영하는가, 퓌시스에 잘 기초 지어져 있는가를 물으면서 자연스럽게 노모스에 대한 비판이 등장하고, 그러는 가운데 노모스와 퓌시스 간에 간극이 있다는 자각이 생겨나게 된다. 여러 소피스트들이 노모스와 퓌시스를 대립시키게 되는데, 급기야 현존 노모스는 허위이며 진정한 퓌시스를 반영하는 새로운 노모스를 형성해야 한다는 주장까지 나오게 된다. 강자의 이득이 정의라고 주장하는 『국가』 1권의 트라시마코스나, 힘에 기반해 남을 다스리는 자가 많이 가져가는 것이 '자연적' 정의라고 주장하는 『고르기아스』 3부의 칼리클레스가 그런 소피스트의 문학적 현신이라 할 수 있다. 다소 극단적인 '막나가는' 인물로 묘사되었다는 점만 빼면 후자는 특히 현실의 소피스트 안티폰을 잘 대변한다.[19]

---

18 크세노파네스가 살던 때는 아직 전환과 역동의 시대가 아니었고(570년경에 태어나 아주 오래 살아서 아마도 페르시아 전쟁이 끝나고 일대 전환이 시작되는 시점인 479년에 살아 있었을 가능성이 높지만, 그 전환을 충분히 경험하지는 못했을 것이다), 다원론 진영은 사실상 소피스트들과 동시대에 속하지만 퓌시스(자연)의 문제를 푸느라 노모스를 전면적으로 문제화할 여유를 갖지는 못했다.

19 물론 소피스트들이 모두 노모스를 문제 삼는 건 아니다. 아래 이야기할 프로타고라스나 이암블리코스에 나오는 무명 저자의 경우는 방금 언급한 사람들과 반대 방향에 서서 오히려 노모스를 옹호한다고 볼 수 있다. 아무튼 이런 입장 차이에도 불구하고 퓌시스-노모스 관계 자체를 전반적으로 문제 삼고 있다는 데 대해서는 양쪽 사람들의 문제의식이 서로 일치한다고

그런데 이들보다 시간적으로 먼저일 뿐만 아니라 사유의 깊이에 있어서도 소피스트들을 대표한다고 할 만한 사람인 프로타고라스는 다른 의미로 근본적인 주장을 제시한다. 그는 아예 노모스와 퓌시스 사이에는 원칙적으로 관련이 있을 수 없다고 주장한다.

> 인간이 만물의 척도*metron*다. …인[/있는] 것들에 대해서는 …이다[/있다]라는 것의 척도이고, …이지[/있지] 않은 것들에 대해서는 …이지[/있지] 않다라는 것의 척도다.
>
> 플라톤 『테아이테토스』 152a; 섹스투스 엠피리쿠스 『학자들에 대한 반박』 7.60 (DK 80B1)

여기서는 이제 철학의 핵심 화두가 자연*physis*에서 인간으로, 인간의 노모스로 옮겨와 있음이 확연히 드러나 있다. 좋다, 나쁘다, 옳다, 그르다, 참이다, 거짓이다 같은 판단들의 척도가 퓌시스에 있는 것이 아니라 인간에게 있다는 주장이다. 그의 입장을 정리해 보면 이렇게 된다. 각자 그렇다고 여기는 것이 진리다. 그것 말고 다른 어떤 실체로서의 진리는 없다. 퓌시스는 우리의 안정적인 조회처로 확립되어 있는 것이 아니다. 그것은 알 수 없는 것이다. 따라서 우리가 바라보는 관점이나 입장이 독자적인 역할을 하게 된다.

심지어 희랍인들이 별 의심 없이 받아들이던 신조차도 이제 자연적 기초를 잃는다.

> 신들에 관해서는 그들이 있다는 것도 있지 않다는 것도 형상*idea*이 어떤 자

할 수 있다. 소피스트들의 노모스-퓌시스 문제에 관한 보다 상세한 고찰은 전헌상(2012), 특히 247~259쪽을 참고할 것.

들인지도 나는 알 수가 없다. 내가 아는 걸 가로막는 것들*ta kōlyonta*이 많기 때문이다. 불분명함*adēlotēs*도 그렇거니와 인간의 삶도 짧으니 말이다.[20]

DL 9.51 (DK 80B4)

사람들이 그토록 확신하던 신조차 있다고도 없다고도 할 수 없는 처지가 된 것이다. 이런 솔직한 인정은 지적 성실성의 발로이지만, 일상인들에겐 그저 또 하나의 무신론을 지성의 허울로 포장한 것일 뿐이라고 받아들여지기 십상이다.

그는 신들이 있는지 알지 못한다고 말했다. 그런데 이것은 그들이 있지 않다는 걸 안다고 말하는 것과 같은 것이다.

오이노안다의 디오게네스 단편 12c. 2, 1 (DK 80A23)

불가지론은 무신론과 마찬가지라는 이런 편협한 동일시가 그를 아마도 불경죄 재판으로 몰고 갔을 것이고 희랍판 분서갱유의 희생자로 만들었던 것 같다. 그에게 적용된 죄목과 비난이 나중에 또 다른 재판의 희생자가 된 소크라테스에게 적용된 것과 크게 다르지 않다는 건 아주 흥미로운 일이 아닐 수 없다. 프로타고라스의 것으로 돌려진 다음과 같은 활동 또한 『소크라테스의 변명』(이하 『변명』으로 줄임)에 언급된 소크라테스에 대한 비난거리이기도 하다.

더 약한 논변*logos*을 더 강하게 만들기

아리스토텔레스 『수사학』 14021a24 (DK 82A21)

---

20 비슷한 내용의 다른 단편도 있다. "그런데 신들에 관하여 그들이 있는지, 또 어떤 자들인지 *hopoioi* 나는 말할 수 없다. 나를 가로막는*ta kōlyonta* 것들이 많기 때문이다."(DK 80A12: 섹스투스 엠피리쿠스 『학자들에 대한 반박』 9.55)

퓌시스적 기초는 허물어진 상태에서 오직 인간이 믿어 주는 것들이 힘을 갖게 된다는 발상은 사람들을 동요케 하기에 충분했던 것 같다. 이런 발상이 도덕적·사회적으로 문제가 있는 생각들도 힘을 얻고 정당화될 수 있게 사회를 변모시킬지 모른다는 불안감을 초래했을 것이다. 그런 불안감이 커지다 보니 자연스럽게 아테네인들 사이에서는 이런 발상을 창안하고 확대 재생산하며 이런 유의 활동(즉 논변 강화)으로 명성과 재부를 얻는 소피스트들이 위험시되는 상황까지 빚어졌을 것이다.

플라톤의 『프로타고라스』에 나오는 정치적 기술에 관한 '위대한 연설'[21]이

---

21 "예전에 신들은 있는데 가사자 종족들은 없던 때가 있었다. 그런데 이들에게도 태어날 운명의 시간이 왔을 때, 신들은 [⋯] 프로메테우스와 에피메테우스에게 그들 각자에게 알맞게 능력들dynameis을 배치하고 나누어 주라고 명했다. 그런데 에피메테우스는 프로메테우스에게 자기가 나누어 주는 일을 할 수 있게 해 달라고 청했다. [⋯] 그는 그다지 지혜롭지 못해서, 자기도 모르게 능력들을 남김없이 다 써 버렸다. 그래서 인간 종족은 아직 아무것도 갖추지 못한 채 남아 있었고 그는 어떻게 할지 난감해했다. [⋯] 인간에게 어떤 생존 수단sōtēria을 찾아 줄지 난감해서 프로메테우스는 헤파이스토스와 아테나에게서 기술적 지혜entechnos sophia를 불과 함께 훔쳐서 [⋯] 인간에게 선물로 주었다. 그래서 인간이 이런 방식으로 생존을 위한 지혜hē peri ton bion sophia는 얻었지만, 아직 정치적 지혜hē politikē sophia는 갖지 못했다. 제우스가 가지고 있었기 때문이다. [⋯] 그렇게 갖추어진 상태로 인간은 처음엔 여기저기 흩어져 살았고, 국가는 아직 없었다. 그래서 인간은 모든 면에서 짐승들보다 약했던 까닭에 짐승들의 손에 멸망해 가고 있었다. 장인적 기술demiourgikē technē이 양식을 얻는 데는 충분한 도움이 되었지만 짐승들과 싸우는 데는 부족했던 것이다. 정치적 기술politikē technē을 아직 가지고 있지 못했는데, 전쟁 기술이 그것의 일부니까. 그래서 그들은 국가를 세움으로써 한 덩어리로 뭉쳐 안전해지기를 도모했다. 그런데 한 덩어리로 뭉쳤을 때 정치적 기술을 갖고 있지 않기 때문에 서로에게 불의를 행했고, 결국 다시 흩어져 파멸되어 가고 있었다. 그러자 제우스가 우리 종족이 완전히 멸망할까 두려워 헤르메스를 보내 인간들에게 염치aidōs와 정의dikē를 가져다주라고 시키게 된다. 국가의 질서와 친애의 결속이 함께 모으는 일을 하도록 말이다. 그러자 헤르메스가 제우스에게 어떤 방식으로 인간들에게 염치와 정의를 줄지를 묻는다. "기술들을 나눈 대로 이것들도 나누어 줄까요? [⋯] 아니면 모두에게 나누어 줄까요?" 제우스가 말하길 "모두에게 나누어 주어 모두가 나눠 갖

역사적 프로타고라스를 반영하는 것이라면, 사람들의 불안감과는 달리 프로타고라스의 정치철학은 당대 민주주의의 가치관과 잘 어울리고 민주주의 체제를 잘 뒷받침할 수 있는 것이었을 가능성이 높다.[22] 아무튼 인간이면 누구에게나 정치에 참여할 만한 기본 식견과 성향(정의와 염치의 가능성)이 주어져 있다는 그의 정치철학적 입장은 그의 인식론적 입장과 잘 조응하는 것으로 보인다.

확신의 시대가 가고 이제 의심의 시대가 왔다. 새로운 시대를 앞장서서 이끈 프로타고라스의, 노모스에 대한 근본적인 문제의식은 앞 장에서 살핀 반론 전통의 맹아를 키워 명실상부한 새 담론 전통으로 자리 잡도록 고양하려는 시도로 나아가게 된다. 절대적 진리를 확신하는 시대에도 담론의 건강성과 활력을 유지하려면 반론은 꼭 필요하다. 하물며 상대적 진리가 거론되는 시대에 반론은 더더욱 필요하지 않겠는가? 새 시대의 길목에서 펼쳐진, 노모스에 대한

게 하시오. 다른 기술들처럼 소수만이 그것들을 나눠 가지면 국가가 생겨날 수 없을 테니까. 그리고 염치와 정의를 나눠 가질 능력이 없는 자는 국가의 병*nosos*으로 여겨 죽이는 것을 내게서 나온 법*nomos*으로 삼으시오."(DK 80C1C: 플라톤 『프로타고라스』 320c~322d)

22 '위대한 연설'이 민주주의에 대한 강력한 옹호를 담고 있어서 플라톤 자신보다는 역사적 프로타고라스의 입장이 반영되어 있다고 보는 이들이 많다. 플라톤의 반민주주의적 입장에 대한 고찰을 포함해 당대 대표적 지식인들이 민주주의에 대해 보인 태도를 텍스트 분석을 통해 조명하는 던(2015) 1장, 특히 50~85쪽(플라톤에 관해서는 69~79쪽)을 참고할 것. 플라톤이 당대 아테네 민주주의에 호의적이지 않은 입장을 가진 것은 분명하지만, 현대 논의가 흔히 전제하는 민주주의(대의 민주주의)에 대해서도 비슷한 입장인 것처럼 전제할 수는 없다. 민주주의에 대한 플라톤의 입장을 논할 때는 어떤 민주주의냐에 따라 텍스트 해석에 미묘한 차이가 있을 수 있다. 『국가』편 배 비유에는 오늘날 대의 민주주의의 아이디어와 얼마든지 공감 가능한 입장이 포함되어 있다. 이 점에 관한 상세한 논의는 문지영·강철웅(2011)을 참고할 것. 정의롭다, 진실을 갖고 있다는 데 만족할 수 없고 더 많은 대중이 그런 입장을 공유해야 한다는 문제의식이 플라톤에 있었고, 민주주의와 수사학에 대해 『국가』가 보이는 매우 적극적인 입장이 그걸 잘 반영하고 있다는 Kastely(2015)의 논의도 흥미롭다. 그런 문제의식은 이 책이 논하는 파르메니데스주의적 설득 전통과 잘 맞닿아 있다.

문제의식은 반론을 대하는 철학자들의 접근 태도를 바꿔 놓는다. 맹아 상태의 반론 전통이 마침내 시대와 상호작용하는 담론 세계 내에서 그것 자체에 대한 메타적 차원의 반성과 자리매김을 거쳐 확고한 하나의 담론 전통으로 뿌리내리는 계기를 만나게 되는 것이다.

바로 그런 계기를 잘 보여 주면서, 동시에 이제까지 살펴본 프로타고라스의 여러 이야기들을 잘 묶어 줄 만한 요소로 가장 인상적인 대목은 그의 '대립 논변'이다.

> 무슨 일*pragma*에 관해서든 맞서는*antikeimenoi* 두 논변*dyo logoi*이 있다.

DL 9.51 (DK 80A1)

인간 척도설도 신에 관한 불가지론도 정의와 염치의 공유론도 모두 하나의 대립되는 논변으로 설정된 것이라고 보면, 그런 논의들의 가치와 의의가 더 잘 드러난다. 내세우는 각각의 논의 자체에 힘이 실려 있다기보다 각각의 논의가 앞선 논의의 반정립으로 기능하도록 하는 데 프로타고라스의 의도가 있다고 볼 수 있는 것이다.

어떤 논의가 제대로 성립하거나 제대로 평가되려면 그 대립항과 견주어 의미나 의의가 속속들이 드러나고 비교되고 분석되어야 한다. 바로 그 대립항을 제시해 주는 일이야말로 비판적 작업의 관건이다. 안틸로기아*antilogia*란 대립되는 로고스*logos*를 맞은편에*anti-* 세워 주는 일이다. 어떤 로고스든 그것에 반대 로고스*antilogos*가 있다는 말이 그저 문자 그대로 관찰 결과의 보고문에 불과한 것은 아닌 것으로 보인다. 그 말의 발화 맥락을 미루어 생각해보면 그 의도를 짐작할 수 있다. 인용문 뒤의 말까지 검토해 보자.

무슨 일에 관해서든 맞서는 두 논변이 있다고 그는 주장했다. 이런 것들을 가지고 일련의 물음들을 묻는 일도*kai synērōta* 했는데, 이 일은 그가 처음 실행한 것이다.

DL 9.51 (DK 80A1)

모든 로고스(논변)에 반대 로고스가 가능하다고 주장하는 데 그치지 않고 물음들을 묻는 일'도' 했다는 것은 그 주장이 실천적 함축을 염두에 둔 것임을 짐작케 한다.[23] '묻는 일'(이것이 반대 로고스를 세우는 일일 것이다)을 실행할 것을 염두에 두고 내세운 주장인 셈이다. 로고스가 아무리 강력하고 아무리 확실하다 해도 그것에 대한 반대 로고스, 즉 반론이 있다는 말은 관찰 사실의 확인이라기보다 그런 반론을 찾아 맞세울 '수 있다'는 것, 그것이 하나의 가능한 일*pragma*, 즉 실천 대상으로 성립한다는 것을 함축한다.[24] 그리고 이렇게 맞세울 '수 있다'(즉 가능한 실천 대상으로 성립한다)는 것은 맞세워야 '한다'(즉 그런 실천의 의무가 있다)는 것을 함축한다. 다음 인용문에서 클레멘스가 반대 로고스 맞세우기를 희랍인 일반의 성향으로 확대한 것은 이런 맥락에서 아주 의미심장하다.

프로타고라스를 위시해서 희랍인들은 무슨 논변에 대해서든 논변이 맞선다

---

23 이런 보편 언명은 이론적 측면에서만 보면 자칫 부담스러울 수도 있다. 노모스를 전면적으로 반성해서 얻어 낸 결과물에 맞게 실천적으로 대응할 필요가 있다는 의식이 이런 지적인 기획을 감행하는 데 추진력을 제공했을 것이다.

24 위 서술문을 가능문으로 읽을 수 있다는 것은 세네카의 보고에도 드러나 있다. "프로타고라스는 이렇게 말한다. 무슨 일*res*에 관해서든 양편 중 어느 편으로든 동등한 입장에서*ex aequo* 논변할 수 있다*disputari posse*. 바로 이것 자체, 즉 모든 일이 양편 중 어느 편으로든 논변 가능*disputabilis*한가 하는 물음 자체도 포함해서."(세네카 『편지들』 88.43)

*antikeisthai*고 주장한다.

알렉산드리아의 클레멘스 『학설집』 6.65 (DK 80A20)

희랍인들에게 반대를 통한 균형 찾기를 꾀하는 성향이 있다는 관찰은 이제
까지 살펴본 초기 희랍 철학자들의 로고스에도 아주 폭넓게 잘 적용된다. 밀레
토스학파 내에서 그랬고, 이후 피타고라스, 크세노파네스, 헤라클레이토스를
거쳐 파르메니데스가 그랬으며, 다시 파르메니데스의 직계 제자와 방계 제자
들이 모두 그랬다. 그들은 특유의 균형 감각을 발휘해 선배나 선생 혹은 동료
의 로고스에 반대 로고스를 제시하는 일을 마다하지 않았고, 상대편 당사자 또
한 반대 로고스에 성실히 대응했다. 전체 로고스 전통은 그렇게 변증적으로,
즉 반대를 거쳐 되돌아오는, 그러나 제자리가 아니라 한 걸음 진전된 자리로
되돌아오는 그런 방식으로 펼쳐지며 이어져 왔다. 프로타고라스가 세운 반론
전통은 이제까지의 희랍적 담론 전통을 간명하게 아우르면서 다음 세대의 질
적 비약을 준비하는 건강한 실험적 시도였다고 할 수 있다.

반론 전통은 또 다른 중요한 소피스트 고르기아스를 통해 한층 더 단단해진
다. 프로타고라스에서 제자리를 잡은 반론 전통이 주로 '비판'적 변증의 측면에
강조점이 주어진 것이었다면, 고르기아스에 와서는 '설득'적 수사학의 측면이
함께 강조되면서 균형 잡힌 담론 전통으로 거듭나 온전한 모습을 갖추게 된다.
그의 저작 가운데 주목해 볼 만한 것으로 크게 두 부류가 있는데, 하나는 『자연
에 관하여 혹은 있지 않은 것에 관하여』라는 제목의 본격적인 철학 텍스트요 다
른 하나는 시범 연설인 『헬레네 찬양』과 『팔라메데스를 위한 변명』이다.
먼저 전자에서 고르기아스는 일련의 논변들을 통해 세 테제를 확립한다.

1) 아무것도 있지 않다.

2) 있다 해도 그걸 인간이 파악할 수 없다.

3) 파악할 수 있다 해도 남에게 말로 표현하거나 설명해 줄 수 없다.[25]

각 테제에 딸려 있는 논변들 가운데 셋째 테제의 정당화 논변을 살펴보자.

> 그런데 그것이 파악된다고 해도 다른 사람에게 말로 표현해 줄 수 없다. 왜냐하면 있는 것들이 볼 수 있고 들을 수 있고 일반적으로 말해 감각될 수 있는, 즉 바깥에 존재하는hypokeita 것들이며, 이것들 가운데 볼 수 있는 것들은 시각으로 파악되고 들을 수 있는 것들은 청각으로 파악되지만 교차 연결은 성립하지 않는다고 한다면, 어떻게 이것들을 다른 사람에게 알려 줄mēnyesthai 수 있겠는가? 우리가 알려 줄 때 로고스를 가지고 하는데 로고스는 존속하는hypokeimena 있는 것들이 아니다. 그러니까 우리는 옆 사람들에게 있는 것들을 알려 주는 게 아니라 로고스를 알려 주는데 그건 존재하는 것들과 다르다. 그러므로 볼 수 있는 것이 들을 수 있는 것이 될 수 없고 역도 마찬가지이듯, 있는 것은 바깥에 존재하니까 우리 로고스가 될 수 없을 것이다.
>
> 섹스투스 엠피리쿠스 『학자들에 대한 반박』 7.83~84 (DK 82B3)

고르기아스에 따르면 설사 뭔가를 알 수 있다고 해도, 예컨대 무엇을 본 사람이 말로 다른 사람에게 그가 본 것을 표현해 줄 수 없다. 우리는 색깔은 보고 소리는 듣는다. 하지만 소리는 볼 수 없고 색깔은 들을 수 없다. 말하는 자는

---

25 섹스투스 엠피리쿠스 『학자들에 대한 반박』 7.65 (DK 82B3)

색깔이나 사물을 말하는 게 아니다. 사물과 다른 것인 말이나 여타 기호를 가지고 어떻게 타인에게 전달이 되겠는가? 다시 말해 남에게 전달하기 위해서는 말(로고스)을 가지고 해야 하는데, 문제는 말이 전달하고자 하는 바 사물과 같지 않다는 것이다. 말과 사물은 서로 다른 것이다. 그러니까 말은 사물을 있는 그대로 전달할 수 없다.

이 셋째 테제를 앞의 테제들과 합치면 이렇게 된다. 말은 사물과 기본적으로 다른 어떤 것이고 사물들 자체의 진상/진리는 있는지도 의심스러우며 있다 해도 알 수 있는지 역시 의심스럽다. 따라서 말은 사물의 진리/진상을 전달하는 도구가 아니다.

엘레아학파를 패러디 내지 비판하는 고르기아스의 논의는 상식에 반하는 역설적인 이야기를 한다는 점에서 엘레아학파를 닮았다. 우리 상식에 따르면 사물은 있고 말은 그것을 모사하는 도구다. 그러나 고르기아스에 따르면 말은 그런 역할을 할 수 있는 도구가 아니다.

『고르기아스』 등의 작품에서 플라톤이 보여 주는 고르기아스에 따르면 어떤 말이 진리냐 아니냐를 따질 게 아니다. 그건 아예 따지기 어렵다. 퓌시스는 모르니까. 오히려 그 말이 힘이 있느냐 없느냐를 따져야 한다. 그렇게 힘이 있는 말을 다루는 것이 '정치가'요, 그런 말을 통해 설득을 잘 수행하게 하는 것이 '수사학'이다. 요컨대 플라톤이 묘사하는 고르기아스에게 노모스의 세계란 곧 수사학의 세계다. 파르메니데스에서는 말(로고스)의 힘이 사물 자체의 진상/진리에 기반한 것으로 상정되었는데, 고르기아스는 말만 따로 노는 세계를 상정한다. 전자는 '진리에 기반한 설득'을 강조하지만 후자는 '설득 자체'를 강조한다. 고르기아스의 수사학에서는 말과 진리가 분리되어 있다. 즉 더 이상 진리에 봉사하는, 진리를 전달하려는 말(그래서 말의 힘이 그것이 전달하는 진리나 앎에서 나오는)이 아니라, 진리와 상관없이, 진리를 몰라도 할 수 있는 말, 어쨌든 믿음을 바꾸는 '힘'(설득력)만 있으면 되는 말(그래서 말의 힘이 그것이 전달하려는 것, 즉 진상이나 앎과 상관없이 말 자체에 있는)이 강조되고 있다.

예컨대 플라톤 『고르기아스』에서 그는 소크라테스에게 이렇게 말한다. 자기는 어떤 유능한 의사보다도 더 환자에게 약을 먹도록 잘 설득할 재주가 있다고 말이다. 이 경우 그의 설득은 앎에 기반해 있지 않은 기술이다. 그 약이 실제로 환자에게 이로운지 아닌지는 의사가 안다. 그러나 그는 자신이, 그리고 자신의 기술, 즉 수사학이 필요하다고 말한다. 비록 앎을 갖고 있지는 않지만 환자를 설득하는 기술은 자신이 갖고 있기 때문이라는 것이다.

고래로 소피스트에 대한 논의는 프로타고라스가 대변하는 상대주의, 그리고 고르기아스 혹은 그의 수사학이 전제하는 불가지론 내지 회의주의에 대한 플라톤의 부정적인 묘사나 이해를 중심으로 이야기되고 자리 매겨져 왔으며 우리 사회에서는 지금도 여전히 그렇다. 그런데 사실 당시 그들이 계몽 사상가 역할을 수행했다는 것만으로도 일단 일정한 긍정적 기여를 인정해 주어야 그들에 대한 온당한 평가가 될 것이다. 그들의 생각과 태도가 '민주주의'의 성립과 발전에 중요한 기여를 했던 것은 부인하기 어렵다. 만약 객관적인 진리가 있다면 그리고 그것을 누군가가 알고 있다고 하면, 어쩌면 우리는 그 사람을 좇아가기만 하면 그만이라고 생각할 수 있을지 모른다. 그러나 민주주의는 너나 나나 진리를 모른다는 생각이 밑바탕에 깔려 있다. 어느 정도까지 인식론적 상대주의나 회의주의가 필요한 것이 민주주의다. 5세기 희랍 사람들에게 그런 생각과 태도를 키우고 다듬도록 도운 문화적 자산의 한쪽 구석에 소피스트 전통이 자리하고 있다는 것은 플라톤의 권위에도 불구하고 부인하기 어렵다. 우리가 아는 소크라테스만이 아니라 언제부턴가 우리 머릿속에 자리 잡고 있는 소피스트들 역시 상당 부분은 플라톤의 문학적 상상력의 산물이 아닐까 싶다.[26]

그런가 하면 고르기아스의 수사학 연설들(이건 직접 저작이다)은 그의 이른바 '철학적' 저작(이건 간접 전승에 속한다)이 보이는 회의주의 내지 부정적 독단주의와 사뭇 다른 모습을 드러낸다. 프로타고라스에 없던 이야기들이 부가되면서 소피스트적 반론 전통이 풍부해지고 균형을 잡아 가는 것도 바로 고르기아스의 수사학 저작에서라 할 수 있다.[27] 이제 그 부분을 검토하면서 논의의 균형을 찾아보자. 먼저 『헬레네 찬양』은 이렇게 시작한다.

> (1) 국가의 돋우미*kosmos*[28]는 훌륭한 사람이 있다는 것이요, 몸의 돋우미는 아름다움이요, 영혼의 돋우미는 지혜요, 행위[/사물]*pragma*의 돋우미는 덕이요, 말[/담론]*logos*의 돋우미는 진실입니다. 그러나 이것들과 반대되는 것들은 돋우미가 없습니다. 남자와 여자와 말[/담론]과 일[/업적]*ergon*과 국가와 행위[/사물]가 칭찬할 가치가 있으면 칭찬으로 경의를 표하고 그럴 가치

---

26 Giannopoulou(2013, 3).

27 고르기아스에 대한 플라톤적 해석과 평가가 '철학적' 저작이 보여 주는 변증에만 주목한 해석이라는 점도 유념할 필요가 있다. 파르메니데스에 대한 '주류' 해석이 '철학적'인 부분인 진리편에 편향되어 있다는 것과 일맥상통하는 흐름이다. 의견편이나 서시가 드러내는 또 다른 설득 내지 수사학의 역할에 균형 잡힌 조명을 가하는 것이 온전한 파르메니데스 담론 이해에 이르는 길이듯, 고르기아스의 수사학 저작의 역할에 주목하는 것이 온전한 고르기아스 담론 이해에 아주 긴요한 일이다. 게다가 '철학적' 저작과 달리 전달자의 가감이 들어가지 않은 직접 저작인 수사학 연설에 고르기아스 담론의 진의와 의의가 잘 반영되어 있을 가능성이 높다.

28 통상 '질서', '꾸미개' 등으로 옮겨지는 '코스모스'*kosmos*를 그 뜻과 문맥에 더 잘 어울리게 '질서를 주는 꾸미개'나 '꾸미개 노릇을 하는 질서', '자랑거리', '영예' 등으로 새길 수도 있다. 어떤 방식으로 옮기든 이 말은 어떤 사물의 핵심적 매력 요소를 가리키는 것으로 보인다. 여기서는 기본 의미를 살리면서도 여러 문맥들에 잘 어울릴 만한 말을 찾아 신조어를 도입하기로 한다. '어울리는 것'(김남두 2005, 248)은 오해의 여지가 있는 약한 독법이다. x를 x답게 (즉 가장 멋진 x가 되게) 해 주는, 그래서 x를 칭찬받게 해 주는 요인(즉 x들 중의 백미를 만드는 요인)으로 강하게 읽어야 한다.

가 없으면 비난을 퍼부어야 합니다. 칭찬받을 것들을 헐뜯는다는 것과 비난받을 것들을 칭찬한다는 것은 둘 다 똑같은 정도로 잘못된 일이고 어리석은 일이니까요.

(2) 마땅한 것*to deon*을 올바르게 말하는 사람이라면 헬레네를 헐뜯는 사람들을 논박하는 것도 그가 해야 할 일입니다.[29] 시인들의 말을 들은 사람들의 확신과 그녀의 이름을 두고 떠도는 전언(그건 이제 그녀의 불행들에 대한 기억이 되었죠)이 그녀에 관해서 한 목소리 한 마음이 된 여인 말입니다. 나는 그 담론에 모종의 추론을 가함으로써 그녀가 나쁜 평판을 듣게 되는 탓을 제거해 주고, 그녀를 헐뜯는 사람들이 거짓을 말하고 있다는 것을 폭로하고 진실을 드러냄으로써 그들의 어리석음을 종식시켜 주고 싶습니다.

『헬레네 찬양』 1~2 (DK 82B11)

고르기아스가 이 연설 담론을 시작하면서 강조하고 싶어 하는 건 담론을 담론답게 해주는 것이 진실/진리라는 것, 칭찬과 비난을 알맞게 해야 한다는 것, 그런 마땅함이 별도로 이야기될 수 있다는 것, 기존 헬레네 담론이 거짓이며 진실을 드러냄으로써 기존의 어리석음을 끝내고 싶다는 것 등이다. 그런데 이 연설 어디에도 진리/진실이 따로 성립할 수 없다든지, 그저 말만 멋지게 하면 된다든지 하는 유의 얄팍한 수사학 이야기는 보이지 않는다. 나름의 진지한 목적을 가지고 연설의 규준/마땅함을 의식하면서 진실이 뭔가를 밝히는 이야기를 해보겠다는 것이 고르기아스가 이 연설 서두에서 밝히는 연설의 목표이며, 이는 연설이 진행되는 내내 유념되고 유지되는 것으로 보인다.

---

29 딜스의 수정대로 읽으면 다음과 같이 새길 수 있다. '마땅한 것을 올바르게 말하는 것과 〈올바르지 않게 이야기되는 것을〉 논박하는 것은 같은 사람이 해야 할 일입니다. 그러니까 헬레네를 헐뜯는 사람들을 〈논박하는 것이 온당합니다.〉'

연설의 끝에서 그는 이 목표를 재확인하며 이렇게 덧붙인다.

나는 연설logos을 통해 한 여인에게서 불명예를 제거해 주었고 연설 시작 때
세운 규칙을 지켰습니다. 나는 힐난의 부당함과 의견의 어리석음을 깨트리
려 시도했습니다. 나는 이 연설을 한편으로는 헬레네에 대한 찬양으로, 다
른 한편으로는 나 자신의 재밋거리paignion로 쓰고자 했습니다.

『헬레네 찬양』 21 (DK 82B11)

진지한 목적의 설득과 더불어 재미의 요소를 함께 목표로 삼고 있다는 대
목이 매우 흥미롭다. 헬레네에 대한 부당한 비난 담론에 대항 담론antilogos을
맞세우는 일이 진지한 것이면서 또한 게임의 요소를 동시에 갖고 있다는 말이
다. 그가 맞세우는 대항 담론은 헬레네가 트로이로 가게 된 가능한 원인 내지
이유를 넷(즉 신적인 강제, 물리적 강제, 말/담론의 힘에 의한 설득, 사랑에 사로잡힘)으로
나누고 각각에 있어서 헬레네에게 책임이 없다는 논점을 확립하는 것으로 이
루어져 있다. 그런 논변 작업이 진지하지만 게임의 요소를 갖는 이유는 현실의
재판에 대한 이야기이거나 실재하는 누군가를 비난하는 여론에 개입하는 이야
기가 아니라는 데 있다.

엄밀히 말해 헬레네를 비난하든 칭찬하든 일상인들이 살아가는 데 큰 장애
가 되지도, 그렇다고 큰 보탬이 되지도 않는다. 신화적 이야기나 그것에 대한
세간의 이해와 평가에 대해 반론을 제기한다는 것은 그러니까 일단은 흥미의
문제일 수 있다. 그러나 그것이 단순한 유희에 머물지 않는 것은 그 문제가 희
랍인들의 도덕적 사고의 방법과 내용에 긴밀히 연관되어 있기 때문이며, 고르
기아스도 그 점을 의식하고 있는 것으로 보인다. 다수가 일정한 방향의 근거와
결론을 받아들이고 있는 상황에서 그것과 반대 방향의 근거들을 검토해 보자

는 제안은 그 근거들을 받아들임으로써 마주하게 될 결론이 받아들일 만한 것이냐 여부와 별개로 아주 유용한 지적·도덕적 훈련의 기회가 될 수 있다. 어떤 생각이나 의견이 건강하게 견지되려면 반론과의 대비를 통해 생생하게 반성되고 검토되고 비판되어야 하기 때문이다.[30]

그의 두 연설의 제목에 관한 논란도 이런 정신에서 이해될 필요가 있다. 왜 『헬레네 찬양』은 『팔라메데스를 위한 변명』과 제목의 위상을 같은 선상에 놓지 않았는가? 내용상 태도상 큰 차이가 없는데 왜 '옹호'나 '변명'이라 해도 좋을 것을 굳이 '찬양'이라는 애먼 표현을 써서 독자를 쓸데없이 헷갈리게 하는가?[31] 이런 문제 제기의 시작은 고대에 이미 있었다. 고르기아스의 제자로 알려진 이소크라테스는 자신의 『헬레네 찬양』에서 왜 고르기아스가 그의 『헬레네 찬양』에서 '찬양'을 하겠다고 해놓고는 '변명'에 머무는지 모르겠다고 의문을 빙자해 트집을 잡은 바 있다.[32] 고대에든 현대에든 『헬레네 찬양』에 대해 언급하는 사람들이 그런 지적을 넘어서서 저자의 진의를 추적하고 그것을 당대의 시대정신이나 희랍적 사유의 특징과 연결시키려 노력을 기울이는 데는 소홀한 것 같다.[33]

다른 또 하나의 연설처럼 '변명'이라 명명하지 않고 '찬양'을 말한 이유 가운데 하나는 이미 언급한 안틸로기아 정신에 있다. 그 정신은 전통적인 해석자

---

30 밀J.S. Mill의 『자유론』(1859)이 이런 생각을 아주 명쾌하고 효과적으로 제시한 바 있다.

31 예컨대 Broadie(2003, 76~77).

32 이소크라테스 『헬레네 찬양』 14~15. 이 대목에서 이소크라테스가 고르기아스와 작품 제목을 직접 거명하지는 않았지만, 그의 이 작품을 가리킨다는 것은 상당히 분명해 보인다.

33 플라톤 철학과 소피스트적 수사학의 관계에 대해 꽤 균형감 있는 입장을 가진 맥코이도 이 사안에서는 크게 다르지 않다. "고르기아스의 『헬레네 찬양』이 찬양을 가장한 법정 연설이라면, 플라톤의 『변명』은 법정 연설을 가장한 찬양이다."(McCoy 2008, 53)

들의 주장처럼 그저 에리스티케(쟁론술)의 정신과 동일시할 일이 아니다. 『팔라메데스를 위한 변명』처럼 헬레네가 소환되어 재판을 받는 아곤 상황을 상정한다는 것과 이렇게 대중이 헬레네의 행동을 놓고 왈가왈부하는 아곤 상황을 상정한다는 것 간의 차이가 '변명'과 '찬양'의 차이다. 실제 재판의 피고를 위해 변명하는 일과 달리 여론 '재판'의 당사자를 위해 담론을 펼치는 일에는 더 공적인 동기가 들어 있기 십상이다. 고르기아스가 펼치는 '찬양' 담론에는 지적 긴장을 통해 지성의 균형과 건강을 유지하게 하는 아곤의 정신이 숨어 있으며, 그것은 호메로스적 전통에서부터 면면히 이어 온 희랍의 고유 자산 가운데 하나다. 뿐만 아니라 고르기아스의 찬양 담론에는 그런 균형성과 건강함을 유지하는 일이 진실을 추구하는 일과 잘 만날 수 있으리라는 기대가 담겨 있는 것으로 보인다. 연구자들[34]이 통상 주목해 온 자기 과시 목적보다 더 중요한 안틸로기아의 의의와 목적이 여기서 여실히 드러난다. 바로 이 점이 프로타고라스에서 진일보한 고르기아스적 반론 전통의 중요한 면모라 할 수 있다.

헬레네의 트로이 행을 이끈 가능한 원인들 가운데 세 번째 것에 관한 이야기가 무엇보다도 흥미롭다. 말/담론의 힘에 대한 이야기가 등장하기 때문이다.

> 말[/담론]logos의 힘이 영혼의 구조taxis에 대해 가지는 관계logos는 약들의 구조가 몸들의 본성에 대해 가지는 관계와 같습니다. 서로 다른 약이 몸에서 서로 다른 즙을 뽑아내어 어떤 것들은 병을, 또 어떤 것들은 삶을 종식시키는 것처럼 말[/담론]도 어떤 것들은 고통스럽게 하고 어떤 것들은 즐겁게 하며 어떤 것들은 두렵게 하고 어떤 것들은 듣는 사람들을 담대하게 해주며

---

34 Gagarin(2001) 등.

어떤 것들은 모종의 사악한 설득으로 영혼에 주문을 걸고 마법을 겁니다.

『헬레네 찬양』 14 (DK 82B11)

로고스를 맞세우는 전통을 세우면서 바로 그 로고스 안에서 로고스의 힘을 논하는 것, 즉 메타 담론(메타 로고스)을 개진하는 것은 마치 새로운 로고스(우리가 연역 논변이라고 부르는)를 개진하면서 바로 그 로고스 안에서 (여러 '필연', '속박' 관련 이미지들을 동원해) 로고스의 힘을 이야기한 파르메니데스의 메타 담론을 떠올리게 한다.[35] 이제까지 연구자들은 파르메니데스의 영향이 고르기아스의 철학적 저작에서 발견된다는 데만 주목해 왔지만, 파르메니데스의 영향은 고르기아스의 수사학에, 그의 담론 전체에 속속들이 깃들어 있다. 그리고 고르기아스는 단지 영향을 받았을 뿐만 아니라 새로운 전통으로 나아갈 발판으로 진전시킨다. '많은 싸움을 담은 테스트를' '로고스로 판가름하라'는 여신의 언명은 이제 대항 논변을 맞세워 테스트하고 비판함으로써 논변을 힘 있고 활력 있게 만들어 주는 전통으로 새로이 거듭나게 된 것이다.

3. …임과 …로 보임
소피스트 전통과 소크라테스

마침내 논의가 '소크라테스 이전 철학'이라는 경계를 구현하는 당사자 소크라

---

35 독자를 설득하며 말의 힘을 보여 주는 실천적 수준과 말의 힘에 관한 논의를 통해 그것을 드러내는 반성적 수준이라는 두 수준에서 담론이 진행된다는 점에 주목하는 국내 연구로 김남두(2005)를 참고할 수 있다.

테스에 도달했다. 파르메니데스의 전통이 이어져 내려가는 길의 종착점은 예나 지금이나 대개 플라톤으로 상정되곤 한다. 그런 그림 자체를 부당하다고까지 할 수는 없겠지만, 그 길이 파르메니데스에서 플라톤으로 한달음에 달려 내려가는 길이라고 한다면 완벽한 그림이라고 보기 어렵다. 지금 우리가 탐색하고 있는 길을 온전히 반영하지 못하기 때문이다. 그 길은 서서히 갈지자를 그리며 내려간다. 그 갈지자걸음 막바지에 플라톤의 스승 소크라테스가 있다.

플라톤은 스승 소크라테스를 다른 소피스트들에게서 떼어놓으려 부단히 애썼다. 이를테면 그는 개와 늑대의 대비를 통해 가장 유사한 것 속에 가장 다른 게 있다고 경고한다.[36]

> 늑대도 정말 개를 닮았죠. 가장 사나운 것이 가장 길들여진 걸 닮은 거죠. 하지만 조심성 있는 사람이라면 무엇보다도 유사성들*homoiotētes*에 늘 경계를 게을리하지 말아야 합니다. 그런 부류가 가장 미끄럽거든요*olisthērotaton*.
>
> 플라톤 『소피스트』 231a

늑대들 속에서 개를 분리해 내려는 플라톤의 힘겨운 노력은 성공한 것일까?[37] 현대인의 눈에는 분명 그렇게 보인다. 그러나 당대인의 눈에는 그렇지 않은 것 같다. 사실 플라톤이 그렇게 열심히 양자 간의 거리를 벌려 놓으려 애쓴 것만으로도 소크라테스는 당대인들의 눈에 이미 소피스트였음이 잘 드러난다.

---

36 개와 늑대 비유에 대한 흥미로운 설명은 김유석(2013, 6~8)을 참고할 것.
37 그 노력의 가장 극적인 버전이 『변명』이다. "『변명』의 저자로서 플라톤이 소크라테스를 소피스트들로부터 분리해 내기 위해 어떻게 소피스트들을 연상시키는 요소들을 이용하는지"(McCoy 2008, 23)를 검토하는 McCoy(2008) 1장의 논의도 참고할 만하다.

> 그러니까 아테네인 여러분, 여러분은 민주정을 파괴한 30인 가운데 한 사
> 람인 크리티아스를 가르쳤다는 게 밝혀졌다는 것 때문에 소피스트인 소크
> 라테스를 죽인 겁니까?
>
> 아이스키네스 『티마르코스를 향한 반대 연설』 173

연설가 아이스키네스는 티마르코스 고발 연설(BCE 346년)에서 이렇게 '소
피스트 소크라테스'를 버젓이 외친다. 소크라테스 사후 50여 년 밖에 지나지
않은 시점이다. 플라톤에게 분명히 개였던 소크라테스가 당대인들(적어도 일부)
에게는 여전히 늑대로 보였던 모양이다.

프로타고라스가 주장한 대로 보는 사람이 보는 대로일까? 그러니까 개로
보는 사람에겐 개요, 늑대로 보는 사람에겐 늑대인 걸까? 소크라테스가 진짜
개냐가 문제의 핵심은 아닐 것이다. 플라톤이 아무리 그렇게 주장하더라도 소
크라테스를 늑대의 무리에 넣는 사람들이 주목하는 특성들이 여전히 관찰되는
한은 플라톤이 주목한 차이 못지않게 유사성들이 많은 사람들의 주의를 끌었
을 것이고, 따라서 계속 소크라테스를 그냥 늑대로 '보겠다'고 작정한 사람들
에게 플라톤은 별 설득력을 갖지 못할 테니까 말이다. 그들이 보기엔 플라톤도
결국 그냥 개로 '보겠다'고 작정한 사람일 뿐일 테니 말이다.

좀 더 균형감을 갖고 바라보면 양자의 논쟁은 강조점과 주목하려는 지점의
차이에서 기인한다. 당시 대중들은 소크라테스와 소피스트의 유사성을 주목하
는 쪽으로 너무 기울어 있었으니 플라톤의 차이론이 균형을 위해 중요했다고
한다면, 같은 논리를 적용해 지금 우리에겐 양자의 차이를 말하는 플라톤의 목
소리가 너무 지배적이니 이제 유사성에 주목해 보는 것이 유용하지 않을까 싶
다. 서로의 거리를 너무 멀리 그려 놓은 플라톤의 소크라테스와 소피스트 그림
이 모두 픽션이 가미되고 목적의식에 의해 다소 도식화된 것이라면, 우리의 소

크라테스와 소피스트 그림은 플라톤이 애써 무시하고 약화시키려던 양자의 유사성을 탐색하는 데서 실마리를 찾아야 할 것이다. 그리고 그런 작업은 플라톤이 그려 놓은 양자의 대비가 정확히 무엇인지를 비판적으로 고찰하는 데서 출발할 필요가 있다.

플라톤이 주목한 소크라테스-소피스트의 대비 가운데 가장 본질적이고 중요한 것은 '…임einai'과 '…로 드러남/여겨짐dokein' 간의 대비라 할 수 있다. 플라톤 자신이 이 대비를 개발한 것은 아니지만 이 대비를 자기 사상에 가장 뚜렷하고 의미 있게 이용한 사람이 플라톤이다. 그리고 그는 무엇보다도 이 대비를 자기 스승 소크라테스의 철학을 규정하고 자리매김 하는 데 적용한다.

그의 소크라테스 그림의 알파요 오메가인 『변명』은 도처에서 이 대비를 이용하면서 소크라테스를 소피스트로부터 구별한다. 『변명』의 핵심 부분 가운데 하나인 신탁 논박 여정, 즉 신탁을 논박하기 위해 세 그룹의 사람들을 검토하고 다니는 여정(20c~24b) 내내 논박되는 상대방을 특징짓는 요소는 지혜롭다고 '보이지만'(혹은 '여기지만') '실제로는 그렇지' 않다는 것이다. 이 대목 외에도 이 작품 전체에 걸쳐 아는 것으로 '보이지만' '실제는 그렇지' 않다는 대비가 이용되며, 절정은 작품의 하이라이트인 제2부 형량 제안 연설의 핵심 구절에서 행복해 '보이게' 해주는 사람과 '실제로 행복하게' 해주는 사람을 대비하는 대목(36d)이다.

> 이런 사람한테는, 아테네인 여러분, 시 중앙 청사에서 식사 대접 받는 일보다 더 어울리는 일이란 없습니다. 적어도 여러분 가운데 누군가가 올림피아 경기에서 두 마리든 네 마리든 말을 이용한 경주에서 승자가 되었을 때보다는 훨씬 더 어울립니다. 왜냐하면 그 사람은 여러분을 행복해 보이게dokein 만들어 주지만 나는 실제로 행복하게einai 만들어 주며, 그 사람은 부양이

전혀 필요 없지만 나는 필요하기 때문에 그렇습니다. 그러니 정의에 합당하게 내가 받아 마땅한 것을 형량으로 제안해야 한다면 난 이걸 제안하겠습니다. 시 중앙 청사에서 받는 식사 대접 말입니다.

플라톤 『소크라테스의 변명』 36d~37a

지혜로워 보이고 행복을 제공하는 걸로 보이는 상대방과 달리 소크라테스는 실제로 지혜롭고 실제로 행복을 제공하는 사람으로 묘사된다. 이때 대비되는 상대방은 정치인, 시인, 장인, 그리고 올림픽 경기 승자 등 문맥상의 문자적 라이벌이라기보다 그 이면에 함축되어 있는 진짜 라이벌인 소피스트들로 설정되어 있다. 소크라테스가 (즉 작가 플라톤이 소크라테스의 입을 통해서) 곳곳에서 '연설가'를 의식하는 발언들을 하고 있다는 데서도 이 점은 어렵지 않게 추측할 수 있다.

플라톤이 보기에 프로타고라스는 '드러남'/'나타남'을 중요시하며,[38] 고르기아스 역시 크게 다르지 않다.[39] 그런 플라톤의 이해가 독립적인 자료의 뒷받침을 받을 수 있는지 검토해 보자. 프로타고라스의 경우에는 실제로 '…로 보임dokein' 혹은 '드러남phainestha'이 핵심적인 캐치프레이즈 역할을 했던 것 같다. DK에 없던 프로타고라스의 디뒤무스 단편이 좋은 예가 될 수 있다.

---

[38] 『테아이테토스』 1부에 나오는 지각을 '나타남'/'드러남'phainesthai으로 설명하는 대목이 가장 분명하고 인상적인 사례다.

[39] 예컨대 『고르기아스』 2부 시작 부분(464a~465a)에서 소크라테스는 좋은 상태에 있는 것으로 보이는 것과 실제로 좋은 상태에 있는 것을 구분하고 영혼의 좋음에 주목하는 정치술과 쾌락(즉 좋아 보이는 것)에 주목하는 수사학의 관계를 진짜 기술과 사이비 아첨 기술로 대비하는 논의를 고르기아스와 폴로스를 상대로 펼치고 있다. 저자가 진정한 정치술은 소크라테스에게, 수사학은 고르기아스에게 할당하고 있는 것으로 해석할 수 있는 대목이다.

프로타고라스 주변 사람들은 또 다른 의견을 향해 간다. 그런데 프로타고라스는 소피스트였다. 그는 말한다. "…인[/있는] 것들에게 …임[/있음]은 드러남[/나타남/분명함]*phainesthai*에 있다." 그는 말한다. "곁에 있는 당신에게 나는 앉아 있다는 것이 드러나지만*phainomai*, 곁에 없는 그 사람에게 나는 앉아 있다는 것이 드러나지 않는다. 내가 앉아 있는지 앉아 있지 않은지는 불분명하다*adēlon*."

맹인 디뒤무스[40] 『시편에 관하여』 pt. 3, p. 380 Gronewald, 222.20~25

인간 각자에게 드러나는 대로 …임이 성립한다는 것, 그런데 그런 드러남이 대립되는 경우 해당 사태를 분명한*dēlon* 것으로 확정할 수 없다는 것은 인간이 척도라는 테제와 크게 어긋나 보이지 않는다. 드러나지 않으면 불분명한 것이라는 얘기는 신의 존재 여부가 불분명해서 알거나 말할 수 없다는 신 단편과도 어울리는 언급이다. 실제로 …인지 여부를 …로 보임, …로 드러남을 통해 이야기하겠다는 정신만큼은 이 여러 단편들을 관통해 있는 것 같다. 플라톤의 '…임' 대 '…로 보임'의 대비 도식이 프로타고라스에겐 그런 대로 무난하게 적용될 수 있을 것 같다.[41]

---

40 기원후 4세기(CE 313~398년경)에 알렉산드리아의 콥트 교회에서 활동한 '정통' 계열의 기독교 신학자.

41 사실 이 도식이 철저하게 적용될 수 있을지 의심스럽게 만드는 요소가 있긴 하다. 『테아이테토스』가 전하는 프로타고라스의 논의에서 참-거짓은 주관적 상대성으로 귀착하지만, 현자의 강점이 작용하는 영역으로 남겨진 유익-무익, 즉 좋음-나쁨은 객관적인 평가가 가능한 영역으로 남아 있기 때문이다. 여기서는 참-거짓의 문제에 주목하는 플라톤의 의도와 맥락을 존중하면서 논의를 진행하고자 한다.

그러나 고르기아스에게 과연 그런 대비가 잘 적용될 수 있을지는 재고의 여지가 있다. 앞서 살펴 본 그의 수사학 연설이 일단 그런 도식에 완벽하게 들어맞지는 않는다. …임으로 대변되는 진실에 대한 그의 태도가 사뭇 진지한 것이었다는 점은 이미 확인한 바 있다. 진실에 대한 태도도 그렇거니와 말의 힘에 관한 그의 메타 담론적인 언명이 이 사안에 어떤 방향으로 작용할지가 흥미롭다. 다음 단편이 그의 그런 메타 담론적 언명과 비슷한 맥락에서 좀 더 진전된 내용을 담고 있다.

> …임[/있음]*to einai*은 …로 보임[/여겨짐]*to dokein*을 얻지*tychon* 못하면 불분
> 명하고*aphanes*, …로 보임은 …임[/있음]을 얻지 못하면 허약하다*asthenes*.
>
> 프로클로스 『헤시오도스의 「일과 날」에 관하여』 758 (DK 82B26)

이 단편의 내용을 다시 풀어 정리하면 이렇게 된다. 진실 혹은 실재와 …로 보임 혹은 드러남/여겨짐은 어느 하나만 중요한 것이 아니라 둘 다 제 몫이 있다. …로 보임의 한 측면을 말(담론)에 한정해 이해하자면, 말(담론)로 드러나지 않는 진실은 분명히 드러나지 못하고 진실에 기반하지 않은 말(담론)은 진짜 힘을 갖지 못한다는 언명이 된다. 그러니까 고르기아스가 보기에 진실 없는 설득은 공허하고, 설득 없는 진실은 맹목이다.

이것이 고르기아스의 입장을 충실히 반영하는 것이라면, 고르기아스는 플라톤이 보는 프로타고라스와 소크라테스의 중간에 위치한 입장을 가진 셈이 된다. 드러나는 측면에 주목하는 전자와, 진실에 주목하는 후자 사이에서 양자의 중요성을 함께 주목하는 입장 말이다. 이렇게 볼 때 소피스트들이 진실에 관심 없는 것처럼 묘사한 플라톤의 거친 그림에는 과장이 들어 있다. 진실이냐 겉보기에 불과하냐는 구도를 진정성의 문제로 만들어 다시 소피스트의 유료

교육 관행으로 연결하는 것이 플라톤의 소크라테스 차별화 전략이다. 소피스트들은 진실에 관심 없이 어떻게 보이느냐의 문제에만 집중해 사람들의 의견을 바꾸고 논쟁에 이기는 데만 열을 올리며, 이런 일에 목매는 대중적 수요에 부응하면서 재부까지 챙겼지만, 소크라테스 선생은 그러지 않고 진짜 행복의 문제를 풀기 위해 노력했다는 이야기다.

플라톤의 '유사품에 주의하세요' 전략이 기대는 주관적 진정성의 문제, 새로 기능하기 시작한 유료 교육의 문제는, 지금 우리 입장에서 보면, 플라톤이 생각하는 것만큼 단순하게 도덕의 문제에 머물지 않고 그 객관적 기능이나 사회적 영향을 포괄적으로 고려해야 할 복합적인 문제다. 진정성을 갖고 행한 일이 얼마든지 의도와 다른 결과를 낳을 수 있고, 무료 봉사를 보편화해 공교육 시스템 내에 효과적으로 제도화하는 일에도 만만치 않은 어려움이 도사리고 있을 것이다. 그렇다고 한다면, 이제는 논박 대 쟁론이라는 플라톤적 구도를 넘어 소크라테스적 논박과 소피스트적 쟁론이 공유하는 유사성, 즉 변증적 반론 전통에 주목하면서 그것이 당대 문화와 교육에 어떻게 기능하고 어떤 효과와 영향을 주었는지에 주목하는 것이 합당하다. 지성의 균형을 위해서도 그렇고, 플라톤과 다른 시대에 사는 우리 자신의 과제를 풀기 위해서도 그렇다.

『변명』에서 수사학과 철학을 아주 선명하게 대조시켰던 플라톤이 이후 『파이드로스』 등 몇몇 대화편들에서는 양자의 조화 내지 통합을 시도한다. 이제까지 살펴보았듯이 그런 시도는 사실 소피스트 내에서도 발견된다. 고르기아스에서 그리고 플라톤에서 비슷한 시도가 각각 어떻게 이루어지는지를 잘 음미하면, 오늘 우리 담론 문화에 적실한 우리 자신의 시도를 구상하고 조직해 내는 데 적절한 함축과 시사점을 제공 받을 수 있을 것이다.

4. 안틸로기아
파르메니데스적-소피스트적 담론 전통

파르메니데스의 로고스(담론) 전통이 소피스트를 만나 꽃피운 것이 안틸로기아 전통이다. '무슨 일에 관해서든 맞서는 두 로고스가 있다'고 프로타고라스는 선언한다. '아무것도 있지 않다, 있다 해도 알 수 없다, 안다 해도 남에게 전달할 수 없다.' 고르기아스는 파르메니데스를 향해 이런 안티테제들을 던진다. 그런가 하면 『이중 논변』*Dissoi Logoi*[42]의 저자는 프로타고라스의 선언을 사안별로 낱낱이 뒷받침하기라도 하듯 맞서는 두 로고스들을 끝없이 펼쳐 보여 준다. 이 모두가 소피스트 운동의 가장 중요한 공통분모인 안틸로기아의 면모를 유감없이 드러낸다.

'안틸로기아'(반론) 내지 '안틸로기케'(반론술)가 '에리스티케'(쟁론술)와 교환 가능한 말로 사용되는 맥락들이 물론 있지만, 이런 맥락들이 양자의 동일성을 곧장 보장해 주는 것은 아니다.[43] 전자는 논변의 특정한 방법이나 기능을 가리키지만, 후자는 오히려 논변의 의도나 목표를 가리킨다. 플라톤이 『소피스트』 등에서 소피스트를 철학자와 구분하려 할 때도 사실 반론술이라는 특정의 논변 방법보다 돈을 받고 판다, 기만한다 등 논변의 의도나 목표에 주목하는 경향이 농후하다.[44] 이런 플라톤적 접근 방식을 걷어 내고 중립적인 관점에서 바

---

[42] 섹스투스 엠피리쿠스의 저작들 속에서 발견된 문건으로, 저자는 아직 분명히 확정되지 않았다. 제목 그대로 어떤 주제들에 대해 대립되는 양쪽의 논변 모두를 보여 주려 시도하는 논변 연습의 성격이 짙은 저작이다.

[43] 이 점은 Kerferd(1981)가 잘 지적하고 있다.

[44] 제자 아리스토텔레스도 비슷한 경향을 이어받았다. "소피스트 기술은 능력이 아니라 의도에 있다."(아리스토텔레스 『수사학』 1355b 17~18)

라보면, 소피스트들이 내세운 안틸로기아가 플라톤이 중시하는 논박(엘렝코스) 내지 변증술(디알렉티케)과 겹치거나 조화될 수 있는 측면이 상당히 존재한다는 사실을, 새삼스러운 것도 아니지만 '발견'하게 된다.

이렇게 보면, 『변명』 등에서 드러나는 소크라테스적 정신이 『헬레네 찬양』 등에서 드러나는 고르기아스적 정신과 만나는 주요 지점도 바로 안틸로기아다. 어떤 목표와 의도를 가지고 비즈니스에 이용하는가 하는 기술 외적 측면을 논외로 하면, 플라톤의 소크라테스가 보여 주는 논박은 소피스트들이 구사하고 보여 주는 안틸로기아와 크게 다르지 않다. 그렇다면 관건은 이 둘이 만나는 지점인 안틸로기아가 우리에게 줄 수 있는 시사점과 실천적 함축이 무엇인가를 찾는 데 있다. 향후 독립적인 연구를 통해 더 정교하게 다듬고 천착해야 하겠지만, 현 단계에서 소피스트적 전통이 드러내는 안틸로기아로부터 우리가 얻어 낼 수 있는 주된 시사점들은 다음과 같다.

우선 진지함spoudē과 유희paidia가 긴장과 균형을 이루는 '로고스의 아곤'logōn agōnes, 즉 '담론 콘테스트'의 전통이라는 점을 새겨 볼 만하다. '담론 콘테스트'라는 말은 프로타고라스에 관한 전승에 등장한다.

> 이 사람이 처음으로 보수를 받았는데 100 므나였다. 또 그가 처음으로 시간의 부분들을 나누어 정의했고 시의적절함이 가진 힘을 내보였으며 담론 콘테스트를logōn agōnas 구경했고etheasato[/조직했고epoiēsato] 논쟁하는 사람들을 위해 궤변sophisma을 제시했다.
>
> DL 9.52 (DK 80A1)

'구경했다'etheasato 대신 '조직했다'epoiēsato로 읽는 사본도 비슷한 정도로 갈려 있고 그레이엄 등 그쪽을 받아들이는 연구자도 있다.[45] 어느 쪽이든 큰 상관은 없지만, 나는 전자가 '더 어려운 독법'*lectio difficilior*일 뿐만 아니라 더 풍부한 의미를 가지므로 선호할 만하다고 본다. 후자를 '조직했다'로 읽든 혹은 '벌였다'로 읽든 간에 '구경했다' 쪽 독법은 그런 이야기들을 모두 포괄할 수 있는 말이면서 별도의 의미를 더해 준다. 프로타고라스가 담론 콘테스트를 처음으로 '구경했다'는 것은 자기 서클 내에서 그런 콘테스트를 처음으로 조직하고 또 몸소 참가하기도 했을 가능성을 포함할 뿐만 아니라[46] '관조자'(이건 피타고라스 전통이 철학함에 대해 적용한 표현이다) 노릇을 처음 했다는 말이기도 하다. 그러니까 담론 콘테스트를 조직해서 싸움을 붙여 놓고 구경하는 걸 '즐긴' 첫 사람이라는 말이다. 이런 맥락에서, 구경이 함축하는 즐거움을 소피스트 전통의 가장 우선적이고 본질적인 요소로 인정할 수 있지 않을까 싶다.

이 점을 잘 드러내면서 보다 심도 있는 숙고로 우리를 이끌어 주는 것이 진지함과 유희를 결합한 '진지하면서 재미있음'*spoudaiogeloion*[47]이라는 아이디어다. 이 아이디어는 고르기아스 『헬레네 찬양』 말미의 이중적 목적에도 잘 드러나 있고,[48] 플라톤 『향연』 말미에서도 반성적으로 잘 조명되고 음미된다.[49] 플라톤이 내세우는 소크라테스는 너무 진지함이나 의도에,[50] 그리고 그가 내세우는 소

---

45 사본 가운데 F, D, P¹가 전자로, B, P¹, Q가 후자로 읽는다. Graham(2010, 692).

46 '처음으로 구경했다'를 남이 세팅해 놓은 콘테스트에 첫 구경꾼이 되었다는 뜻으로 읽는 것은 완전히 가능성이 닫혀 있는 건 아니지만 상황이나 표현, 그리고 인용자 DL의 맥락을 꽤 작위적이고 비상하게 꿰어 맞춰야 하는 부담이 있다.

47 '스푸다이오겔로이온'*spoudaiogeloion*은 '진지하다'를 뜻하는 '스푸다이오스'*spoudaios*와 '우습다', '재미있다'를 뜻하는 '겔로이오스'*geloios*를 결합한 말이다.

48 "헬레네에 대한 찬양이면서 나 자신의 재밋거리*paignion*로 썼다."(『헬레네 찬양』 21)

49 "소크라테스 선생님이 희극을 만들 줄 아는 것과 비극을 만들 줄 아는 것이 같은 사람에게 속한다는 것[…]을 그들[즉 아가톤과 아리스토파네스]이 인정할 수밖에 없도록 밀어붙이고 있었다."(『향연』 223d)

피스트들은 너무 유희나 효과에 집중한다. 즉 한쪽은 너무 메시지나 의도, 의미, 내용, 목적, 귀착점(목표)에 집중하고, 다른 쪽은 너무 힘이나 효과, 재미, 형식, 수단, 과정에 몰두한다. 그러나 우리에겐 설득의 내용과 형식이 모두 중요하다. 진지한 놀이가 필요하며 재미있는 공부(몰두)*studium*가 절실하다. 이를테면 '콜라 같은 보약'이 긴절하다. 플라톤의 시야를 넘어서서 발견하는, 소피스트와 소크라테스가 공유하는 이 진지한 유희 전통, 아곤 전통은 희랍 문화 전반을 잘 아우르는 전통이며 오늘날 우리 사회에 너무나도 긴요한 문화 자산이다.

지금 우리 사회의 담론들에는 너무 힘이 들어가 있다. 지나치게 진지하고 지나치게 결연하다. '죽기 아니면 살기' 혹은 '너 죽고 나 죽자'는 식으로 덤벼들기 일쑤다. 그런 결연함에는 보수든 진보든 차이가 없으며, 비단 정치 영역에서만이 아니라 종교 영역에서도 마찬가지다. '이거 아니면 안 된다'는 정신

---

50 나는 플라톤이 그리는 소크라테스가 너무 진지하거나 도덕군자연하는 쪽으로 읽히는 것을 경계해야 한다고 생각한다. 물론 선생의 죽음을 자기 철학의 알파와 오메가로 삼은 플라톤이 소크라테스를 그리면서 때때로 비장하고 심각한 분위기에 젖는 것은 어쩌면 그럴 수도 있겠다고 이해되는 측면이 있다. 게다가 그는 스승이 가진 유희스러운 측면을 함께 잘 전달해 주고 있기도 하다. 문제는 이 둘의 균형을 우리가 놓치도록 만드는 계기들을 만날 수 있다는 데 있다. 특히 소크라테스를 소피스트들과 대조할 때 플라톤의 목소리는 너무 진지하다. 아니 너무 진지하게만 읽힐 위험이 있다. 그럴 때마다 우리는 소크라테스가 특히 플라톤의 초기 대화편에서 보여 주는 경쾌함이나 장난스러움을 떠올리며 균형감을 유지할 필요가 있다. 그런 소크라테스의 모습은 소피스트들 속에 넣어 놓아도 크게 상관없을 만큼 소피스트적이다. 우리가 무게감 있는 플라톤 저작들에서 만나는 웃음기 없이 진중한 선생의 모습은 물론 소크라테스의 중요한 일면을 반영하는 것이기도 하지만, 플라톤 자신의 모습이 많이 겹쳐지고 덧씌워진 것일 가능성이 높다. 그렇다고 플라톤이 소크라테스를 잘못 그렸다는 말은 아니다. 플라톤은 자기 시대의 요청에 따라 소크라테스를 이해하고 자기 숙제를 푸는 데 활용했을 뿐이다. 내가 말하려는 바는 우리 시대의 요청은 다르며 우리에겐 우리의 숙제가 있다는 것이다. 플라톤이 자기 숙제를 풀던 방식 그대로를 우리 숙제에 들이대지는 말자는 것이다. 그 숙제를 푸는 데 방해가 된다면 플라톤은 언제든 버려도 된다. 그게 진정 플라톤적인 플라톤 읽기다. 플라톤을 신봉하기 위해 플라톤을 읽지 말라는 것이다.

이 지나치게 강하다. 모두 투사가 되고 순교자가 될 각오라도 한 것인 양, 자기 생각이 무너지면 마치 나라가 망하고 세상이 끝날 것처럼 말들을 한다. 우리가 희랍 문화에서 배워야 할 정신 중 하나가 바로 유희*paidia*의 정신, '호모 루덴스'*homo ludens*의 정신이다. 이건 불필요하게 들어간 '힘을 빼는' 일이며, '웃자' 고 하는 얘기에 '죽자'고 덤벼들지 않는 일이다.[51] 진지한 추구, 진리에 대한 열정이 너무 빠져 있어도 문제지만(확실히 소피스트 가운데 일부는 그런 측면이 있는 게 사실이고 플라톤은 바로 그 점을 강조하려던 것이다) 지나쳐도 역시 문제다. 진지함과 즐김이 적절히 조화를 이루는 일이 우리 담론 문화에 무엇보다도 필요하다.

둘째, 이와 긴밀히 연결되어 있는 것으로 '반대를 위한 반대'의 필요성과 정당성을 음미해 볼 만하다. 언제부턴가 우리 사회에선 반대를 위한 반대가 공동체를 해치는 배신 내지 '이적' 행위인 것처럼 매도되어 왔다. 이 시대의 권력과 재부를 누리는 수구적 보수 세력이 특히 그런 담론을 주도하는 걸 보면, 이런 현상은 이념적으로 균형 잡히지 못한 우리 정치 지형에 기인한 바가 적지 않은 것으로 보인다. 그러나 반대를 위한 반대는 우리 공동체의 건강한 지성 유지에 필수적일 뿐만 아니라 정당한 것이기도 하다. 소피스트 운동이 내세우는 안틸로기아 정신은 어떤 하나의 로고스만 성립하는 게 아니라 정반대의 로

---

51 소크라테스가 늘 강조했던 '나는 모른다', '너 자신을 알라', '모른다는 걸 아는 게 중요하다' 등은 바로 이런 '힘 빼기'로서의 '앎의 철회'unknowing를 강조하는 말이다. 소크라테스의 무지 주장이 갖는 메타적 앎으로서의 성격과 그 철학적 의의에 관해서는 강철웅(2006)을 참고할 수 있다. 소크라테스만이 아니라 동서고금의 대표적인 종교 사상가들이 보여 주는 '앎의 철회' 혹은 '침묵'을 아주 명쾌하고 심도 있게 음미하면서 과학주의의 앎 과잉으로부터 벗어나 옛 종교적 심성을 회복할 것을 역설하는 Armstrong(2009)이 우리 사회 담론의 건강 회복에 아주 중요한 통찰을 제공하므로 참고하길 권한다. 그 책의 3장은 특히 이 책이 다루는 철학자들을 논하고 있어서 흥미롭다. 물론 그 책의 백미가 3장에 있지는 않지만, 동서고금을 꿰뚫는 저자의 혜안은 고대 철학자들을 다룰 때도 예외 없이 적용된다.

고스도 성립할 수 있고 성립시켜 주어야 한다는 생각이다. 그 정신에 따르면, 모든 사안에는 두 측면이 있다. 그중 어느 한 쪽을 택할 때는 책임 있게 옹호해야 한다. 그 책임 있는 옹호를 위해서는 반대쪽 입장까지도 잘 알아야 한다.

밀J.S. Mill은 『자유론』On Liberty(1859)에서 담론이 생생하고 건강한 활력을 유지하려면 반론과 대조되어야 하고 주류 담론에 대해 가용한 반론이 없다면 일부러 '악마의 대변자'devil's advocate를 세워서라도 반론과의 대조를 꾀해야 한다고 주장한 바 있다. 우리가 지적으로 깨어 있을 수 있고 우리 담론이 건강한 활력을 유지할 수 있는 것은 반론과 대조해 보는 부단한 훈련과 연마를 통해서다. 사실 소피스트들이 연습하고 실행하고 유포했던 안틸로기아야말로 바로 그런 지적 훈련과 연마의 유력한 모델이다. 안틸로기아 정신은 밀이 말한 '악마의 대변자' 전통과 잘 연결된다.

그것이 에리스티케로 변질되거나 돈벌이 수단으로 전락하거나 오남용의 가능성이 있다고 해서 안틸로기아의 건전한 활용 가능성까지 외면해서는 안 될 것이다. 소피스트든 소크라테스든 그들이 자칫 화석화되고 고정화될 독단적 사고를 경계하는 악마의 대변자 노릇을 했다고 생각하면(플라톤이 말한 '등에'[52]도 바로 그런 악마의 대변자에 해당한다) 그들의 활동은 소크라테스의 요구대로 정말 '상을 줄 만한' 일이다. 플라톤의 말처럼 소크라테스만이 아니라, 소피스트들에게도 상이 돌아가야 한다. 플라톤의 소크라테스도 기꺼이 '늑대의 대변자'[53]를 자처하면서 이런 전통에 동참하는 모습을 보여 준 바 있다.

끝으로, 우리는 진정한 소크라테스-소피스트 전통에서 반-이분법적 태도, 긴장과 균형, 대조를 즐기는 사고를 배울 수 있다. 이런 사고방식과 균형 감각

---

52 『변명』 30e.
53 "늑대의 입장도 말해 주는 것이 공정하다."(『파이드로스』 272c)

을 훈련하면 쉽게 독단적 도그마에 사로잡히지 않는다.

플라톤이 비교와 극복의 대상으로 삼는 찬양 수사학의 부정적 측면은, 그것이 실질적 효과를 염두에 두기 때문에 균형을 얻어 내기 위해 찬양 대상을 실제보다 부풀리거나*auxēsis* 일부러 깎아내릴 비교 대상을 옆에 놓는*synkrisis* 일이다. 이런 소피스트 수사학에서는 실체적 진실이 무엇이냐보다 결과적으로 얻게 되는 균형이 중요하다. 이와 대비되는 진실의 수사학은 실질적 효과보다 진실을 중시한다. 진실, 정의를 갖고 있으면 수사는 필요 없다는 태도, 이것은 『변명』이 표면적으로 강조하는 수사학이다.[54]

그런데 『변명』은 거기서 머물지 않는다. 수사가 필요 없다고 하면서 정작 『변명』 연설은 마치 수사학 예제집에 나오는 연설처럼 대표적인 수사적 기교들을 알맞게 구사하는 아이러니컬한 태도 혹은 패러디적인 면모를 보인다. 수사학을 거부하는 『변명』의 표면적 입장 이면에 수사학에 대한 보다 복잡 미묘한 입장과 태도가 개재되어 있음이 분명하다.[55] 진실이 모두에게 온전히 공유되고

---

54 "하지만 아테네인 여러분, 제우스에 맹세코 말하건대, 여러분은 이 사람들의 말처럼 미사여구로 멋들어지게 꾸미거나 질서 있게 배열한 말이 아니라, 그저 단어가 떠오르는 대로 두서없이 하는 말을 나한테서 듣게 될 겁니다. 내가 말하는 것들이 정의롭다고 믿으니까 그렇게 하는 겁니다. 그러니 여러분 가운데 아무도 다른 기대는 하지 마세요. 여러분, 이 나이에 내가 젊은 애처럼 말을 지어내면서 여러분 앞에 나선다는 건 분명 적절하지도 않은 일일 테니까요."(17b~c)

55 페르노(2007)는 따로 논변을 부가하지는 않지만, 서로 대립되는 두 수사학, 즉 일반적으로 통용되는 (고발인들의 성공적인) 거짓 수사학과 진실되고 정의로운 (소크라테스의 실패한) 수사학이 『변명』에 함축되어 있고 그 대립이 작품을 전개하는 플라톤의 주된 기조라고 주장한다(90~91쪽). 그것 자체로 딱히 틀린 이야기는 아니다. 그러나 표면에 드러나는 두 수사학의 대립 이면에 그 둘과 대조를 이루지만 그 둘을 배제하기보다 오히려 종합하는 진정한 수사학이 작품 이면에 함축되어 있다. 표면의 두 수사학과 이면의 수사학의 대조를 읽어 내는 것이 이 작품의 배경이면서 핵심 기조 가운데 하나인 수사학을 이해하는 더 유효한 방식이라고 생각한다.

공감되는 정의롭고 아름다운 세상을 구현하려면 담론 세상에서도 간단명료한 쾌도난마보다 복합적이고 정교한 긴장과 균형감을 즐기는 인내가 요구된다.

플라톤의 철벽 방어에도 불구하고 소피스트와 소크라테스는 결국 만나게 되어 있다. 웃으며 저항하는 '삐딱이' 소크라테스는 시대가 요구하는 안틸로기아를 실천한 또 하나의 '악마의 대변자'였고, 철저히 검토되지 않은 것은 그 어떤 것도 순순히 받아들이지 않겠다[56]는, 그러면서도 검토 없는 삶은 살 가치가 없다고 말할 수 있을 정도로 검토가 즐거움을 천명하는 소크라테스적 지성과 균형 감각을 기른 토양이 바로 담론 콘테스트를 즐기는 소피스트 전통이었기 때문이다.[57] 여러 폄훼가 소피스트들을 끊임없이 평가절하해 왔고 그 한가운데 플라톤이 있지만, 적어도 그들은 '등에' 노릇 한 소크라테스 못지않게 '악마의 대변자' 노릇을 하며 당대의 타성적인 관점이나 입장, 즉 상식과 전통에 제동을 걸고 저항했다. 웃음을 무기 삼아서 말이다. 소크라테스의 목소리까지 실어 고르기아스는 우리에게 권고한다. "상대방의 진지함spoudē은 익살gelōs로, 익살은 진지함으로 허물어라diaphtheirein."[58]

---

56 누구보다도 경건했던 그가 심지어 아폴론 신탁까지도 검토와 논박의 대상으로 삼았다는 것이 의미심장하다(『변명』 20e~23c).

57 『변명』은 검토하는 삶의 가치와 회의주의적 지성의 균형 감각, 악마의 대변자 '삐딱이'의 건강한 반대가 가진 의의와 중요성을 잘 보여 준다. 그런 진지한 유희 정신을 절박하게 필요로 하는 우리 사회와 담론의 이분법적인 경직성을 돌아보게 하는 거울 역할을 하는 고전 중의 고전이다. 이런 『변명』의 의의와 소피스트-소크라테스의 관계에 관한 보다 상세한 고찰은 플라톤 『변명』(2014b)의 작품 안내 30~38쪽을 참고할 수 있다.

58 아리스토텔레스 『수사학』 1419b3~5 (DK 82B12)

즐김의 세상을 꿈꾸며

이 책에서 나는 고대 희랍에서 대략 기원전 8세기 중엽부터 5세기 중후반까지, 즉 상고 시대와 고전 시대 전반부에 해당하는 3백여 년 동안 철학에 직간접적으로 관련되는 사람들이 어떤 담론을 어떤 방식으로 어떻게 주고받으며 특유의 전통을 만들고 이어 갔는가를 살펴보았다. 특히 설득과 비판의 전통이 초기 철학자들의 자연철학 담론 속에서 서서히 모습을 갖춰 가다가 파르메니데스를 거치면서 변증술과 수사학의 전통으로 발전해 결국 소피스트들의 안틸로기아 전통으로 확립되기까지의 변증법적 발전 과정을 추적했다. 이 발전 과정을 우선 정리해 보자.

호메로스 이야기 전통이 가진 독특한 감화력과 설득력은 철학자들에게 모방적 경쟁aemulatio의 대상이었다. 탈레스 이래 자연철학자들이 새로 만들어 간 담론 전통은 그래서 호메로스와 다르면서 닮았다. 그들은 물론 다름을 강조했다. 왜 호메로스(그리고 헤시오도스) 이야기가 적절하지 못한지를 때로는 무의식적으로(1기 철학자들, 즉 밀레토스학파와 피타고라스학파), 때로는 의식적으로(2기 철학자들, 즉 크세노파네스와 헤라클레이토스) '비판'하면서 세상 이야기를 신들과 영웅들의 이야기가 아닌 자연(퓌시스)의 이야기로 풀어냈다. 세상의 근원도 신들의 계보 추적이 아니라 아르케, 즉 물질적 기원과 구성 원리를 찾아 해결하려 했다. 다양한 현상 세계의 변전을 하나의 단순한 원리로 해명하려는 일원적 설명 태도를 보여 주었다. 이렇게 초기 철학의 첫 국면은 시인들이 일구어 놓은 신화적 '설득' 담론의 전통에 대항해 합리적·자연주의적 '비판' 담론의 전통을 맞세우는 안티테제였다.

파르메니데스에 와서 이런 첫 국면의 철학은 그것이 새로 개척한 '논변'이라는 담론의 방법적 성취를 유감없이 드러내면서 철학 담론의 특징이 '비판'임을 내외에 천명하게 된다. 그러나 동시에 이전 자연학 담론의 성과만큼이나 한계까지도 드러내는, '있는 것'(즉 존재)과 인식의 기준에 관한 파르메니데스의 담론은 그 인식론적이고 메타 담론적인 면모를 통해 철학의 성격이 자기 성찰에 있음 또한 보여 준다. 그리고 그런 인식론적·메타 담론적인 성찰이 그저 이야기를 위한 이야기가 아니라 이제까지 자연학 담론을 추동해 왔던 담론 소비자들의 욕구와 관심에 부응하는 우주론 담론 산출에 기여하기 위한 것이었음을 드러낸다. 앎의 엄정한 기준을 논하는 진리편 논의 수준으로의 상승(서시의 여행이 표상하는)은 적실한 자연철학 담론으로 되돌아오기 위한 것이었으며, 파르메니데스는 의견편에서 진리편의 기준에 가능한 한 부응하는 우주론 이야기의 모델을 제시한다. 이런 이야기들이 진리편의 추상적·논리적인 로고스를 서시와 의견편의 시적인 에포스(=에포스2)들이 감싸 안는 형태의 원환 구성적 세팅하에서 개진된다. 이는 파르메니데스가 자신이 도달한 논리적 필연성에 따라 합리적·논리적 설득력을 담아내는 '비판'적 담론만이 아니라 시인들에게서 이어져 내려온 그럴듯한 이야기의 설득력을 담아내는 '설득'적 담론을 통합하고 있음을 말해 준다. 이렇게 시인들의 설득 담론에 최초 철학자들의 비판 담론이 맞세워진 후 설득과 비판의 종합으로 다시 돌아오는 변증적 과정이 초기 희랍 철학의 전반부, 즉 철학사 처음부터 파르메니데스에 이르는 시기의 철학 담론의 발전 모습이었다.

파르메니데스의 후계자들은 파르메니데스 철학 담론의 유산을 다시 비판과 설득의 측면으로 나누어 발전시킨다. '비판'적 담론은 파르메니데스 진리편의 엄정한 일원론적 기준을 파르메니데스 담론의 핵심으로 파악한 2세대 엘레아주의자들(제논과 멜리소스)의 손에서 '변증술'의 형태로 새로운 모습을 갖춘다. 그들은 상대방의 논변에 반론을 제시해 상대방 입장이 어려움을 가진다는 점을 보여 줌으로써 논의의 부담을 상대 논변자에게 되돌려 주는 변증적 담론을 개발했다. 이 담론은 다원론자들(엠페도클레스와 아낙사고라스)의 파르메니데스 자연편 계승 담론에 대항하기 위한 것이었다. 다원론자들은 파르메니데스 자연편에 들어 있는 진리편 기준을 가능한 한 준수하면서 이오니아적 자연 설명 정신을 이어 여럿을 해명하려 노력했다. 이 과정에서 특히 엠페도클레스는 합리성과 신화성을 종합하는 파르메니데스의 정신을 이어받아 시로 철학하면서 대중적 설득력에 부응하는 담론을 산출하려 했다. '설득'적 담론이 '수사학'의 모습으로 거듭난 셈이다. 이렇게 파르메니데스적 담론 전통은 제논적인 변증술 전통과 엠페도클레스적인 수사학 전통으로, 각각 비판적 담론과 설득적 담론을 대변하는 전통으로 새롭게 모습을 드러낸다.

이렇게 파르메니데스적 문제 구도하에서 자연철학자들의 우주론 논의는 파르메니데스적 하나를 옹호하는 2세대 엘레아주의자의 비판적 논의와, 없는 것은 없다는 원칙을 지켜 가며 여럿을 설명하겠다는 다원론자의 설득적 논의로 갈려 각축을 벌이다가, 원자론자 특유의 혁신적 발상으로 새로운 국면을 맞는다. 원자론자가 있는 것만큼이나 없는 것도 있다는 무차별적 원리로 선생 파르메니데스 이야기에 정면 도전한 것은 아낙시만드로스나 헤라클레이토스, 파르메니데스 등에서 줄곧 강조되어 온 긴장과 균형의 아이디어를 살린 담론 경쟁의 쾌거였다. 다원론자들에 의해 복잡해진 우주론 담론을 단순한 원리로 되돌렸기에 파르메니데스적으로, 혹은 일원적 설명을 시도한 밀레토스적 출발점으로 회귀한 것이기도 하다. 이렇게 파르메니데스 유산을 둘러싼 엘레아주의 자들과 다원론 진영의 아곤은 하나 논의가 여럿이라는 반대 담론의 도전을 거쳐 다시 하나 이야기로 되돌아오는 과정이었다.

이후 자연철학은 디오게네스와 아르켈라오스의 절충적 작업 시도를 마지막으로 이오니아적 과제 해결 노력에 마침표를 찍게 된다. 그렇지만 제논적 비판/변증술 전통과 엠페도클레스적인 설득/수사학 전통은 민주주의가 꽃핀 새로운 경쟁의 시대를 반영해 새로운 지성 운동을 일으킨 소피스트들에 의해 계승된다. 퓌시스(자연, 본성)의 문제 자체는 관심 대상에서 밀려난 대신, 인간의 문제, 노모스(관행, 규범, 법)의 문제가 새로운 관심사가 되고 노모스를 떠받치는 퓌시스가 총체적으로 의문시된다. 노모스 전체를 문제 삼는 프로타고라스의 문제의식은 결국 모든 논변에 대해 반론을 제기할 수 있다, 아니 제기해야 한다는 생각으로 이어져 '비판'의 계기가 두드러진 '반론'(안틸로기아) 전통을 확립하게 된다. 이어 고르기아스는 반론 전통에 힘을 실어 주면서도 진실을 외면하지 않는 '설득'이 강조되는 '수사학' 전통을 결합시킨다. 이리하여 제논적 비판, 엠페도클레스적 설득으로 나뉘어 발전하던 파르메니데스주의 담론 전통은 소피스트 고르기아스에 이르러 진실을 추구하면서 비판에 의한 균형을 지향하는 반론 전통으로 거듭나게 된다. 이런 소피스트적 반론 전통하에서 소크라테스적 '논박'(엘렝코스)의 정신이 자연스럽게 발전해 나오게 되고, 소피스트적 상대주의, 회의주의에 대한 플라톤의 반론을 거치면서 소피스트 전통의 맞은편에 '주류' 철학으로 자리 잡게 된다. 초기 희랍의 철학 담론 전통은 이렇게 설득과 비판, 수사와 변증이라는 계기가 맞물려 끊임없이 상호 긴장하고 보완하면서 변증법적으로 발전하는 과정이었다.

철학이란 무엇인가? 철학을 한다는 게 무엇을 하는 건가? 이 책 역시 이 물음을 품고 여기까지 온 셈이다. 백인백색*quot capita, tot sensus*, 같은 말을 쓰면서도 제각각 생각은 다르다. 철학이 뭐냐에 대한 생각이 제각각이니 철학도 제각각일 수밖에 없다. 그러나 철학을 철학답게 하는 게 무엇인지 우리는 철학이 태어난 고대 희랍에서 단서를 발견할 수 있으며, 이 책이 그중 몇 가지를 제공했으리라 믿는다. 그 단서들을 추리고 자기 이야기, 자기 철학을 만드는 건 각자의 몫이다. 철학이 뭐냐 하는 물음은 사실 철학으로 뭐 할 거냐 하는 물음을 으레 담기 마련이고 의당 그래야 한다. 이제 그 물음을 우리의 물음으로 옮겨, 나에게 철학이 뭐냐, 내가 철학으로 뭐 할 거냐가 아니라 우리에게 철학이 뭐냐, 우리가 철학으로 뭐 할 거냐 하는 물음을 묻는 건 이 책의 마무리 물음으로 적절하다고 생각한다.

이 책이 다루는 철학자들의 알파와 오메가는 뭐였을까? 1기 철학자 피타고라스학파(밀레토스학파 직후에 위치해 '다음 사람' 역할을 하는)와 마지막 철학 담론에 속하는 소피스트 프로타고라스의 이야기에 우리가 주목할 만한 단서 하나가 있다. 양자가 공히 사용한 아이디어는 '아곤(콘테스트)의 구경*theōria*'이다.

피타고라스학파에 따르면 삶은 축제다. 이 축제는 다양한 겨룸, 콘테스트로 이루어진다. 축제에 오는 세 유형의 사람이 있다. 돈 벌려고 오는 사람이 있고, 자웅을 겨뤄 명성과 상을 얻겠다는 사람이 있는가 하면, 그냥 구경하러 오는 사람도 있다. 철학하는 사람은 세상이 어떤 모습인지 관조하기를 즐기는 구경꾼이라는 게 피타고라스학파의 이야기다. 한편, 프로타고라스는 '로고스의 아곤(콘테스트)', 즉 담론 경쟁을 만들어 놓고 '구경'하는 일을 시작한 최초의 인물이라고 전해진다. 프로타고라스는 담론 콘테스트, 즉 말싸움을 조직해서 보는 것을 즐긴 첫 사람이라는 거다.

두 이야기의 핵심이 아곤인 것 같지만 실은 그걸 넘어서 있다. 아곤이야 어차피 인생을, 혹은 담론 세상을 관찰하면, 아니 잠깐이라도 경험하면 그리 어렵지 않게 발견하는, 진부할 수도 있는 주제다.[59] 핵심은 구경한다, 즉 본다는 데 있고, 더 구체적으로는 즐긴다는 데 있다. 철학은 뭐냐? 즐기는 거다. 초기 철학사의 처음과 끝에서 철학자들이 스스로 규정하는 철학의 핵심은 '즐김'에 있다.

흔히들 철학을 '필로소피아', 즉 '지혜 사랑'이라고 부른다. 너무도 자주 이야기해 진부하지만, 이 속에 핵심이 있다. 흔히 '지혜'에 방점을 찍어 철학을 이해하고, 지혜가 빠지면 시체라고 생각한다. 귀에 못이 박히도록 우리는 지혜와 진리를, 그것에 대한 진지한 추구를 강조하는 이야기를 들어 왔다. '사랑'을 뒤에 붙이면서도 은근히 앞에 나온 '지혜'에 힘을 주어 이야기해 왔고, 으레 지혜는 지혜답게, 진리는 진리스럽게, 즉 '진지'하게 추구해야 하는 것처럼 생각해 왔다. 그러니까 '지혜 사랑'(지혜에 대한 사랑)을 말하면서도 속으로는 '지혜 지혜'(지혜에 대한 지혜)를 새기는 일을 되풀이해 온 것이다. 실은 바로 그 때문에 우리 담론 세상이 지혜의 과잉으로 찌들어 있고, 진리 주장에 병들어 있다. 자기 얘기가 진리고, 자기 얘기만이 구원의 길이라고 믿는 사람들이 우리 담론 세상을 어지럽히고 우리를 피곤하게 한다. 진지하지 않아서 문제가 아니라, 우린 너무 진지해서 문제다. 그런 의미에서 철학은 '지혜'가 아니다. '사랑'이다. 사랑하는 것, 추구하는 것, 즐기는 것이다. 이게 우리가 철학이라는 활동에서 소중히 가꾸고 키워야 할 요소다.

이 책에 나오는 철학자들의 이야기는 때로 복잡하고, 때로는 엉뚱하며, 더러 실없기도 하다. 시간의 법정을 통과해 살아남은 '고전'이라는 인증이 붙어

---

59 물론 인생을 아곤으로 규정하는 사고 자체가 담고 있는 창의성이나 매력이 있다는 것을 무시하려는 것은 아니다. 다만 더 중요한 게 있다는 말이다.

있지 않고 누군가의 책 어딘가에 이름 없이 등장했다면 거들떠보지도 않았을 법한 이야기들이 많다. 그런 의미에서 이 책에는 '꿈보다 해몽'이요 '침소봉대'라는 소리를 들을 만한 이야기들이 적잖이 포함되어 있을 것이다. 그런데 그것들에 '설득'이라는 이름을 주고 '비판'이라는 규정을 부여하면서 뭔가 의미를 찾고 재밌어 하는 게 실은 철학이요 인문학이다. 헤라클레이토스의 말마따나 '자기를 키우는 로고스'logos heōuton auxōn가 인간 자신이고, 철학이고 인문학이다. 인문학은 인간이 자기를 장대하게 키워서 보고 자기를 장대하게 키워 나가는 자기 확대self-magnification의 활동이다. 자기 이야기를 소중히 하고 자기 이야기를 키워 가는 활동이다. 이때 자기 이야기가 곧 자기다. 인문학의 대상인 인간, 즉 자기 자신이다.

즐기는 게 철학이라고, 사랑하는 게 철학이라고 했는데, 무턱대고 즐기라 사랑하라고 하면 아무거나 즐겨도 되고 아무거나 사랑해도 된다는 거냐 하고 걱정하는 이들도 있을 것이다. 즐김과 사랑에 지혜나 진리가 꼭 붙어 가야 하는 것 아니냐고 말이다. 말은 그럴듯하지만, 실은 기우에 가깝다. 이미 말했듯 우리는 너무 진리나 지혜에 익숙하고 찌들어 있다. 진리의 결핍이 문제가 아니라 진리 과잉, 지혜 과잉이 문제다. 그러니 이젠 담론들에 잔뜩 들어간 힘을 빼고 그냥 즐길 일이다. 즐기면서 마음에 맞는 것들을 자꾸 챙기다 보면 자연스럽게 진리, 지혜가 다가올 자리를 남겨 놓게 된다. 진리, 지혜는 진리, 지혜로 가득 찬 사람에게 다가오지 않는다. 데모크리토스가 말했듯이 빈 곳이 있어야 지혜는 그리 물러날 수 있다. 비워야 찾아온다. 진리는 진지하게 추구하는 자의 것이기보다는 가볍게 즐기는 자의 몫이다. 진리가 우리를 자유케 하는 게 아니라 자유가 우리를 진리케 한다.

자유롭게, 한가롭게 즐기다 보면 자연히 균형 감각이 생기고 긴장과 대조를 즐기고 추구하는 여유가 생긴다. 그렇게 진리와 (더 정확히는, 진리 주장과) 거리를 취하다 보면 우리 지성은 제 방향을 찾아갈 것이다. 고르기아스가 그랬고 앞선 선배들이 그랬듯, 지성에 필요한 건 진리가 아니라 균형이다. 진리는 균형 감각을 갖추고 사물을 즐기며 탐색하다 보면 자연스럽게 보인다. 진리는, 피타고라스학파가 말한 것처럼, 진지하게 겨루면서 아등바등 얻어지는 게 아니라 보면서, 즐기면서 얻어지는 것이다. 아니, 진리는 얻어진다기보다 그냥 보고 즐기는 것이다.

맹신과 믿음(신념)의 차이는 백지장 한 장 차이다. 흔히 우리는 맹신을 확신으로 포장하고 산다. 우리가 확신이라 부르는 건 대개 맹신인 경우가 많다. 내 삶에 힘을 주고 활기를 주는 믿음(신념)이 이웃을 힘들게 하고 피곤하게 하기란 너무도 쉽다. '예수 천당, 불신 지옥'의 확신을 사명감에 불타 외치고 다니는 거리의 전도사들을 보면 금방 확인된다. 믿음은 내 건데 내 맘대로 하는 게 뭔 문제냐 하고 반문할 수 있다. 그러나 이 경우 믿음은 내 것만이 아니다. 내 맘대로 해도 좋은 온전한 나만의 것이 이미 아니다. 이웃이 무슨 믿음을 가지고 사느냐가 나의 삶을 암암리에 좌우할 수 있는 세상에서 내 믿음의 건강에 남이 관심 갖는 걸 백안시할 일만도 아니다. 남의 믿음을 검토해 주겠다고 다니던 소크라테스가 생각했던 대로, 건강한 믿음은 '우리' 삶에, '우리' 행복에 필수적인 요소다. 이런 의미에서 보면, 가장 개인적인 성격을 가졌다고 해야 할 믿음조차 꺼내 놓고 소통하려는 순간부터는 어쩌면 공적인 자산의 측면을 갖고 있다고 해야 할 것이다. 함께 먹이고 함께 길러 가야 할 우리 공동의 자산이라는 측면 말이다. 그러니 '나'의 믿음을 언제든 객관화하고 비판의 장에 내놓아 반론으로 검토 받으며 '우리' 믿음이 건강과 균형을 잃지 않게 하려는 자세가 필요하다. 나와 우리는, 나의 믿음과 우리의 믿음은 연결되어 있으며, 그 믿음들이 우리의 삶과 행복을 좌우한다.

지성의 건강과 균형을 위해서는 자신의 믿음을 내려놓는 용기가 필요하다. 확신으로 포장된 믿음이 틀릴 수도 있다고 받아들이고, 반론을 견디지 못하면 포기하거나 수정할 수도 있다는 유연한 자세가 필요하다. 믿음 하나 내려놓는다고, 바꾼다고 세상이 무너지지 않는다. 혹시 그 정도로 확신하고 있는 것들이 당신에게 있다면 당신의 지성은 위험하다. 주변 사람들을 피곤하게 만들 가능성이 높으며, 무엇보다 당신 자신이 피곤하다. 확신은 그 정도면 병이다. 몸의 병은 보통 물리적 고통이라는 장치 때문에 놔두고는 못 견디니 덜 위험하지만, 마음의 병은 그런 장치가 없다. 맹신을 확신으로 포장하고 지성을 찌그러뜨리며 살아도 지성은 아프다는 신호를 보내지 않는다. 조용히 병을 쌓아 갈 뿐이다. 그러니 지성은 정기적인 검진, 즉 검토를 통해서만 병 여부를 확인하고 건강, 즉 균형을 유지할 수 있으며, 검진은 자기 믿음을 검진의 대상으로 내려놓는 유연함에서 시작할 수 있다. 그런데 그런 유연함은 즐기는 자세에서 나온다. 즐기다 보면 자연히 의미 있고 진지한 것을 즐기게 되기 마련이다. 인간에게 있어서 유희는 자연스럽게 진지함을 잃지 않는 방향으로 진행한다. 그러니 당분간은 일부러 진지해지려 노력할 필요가 없다. 힘을 빼고 즐기다 보면, 그렇게 여유와 자유를 누리다 보면, 검토를 잘 견딘 믿음들이 우리 곁에 살아남게 될 것이고, 그런 건강한 담론 세상을 잘 가꾸어 가면 우리는 함께 여유를 갖고 함께 즐기는 행복한 세상을 만들어 갈 수 있게 된다.

철학은 즐기는 일이다. 굳이 피타고라스를 넘어서서 말한다면, 진리를 즐기는 게 아니다. 그냥 즐기는 거다. 즐기다 보면 진리가 얻어지고 진리가 되는 거다. 진리가 우리를 즐겁게 하기보다 즐김이 우리를 진리케 한다. 즐김의 세상은 진리의 세상과 다르다. 뭐가 진리인지, 누가 진리를 갖고 있는지 강박하거나 강요하지 않는다. 주류는 주류대로 마이너는 마이너대로 제 할 몫이 있고 의미가 있다. 담론 세상은 주류가 이어 온 것처럼 보이지만, 실은 담론의 역사는 그렇게 간단하지 않다. 시대의 이단아들이 '악마의 대변자' 노릇을 해주었기에 담론 전통은 활력과 균형을 유지하며 이어져 올 수 있었다. 이단아임이 분명한 헤라클레이토스가 초기 담론 전통에 긴장과 활기를 불어넣어 준 것 못지않게, 초기 철학 담론의 분수령을 이루는 주류 중의 주류라 인정되는 파르메니데스도 한때는 시대의 이단아였다. 모두가 여럿이 운동하는 세상을 당연시하고 그저 그걸 설명할 원리가 뭐냐를 탐색하던 세상에서 감연히 그는 여럿이, 운동이 당연한 게 아님을 설파했다. 그도 그의 직계 제자 그룹도 '상식 밖'의 사람들이었다. 그런 삐딱한 이단아들이 담론 세상을 살아 있게 하고 재미있게 한다. 그렇게 재미있게 살아 있는 이야기들이 의미가 있을지 없을지는 '다음 사람'이 자리매김해 주거나 혹은 아주 긴 거리를 취한 먼 훗날의 누군가에 의해 제대로 규정되고 조명될 수도 있다. 철학은 그렇게 즐기면서 의미를 기다리는 거다. 자기 이야기를 절대화하기보다 잠정적인 것으로 제출하면서 의미 있기를, 의미 있게 봐 주기를 기다리는 거다.

이 책의 이야기 끝에 있는 소피스트 전통은 마이너에 속했고, 지금도 여전히 마이너다. 포스트모던 시대를 맞아 나름 대접을 받기도 하지만, 우리 담론 세상에서는 여전히 궤변과 몰가치의 대변자쯤으로 치부되곤 한다. 일등과 주류를 좇아 부유하는 우리 사회의 특성상 소피스트들은 자기들을 의미 있어 하고 자기들을 즐겨 주기를 더 기다려야 할지도 모른다. 소피스트들이 아쉬울 건 없다. 즐김은 어차피 즐기는 자의 몫이다. 우리의 즐김이 풍부해지기를, 편견을 접어 두고 확신을 내려놓고 즐길 거리들을 여유로이 함께 즐길 수 있는 세상이 되기를 기다린다.

감사의 말

즐김을 권하고 즐김의 세상을 꿈꾸며 책을 마무리 지었지만, 사실 이 책을 쓰는 일이 말처럼 내내 즐겁기만 한 것은 아니었다. 오롯이 즐기지 못한 데는 무엇보다 내 게으름이 작용했다. '멀티'를 못해서라고 핑계를 대곤 하지만 어디 꼭 그 탓뿐이랴. 시작할 땐 야심에 차고 의욕이 넘쳐 금방 끝낼 수 있으리라 생각했다. 학과장을 맡고 이런저런 밀린 과제들을 해결하는 동안 초심은 잊고 짐만 남았다. 예정된 출간 시한을 맞추자니 가까운 이들에게 부담을 떠안기기도 했다. 내 글의 첫 독자이자 세상 최고의 독자인 아내 문지영 박사는 먼 타국에 남편과 아이들을 보내 놓고 '기러기 엄마' 노릇을 하면서도 직장 생활 틈틈이 '설득이'와 '비판이'까지 함께 키워 내느라 지난 몇 주 꼬박 공을 들여 주었다. 그런가 하면 우리 둘째 의준이는 모처럼 맞은 공립학교 중간 방학 동안 아빠가 제대로 놀아 주거나 여행을 데려가기는커녕 책 마무리 작업에 매달려 '방치'했음에도 불평 한마디 없이 집안일을 도맡으며 따분함을 감추느라 애써 주었다. 다음 달이면 티쉬 생활을 마감하는 딸 예은이는 1년을 조기 졸업하느라 '살인적'인 수업 스케줄을 소화하면서도 짬을 내어 보스턴을 찾아 아빠의 말벗, 술벗이 되어 주곤 했다. 자식과 손주들을 멀리 보내 놓고도 행여 방해가 될까 연락조차 조심조심 하시는 부모님과 장모님께는 무심히 사는 게 늘 죄송스럽다.

매번 말로만 때우는 나를 그래도 곁에서 따뜻하게 보듬어 주는 이들이 있어 고맙고 즐겁다. 사람답게, 의미 있게 살면서 후손들도 그렇게 살 수 있도록 길을 열어 가는 게 이 고마움과 즐거움에 조금이나마 보답하는 길이라 믿는다.

이 책은 당연하게도 나 혼자의 힘으로 써낸 것이 아니다. 무엇보다 두 분 스승께 얻은 배움의 흔적이 곳곳에 담겨 있다. 파르메니데스를 처음 만난 건 석사 입학 첫 학기 김남두 선생님 수업에서였다. 겨우 문법 떼고 5주 배운 희랍어 실력으로 파르메니데스는 한참 무리였다. 어설픈 읽기, 빈약한 생각도 격려해 주시면서 물음을 잘 키워 가게 이끌어 주신 선생님 수업이 아니었다면, 파르메니데스를 박사 논문 주제로 삼게 되는 일 자체가 일어나지 않았을 것이다. '로고스의 힘'이나 '실정성' 같이 늘 입버릇처럼 말씀하시며 던져 주신 화두들이 탐색 여정 내내 그야말로 '실정적인 힘'을 발휘하면서 내 이야기들에 방향과 동력을 제공해 주었다. 그리고 그보다 훨씬 전, 이 길로 들어설 줄은 꿈에도 생각지 못했던 학부 시절 들었던 이태수 선생님의 서양 고중세 철학사 수업은, 그땐 다 이해하지 못했지만, 수많은 정보와 흥미로운 이야기들을 담고 있었다. 그 수업 때 들었던 이야기들이 이 책의 기본 서사를 이끌고 가는 데 출발점과 바탕이 되어 주었다. 나도 선생이 되고 오랜 세월 서양 고대 철학 강의를 해오면서 그 이야기들은 어느새 내 이야기가 돼 버렸다. '멘-데'가 중요하다든지, 탈레스가 철학의 시조인 건 대답이 아니라 물음 때문이라든지 등등 그때 선생님께 들은 주옥같은 이야기들이 내게로 넘어와 좀 더 숙성되고 단단해졌기를 바랄 뿐이다. 앞으로 내 후학들도 이 이야기를 자기 이야기로 만들어 더 키워 주길 바란다. 철학은, 인문학은, '스스로 커져 가는 로고스' 아니던가.

파르메니데스를 붙잡고 씨름하던 내가 문젯거리들을 풀어놓고 난해한 텍스트 읽기의 '고통스런 즐거움'을 함께 나눴던 아리스토텔레스 『형이상학』과

KRS 읽기 모임(이정호, 김재홍, 이기백, 김인곤, 김주일, 주은영, 양호영, 정준영 선생님)은 이 책에 인용되는 『단편 선집』을 함께 펴내기도 한 이 책의 또 다른 주역이다. 방송대 이정호 선생님 연구실에서, 한철연 세미나실에서 그분들과 자욱한 담배 연기 뿜으며 침 뒤겨 가며 자구 하나 해석 하나로 얼굴 붉히고 열 올리던 시절이 그립다. 그 모임을 모태로 해서 나온 정암학당이 벌써 햇수로 16년 되었고, 그새 펴낸 플라톤 번역들이 이젠 마무리 단계에 들어서 있다. 이 영혼 맑은 선비들은 나의 '야인'스런 삶의 동지들이다. 이 연구자들이 자칫 기운을 잃을세라 뒤에서 묵묵히 돕고 성원해 주시는 학당 회원 여러분은 이 책을 떠받치는 기둥이다. 2014 희랍어 모임, 아노도스, 그리고 학당의 여러 강좌와 세미나에 나와 이젠 후원만이 아니라 공부도 제대로 함께 하겠다고 나선 분들의 열정은 어느 누구의 격려 못지않게 힘이 된다. 고전의 가치는 즐길 줄 아는 자들만 누릴 수 있는 숨은 보물이라는 걸 이분들은 알고 계신 거다. '동서 고전학의 동지'라는 격려 말씀을 당신의 책에 실어 보내 주셨던 도올 선생님이 떠오른다. 지금까지 그랬듯, 앞으로도 여러 동지들과 함께 걸어갈 것이기에 감사하고 행복하다.

아메리카의 근본주의적 기독교 풍토가 횡행하는 이 험한 한국 땅에서 예수 따르미의 길을 개척하며 종교 담론의 건강함을 유지하려 애쓰시는 새길교회의 한완상·김형 선생님과 길희성·박남미 선생님, 정대현·조혜자 선생님, 한인섭·문경란 선생님, 최만자 선생님, 권진관 선생님, 그리고 정경일 선생님을 비롯한 다른 모든 길벗들께도 늘 깨우침과 격려를 주심에 멀리서 늦게나마 감사드린다. 나그네로 산 히브리 민족처럼 조국을 떠나와 살면서도 기억해야 할 것들을 꼭 지켜 내자는 다짐을 나누고 안식의 의미도 다시 새길 수 있어 행복했던 디딤돌교회 최용하 목사님과 다른 소중한 영혼의 벗들에게도 고마움을 전한다. 안식년을 보낼 수 있게 배려해 주신 학과의 동료 선생님들, 그리고 인문학에 대한 사랑과 시대의 고민을 같이 하는 박경수 선생님, 정세환 선생님 등 학교 안의 여러 선후배 동료 선생님들, 내가 자리를 비웠음에도 열심히 독서토론 모임을 이어 가고 있는 '횡설수설' 멤버들과 열정으로 눈을 반짝이며 물음들을 잘 키워 가는 제자들, 그리고 강릉이나 서울 등 여러 곳에서 고전 사랑을 보여 주시는 독자 여러분들, 모두 알게 모르게 관심과 성원을 보내 주셔서 감사하다.

지금 이 글을 기다리는 후마니타스의 이진실 선생님과 안중철 선생님에게도 이 책의 출판을 택하고 힘겨운 작업에 공을 들인 시간이 헛되지 않은 것이길 바란다. 편집진의 놀라운 끈기와 열정이 이 책을 더 책답게 만들어 주었다고 믿는다. 한국연구재단의 지원으로 시작한 이 연구의 마무리 단계에 경제적 지원뿐만 아니라 여유와 감성을 잃지 않도록 세심한 배려를 아끼지 않은 풀브라이트 재단Fulbright Commission 및 바바라Barbara Harrison와 제이미Jamie Rotman 등 월드보스턴WorldBoston 관계자들, 쾌적한 연구실을 제공해 주고 물심양면으로 따뜻한 도움을 베풀어 준 또 다른 고전학 동지 머리나 맥코이Marina McCoy 교수와 학과장 아서 매디건Arthur Madigan 교수를 비롯한 보스턴 칼리지 철학과Boston College, Philosophy Department 관계자들에게도 감사의 마음을 전한다.

이 모든 이들의 도움과 배려 속에 나온 책이어서, 내게 뜻깊고 값진 만큼 여러분들에게도 그런 책이 되길 바라는 마음이다. 물론 흠이 있거나 어설픈 부분들이 있다면 순전히 내 탓이다. 기탄없이 지적해 주시면 고쳐서 함께 더 멋진 이야기로 키워 가고 싶다.

올해는 칼 라인하르트가 파르메니데스 책을 쓴 지 꼭 100년이 되는 해다. 남들 안 가는 길을 걷는 건 늘 힘들고 외로운 법이다. 그러나 그 길을 꿋꿋이 가는 사람이 있기 때문에 우리 세상은 건강을 지키며 버틴다. 일등과 주류에만 주목하는 승자독식의 세상, '모난 돌이 정 맞는다'며 '튀지 말고 적당히 순응하라'고 은근히 부추기는 세상에서 감히 마이너의 길, 삐딱이의 길, 이단아의 길을 가겠다고 도전하는 이들이 있을 때 우리 미래는 희망이 있다. 때론 '고전'할 때도 있지만 고전의 길은 즐길 만한 길이다. 라인하르트가 그 책을 쓸 때 30세였다. 나는 석사 첫 학기 수업 들은 지 꼭 13년 만에 파르메니데스로 박사 논문을 썼고, 그 후 꼭 13년 만에 이 책을 썼다. 26년간 파르메니데스와 보낸 내 삶과 열정의 산물인 것이다. 파르메니데스에 젊음을 불사른 건 라인하르트나 나만이 아니다. 아름다운 것들은 그만큼 어렵다. 어려운 만큼 도전의 가치도 즐거움도 있다. 이 책의 어떤 부분은 쉽지만 어떤 부분은 뭐 이렇게까지 미세한가 하는 생각이 들 정도로 줌인이 된 경우도 있을 것이다. 그저 한 학자의 연구 결과를 정리하는 데 그치지 않고 우리에게 필요한 이야기들을 앞으로도 계속 이어서 함께 만들어 갔으면 하는 바람으로 남긴 것들이다. 우리 학당의 비공식 표어대로, 밟고 가라! 여러분 모두와 더불어 즐김의 세상을, 세월호 같이 선뜩한 아픔을 강요하는 부조리한 일일랑 결코 다시 일어나지 않는 진정한 즐김의 세상을 만들어 갈 수 있길 바라 마지않는다.

2016년 4월 26일
브루클라인에서
강철웅

참고문헌

강철웅 (2001), 「파르메니데스 철학에서 퓌시스의 의미와 위상」, 『서양고전학연구』
　　　제17집, pp. 27-51.

강철웅 (2002), 「파르메니데스 철학에서 노에인 개념과 인식 전달 모티브: '감각 거부' 해석
　　　및 초기 희랍 노에인 개념에 관한 '발전론' 테제의 비판적 검토」, 『시대와 철학』
　　　제13권 2호, pp. 35-70.

강철웅 (2003), 「파르메니데스에서 진리와 독사(Doxa): 세 텍스트 부분의 상호 연관에
　　　주목한 파르메니데스 단편 해석」, 서울대학교 박사학위논문.

강철웅 (2004a), 「파르메니데스의 철학 단편에서 서시의 의미와 역할」, 『서양고전학연구』
　　　제21집, pp. 1-36.

강철웅 (2004b), 「메타담론의 측면을 통해 본, 사변과 비판으로서의 파르메니데스 철학」,
　　　『철학』 제80집, pp. 83-115.

강철웅 (2005a), 「파르메니데스에서 신화와 철학」, 『서양고전학연구』 제24집, pp. 209-239.

강철웅 (2005b), 「김성진 "탈레스 철학의 작용영향사와 아리스토텔레스의 테오리아"에
　　　대한 논평」, 『서구정신의 기원』, 한국서양고전학회 2005년 춘계 학술대회.

강철웅 (2006), 「플라톤의 『변명』에 나오는 소크라테스의 무지 주장의 문제」, 『철학논집』
　　　제12집, pp. 63-98.

강철웅 (2009), 「기원전 1세기 아카데미의 플라톤주의 수용: 필론의 아카데미 혁신과
　　　그것에 대한 안티오코스의 대응을 중심으로」, 『서양고전학연구』 제37집, pp.
　　　245-284.

강철웅 (2012a), 「철학적 논변의 전통과 크세노파네스」, 『인간·환경·미래』 제9호, pp.
　　　111-143.

강철웅 (2012b), 「시와 철학 그리고 향연: 크세노파네스 단편 1을 중심으로」,
　　　『서양고전학연구』 제48집, pp. 117-148.

강철웅 (2012c), 「엘레아학파」, in 강철웅 외 (2012), pp. 149-194.

강철웅 (2013), 「아폴론 대 델로스 잠수부, 그 철학적 대화의 시작: 담론 형식과 매체의
　　　측면에서 본 헤라클레이토스 철학」, 『철학연구』 제101집, pp. 1-35.

강철웅 외 (2012), 『서양고대철학 1: 철학의 탄생으로부터 플라톤까지』, 길.

김남두 (2002), 「파르메니데스의 자연이해와 로고스의 실정성」, 『철학사상』 제15호, pp. 447-469.

김남두 (2005), 「고르기아스의 『헬레네 찬사』에서 말의 힘」, 『서양고전학연구』 24, pp. 241-264.

김내균 (1996), 『소크라테스 이전의 그리스 철학』, 교보문고.

김성진 (2005), 「탈레스 철학의 작용영향사와 아리스토텔레스의 테오리아」, 『서양고전학연구』 제24집, pp. 125-149.

김유석 (2013), 「개와 늑대의 시간: 소피스트 운동 속에서 바라본 소크라테스의 재판」, 『철학연구』 100, pp. 5-37.

김인곤 (2002), 「아낙시만드로스의 아페이론」, 『시대와 철학』 제13호, pp. 7-34.

김인곤 외(편역) (2005), 『소크라테스 이전 철학자들의 단편 선집』, 아카넷.

김주일 (2002), 「파르메니데스 철학에 대한 플라톤의 수용과 비판: 파르메니데스의 '있는(-인) 것'의 해석과 형상 결합의 문제를 중심으로」, 성균관대학교 박사학위논문.

던, 존 (2015), 『민주주의의 수수께끼』, 강철웅·문지영 옮김, 후마니타스.

문지영·강철웅 (2011), 「플라톤 『국가』의 민주정 비판과 이상 국가 구상: '정치'와 '통치자'에 대한 새로운 전망」, 『사회과학연구』 35 (1), pp. 243-268.

전헌상 (2012), 「소피스트(2)」, in 강철웅 외 (2012), pp. 247-274.

페르노, 로랑 (L. Pernot) (2007), 「플라톤과 수사학」, 『서양고전학연구』 27, pp. 65-103.

프랭켈, 헤르만 (H. Fränkel) (2011), 『초기 희랍의 문학과 철학』, 1, 2권, 김남우·홍사현 옮김, 아카넷.

플라톤 (2014a), 『향연』 2판, 강철웅 옮김, 이제이북스.

플라톤 (2014b), 『소크라테스의 변명』, 강철웅 옮김, 이제이북스.

호메로스 (2002), 『오뒷세이아』, 천병희 옮김, 단국대학교 출판부.

Allen R.E. and D.J. Furley (1970) (eds.), *Studies in Presocratic Philosophy, Vol. I: The Beginnings of Philosophy*, RKP.

Armstrong, K. (2009), *The Case for God, Anchor Books*[카렌 암스트롱, 『신을 위한 변론: 우리가 잃어버린 종교의 참 의미를 찾아서』, 정준형 옮김, 웅진, 2010].

Aubenque, P. (1987) (ed.), *Études sur Parménide*, 2 Vols., J. Vrin.

Autenrieth, G. (1958) (tr. by R.P. Keep, rev. by I. Flagg), A *Homeric Dictionary for Schools and Colleges*, Oklahoma.

Barnes, J. (1982), *The Presocratic Philosophers*, Routledge.

Beardslee, J.W. (1918), *The Use of Physis in Fifth-Century Greek Literature, Dissertation*, Chicago.

Bollack, J. (1965-1969), *Empédocle*, Vols. 1-4, Les Editions Minuit.

Broadie, S. (2003), "The Sophists and Socrates," in D. Sedley (ed.), *The Cambridge Companion to Greek and Roman Philosophy*, Cambridge, pp. 73-97.

Burnet, J. (1897), "Law and Nature in Greek Ethics," *International Journal of Ethics* 7, No.3, pp. 328-333.

Burnet, J. (1930), *Early Greek Philosophy*, 4th ed., Meridian, 1957.

Calvo, T. (1977), "Truth and Doxa in Parmenides," *Archiv für Geschichte der Philosophie* 59, pp. 245-260.

Čermák, J. (1997), "A Prow in Foam: The Old English Bahuvrihi Compound as a Poetic Device," *Acta Universitatis Carolinae Philologica: Prague Studies in English* 22, pp. 13-31.

Cherniss, H. (1951), "The Characteristics and Effects of Presocratic Philosophy," *Journal of the History of Ideas* 12, pp. 319-345; in Allen and Furley (1970), pp. 1-28.

Clay, J.S. (1983), *The Wrath of Athena: Gods and Men in the Odyssey*, Rowman and Littlefield, 1997.

Cornford, F.M. (1939), *Plato and Parmenides: Parmenides' Way of Truth and Plato's Parmenides Translated with and Introduction and a Running Commentary*, RKP.

Cornford, F.M. (1957), *From Religion to Philosophy: A Study in the Origins of Western Speculation*, Harper and Brothers.

Coxon, A.H. (2009), *The Fragments of Parmenides: A Critical Text with Introduction and Translation, the Ancient Testimonia and a Commentary*, red. ed., Parmenides Publishing (1st ed.: 1986).

Curd, P. (1998a), "Eleatic Arguments," in J. Gentzler (ed.), *Method in Ancient Greek Philosophy*, Oxford.

Curd, P. (1998b), *The Legacy of Parmenides: Eleatic Monism and Later Presocratic Thought*, Princeton.

Deichgräber, K. (1959), *Parmenides' Auffahrt zur Göttin des Rechts. Untersuchungen zum Prooimion seines Lehrgedichtes*, Akademie der Wissenschaften und der Literatur in Mainz.

Diels, H. (1879), *Doxographi graeci*, Georg Reimer.

Diels, H. and W. Kranz (1951, 1952), *Die Fragmente der Vorsokratiker*, 6th ed., Weidmann, Vol. I, II, III (초판: 1903) [DK].

Dillon, J. (1988), "'Orthodoxy' and 'Eclecticism': Middle Platonists and Neo-Pythagoreans", in Dillon and Long (1988), pp. 103-125.

Dillon, J. and A. A. Long (1988) (eds.), *The Question of "Eclecticism": Studies in Later Greek Philosophy*, University of California Press.

Dionini, P. (1988), "The History of the Concept of Eclecticism", in Dillon and Long (1988), pp. 15-33.

Dodds, E. R. (1966), *The Greeks and the Irrational, California*[에릭 R. 도즈, 『그리스인들과 비이성적인 것』, 주은영·양호영 옮김, 까치, 2002].

Douglas, M. (2007), *Thinking in Circles: An Essay on Ring Composition*, Yale.

Edmonds, J.M. (1924), *Lyra Graeca: Being the Remains of All the Greek Lyric Poets from Eumelus to Timotheus Excepting Pindar*, Vol. 2: Stesichorus, Ibycus, Anacreon and Simonides, Loeb Classical Library, Harvard.

Everson, S. (1990) (ed.), *Epistemology*, Companion to Ancient Thought 1, Cambridge.

Finkelberg, A. (1997), "Xenophanes' Physics, Parmenides' Doxa and Empedocles' Theory of Cosmological Mixture," *Hermes* 107, pp. 1-16.

Fränkel, H. (1975), (tr. by M. Hadas and J. Willis), *Early Greek Poetry and Philosophy: A History of Greek Epic, Lyric, and Prose to the Middle of the Fifth Century*, Basil Blackwell.

von Fritz, K. (1945-1946), "Nous, Noein, and their Derivatives in Pre-Socratic Philosophy (Excluding Anaxagoras)," *Classical Philology* 40 (1945), 41 (1946); repr. in Mourelatos (1993), pp. 23-85.

Furley, D.J. (1973), "Notes on Parmenides," in E.N. Lee, A.P.D. Mourelatos and R.M. Rorty (eds.), *Exegesis and Argument: Studies in Greek Philosophy Presented to Gregory Vlastos*, Phronesis Supplementary Volume I, pp. 1-15.

Gagarin, M. (1973), "Dikē in the Works and Days," *Classical Philology* 68, No. 2, pp. 81-94.

Gagarin, M. (1974), "Dikē in Archaic Greek Thought," *Classical Philology* 69, No. 3, pp. 186-197.

Gagarin, M. (2001), "Did the Sophists Aim to Persuade?" *Rhetorica: A Journal of the History of Rhetoric*, Vol. 19, No. 3, pp. 275-291.

Gallop, D. (1984), *Parmenides of Elea, Fragments: A Text and Translation with an Introduction*, Toronto.

Giannopoulou, Z. (2013), *Plato's Theaetetus as a Second Apology*, Oxford University Press.

Gilbert, O. (1907), "Die Daimōn des Parmenides," *Archiv für Geschichte der Philosophie* 20, pp. 25-45.

Graham, D.W. (1988), "Symmetry in the Empedoclean Cycle," *Classical Quarterly* 38, pp. 297-312.

Graham, D.W. (2010), *The Texts of Early Greek Philosophy: The Complete Fragments and Selected Testimonies of the Major Presocratics*, Cambridge.

Guthrie, W.K.C. (1960), *The Greek Philosophers: From Thales to Aristotle*, Harper and Row.

Guthrie, W.K.C. (1965), *A History of Greek Philosophy*, vol. II: *Presocratic Tradition from Parmenides to Democritus*, Cambridge.

Havelock, E.A. (1958), "Parmenides and Odysseus," *Harvard Studies in Classical Philology* 63, pp. 133-143.

Havelock, E.A. (1963), *Preface to Plato*, Harvard[에릭 A. 해블록, 『플라톤 서설: 구송에서 기록으로, 고대 그리스의 미디어 혁명』, 이명훈 옮김, 글항아리, 2011].

Havelock, E.A. (1983), "The Linguistic Task of the Presocratics," in Robb (1983), pp. 7-82.

Heidel, W.A. (1910), "Peri Physeōs," *Proceedings of the American Academy of Arts and Sciences* 45, pp. 79-133.

Hornblower, S. and A. Spawforth (1996) (eds.), *The Oxford Classical Dictionary: The Ultimate Reference Work on the Classical World*, 3rd ed., Oxford [*OCD*].

Hussey, E. (1972), *The Presocratics*, Gerald Duckworth.

Hussey, E. (1990), "The Beginnings of Epistemology: From Homer to Philolaus," in Everson (1990), pp. 11-38.

Irwin, T. (1989), *Classical Thought*, Oxford.

Jaeger, W. (1947), *The Theology of the Early Greek Philosophers*, Oxford.

Kahn, C.H. (1960), *Anaximander and the Origins of Greek Cosmology*, Columbia.

Kahn, C.H. (1983), "Philosophy and the Written Word: Some Thoughts on Heraclitus and the Early Greek Uses of Prose," in Robb (1983), pp. 110-124.

Kahn, C.H. (2003), "Writing Philosophy: Prose and Poetry from Thales to Plato," in Yunis (2003), pp. 139-161.

Kastely, J.L. (2015), *The Rhetoric of Plato's* Republic: *Democracy and the Philosophical Problem of Persuasion*, Chicago.

Kerferd, G.B. (1981), *The Sophistic Movement*, Cambridge[조지 커퍼드, 『소피스트 운동』, 김남두 옮김, 아카넷, 2003].

Kingsley, P. (1995), *Ancient Philosophy, Mystery, and Magic: Empedocles and Pythagorean Tradition*, Oxford.

Kingsley, P. (1999), *In the Dark Places of Wisdom*, The Golden Sufi Center.

Kirk, G.S. and J.E. Raven (1957), *The Presocratic Philosophers*, 1st ed., Cambridge. [KR]

Kirk, G.S., J.E. Raven, and M. Schofield (1983), *The Presocratic Philosophers*, 2nd ed., Cambridge. [KRS]

Lesher, J.H. (1981), "Perceiving and Knowing in the Iliad and Odyssey," *Phronesis* 26, pp. 2-24.

Lesher, J.H. (1994), "The Emergence of Philosophical Interest in Cognition," *Oxford Studies in Ancient Philosophy* 12, pp. 1-34.

Lesher, J.H. (1998), "Presocratic Contributions to the Theory of Knowledge," http://faculty.washington.edu/smcohen/Lesher.html

Liddell, H.G. and R. Scott (rev. & aug. by H.S. Jones) (1961), *A Greek-English Lexicon*, 9th ed., Oxford. [LSJ]

Lincoln, B. (1999), *Theorizing Myth: Narrative, Ideology, and Scholarship*, Chicago.

Long, A.A. (1974), "Empedocles' Cosmic Cycle in the Sixties," in Mourelatos (1974/1993), pp. 397-425.

Long, A.A. (1999) (ed.), *The Cambridge Companion to Early Greek Philosophy*, Cambridge.

Lovejoy, A.O. (1909), "The Meaning of Physis in the Greek Physiologers," *The Philosophical Review* 18, pp. 369-383.

MacDonell, A.A. (1927), *Sanskrit Grammar for Students*, 3rd ed., Oxford.

MacIntyre, A. (1984), *After Virtue: A Study in Moral Theory*, University of Notre Dame Press, 2nd ed.[알래스데어 매킨타이어, 『덕의 상실』, 이진우 옮김, 문예출판사, 1997]

Makin, S. (1993), *Indifference Arguments*, Blackwell.

Mansfeld, J. (1964), *Die Offenbarung des Parmenides und die menschliche Welt*, Van Gorcum.

Martin, A. and O. Primavesi (1999), *L'Empédocle de Strasbourg*, de Gruyter.

Martin, R.P. (1989), *The Language of Heroes: Speech and Performance in the Iliad*, Cornell.

McCoy, M. (2008), *Plato on the Rhetoric of Philosophers and Sophists*, Cambridge.

McKirahan, R.D. (2010), *Philosophy Before Socrates: An Introduction with Texts and Commentary*, 2nd ed., Hackett (1st ed.: 1994).

Morgan, K. (2000), *Myth and Philosophy from the Presocratics to Plato*, Cambridge.

Most, G.W. (1999), "The Poetics of Early Greek Philosophy," in Long (1999), pp. 332-362.

Mourelatos, A.P.D. (1993) (ed), *The Pre-Socratics: A Collection of Critical Essays*, rev. ed., Princeton. (cf. 1st ed.: 1974)

Mourelatos, A.P.D. (2008), *The Route of Parmenides: A Study of Word, Image, and Argument in the Fragments*, rev. ed., Parmenides Publishing. (cf. 1st ed.: 1970)

Nagy, G. (1980), *The Best of the Achaeans*, Baltimore.

Nightingale, A.W. (1995), *Genres in Dialogue: Plato and the Construct of Philosophy*, Cambridge

O'brien, D. (1969), *Empedocles' Cosmic Cycle*, Cambridge.

O'brien, D. (1995), "Empedocles Revisited," *Ancient Philosophy* 15, pp. 403-470.

Ong, W.J. (2002), *Orality and Literacy: The Technologizing of the Word*, 2nd ed., Routledge. (cf. 1st ed.: 1982)

Osborne, C. (1987), "Empedocles Recycled," *Classical Quarterly* 37, pp. 24-50.

Osborne, C. (2004), *Presocratics Philosophy: A Very Short Introduction*, Oxford.

Palmer, J. (1999), *Plato's Reception of Parmenides*, Oxford.

Palmer, J. (2010), *Parmenides and Presocratic Philosophy*, Oxford.

Patin, A. (1899), *Parmenides im Kampfe gegen Heraklit*, in *Jahnbücher für Classische Philologie*, Suppl. Bd. XXV, pp. 489-660.

Pellikaan-Engel, M.E. (1974), *Hesiod and Parmenides: A New View on Their Cosmologies and on Parmenides' Proem*, Adolf M. Hakkert.

Popper, K. (1963), *Conjectures and Refutations: The Growth of Scientific Kowledge*, repr. ed., Routledge, 2004.

Reinhardt, K. (1916), *Parmenides und die Geschichte der griechischen Philosophie*, 3rd (repr.) ed., Vittorio Klostermann, 1977.

Robb, K. (1983) (ed.), *Language and Thought in Early Greek Philosophy*, The Hegeler Institute

Sedley, D. (1982), "Two Conceptions of Vacuum," *Phronesis*, 27, pp. 175-193.

Tarán, L. (1965), *Parmenides: A Text with Translation, Commentary, and Critical Essays*, Princeton.

Trépanier, S. (2003), "Empedocles on the Ultimate Symmetry of the World," *Oxford Studies in Ancient Philosophy* 24, pp. 1-57.

Verdenius, W.J. (1967), "Der Logosbegriff bei Heraklit und Parmenides II," *Phronesis* 12, pp. 99-117.

West, M.L. (1966), *Hesiod Theogony Edited with Prolegomena and Commentary*, Oxford.

West, M.L. (1971), *Early Greek Philosophy and the Orient*, Oxford.

Wilkinson, L.A. (2009), *Parmenides and To Eon: Reconsidering Muthos and Logos*, Continuum.

Woodbridge, F.J.E. (1901), "The Dominant Conception of the Earliest Greek Philosophy," *The Philosophical Review* 10, pp. 359-374.

Wright, M.R. (1981), *Empedocles: The Extant Fragments*, Yale.

Wright, M.R. (1997), "Philosopher Poets: Parmenides and Empedocles," in C. Atherton (ed.), *Form and Content in Didactic Poetry*, Levante, 1997.

Yunis, H. (2003) (ed.), *Written Texts and the Rise of Literate Culture in Ancient Greece*, Cambridge.

이 책의 내용 가운데 일부는 다음과 같이 학술지 등에 발표된 바 있다.

강철웅 (2001), 「파르메니데스 철학에서 퓌시스의 의미와 위상」, 『서양고전학연구』 제17집, pp. 27-51

강철웅 (2002), 「파르메니데스 철학에서 노에인 개념과 인식 전달 모티브: '감각 거부' 해석 및 초기 희랍 노에인 개념에 관한 '발전론' 테제의 비판적 검토」, 『시대와 철학』 제13권 2호, pp. 35-70

강철웅 (2003), 「파르메니데스에서 진리와 독사(Doxa): 세 텍스트 부분의 상호 연관에 주목한 파르메니데스 단편 해석」, 서울대학교 박사학위논문

강철웅 (2004a), 「파르메니데스의 철학 단편에서 서시의 의미와 역할」, 『서양고전학연구』 제21집, pp. 1-36

강철웅 (2004b), 「메타담론의 측면을 통해 본, 사변과 비판으로서의 파르메니데스 철학」, 『철학』 제80집, pp. 83-115

강철웅 (2005a), 「파르메니데스에서 신화와 철학」, 『서양고전학연구』 제24집, pp. 209-239

강철웅 (2012a), 「철학적 논변의 전통과 크세노파네스」, 『인간·환경·미래』 제9호, pp. 111-143

강철웅 (2012b), 「시와 철학 그리고 향연: 크세노파네스 단편 1을 중심으로」, 『서양고전학연구』 제48집, pp. 117-148

강철웅 (2012c), 「엘레아학파」, in 강철웅 외 (2012), pp. 149-194.

강철웅 (2013), 「아폴론 대 델로스 잠수부, 그 철학적 대화의 시작: 담론 형식과 매체의 측면에서 본 헤라클레이토스 철학」, 『철학연구』 제101집, pp. 1-35

찾아보기

용어 찾아보기

악마의 대변자devil's advocate 440, 442,
452

애매(성)ambiguity 55, 99, 165-167, 169,
259, 385

양상(어)mode, modal language, 양상
개념modal concept 15, 29, 54, 55, 61,
64-66, 88, 89, 129, 203, 204, 208, 219,
220, 228, 263, 264, 266, 267, 269

에테르aithēr 45-47, 177, 179, 183, 184,
221, 223, 274, 276, 353, 365, 371

에포스epos(이야기) 50, 233, 278,
287-290, 293, 296, 297, 444

엑스ex(…로 되어 있다, …에서부터
나왔다) 65, 71, 73, 74, 104, 106, 114,
280, 281, 284

역설(패러독스)paradox 77, 91, 158, 160,
252, 305, 306, 308-311, 318, 345, 375,
377, 382, 420

연역deduction 169, 201, 311, 327,
332-334, 404, 427(→'귀납'도 참조)

영속(성)aidion 71, 123, 328, 331, 332,
334, 336, 339, 341

영웅 32-35, 39, 56, 134, 382, 443

영지주의gnosticism 122

영혼(프쉬케)psychē 35, 36, 53, 77-79, 94,
103, 110-113, 122, 147, 148, 161, 162,
245, 246, 277, 366, 371, 373, 422,
426, 431

영혼관, 영혼론psychologia 36, 77, 111,
148, 161, 373

온-냉, 뜨거움-차가움 84, 281, 283, 354,
405, 407

온-냉-건-습,

뜨거움-차가움-마름-축축함 71,
75, 83-85, 181, 182, 354, 365, 371

용기 33, 43

우 말론ou mallon 87, 377, 383,
391(→'무차별성의 원리'와 '충족
이유율'도 참조)

우주 생성론kosmogonia, cosmogony 29,
41, 43, 44, 46-48, 73, 83, 84, 106, 185,
264, 283, 284, 350, 351, 361, 362,
368, 370

우주 / 코스모스kosmos 41, 44, 46, 48, 74,
78, 79, 84, 86, 94, 95, 102, 106, 109,
113, 116, 121, 130, 142, 153-155, 159,
220, 221, 224, 264, 275, 279, 284,
339, 350, 351, 360, 403, 404, 422

우주론kosmologia, cosmology 29, 41, 44,
48, 67, 68, 73, 91, 93, 106, 110, 116,
123, 136, 142, 221, 223, 236, 254,
265, 283, 295, 338, 340, 344, 347,
350, 351, 354, 359, 367, 385, 444, 445

원소stoicheia, elements 71, 81-84, 87, 88,
90, 91, 95, 96, 113, 130, 264, 282, 283,
350, 353-356, 359-364, 368-370, 377,
378, 404, 407(→'불-물-흙-공기'도
참조)

원인aitia 42, 48, 49, 53, 378, 383, 384,
406, 407

원자론(자)atomism, atomist 302, 321,
333, 337, 338, 340, 345, 375-377, 379,
381-384, 386, 402, 410, 445

원환 구성ring composition 179, 180, 196,
227, 335, 444

유물론 338, 340, 342, 373, 406, 407

유비analogy 76, 77, 80, 87, 92, 100, 102

인명·지명 찾아보기

후마니타스의 책, 발간순